新世纪高职高专实用规划教材　经管系列

税　　法

(第4版)

吉文丽　主　编

清华大学出版社

北　京

内 容 简 介

本书在编写体例上突出了“互动性”和“应用性”，每章都设有“思考”“解析”“典型例题”“纳税申报实务”“账务处理”等栏目，重点、难点突出，解析透彻，深入浅出，打破了传统税法教材“单纯讲税”的模式，集税法、纳税实务及税务会计于一体。本书的具体内容包括总论、增值税法、消费税法、城市维护建设税法及教育费附加、关税法、企业所得税法、个人所得税法、财产和行为税法、其他相关税法及税收征收管理法。为强化培养学生对税法的应用能力，每章后均附有强化训练题，且全书最后附有税法综合实训，以促进学生综合应用能力的形成。

本书内容新颖，吸纳了截至2021年2月1日的最新税收立法信息，包含最新“营改增”“企业所得税”“个人所得税”“消费税”以及“环境保护税”等内容，具有较强的实用性、应用性，并与助理会计师等专业技术资格标准接轨，为学生上岗工作和应试取得相应职业岗位证书奠定了坚实的基础。

本书既可作为高职高专院校财经类及其他相关专业的税法教材，也可作为各类成人院校及企业职工的培训教材，还可作为在职工作人员提高税法知识与技能的自学用书。

图书在版编目(CIP)数据

税法/吉文丽主编. —4版. —北京：清华大学出版社，2019（2021.4重印）
(新世纪高职高专实用规划教材　经管系列)
ISBN 978-7-302-51541-8

Ⅰ. ①税…　Ⅱ. ①吉…　Ⅲ. ①税法—中国—高等职业教育—教材　Ⅳ. ①D922.22

中国版本图书馆CIP数据核字(2018)第249541号

责任编辑：梁媛媛
封面设计：刘孝琼
责任校对：李玉茹
责任印制：杨　艳
出版发行：清华大学出版社
网　　址：http://www.tup.com.cn, http://www.wqbook.com
地　　址：北京清华大学学研大厦A座　　邮　　编：100084
社 总 机：010-62770175　　邮　　购：010-62786544
投稿与读者服务：010-62776969, c-service@tup.tsinghua.edu.cn
质量反馈：010-62772015, zhiliang@tup.tsinghua.edu.cn
课件下载：http://www.tup.com.cn, 010-62791865
印 装 者：北京九州迅驰传媒文化有限公司
经　　销：全国新华书店
开　　本：185mm×260mm　　**印　张**：19　　**字　数**：443千字
版　　次：2007年1月第1版　2019年1月第4版　　**印　次**：2021年4月第2次印刷
定　　价：56.00元

产品编号：078185-02

前　言

本书立足于财经岗位群对税法知识的客观需要，针对高职高专财经类专业人才的特点及人才培养总目标的要求，以能力为本，再版时吸纳了截至2021年2月1日的最新税收立法信息，在总结长期高职高专税法教学改革的基础上，以企业主要税种的计算、纳税申报、征收管理和账务处理为主线，重点阐述了我国现行主要税法的基本理论与方法。基于税法教学“应用性”的要求，本书在编排理论内容的同时，还附之以大量的典型例题解析、重点难点辨析和纳税申报表填写示范等实例，结构简洁，重点突出，实现了理论与实践的有机结合。为提高学生税法应用能力的形成，本书每章后均附有强化训练题，以单项选择题、多项选择题、判断题、业务训练题和案例分析题等形式，强化学生理解、应用和分析能力的培养与提升，体现了“学中做、做中学”的特色。

本书的主要特点如下。

1. 体例新

本书在编写体例上突出了“互动性”和“应用性”，每章都设有“思考”“解析”“典型例题”“纳税申报实务”和“账务处理”等，重点、难点突出，解析透彻，深入浅出，打破了传统税法教材“单纯讲税”的模式，优化整合了相关课程内容，集税法、纳税实务及税务会计于一体，使学生能够真正做到学以致用。

2. 实用性强

本书以财经岗位群对财经工作人员税法素质的要求为目标，以税种的计算及纳税申报为主线，重点介绍主体税种的同时，采取“以案讲法”的形式简洁明了地讲解了税收征收管理法及有关税务争议解决的内容，所用资料均来源于实际工作，使本书内容更具实用性。

3. 应用性强

本书以现行纳税申报表的填写为例，重点培养学生纳税申报的能力，而且每章后均附有强化训练题，全书最后还附有税法综合实训，以促进学生综合应用能力的形成。

4. 新颖性强

本书以国家最新税收法律法规为依据，截止日期为2021年2月1日，及时更新了“增值税”“消费税”“企业所得税”等内容，并新增“环境保护税”，确保教学内容与现行税收法律法规一致。

5. 体现职业标准

本书的内容、各章强化训练题及税法综合实训，均参照了目前经济师、助理会计师等专业技术资格的考核标准，为学生应试取得相应职业资格奠定了坚实的基础。

本书对企业名称、纳税人识别号、身份证号码和银行账号等有关纳税人的基本信息均做了“化名”处理，如有雷同，纯属巧合，敬请谅解。

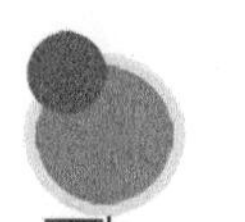

为便于教师教学，本书提供了配套的电子教案、教学计划、教学大纲及习题答案，有需要者可从 www.wenyuan.com.cn 网站下载。

本书由新疆农业职业技术学院吉文丽任主编，并负责全书的整体结构设计、最终的总纂及定稿工作；由新疆农业职业技术学院王冲冲任副主编；昌吉职业技术学院李玉梅，北京京北职业技术学院连有，新疆农业职业技术学院孟杨、毛德敏、李双双以及阿克苏职业技术学院徐英也参加了编写。其具体编写分工为：吉文丽编写第一、二、九、十章及税法综合实训；王冲冲编写第三、六章，并参编税法综合实训；毛德敏编写第四、五章；李双双编写第七章；连有编写第八章；李玉梅编写第九章；孟杨编写第十章和税法综合实训；徐英参编第一章。

本书在编写过程中不仅得到了各位编写人员所在院校、单位的大力支持，还得到了企业、会计师事务所与税务代理机构的热情协助，在此一并表示感谢。

书中欠缺之处，恳望广大读者和同行大力斧正。

编　者

目　　录

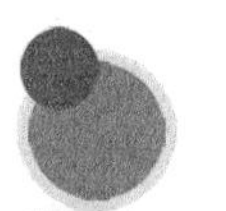

第一章　总　　论

技能目标：

- 阐述税收的特征。
- 识别税法的构成要素。

知识目标：

- 掌握税收的特征和税法的构成要素。
- 理解税收的职能。
- 了解税收的分类及税收的立法体系。

第一节　税 收 概 述

一、税收的概念与特征

(一)税收的概念

税收是指以国家为主体，为实现国家职能，凭借政治权力，按照法定标准，无偿取得财政收入的一种特定分配方式。税收体现的是作为主体的国家与社会组织和社会成员之间的一种特定的收入分配关系。在理解税收的概念时应把握以下 4 个方面。

1. 税收的目的

税收的目的是满足国家行使国家职能的需要。一个国家要维持政权，就必须建立相应的国家机器，还要兴办各种必不可少的社会公共事业，而这些都需要庞大的财政收入来做保证。税收作为取得财政收入的主要方式之一，已经被当代各国所普遍采用，并且成为满足国家行使国家职能需要的重要方式。

2. 税收的依据

税收的依据是国家权力，而国家权力最终不外乎财产权力和政治权力。国家凭借其对生产资料的占有，即财产权力，参与一部分社会产品价值的分配；而税收则是国家凭借政治权力依照法律对一部分社会产品价值进行的分配和再分配。

3. 税收分配的对象

税收分配的对象是一部分社会产品，主要是对剩余产品价值进行分配，即社会产品中的剩余价值。税收的分配和使用直接影响国家经济的发展速度和方向。

4. 税收体现的分配关系

税收就是国家把生产者创造的一部分社会产品强制地变为国家所有的过程。这一过程

会导致社会分配关系的改变，形成国家与企业、个人之间的分配关系，国家与国家之间的分配关系，以及由此引起的企业与企业之间、企业与个人之间及个人与个人之间的分配关系的变化。

由此可见，税收是人类社会发展到一定历史阶段的产物，社会剩余产品和国家的存在是税收产生的基本前提。税收是国家财政收入的最重要来源，是国家存在的基础。国家通过税收方式取得财政收入，满足实现国家职能的需要。

(二)税收的特征

税收具有无偿性、强制性和固定性三个特征。

1. 无偿性

税收的无偿性，是指国家征税后，税款就归国家所有，不再直接返还纳税人，也不支付任何报酬。无偿性是税收的本质属性，体现了财政分配的本质。

2. 强制性

税收的强制性，是指国家凭借政治权力，依照法律强制征税，纳税人必须依法纳税，否则就要受到法律的制裁。税收的无偿性必然决定税收具有强制性。

【思考1-1】富兰克林有一句富有哲理的名言：人一生下来有两件事不可避免，一是死亡，二是缴税。试分析其含义。

【解析】正是因为税收具有强制性，不是出自纳税人的自愿，所以缴纳税款与死亡一样，任何人都不可避免。

3. 固定性

税收的固定性，是指国家通过法律形式预先规定了每个税种的征税范围、计税标准及征收比例或数额，按预定标准征收。这些标准在一定时期内，具有相对的稳定性。这也体现了税法的严肃性。

【思考1-2】ABC公司是当地的纳税大户，该公司向税务机关申请税收折扣，遭到税务机关的拒绝。试分析税务机关的拒绝有无道理。

【解析】有道理。税收具有固定性，对什么征税、征多少税都是由税法规定的；税法具有严肃性，任何人都必须遵守，不得擅自改变。

二、税收的职能

税收的职能是指税收固有的职责和功能。具体而言，税收的职能就是税收所具有的满足国家需要的能力，即税收能干什么的问题。

一般来讲，税收具有三大职能：财政职能、经济职能和监督职能。

(一)税收的财政职能

税收的财政职能是指税收具有组织财政收入的功能，即税收作为参与社会产品分配的

手段，能将一部分社会产品从社会成员手中转移到国家手中，形成国家的财政收入。税收的财政职能是税收首要的、基本的职能。

(二)税收的经济职能

税收的经济职能是指国家运用税收杠杆调控经济运行的功能。税收在组织财政收入的过程中，必然会改变国民收入在各部门、各地区和各纳税人之间的分配比例，改变利益分配格局，对经济产生影响。这种影响有积极的方面，也有消极的方面，国家必须认识到税收的经济职能，自觉地运用税收这个经济杠杆来调节经济。

(三)税收的监督职能

税收的监督职能是指税收在征收过程中，通过调查税源、了解情况、发现问题等工作，督促纳税人严格执行国家的政策法令，遵守财经纪律，依法纳税，并同违反税法和违反财经纪律的行为做斗争，实现对生产经营活动的监督和管理。税收的监督管理职能贯穿于税收活动的全过程。

三、税收的分类

税收的分类是指按照一定的标准对不同税种进行归类，以便正确理解和认识税收，掌握各个税种之间的内在规律。我国对税收的分类通常有以下几种。

(一)按征税对象分类

按征税对象性质的不同，可将我国现行的税种分为 5 类 18 种。

1. 流转税类

流转税类包括增值税、消费税和关税。其主要是在生产、流通或者服务业发挥调节作用，是以货物或劳务的流转额为计税依据，在生产经营及销售环节征收，收入不受成本费用变化的影响。

2. 所得税类

所得税类包括企业所得税和个人所得税。其主要是在国民收入形成后，对生产经营者的利润和个人的纯收入发挥调节作用。所得税的征税对象不是一般收入，而是总收入减去准予扣除的项目后的余额，征税数额受成本、费用、利润高低的影响较大。

3. 财产税类

财产税类包括房产税、车船税。财产税是以纳税人所拥有或支配的特定财产为征税对象的一类税收。

4. 资源税类

资源税类包括资源税、城镇土地使用税、土地增值税、耕地占用税等。其主要是以自然资源作为征税对象的一类税收。资源税主要是对因开发和利用自然资源差异形成的级差

收入发挥调节作用。

5. 行为税类

行为税类包括车辆购置税、城市维护建设税、印花税、契税和环境保护税。行为税也称特定目的税，是指国家为了实现特定目的，以纳税人的某些特定行为为征税对象的一类税收。行为税主要是对某些财产和行为发挥调节作用。

【思考1-3】学生小张听老师讲我国现行税种有十多个，立即质疑：仅个人所得税就有工资所得税、劳务所得税和财产租赁所得税等，不可能只有二十多个。试分析小张的观点对否？为什么？

【解析】小张混淆了税种与税目，税种是对同一类征税对象征收的一类税的总称；税目是指各个税种所针对的具体征税项目。例如，关税就是一个税种，但关税里面包含上千个税目，它们都属于关税。

(二)按计税依据分类

按计税依据的不同，可将税种分为从价税、从量税和复合税。

1. 从价税

从价税是以征税对象的价格为计税依据，按一定比例计征的税种。我国大部分税种采用这一计税方法，如增值税、所得税、房产税等。

2. 从量税

从量税是以征税对象的数量、重量、体积等作为计税依据，规定固定税额计征的税种。其征税数额只与数量有关而与价格无关，如车船税、城镇土地使用税、消费税中的啤酒和黄酒等。

3. 复合税

复合税是指对征税对象采取从价和从量相结合的复合计税方法征收的一种税，如对卷烟、白酒征收的消费税。

(三)按管理和使用权限分类

按管理和使用权限的不同，可将税种分为中央税、地方税和中央与地方共享税。

1. 中央税

中央税即收入归中央政府所有的税种，具体包括关税、消费税、车辆购置税、海关代征增值税与消费税、船舶吨税、证券交易印花税收入及个人利息所得税。中央税属于中央财政收入。

2. 地方税

地方税即属于各级地方政府的财政收入，如城镇土地使用税、房产税、契税和城市维护建设税等。

3. 中央与地方共享税

中央与地方共享税是指收入归中央和地方共同享有的税种。目前把与发展经济直接相关、数额较大及收入能稳定增长的税种划分为中央与地方共享税，如增值税(不包括海关代征部分)50%归中央，50%归地方；从2003年起所得税类中，除个人利息所得税归中央税外，其余均为共享税，中央分享60%，地方分享40%。

【思考1-4】下列税种中，属于中央税的有(　　)。

A. 增值税　　B. 消费税　　C. 关税　　D. 企业所得税　　E. 房产税

【解析】正确答案是BC。A、D为共享税，E为地方税。

(四)按税赋能否转嫁分类

按税赋能否转嫁，可将税种分为直接税和间接税。

1. 直接税

直接税是指由纳税人直接负担，不易转嫁的税种，如所得税类、财产税类等。

2. 间接税

间接税是指纳税人能够将税赋转嫁给他人负担的税种，主要是流转税类。例如，增值税、消费税和关税等，在流转过程中将税额计入商品或劳务的销售价格之中，由消费者承担。

四、税与费的比较

费是指一方当事人因向另一方当事人提供某种劳务或资源的使用权，而向受益人收取的代价。费有很多类型，根据不同情况、不同需要可以随时征收，地方有很大的征收权限，不具有统一性，通常是以文件、通知的形式下发收费通知，专款专用。

税与费的界限主要有三点：一是征收主体不同。各级税务机关和海关等征收的一般是税，而其他机关、单位收取的一般是费。二是无偿性不同。无偿征收的是税，有偿征收的是费，这是两者在性质上的根本区别。三是专款专用要求不同。税款一般是由税务机关征收以后，统一上缴国库，纳入国家预算，由国家通过预算统一支出，不采取专款专用的原则；而费则不同，一般具有专款专用的性质。

第二节　税 法 概 述

一、税法与税收

税法是国家制定的用以调整国家与纳税人之间在征纳税方面的权利及义务关系的法律规范的总称。它是国家依法征税、纳税人依法纳税的行为准则。其目的是保障国家利益和纳税人的合法利益，维护正常的纳税秩序，保证国家的财政收入。

税法与税收密不可分，存在着一一对应的关系。税收的取得必须要有税法作为依据和保障，税收活动必须严格依照税法规定的范围、标准和程序进行；税法是税收的法律根据

和法律保障。有税必有法，税法是税收的表现形式，税收决定了税法的内容；有什么样的税收，就要制定什么样的税法。此外，税法与税收也有区别。税收作为一种经济活动，属于经济基础范畴；而税法则是一种法律制度，属于上层建筑范畴。国家和社会对税收收入与税收活动的客观需要，决定了与税收相对应的税法的存在；而税法则对税收活动的有序进行和税收目的的实现起着重要的法律保障作用。

二、税收法律关系

税收法律关系是指通过税法确认和调整的国家与纳税人之间在税务活动中发生的权利和义务关系。它是国家参与社会产品或国民收入分配的经济关系在税收法律上的表现，是税收法律调整税收关系的结果。税收法律关系由主体、客体和内容三个要素构成。

1. 税收法律关系的主体

税收法律关系的主体，是指在税收法律关系中依法享有权利和承担义务的当事人。按性质的不同，可将其分为征税主体和纳税主体。

征税主体是指代表国家行使征税职责的国家机关，包括国家各级税务机关和海关。纳税主体是指依法负有纳税义务的单位和个人。

2. 税收法律关系的客体

税收法律关系的客体，是指税收法律关系中主体权利和义务所共同指向的对象，也就是征税对象，包括货币、实物和行为等。如企业所得税法律关系客体就是生产经营所得和其他所得。

3. 税收法律关系的内容

税收法律关系的内容，是指税收法律关系主体所享有的权利和所承担的义务。

征税主体的权利主要表现在依法进行税务管理、征收税款、税务检查及对违法者进行处罚等。其主要义务是向纳税人宣传、咨询税法，对纳税人情况保密，依法计征税款等。

纳税主体的权利主要有税法知情权、发票购买权、多缴税款退还权、对税务决定申辩权、依法申请减免税权等。其主要义务是依法纳税。

三、税法构成要素

税法构成要素是指税法应当具备的必要因素和内容。税法的构成要素一般包括纳税人、征税对象、税目、税率、计税依据、纳税环节、纳税期限、纳税地点、减免税及法律责任等要素，其中征税对象、纳税人和税率是税法的基本要素。

(一)纳税人

纳税人又称为纳税义务人，是指税法规定的直接负有纳税义务的单位和个人。纳税人不同于负税人，负税人是指税收的实际负担者，二者有时相同，有时不同，如个人所得税的纳税人与负税人是相同的，而增值税的纳税人与负税人就不一致。

与纳税人相对应的还有扣缴义务人，是指税法直接规定的负有代收代缴、代扣代缴义

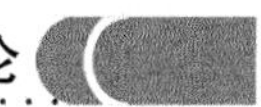

务的单位和个人。国家一般在收入分散、纳税人分散时，采用源泉控制的征收方法，规定扣缴义务人。如个人所得税的扣缴义务人是个人应税所得的支付单位。

(二)征税对象

征税对象又称为课税对象或纳税客体，是指税法规定对什么征税，是区分不同税种的主要标志。不同的征税对象构成不同的税种。按征税对象分类可将全部税收划分为流转税、所得税、财产税、资源税和行为税 5 种类型。

(三)税目

税目是指税法中规定的征税对象的具体项目，是征税的具体根据。例如，消费税的征税对象是应税消费品，其税目包括烟、酒等 15 种应税消费品；个人所得税的征税对象是个人的应税所得，其税目包括工资、稿酬、劳务等 9 项。

(四)税率

税率是税额与征税对象之间的数量关系或比例，是计算应纳税额的尺度。税率的高低直接关系纳税人的负担和国家财政收入的多少，是税法的核心要素。

我国现行税率主要有比例税率、累进税率和定额税率三种基本形式。

1. 比例税率

比例税率是最常见的税率之一，是指对同一征税对象，不论其数额大小，均按同一比例征税的税率。其主要优点是计算简便，便于征收和缴纳。在具体运用上，比例税率又分为单一比例税率、差别比例税率和幅度比例税率三种。

2. 累进税率

累进税率是指按照征税对象数额的大小，规定不同的等级税率，征税对象数额越大，税率越高。累进税率一般在所得税中使用，可以充分体现对纳税人收入多的多征、收入少的少征、无收入的不征的税收原则，从而有效地调节纳税人的收入，正确处理税收负担的纵向公平问题。累进税率又分为全额累进税率、超额累进税率和超率累进税率三种。

(1) 全额累进税率：把征税对象的数额划分为若干个等级，确定不同等级的税率，征税对象的全部数额达到哪一级，就适用哪一级的税率征税。

$$\text{应纳税额}=\text{计税依据全额}\times\text{该级距适用税率}$$

全额累进税率原理浅显，计税简便，但因其累进的速度过于急剧，不科学，故现行税法一般不用。

(2) 超额累进税率：把征税对象的数额划分为若干个等级，每一等级规定一个税率，税率依次提高，分别以征税对象数额超过前级的部分为基础计算应纳税额的税率。即每一纳税人的征税对象依其所属等级同时适用几个税率分别计算，将计算结果相加后得出应纳税款。目前个人所得税中的工资、薪金所得适用超额累进税率。

$$\text{应纳税额}=\sum(\text{各级距计税依据}\times\text{该级距适用税率})$$

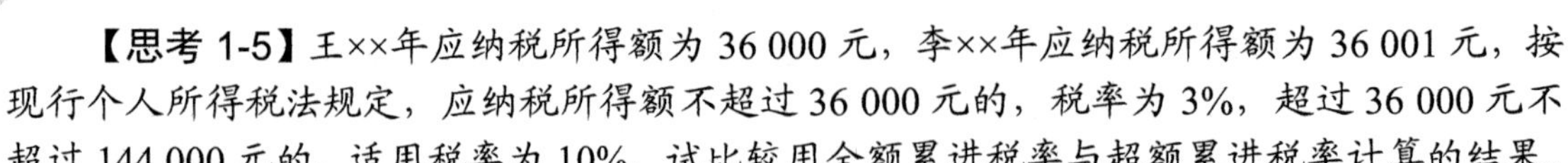

【思考 1-5】王××年应纳税所得额为 36 000 元，李××年应纳税所得额为 36 001 元，按现行个人所得税法规定，应纳税所得额不超过 36 000 元的，税率为 3%，超过 36 000 元不超过 144 000 元的，适用税率为 10%。试比较用全额累进税率与超额累进税率计算的结果。

【解析】

(1) 采用全额累进税率计算如下。

王××应纳税额=36 000×3%=1080(元)

李××应纳税额=36 001×10%=3600.1(元)

可见，李××年应纳税所得只比王××高 1 元，却要多缴 2520.1 元的税，显然全额累进税率不科学，也不合理。所以，实践中一般不采用。

(2) 采用超额累进税率计算如下。

王××应纳税额=36 000×3%=1080(元)

李××应纳税额=36 000×3%+(36 001−36 000)×10%=1080.1(元)

可见，超额累进税率只就超过上一级的部分适用高一级的税率，计算科学而且合理。

由于超额累进税率需要逐级计算，计算比较复杂而且容易出错，所以实践中采取“速算扣除数”的办法简便计算，即用按照全额累进税率计算的税额直接减去相应级次的速算扣除数，其余额即为应纳税额。

应纳税额=计税依据全额×该级距适用税−该级距速算扣除数

(3) 超率累进税率：以征税对象数额的相对率划分为若干个级距，分别规定相应的差别税率，相对率每超过一个级距的，对超过的部分按高一级的税率计算征税。目前，土地增值税采用超率累进税率。

3. 定额税率

定额税率又称单位税额，或固定税额，是按征税对象确定的计量单位，直接规定一个固定的税额，而不采用百分比的形式。例如，生产销售一吨黄酒单位税额为 240 元，若生产销售 100 吨，则应纳税额为 24 000 元。目前采用定额税率的有城镇土地使用税和车船税等。

(五)计税依据

计税依据是指计算应纳税额的依据或标准，即根据什么来计算纳税人应缴纳的税额。计税依据可以分为从价计征、从量计征和复合计征三种类型。从价计征是以计税金额为计税依据；从量计征是以课税对象的重量、体积、数量为计税依据。复合计征是分别以征税对象的价格和数量为计税依据，分别计算并加总。

(六)纳税环节

纳税环节是税法规定的征税对象在从生产到消费的流转过程中应当缴纳税款的环节。纳税环节一般有以下两种类型。

(1) 单一环节征税：即同一税种在其征税对象从生产到消费的流转过程中只选择在一个环节征税。如现行的资源税，一般只在开采或生产环节征收。

(2) 多环节征税：即同一税种在其征税对象从生产到消费的流转过程中，每流转一次，就要征收一次。如增值税“道道环节”征税。

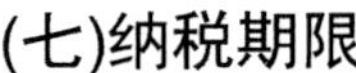

(七)纳税期限

纳税期限是指税法规定纳税义务发生后缴纳税款的期限。它是税收强制性和固定性在时间上的体现。纳税人必须在规定的纳税期限内缴纳税款。

(八)纳税地点

纳税地点是指税法规定纳税人(包括代征和扣缴义务人)具体缴纳税款的地点。它是根据各税种的征税对象和纳税环节，本着有利于税款源泉控制的原则来确定的。

(九)减免税

减免税是指国家对某些纳税人和征税对象给予鼓励和照顾的特殊规定。其主要包括以下三个方面的内容。

(1) 减税和免税。减税是指对应征税款减少征收一部分。免税是对按规定应征收的税款全部免征。减税和免税具体又分为两种情况：一是税法直接规定的减免税优惠，如储蓄存款利息免征个人所得税等；二是依法给予的一定期限内的减免税优惠，期满后仍按规定纳税，如企业从事符合条件的环境保护、节能节水项目的所得，自项目取得第 1 笔生产经营收入起，前 3 年免征企业所得税，后 3 年减半征收企业所得税。

(2) 起征点。起征点是指征税对象达到征税数额开始征税的界限。征税对象的数额未达到起征点的不征税，达到或超过起征点的，就其全部数额征税。如根据《增值税暂行条例》规定，按期纳税的个人，其销售货物的起点为月销售额 5000～20 000 元。若某地区确定起征点为 20 000 元，当月销售额为 19 999 元时，不用缴纳税款，当月销售额为 20 001 元时，则就 20 001 元与适用的税率计算应缴纳的增值税。

(3) 免征额。免征额是指征税对象总额中免予征税的数额。即将纳税的一部分给予减免，只就减除后剩余部分计征税款。如《个人所得税法》规定，对综合所得，以每年收入额减除费用 60 000 元后的余额为应纳税所得额。

(十)法律责任

法律责任是对违反国家税法规定的行为人采取的处罚措施。税法规定的法律责任形式主要有两种：一是行政责任，包括吊销税务登记证、罚款、税收保全及强制执行等；二是刑事责任，对违反税法情节严重，构成犯罪的行为，要依法追究其刑事责任。

四、税收立法体制

我国的税收立法体制如图 1-1 所示。

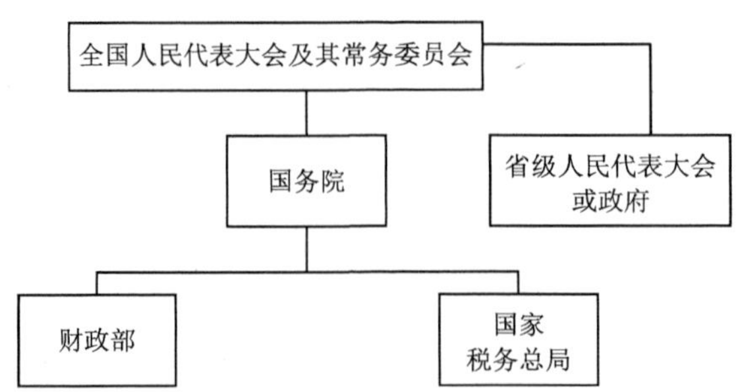

图 1-1　税收立法体制

从图 1-1 中可见，我国现行的税收立法体制如下。

1. 全国人民代表大会及其常务委员会行使税收立法权，制定法律

在现行的税法体系中，《个人所得税法》《税收征收管理法》《车船税法》和《企业所得税法》是以税收法律的形式制定实施的。

2. 授权国务院立法

国务院可以通过人大的授权制定某些具有法律效力的暂行条例或规定，这些规定或条例具有国家法律的性质和地位，其效力高于行政法规。例如，通过授权，国务院制定并实施的增值税、消费税、资源税和土地增值税等暂行条例。

3. 国务院有权制定税收行政法规

国务院作为最高国家权力机关的执行机关，是最高的国家行政机关，拥有广泛的行政立法权。行政法规的立法目的在于保证宪法和法律的实施，行政法规不得与宪法和法律相抵触。行政法规的级次低于宪法和法律，高于地方法规、部门规章和地方规章，在全国范围内普遍适用。国务院目前颁布的税收行政法规有《企业所得税法实施细则》《税收征收管理法实施细则》。

4. 地方人民代表大会及其常务委员会制定税收地方性法规

根据现行法律规定，省、自治区、直辖市的人民代表大会以及省、自治区、直辖市的人民政府所在地的市和经国务院批准的较大的市的人民代表大会有制定地方性法规的权力，但不能违背宪法、法律和行政法规。目前，除了海南省、民族自治区依法可以制定有关税收的地方性法规外，其他省市一般都无权制定。

5. 国务院税务主管部门制定的税收部门规章

目前，有权制定税收部门规章的税务主管机关是财政部和国家税务总局。例如，财政部、国家税务总局颁布的《增值税暂行条例实施细则》属于税收部门规章。税收部门规章在全国范围内具有普遍适用效力，但不得与税收法律和行政法规相抵触。

6. 地方政府制定的税收地方规章

根据现行法律规定，省、自治区和直辖市以及省、自治区和直辖市的人民政府所在地的市和经国务院批准的较大的市的人民政府，可以根据法律和国务院的行政法规制定规章。

例如，省、自治区和直辖市人民政府可对国务院发布实施的城市维护建设税、契税、房产税等地方性税种暂行条例制定实施细则。省级地方政府制定税收规章，都必须在税收法律、法规明确授权的前提下进行，并且不得与税收法律、行政法规相抵触。没有税收法律、法规的明确授权，地方政府无权制定税收规章。

【思考 1-6】学习了税收立法体制后，学生甲认为只要不违背税收法律、行政法规，地方各级人民政府均有权制定税收地方性法规。试分析甲的观点对否。

【解析】不对。地方税收立法权仅限于省级。

复习思考题

1. 简述税收的特征和职能。
2. 按征税对象不同，我国的税种可分为哪几类？
3. 简述税法的构成要素。

强化训练题

一、单项选择题

1. 税收法律制度中的核心要素是(　　)。
   A. 征税对象　　B. 税率　　C. 税目　　D. 纳税人
2. 下列适用超率累进税率的是(　　)。
   A. 个人所得税　　B. 增值税
   C. 土地增值税　　D. 资源税
3. 区别不同税种的主要标志是(　　)。
   A. 纳税人　　B. 税率　　C. 征税对象　　D. 税目
4. 下列各项中，属于中央税的是(　　)。
   A. 契税　　B. 消费税　　C. 增值税　　D. 房产税
5. 对纳税对象总额中的一部分数额免予征税，只就减除的剩余部分计征税款，被免予征税的这部分数额是(　　)。
   A. 起征点　　B. 免征额
   C. 税基　　D. 抵免额
6. 有权制定税收法律的是(　　)。
   A. 全国人民代表大会及其常务委员会　　B. 国务院
   C. 财政部　　D. 国家税务总局

二、多项选择题

1. 我国现行税率有(　　)。
   A. 比例税率　　B. 定额税率　　C. 累进税率　　D. 复合税率
2. 下列属于税收征税主体的有(　　)。

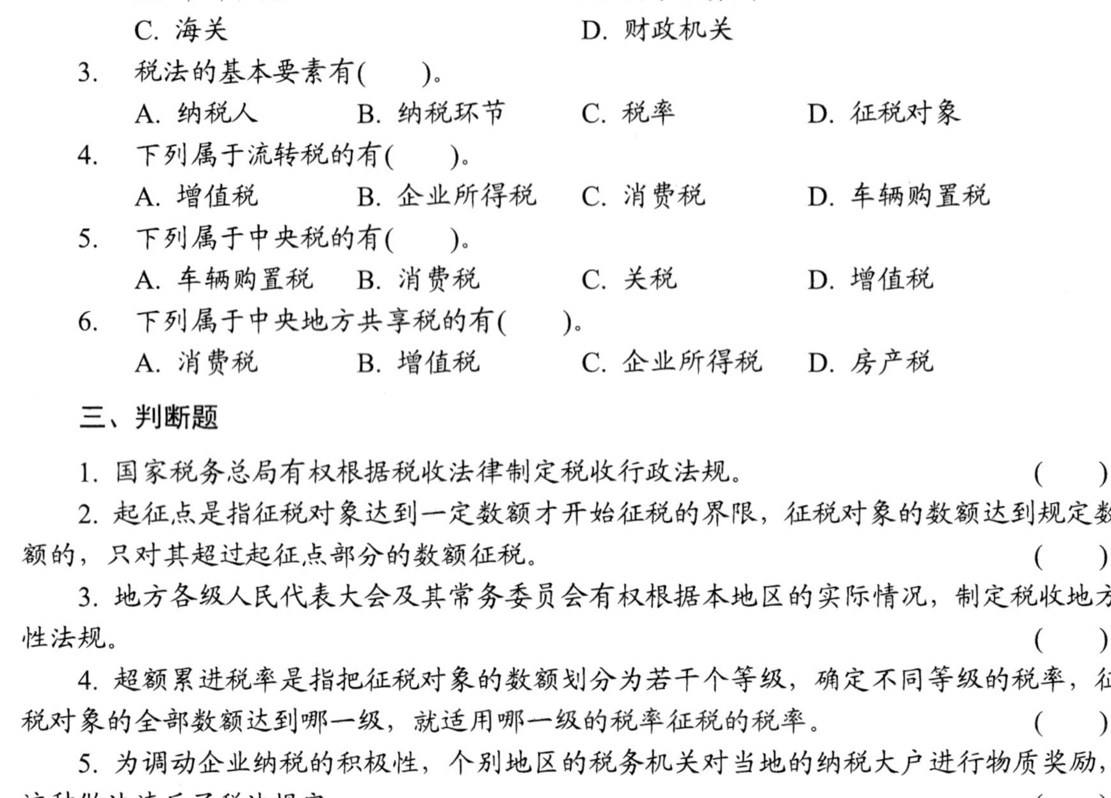

A. 审计机关　　B. 国家税务局

C. 海关　　D. 财政机关

3. 税法的基本要素有(　　)。

A. 纳税人　　B. 纳税环节　　C. 税率　　D. 征税对象

4. 下列属于流转税的有(　　)。

A. 增值税　　B. 企业所得税　　C. 消费税　　D. 车辆购置税

5. 下列属于中央税的有(　　)。

A. 车辆购置税　　B. 消费税　　C. 关税　　D. 增值税

6. 下列属于中央地方共享税的有(　　)。

A. 消费税　　B. 增值税　　C. 企业所得税　　D. 房产税

三、判断题

1. 国家税务总局有权根据税收法律制定税收行政法规。(　　)

2. 起征点是指征税对象达到一定数额才开始征税的界限，征税对象的数额达到规定数额的，只对其超过起征点部分的数额征税。(　　)

3. 地方各级人民代表大会及其常务委员会有权根据本地区的实际情况，制定税收地方性法规。(　　)

4. 超额累进税率是指把征税对象的数额划分为若干个等级，确定不同等级的税率，征税对象的全部数额达到哪一级，就适用哪一级的税率征税的税率。(　　)

5. 为调动企业纳税的积极性，个别地区的税务机关对当地的纳税大户进行物质奖励，这种做法违反了税法规定。(　　)

第二章　增 值 税 法

技能目标：

- 准确识别增值税纳税人。
- 正确计算增值税应纳税额并规范填写纳税申报表。

知识目标：

- 掌握增值税的纳税人、征税范围及应纳税额的计算。
- 熟悉增值税的征收管理。
- 了解增值税的特征、出口退税及账务处理。

第一节　增值税概述

一、增值税的概念

增值税是对在我国境内销售货物、提供劳务或者发生应税行为过程中实现的增值额征收的一种税。增值税是我国现阶段税收收入规模最大的税种。“增值额”是指纳税人在生产、经营或劳务活动中所创造的新增价值，即纳税人在一定时期内从事销售货物或提供劳务所取得的收入大于其购进商品或取得劳务时所支付金额的差额。由于新增价值在实际操作中难以准确计算，因此增值税的计算一般采用税款抵扣的方式，即根据货物或者应税劳务的销售额和税法规定的适用税率先计算一个税额，然后再从中扣除上一道环节已纳增值税税款，其余额即为纳税人应缴纳的增值税税额。

我国现行增值税的基本规范是 1993 年 12 月 13 日国务院颁布并于 1994 年 1 月 1 日起实施的《中华人民共和国增值税暂行条例》，该条例于 2008 年 11 月 5 日修订并自 2009 年 1 月 1 日起施行。此外，还有财政部、国家税务总局于 1993 年 12 月 25 日制定，2008 年 12 月 15 日、2011 年 11 月 11 日两次修订的《中华人民共和国增值税暂行条例实施细则》。自 2012 年 1 月 1 日起，在上海市开展交通运输业和部分现代服务业营业税改增值税试点，随后试点扩大至北京、天津等 11 个省(直辖市、计划单列市)。自 2013 年 8 月 1 日起，交通运输业和现代服务业试点范围扩大至全国。自 2016 年 5 月 1 日起，在全国范围内取消营业税，全面开展了营业税改征增值税改革。2018 年 5 月 1 日起，国务院财政部税务总局进一步下调增值税税率，以降低企业税负，鼓励企业进行进行固定资产投资和扩大再生产，为企业发展增添新的动力。

二、增值税的类型及特点

(一)增值税的类型

按照外购固定资产处理方式的不同，可将增值税划分为消费型增值税、收入型增值税

和生产型增值税三种类型。

1. 消费型增值税

消费型增值税的特点是在计算增值税时，允许将外购固定资产的价值一次性全部扣除，即所有的生产资料均可扣除，只对消费资料征税，故称为消费型增值税。它可以彻底消除重复计税，有利于鼓励投资，90%以上的国家都采用这种类型。我国自2009年1月1日起，由过去的生产型增值税，全面改征为消费型增值税。

2. 收入型增值税

收入型增值税的特点是在计算增值税时，只允许将外购固定资产折旧部分的价值扣除，计税依据相当于国民收入，故称为收入型增值税。

3. 生产型增值税

生产型增值税的特点是在计算增值税时，不允许纳税人扣除任何外购固定资产的价款值，计税的范围与国民生产总值相一致，故称为生产型增值税。因生产型增值税存在着一定程度的重复征税，不利于鼓励投资，但有利于保证财政收入。

(二)增值税的特点

1. 普遍性

凡是从事生产、经营和提供应税劳务的单位和个人，只要产生增值都应缴纳税金，征税对象十分广泛。同时，增值税的征税范围还延伸到生产和流通的各个环节，每道环节都应按其增值额纳税，体现了征税的普遍性。

2. 合理性

增值税是以增值额为征税对象，无论生产流通环节有多少，仅就纳税人新创造而未征过税的部分计征，有效地避免了重复征税。

3. 公平性

增值税一般采用单一的比例税率，对所有应税货物与劳务无论增值额大小一律平等征税，即无论增值额大小，税率都不变，充分体现了公平性。

4. 价外性

增值税实行价外税，即税金不包括在销售价格内，企业的成本核算与利润水平不受增值税税金的影响。

第二节　增值税的基本要素

一、征税范围

增值税的征税范围包括在中国境内销售货物或者劳务，销售服务、无形资产、不动产以及进口货物。增值税的征税范围如下。

(一)征税范围的基本规定

1. 销售货物

销售货物是指在中国境内有偿转让货物的所有权。货物是指除土地、房屋和其他建筑物等不动产之外的有形动产，包括电力、热力和气体在内。单位和个人在中国境内销售货物，不论是从受让方取得货币，还是获得实物或其他经济利益，都应征收增值税。

2. 销售劳务

在中国境内销售劳务，是指提供的劳务发生地在境内。

销售劳务是指有偿提供加工、修理修配劳务。但单位或个体经营者聘用的员工为本单位或雇主提供加工、修理修配劳务的，不包括在内。

加工是指受托加工货物，即委托方提供原料及主要材料，受托方按照委托方的要求，制造货物并收取加工费的业务。修理修配是指受托对损伤和丧失功能的货物进行修复，使其恢复原状和功能的业务。

3. 进口货物

进口货物是指申报进入中国海关境内的货物。我国《增值税法》规定，只要报关进口的应税货物，均属于增值税的征收范围，除享受免税政策优惠，在进口环节缴纳增值税。

【思考 2-1】下列各项中，属于增值税征税范围的有(　　)。

A. 汽车维修　　B. 手机修配

C. 金银首饰加工　　D. 电力销售

【解析】正确答案是 ABCD。

4. 销售服务

销售服务是指提供交通运输服务、邮政服务、电信服务、建筑服务、金融服务、现代服务、生活服务。

(1) 交通运输服务。交通运输服务是指利用运输工具将货物或者旅客送达目的地，使其空间位置得到转移的业务活动。它包括陆路运输服务、水路运输服务、航空运输服务和管道运输服务。

出租车公司向使用本公司自有出租车的出租车司机收取的管理费，按照陆路运输服务缴纳增值税；水路运输的程租、期租业务，属于水路运输服务，水路运输的光租业务，属于经营租赁；航空运输的湿租业务，属于航空运输服务，航空运输的干租业务，属于经营租赁；航天运输服务，按照航空运输服务缴纳增值税。

无运输工具承运业务，按照交通运输服务缴纳增值税。无运输工具承运业务，是指经营者以承运人的身份与托运人签订运输服务合同，收取运费并承担承运人责任，然后委托实际承运人完成运输服务的经营活动。

(2) 邮政服务。邮政服务是指中国邮政集团公司及其所属邮政企业提供邮件寄递、邮政汇兑和机要通信等邮政基本服务的业务活动。它包括邮政普遍服务、邮政特殊服务和其他邮政服务。

(3) 电信服务。电信服务是指利用有线、无线的电磁系统或者光电系统等各种通信网络资源，提供语音通话服务，传送、发射、接收或者应用图像、短信等电子数据和信息的业务活动。它包括基础电信服务和增值电信服务。

基础电信服务是指利用固网、移动网、卫星、互联网，提供语音通话服务的业务，以及出租或出售带宽、波长等网络元素的业务活动。

增值电信服务是指利用固网、移动网、卫星、有线电视网络，提供短信和彩信服务、电子数据和信息的传输及应用服务、互联网接入服务等业务活动。

卫星电视信号落地转接服务，按照增值电信服务缴纳增值。

(4) 建筑服务。建筑服务是指各类建筑物、构筑物及其附属设施的建造、修缮、装饰，线路、管道、设备、设施等的安装以及其他工程作业的业务活动。它包括工程服务、安装服务、修缮服务、装饰服务和其他建筑服务。

固定电话、有线电视、宽带、水、电、燃气、暖气等经营者向用户收取的安装费、初装费、开户费、扩容费以及类似收费，按照安装服务缴纳增值税。

其他建筑服务包括钻井、拆除建筑物、平整土地 、园林绿化、疏浚、建筑物平移、搭脚手架、爆破、矿山穿孔、表面附着物剥离和清理等工程作业。

【思考 2-2】下列各项中，按“销售服务——建筑服务”税目计缴增值税的是(　　)。

A. 平整土地　　　　B. 出售住宅

C. 出租办公楼　　　D. 转让土地使用权

【解析】正确答案是 A。选项 B 属于销售不动产，选项 C 属于现代服务业——租赁服务，选项 D 属于销售无形资产。

(5) 金融服务。金融服务是指经营金融保险的业务活动。它包括贷款服务、直接收费金融服务、保险服务和金融商品转让。

贷款业务包括各种占用、拆借资金取得的收入，如各种利息收入，融资性售后回租、押汇、罚息、票据贴现、转贷等业务取得的利息及利息性质的收入。

融资性售后回租是指承租方以融资为目的，将资产出售给从事融资性售后回租业务的企业后，从事融资性售后回租业务的企业将该资产出租给承租方的业务活动。

以货币资金投资收取的固定利润或保底利润，按照贷款服务缴纳增值税。

(6) 现代服务。现代服务是指围绕制造业、文化产业、现代物流产业等提供技术性、知识性服务的业务活动。它包括研发和技术服务、信息技术服务、文化创意服务、物流辅助服务、租赁服务、鉴证咨询服务、广播影视服务、商务辅助服务和其他现代服务。

① 研发和技术服务：包括研发服务、技术转让服务、合同能源管理服务、工程勘察勘探服务、专业技术服务。

② 信息技术服务：包括软件服务、电路设计及测试服务、信息系统服务、业务流程管理服务和信息系统增值服务。

③ 文化创意服务：包括设计服务、知识产权服务、广告服务和会议展览服务。

④ 物流辅助服务：包括航空服务、港口码头服务、货运客运场站服务、打捞救助服务、装卸搬运服务、仓储服务和收派服务。

⑤ 租赁服务：包括融资租赁服务和经营租赁服务。但融资性售后回租不按照本税目征收缴纳增值税(按金融服务业缴纳增值税)。

将建筑物、构筑物等不动产或飞机、车辆等动产的广告位出租给其他单位或个人用于

发布广告，按照经营租赁计税。

车辆停放服务、道路通行服务(过路费、过桥费、过闸费等)按照不动产经营租赁服务缴纳增值税。

⑥　鉴证咨询服务：包括认证服务、鉴证服务和咨询服务。翻译服务和市场调查服务按照咨询服务缴纳增值税。

⑦　广播影视服务：包括广播影视节目的制作服务、发行服务和播映(含放映)服务。

⑧　商务辅助服务：包括企业管理服务、经纪代理服务、人力资源服务、案例保护服务。

⑨　其他现代服务：除上述 8 个以外的其他现代服务。

(7)　生活服务。生活服务是指为满足城乡居民日常生活需求提供的各类服务活动。它包括文化体育服务、教育医疗服务、旅游娱乐服务、餐饮住宿服务、居民日常服务(市容市政管理、家政、婚庆、养老、殡葬、照料和护理、救助救济、美容美发、按摩、桑拿、氧吧、足疗、沐浴、洗染、摄影扩印等服务)和其他生活服务。

【思考 2-3】下列各项中，应按照“销售服务——生活服务”税目计缴增值税的是(　　)。

A. 文化创意服务　　　　B. 车辆停放服务

C. 广播影视服务　　　　D. 旅游娱乐服务

【解析】正确答案是 D。选项 ABC 属于“销售服务——现代服务”。

5. 销售无形资产

销售无形资产是指转让无形资产所有权或使用权的业务活动。无形资产是指不具有实物形态，但能带来经济利益的资产，包括技术、商标、著作权、商誉、自然资源使用权和其他权益性无形资产。

自然资源使用权，包括土地使用权、海域使用权、探矿权、采矿权、取水权和其他自然资源使用权。

其他权益性无形资产，包括基础设施资产经营权(高速路经营权)、公共事业特许权、配额、经营权(特许经营权、连锁经营权、其他经营权)、经销权、分销权、代理权、会员权、席位权、网络游戏虚拟道具、域名、名称权、肖像权、冠名权、转会费等。

【思考 2-4】下列无形资产中，属于自然资源使用权的有(　　)。

A. 土地使用权　　　　B. 海域使用权

C. 采矿权　　　　D. 经营权

【解析】正确答案是 ABC。选项 D 属于其他权益性无形资产。

6. 销售不动产

销售不动产是指转让不动产所有权的业务活动。不动产是指不能移动或移动后会引起性质、形状改变的财产，包括建筑物和构筑物(道路、桥梁、隧道、水坝等)。

转让建筑物有限产权或永久使用权的，转让在建的建筑物或构筑物所有权的，以及在转让建筑物或构筑物时一并转让其所占土地的使用权的，按销售不动产缴纳增值税。即单独转让土地使用权，按照“销售无形资产”缴纳增值税；房地一并转让时，按照“销售不动产”缴纳增值税。

【思考 2-5】下列行为中，应按“销售不动产”税目计缴增值税的有(　　)。

A. 将建筑物广告位出租给其他单位用于发布广告

B. 销售建筑物底层商铺

C. 转让高速公路经营权

D. 转让国有土地使用权

【解析】正确答案是 B。选项 A 属于“现代服务业”，选项 C、D 属于“销售无形资产”。

(二)视同发生应税行为

1. 视同销售货物

下列行为属于视同销售应税货物，应当征收增值税。

(1) 将货物交付其他单位或个人代销。

(2) 销售代销货物。

(3) 设有两个以上机构并实行统一核算的纳税人，将货物从一个机构移送其他机构用于销售，但相关机构在同一县(市)的除外。

【思考 2-6】甲市的 A、B 两店为实行统一核算的连锁店。根据增值税法律制度的规定，A 店的下列经营活动中，不属于视同销售货物行为的是(　　)。

A. 将货物交付给位于乙市的某商场代销

B. 销售乙市某商场的代销货物

C. 将货物移送 B 店销售

D. 为促销将本店货物无偿赠送给消费者

【解析】正确答案是 C。“跨县(市)”的内部转移才视同销售，由于甲、乙同属 A 市，所以选项 C 不属于视同销售货物行为。

(4) 将自产、委托加工的货物用于集体福利或个人消费。

(5) 将自产、委托加工或购买的货物作为投资，提供给其他单位或个体经营者。

(6) 将自产、委托加工或购买的货物分配给股东或投资者。

(7) 将自产、委托加工或购买的货物无偿赠送他人。

上述 7 种行为，虽然没有销售收入，但要视同销售，征收增值税。这样做的目的有两个：一是保证增值税税款抵扣制度的实施，不至于因发生上述行为而造成税款抵扣环节的中断；二是防止通过这些行为逃避税收，造成货物销售税收负担的不平衡。

【思考 2-7】根据增值税法律制度的规定，下列各项中，不属于视同销售货物行为的是(　　)。

A. 将外购的货物分配给股东　　B. 将外购的货物用于投资

C. 将外购的货物用于集体福利　　D. 将外购的货物无偿赠送他人

【解析】正确答案是 C。用于“集体福利、个人消费”的货物要“看来源”，只有“自产或委托加工的”的才视同销售，“外购的”货物用于集体福利或个人消费不视同销售。

【思考 2-8】下列各项中，应缴纳增值税的有(　　)。

A. 将自产的货物用于投资

B. 将外购的货物用于集体福利

C. A 市的甲企业将库存商品移送给本市的分公司乙销售

D. 将外购的钢材用于修建办公大楼

【解析】正确答案是 A。跨县(市)的内部转移才视同销售，由于甲、乙同属 A 市，因此选项 C 不正确；用于集体福利、个人消费的货物必须是自产或委托加工的，才视同销售，不包括外购的，所以选项 B 不正确。将外购的钢材用于修建办公大楼，钢材与办公大楼都属于增值税征收范围，属于连续生产增值税产品，移送时不征收增值税，待最终产品销售时按规定征收增值税(即“干老本行”中间移送不征税)。

2. 视同销售服务、无形资产或者不动产

根据《营业税改征增值税试点实施办法》的规定，下列情形视同销售服务、无形资产或者不动产。

(1) 单位或者个体工商户向其他单位或者个人无偿提供服务，但用于公益事业或者以社会公众为对象的除外。

(2) 单位或者个人向其他单位或者个人无偿转让无形资产或者不动产，但用于公益事业或者以社会公众为对象的除外。

(3) 财政部和国家税务总局规定的其他情形。

(三)混合销售行为

一项销售行为如果既涉及服务又涉及货物的为混合销售。例如，商场销售空调取得收入 3 000 元，同时上门为客户安装，取得安装费 100 元，这项业务中既有货物(空调)的销售，又有安装服务的销售，属于混合销售。混合销售行为成立的标准有两点：一是其销售行为必须是一项，即发生在同一纳税人身上；二是该项行为必须即涉及服务又涉及货物，其“货物”是指增值税税法中规定的有形动产，包括电力、热力和气体；“服务”是指属于营改增范围的交通运输服务、邮政服务、电信服务、建筑服务、金融服务、现代服务、生活服务。

混合销售行为成立的“两点标准”必须是同时存在，如果一项销售行为只涉及销售服务，不涉及货物，这种行为就不是混合销售行为；反之，如果既涉及销售服务又涉及销售货物，但是，不是发生在一项销售行为之中，这种行为也不是混合销售行为。

【思考 2-9】试分析下列行为是否属于混合销售行为。

(1) 电脑公司在销售电脑的同时，为购买电脑的客户提供送货服务。

(2) 甲商场开展多种经营，销售商品的同时，还在一楼大厅开设了快餐厅从事餐饮服务。

【解析】

(1) 属于混合销售。购买电脑和送货服务发生在同一客户身上，既涉及货物又涉及服务。

(2) 不属于混合销售。快餐服务与商品销售属于两项销售行为，即顾客可以在快餐服务与商品之间选择，并非必须购买了商品才能吃快餐或必须吃了快餐才能购买商品。

【思考 2-10】下列各项中，属于增值税混合销售行为的有(　　)。

A. 百货商店在销售商品的同时又提供送货服务

B. 餐饮公司提供餐饮服务的同时又销售烟酒

C. 建材商店在销售木质地板的同时提供安装服务

D. 歌舞厅在提供娱乐服务的同时销售食品

【解析】正确答案是ABCD。

从事货物的生产、批发或者零售的单位和个体工商户的混合销售行为，按照销售货物缴纳增值税；其他单位和个体工商户的混合销售行为，按照销售服务缴纳增值税。例如，生产货物的单位，在销售货物的同时附带运输，其销售货物及提供运输的行为属于混合销售行为，所收取的货物款项及运输费用应一律按“销售货物”计算缴纳增值税。

自2017年5月起，纳税人销售活动板房、机器设备、钢结构件等自产货物的同时提供建筑、安装服务，不属于混合销售，应分别核算货物和建筑服务的销售额，分别适用不同的税率或者征收率，分别缴纳增值税。

纳税人的销售行为是否属于混合销售行为，由国家税务总局所属征收机关确定。

【思考2-11】下列行为应当按“销售货物”计算缴纳增值税的有(　　)。

A. 商场销售商品的同时，提供廉价的送货服务

B. 照相馆提供照相服务的同时，以成本价销售相册

C. 建材公司销售建材的同时，为购买建材的顾客提供低廉的装潢设计服务

D. 培训中心提供培训服务的同时，销售配套教材

【解析】正确答案是AC。混合销售行为根据“纳税人”的主业来确定按“销售货物”还是按“销售服务”缴纳增值税。从事货物的生产、批发或者零售的纳税人发生的混合销售行为，应按“销售货物”缴纳增值税。其他单位和个体工商户的混合销售行为，应按“销售服务”缴纳增值税。选项B和D应按“销售服务”缴纳增值税。

(四)兼营行为

兼营是指纳税人的经营中包括销售货物、加工修理修配劳务以及销售服务、无形资产和不动产的行为。

纳税人发生兼营行为，应当分别核算适用不同税率或者征收率的销售额；未分别核算销售额的，从高适用税率。

兼营行为的特点是有两项或多项业务可供纳税人选择，并非必须兼得。例如，汽车厂既生产销售汽车(货物)，也开展汽车驾驶培训业务(服务)，购买汽车的人不一定非要参加培训，参加培训的人也不一定非要购买该厂生产的汽车，所以属于兼营行为。又如，某企业既有不动产销售业务(税率9%)，又有经纪代理业务(税率6%)，如果该纳税人能够分别核算上述两项应税行为的销售额，则销售不动产适用9%的增值税税率，提供经纪代理服务适用6%的增值税税率；如果该纳税人没有分别核算上述两项应税行为的销售额，则销售不动产和提供经纪代理服务均从高适用9%的增值税税率。

【思考2-12】增值税纳税人发生兼营行为的，一律从高适用税率。这一说法正确吗？

【解析】不正确。根据增值税法律规定，纳税人发生兼营行为的，应当分别核算适用不同税率或者征收率的销售额，“未分别核算”销售额的，才从高适用税率。

【思考2-13】下列各项中，属于增值税征收范围的有(　　)。

A. 农民销售自产农产品　　　　B. 商业银行提供贷款服务

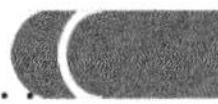

C. 房地产公司销售房产　　　　D. 广告公司提供广告设计服务

【解析】正确答案是 ABCD。农业未纳入增值税征收范围，除保留“烟叶税”外，全面取消了农业税。

(五)征税范围的其他规定

1. 非经营活动的界定

(1) 提供加工、修理修配劳务，是指有偿提供加工、修理修配劳务。但是，单位或个体经营者聘用的员工为本单位或雇主提供加工、修理修配劳务，不缴纳增值税。

(2) 销售服务、无形资产或者不动产，是指有偿提供服务、有偿转让无形资产或者不动产，但属于下列非经营活动的情形除外。①行政单位收取的同时满足以下条件的政府性基金或者行政事业性收费：由国务院或者财政部批准设立的政府行基金，由国务院或者省级人民政府及其财政、价格主管部门批准设立的行政事业性收费；收取时开具省级以上(含省级)财政部门监(印)制的财政票据；所收款项全额上缴财政。②单位或者个体工商户聘用的员工为本单位或者雇主提供取得工资的服务。如公司聘用的全职司机为公司提供驾驶服务，不征收增值税。③单位或者个体工商户为聘用的员工提供服务。如公司为其员工提供班车服务，不征收增值税。④财政部和国家税务总局规定的其他内容。

2. “在中国境内”的界定

(1) 在中国境内销售货物，是指销售货物的起运地或者所在地在境内。

(2) 在中国境内提供加工、修理修配劳务，是指提供的应税劳务发生地在境内。

(3) 在境内销售服务、无形资产或者不动产，是指：①服务(租赁不动产除外)或者无形资产(自然资源使用权除外)的销售方或者购买方在境内。②所销售或者租赁的不动产在境内。③所销售自然资源使用权的自然资源在境内。④财政部和国家税务总局规定的其他情形。

可从以下两个方面理解“境内”的含义：一是服务(租赁不动产除外)或者无形资产(自然资源使用权除外)的销售方或者购买方在境内，即境内的单位或者个人作为销售方发生上述应税行为属于在境内发生应税行为，境内的单位或者个人作为购买方在境内发生上述应税行为也属于在境内发生应税行为。例如，境内单位向境外单位购买的咨询服务属于境内销售服务，应当缴纳增值税。二是所销售或者租赁的不动产在境内，以及所销售自然资源使用权的自然资源在境内，即无论是境内单位或者个人，还是境外单位或者个人，只要其发生上述应税行为的标的物在境内，均属于在境内发生应税行为。

【思考 2-14】下列各项中，应缴纳增值税的有(　　)。

A. 电力公司境内销售电力　　　　B. 天然气公司境内销售天然气

C. 中方企业接受德国公司的设计服务　　　　D. 中方企业转让在美国拥有的房产

【解析】正确答案是 ABC。增值税征税范围中既有货物也有服务，除销售的不动产、自然资源使用权在境内外，销售货物和其他服务的，只要有一方在境内，就属于境内销售，依法缴纳增值税。选项 D“销售在美国的房产”，不属于境内销售，不缴纳增值税。

(4) 不属于在境内销售的情形。

下列情形不属于在境内销售服务或者无形资产：①境外单位或者个人向境内单位或者

个人销售完全在境外发生的服务。如境外单位向境内单位提供完全发生在境外的会展服务。②境外单位或者个人向境内单位或者个人销售完全在境外使用的无形资产。如境外单位向境内单位销售完全在境外使用的专利和非专利技术。③境外单位或者个人向境内单位或者个人出租完全在境外使用的有形动产。如境外单位向境内单位或者个人出租完全在境外使用的小汽车。④财政部和国家税务总局规定的其他情形。例如，美国航空公司将中国公民张某从日本运送到法国，该航空运输服务完全发生在境外，不必向中国政府缴纳增值税。

(六)特殊规定

(1) 货物期货(包括商品期货和贵金属期货)，征收增值税，在期货的实物交割环节征收增值税。

(2) 银行销售金银的业务，征收增值税。

(3) 典当业的死当物品销售业务和寄售业代委托人销售寄售物品的业务，均应征收增值税。

(4) 缝纫业务，征收增值税。

(5) 基本建设单位和从事建筑安装业务的企业附设的工厂、车间生产的水泥预制构件、其他构件或建筑材料，用于本单位或本企业建筑工程的，在移送使用时，征收增值税。

(6) 电力公司向发电企业收取的过网费，征收增值税。

(7) 旅店业和饮食业纳税人销售非现场消费的食品，应当征收增值税。

(8) 纳税人提供的矿产资源开采、挖掘、切割、破碎、分拣、洗选等劳务，属于增值税应税劳务，应当缴纳增值税。

(9) 不征收增值税的项目：①根据国家指令无偿提供的铁路运输服务、航空运输服务，属于用于公益事业的服务。②存款利息。③被保险人获得的保险赔付。④房地产主管部门或者其他指定机构、公积金管理中心、开发企业以及物业管理单位代收的住宅专项维修资金。⑤在资产重组过程中，通过合并、分立、出售、置换等方式，将全部或者部分实物资产以及与其相关联的债权、负债和劳动力一并转让给其他单位和个人，其中涉及的不动产、土地使用权转让行为。⑥纳税人在资产重组过程中，通过合并、分立、出售、置换等方式，将全部或者部分实物资产以及与其相关联的债权、负债和劳动力一并转让给其他单位和个人，不属于增值税的征收范围，其中涉及的货物转让，不征收增值税。

【思考 2-15】下列各项中，应征收增值税的是(　　)。

A. 被保险人获得的保险赔付

B. 航空公司根据国家指令无偿提供用于公益事业的航空运输服务

C. 居民存款利息

D. 母公司向子公司出售不动产

【解析】正确答案是D。选择A、B、C属于不征收增值税项目。

二、增值税纳税人和扣缴义务人

增值税纳税人是指在我国境内销售货物或者提供加工、修理修配劳务、进口货物以及销售服务、无形资产或者不动产的单位和个人。单位包括企业、行政单位、事业单位、军

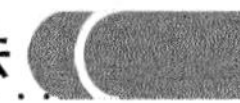

事单位、社会团体及其他单位，个人包括个体经营者及其他个人。

【思考 2-16】下列单位或个人中，属于增值税纳税人的有(　　)。

A. 房产开发公司　　B. 食品加工厂　　C. 商场

D. 零售服装的个体户　　E. 进口设备的企业

【解析】正确答案为 ABCDE。营业税改增值税改革后，除农业外，基本上均缴纳增值税。

单位以承包、承租、挂靠方式经营的，承包人、承租人、挂靠人(以下统称承包人)以发包人、出租人、被挂靠人(以下统称发包人)名义对外经营并由发包人承担相关法律责任的，以该发包人为纳税人；否则，以承包人为纳税人。即同时满足“以发包人名义对外经营”“由发包人承担相关法律责任”两个条件的，以发包人为纳税人；否则以承包人为纳税人。

为了严格增值税的征收管理，按照生产规模大小和财务会计核算是否健全，将增值税的纳税人划分为小规模纳税人和一般纳税人。

(一)小规模纳税人

小规模纳税人是指年销售额在规定标准以下，并且会计核算不健全，不能按规定报送有关税务资料的增值税纳税人。会计核算不健全是指不能正确核算增值税的销项税额、进项税额和应纳税额。我国对小规模纳税人实行简易计税的办法，不允许抵扣进项税额。

1. 小规模纳税人的认定标准

(1) 增值税小规模纳税人标准为年应税销售额 500 万元及以下(≤500 万元)。

年应税销售额是指纳税人在连续不超过 12 个月或四个季度的经营期内累计应征增值税销售额，包括纳税申报销售额、稽查查补销售、纳税评估调整销售额。如果该销售额为含税的，应按照适用税率或征收率换算为不含税的销售额。

(2) 已登记为增值税一般纳税人的单位和个人，转登记日前连续 12 个月或者连续 4 个季度累计销售额未超过 500 万元的，在 2020 年 12 月 31 日前，可选择转登记为小规模纳税人，其未抵扣的进项税额作转出处理。

2. 特殊规定

(1) 会计核算水平。小规模纳税人会计核算健全，能够提供准确税务资料的，可以向主管税务机关申请一般纳税人资格认定，不作为小规模纳税人，依法计算增值税的应纳税额。

会计核算健全，是指能够按照国家统一的会计制度规定设置账簿，根据合法、有效的凭证核算。

(2) 小规模纳税人实行简易征税办法，并且一般不使用增值税专用发票，但可以到税务机关申请代开增值税专用发票。

为持续推进放管服(简政放权、放管结合、优化服务的简称)改革，全面推进小规模纳税人自行开具增值税专用发票。小规模纳税人(其他个人除外)发生增值税应税行为，需要开具增值税专用发票的，可以自愿使用增值税发票管理系统自行开具。

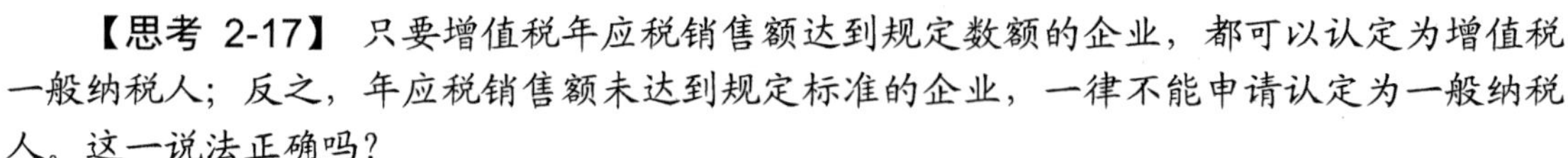

【思考 2-17】 只要增值税年应税销售额达到规定数额的企业，都可以认定为增值税一般纳税人；反之，年应税销售额未达到规定标准的企业，一律不能申请认定为一般纳税人。这一说法正确吗？

【解析】不正确。增值税法规定，小规模纳税人会计核算健全，能够提供准确税务资料的，可以向主管税务机关申请一般纳税人资格认定。

【思考 2-18】下列关于小规模纳税人征税规定的表述中，不正确的是(　　)。

A. 实行简易征税办法　　B. 一律不使用增值税专用发票

C. 不允许抵扣增值税进项税额　　D. 可以请税务机关代开增值税专用发票

【解析】正确答案是 B。小规模纳税人(其他个人除外)发生增值税应税行为，需要开具增值税专用发票的，可以自愿使用增值税发票管理系统自行开具。

(二)一般纳税人

增值税一般纳税人是指“年应税销售额”，超过法律规定的小规模纳税人标准的企业和企业性单位(以下简称企业)。增值税一般纳税人可以使用增值税专用发票，并实行税款抵扣制度。

增值税一般纳税人资格实行登记制，登记事项由增值税纳税人向其主管税务机关办理。

纳税人年应税销售额超过规定标准，且符合政策规定，选择按小规模纳税人纳税的，应当向主管税务机关提交书面说明。如一般纳税人的自来水公司销售自来水可以选择按简易办法依照 3%的征收率征收增值税，不得抵扣相应的进项税额。

下列纳税人不办理一般纳税人资格登记：①除个体经营者以外的其他个人；②按照政策规定，选择按照小规模纳税人纳税的。

个体户以外的个人年应税销售额超过规定标准的，不需要向主管税务机关提交书面说明。

除法律另有规定外，纳税人自其选择的一般纳税人资格生效之日起，按照增值税一般纳税人方法计算应纳税额，并按照规定领用增值税专用发票。

除国家税务总局另有规定外，纳税人一经登记为一般纳税人后，不得转为小规模纳税人(不可逆转)。

(三)扣缴义务人

中华人民共和国境外单位或者个人在境内发生应税行为，在境内未设有经营机构的，以其境内代理人为扣缴义务人；在境内没有代理人的，以购买方为扣缴义务人。

三、增值税税率和征收率

增值税采用比例税率，在生产和批发环节实行以不含税价计税的方式，即“价外税”。

我国现行增值税税率基本上是按照国际通行做法，遵循中性和简便原则。设计了基本税率、低税率和零税率三档税率，小规模纳税人采用简易办法计税的征收率。

(一)税率

1. 基本税率

(1) 一般纳税人销售或者进口货物，除税法规定适用 9%税率或者零税率的外，税率为

13%。

(2) 一般纳税人提供加工、修理修配劳务，税率为13%。

(3) 一般纳税人提供有形动产租赁服务，税率为13%。

2. 低税率

(1) 适用9%税率的货物。自2018年5月1日起，纳税人销售或者进口下列货物，税率为9%。①“涉农类”：粮食等农产品、农药、农膜、化肥、沼气。农产品是指各种植物、动物的初级产品。②“涉民类”：自来水、暖气、石油液化气、天然气、食用植物油、冷气、热水、煤气、居民用煤炭制品，食用盐。③“涉文类”：图书、报纸、杂志、音像制品、电子出版物。④二甲醚。

(2) 一般纳税人提供交通运输、邮政、基础电信、建筑、不动产租赁服务，销售不动产，转让土地使用权，税率为9%。

(3) 一般纳税人销售增值电信服务、金融服务、现代服务(除有形动产租赁13%和不动产租赁服务9%外)和生活服务，销售无形资产(除土地使用权外)，税率为6%。

【思考2-19】下列产品中，适用9%的税率的是(　　)。

A. 洗衣液　　B. 文具盒　　C. 杂粮　　D. 蔬菜罐头

【解析】正确答案是C。选项A、B适用13%的基本税率；适用9%税率的农产品，是指各种植物、动物的初级产品，而选项D蔬菜罐头属于深加工产品。

3. 零税率

(1) 纳税人出口货物，适用零税率，但是，国务院另有规定的除外。

(2) 中华人民共和国境内的单位和个人销售的下列服务和无形资产，适用增值税零税率。①国际运输服务。②航天运输服务。③向境外单位提供的完全发生在境外消费的下列服务：研发服务；合同能源管理服务；设计服务；广播影视节目(作品)的制作和发行服务；软件服务；电路设计及测试服务；业务流程管理服务；离岸服务外包业务；转让技术。④财政部和国家税务总局规定的其他服务。

零税率不同于免税。例如，出口货物免税仅指出口环节不征收增值税，而零税率是指对出口货物除了在出口环节不征增值税外，还要对该产品在出口前已经缴纳的增值税进行退税，使该出口产品在出口时完全不含增值税税款，从而以无税产品进入国际市场，有利于竞争。

【思考2-20】中华人民共和国境内的单位和个人销售的下列服务和无形资产中，适用增值税零税率的有(　　)。

A. 在境外载运旅客或者货物　　B. 在境内载运旅客或者货物出境

C. 航天运输服务　　D. 初级农产品

【解析】正确答案是ABC。选项D属于9%的低税率。

(二)征收率

征收率适用于实行简易计税的小规模纳税人，小规模纳税人增值税征收率为3%，征收率的调整由国务院决定。自2020年3月1日至12月31日，对湖北省增值税小规模纳税人，适用 3%征收率的应税销售收入，免征增值税。除湖北省外，其他省、自治区、直辖市的增值税小规模纳税人，适用 3%征收率的应税销售收入，减按 1%征收率征收增值税。

纳税人兼营不同税率的货物或者应税劳务，应当分别核算不同税率货物或者应税劳务的销售额；未分别核算销售额的，从高适用税率。

一般纳税人在特殊情况下，也按简易办法适用 3%的征收率计算缴纳增值税。具体规定如下。

1. 纳税人销售自己使用过的物品

纳税人销售自己使用过的物品，按下列政策执行。

(1) 一般纳税人销售自己使用过的属于不得抵扣且未抵扣进项税额的固定资产，按简易办法依 3%征收率减按 2%征收增值税。

纳税人销售自己使用过的、购进或自制时已抵扣过的固定资产，按照适用税率征收增值税。

(2) 一般纳税人销售自己使用过的除固定资产以外的物品，应当按照适用税率征收增值税。即购进时抵扣过进项税额，现在销售时，按正常税率计算应缴纳的增值税。

【例 2-1】ABC 公司 2008 年 4 月 1 日购入设备一台，不含税的买价为 400 万元，支付增值税进项税额为 68 万元(营改增之前购入，其增值税进项税款未曾抵扣)。2018 年 6 月 1 日将该设备出售，售价为 309 万元(含税)。试计算该公司出售旧设备应缴纳的增值税。

【解析】因为该设备购进时未抵扣过进项税额，故按 3%征收率减按 2%征收增值税。ABC 公司应缴纳的增值税为：309÷(1+3%)×2%=6(万元)。

【思考 2-21】承例 2-1，若该设备是 2009 年 1 月 5 日购入的，则 ABC 公司出售旧设备应缴纳的增值税为多少？

【解析】若该设备是 2009 年 1 月 5 日购入的，其进项税可以抵扣(2009 年 1 月 10 日起，我国实行消费型增值税改革，允许外购固定资产所含税款一次性扣除)，因此再出售时，按该设备适用的税率计税。ABC 公司应缴纳的增值税为：309÷(1+13%)×13% ≈ 35.55(万元)。

【思考 2-22】承例 2-1，若原购入的不是设备，而是其他物品，再出售时，如何计税？

【解析】若原购入的是其他物品，即固定资产以外的物品，无论何时购入，其进项税额在购进当期允许抵扣。因此，再出售时，无论是否用过，均按正常的销售货物缴税即可。即 ABC 公司应缴纳的增值税为：309÷(1+13%)×13% ≈ 35.55(万元)。

(3) 小规模纳税人(除其他个人外，下同)销售自己使用过的固定资产，减按 2%征收率征收增值税。

小规模纳税人销售自己使用过的除固定资产以外的物品，应按 3%征收率征收增值税。

【例 2-2】承例 2-1，若 ABC 公司为增值税小规模纳税人。①试计算该公司出售旧设备应缴纳的增值税；②若购入的不是设备，而是其他物品，应如何计税？

【解析】① 由于小规模纳税人不允许抵扣进项税，因此无论何时购入的设备再出售时，均按 2%的税率计税，即应缴纳的增值税为:309÷(1+3%)×2%=6 (万元)。

② 若购入的是其他物品，则按 3%征收率计税，即应缴纳的增值税为：309÷(1+3%)×3%=

9 (万元)。

2. 纳税人销售旧货

纳税人销售旧货，按照简易办法依照 3%征收率减按 2%征收增值税。

所谓旧货，是指进入二次流通的具有部分使用价值的货物(含旧汽车、旧摩托车和旧游艇)，但不包括自己使用过的物品。

3. 可选择征收率的适用情形

一般纳税人销售自产的下列货物，可选择按照简易办法依照 3%征收率计算缴纳增值税，选择按照简易办法计算缴纳增值税后，36 个月内不得变更，具体适用范围如下。

(1) 县级及县级以下小型水力发电单位生产的电力。小型水力发电单位，是指各类投资主体建设的装机容量为 5 万千瓦以下(含 5 万千瓦)的小型水力发电单位。

(2) 建筑用和生产建筑材料所用的沙、土、石料。

(3) 以自己采掘的沙、土、石料或其他矿物连续生产的砖、瓦、石灰(不含黏土实心砖、瓦)。

(4) 用微生物、微生物代谢产物、动物毒素、人或动物的血液或组织制成的生物制品。

(5) 自来水。

(6) 商品混凝土(仅限于以水泥为原料生产的水泥混凝土)。

4. 暂按 3%征收率的适用情形

一般纳税人销售货物属于下列情形之一的，暂按简易办法(依照 3%征收率)计算缴纳增值税。

(1) 寄售商店代销寄售物品(包括居民个人寄售的物品在内)。

(2) 典当业销售死当物品。

5. 建筑企业可选择 3%征收率的情形

建筑企业一般纳税人提供建筑服务属于老项目的，可以选择按照简易办法依照 3%征收率征收增值税。

6. 征收率的特殊规定(针对不动产)

(1) 小规模纳税人转让其取得的不动产，按照 5%征收率征收增值税。

(2) 一般纳税人转让其 2016 年 4 月 30 日前取得的不动产，选择按照简易计税方法计税的，按照 5%征收率征收增值税。

(3) 小规模纳税人出租其取得的不动产(不含个人出租住房)，按照 5%征收率征收增值税。

(4) 一般纳税人出租其 2016 年 4 月 30 日前取得的不动产，选择按照简易计税方法计税的，按照 5%征收率征收增值税。

(5) 房地产开发企业(一般纳税人)销售自行开发的房地产老项目，选择按照简易计税方法计税的，按照 5%征收率征收增值税。

(6) 房地产开发企业(小规模纳税人)销售自行开发的房地产项目，按照 5%征收率征收

增值税。

(7) 纳税人提供劳务派遣服务，选择差额纳税的，按照5%征收率征收增值税。

第三节　增值税的计算

一、计税依据

增值税以纳税人的销售额为计税依据。

销售额是指纳税人销售货物、提供应税劳务或者发生应税行为，向购买方收取的全部价款和价外费用，但不包括向购买方收取的增值税税款(销项税额)。

价外费用是指向购买方收取的手续费、补贴、基金、集资费、返还利润、奖励费、违约金(延期付款利息)、包装费、包装物租金、储备费、优质费、运输装卸费、代收款项、代垫款项以及其他各种性质的价外费用。但不包括下列项目。

(1) 向购买方收取的增值税，即销项税额。

(2) 受托加工应征消费税的消费品所代收代缴的消费税。

(3) 同时符合以下条件代为收取的政府性基金或者行政事业性收费。①由国务院或者财政部批准设立的政府性基金，由国务院或者省级人民政府及其财政、价格主管部门批准设立的行政事业性收费；②收取时开具省级以上财政部门印制的财政票据；③所收款项全额上缴财政。

(4) 销售货物的同时代办保险等而向购买方收取的保险费，以及向购买方收取的代购买方缴纳的车辆购置税、车辆牌照费。

(5) 以委托方名义开具发票代委托方收取的款项。

对于价外费用，无论其会计制度如何核算，均应并入销售额计算应纳税额。销售价格明显不合理并无正当理由的，由主管税务机关核定其销售额。

【思考 2-23】一般纳税人收取的下列款项中，应作为价外费用并入销售额计算增值税销项税额的是(　　)。

A. 受托加工应征消费税的消费品所代收代缴的消费税

B. 销售货物时收取的包装费

C. 销售货物的同时代办保险而向购买方收取的保险费

D. 向购买方收取的代购买方缴纳的车辆牌照费

【解析】正确答案是B。

(一)含税销售额的换算

在实践中，有时纳税人往往将销售额和增值税税额合并收取，此时，需要将价税合并的销售额换算为不含税的销售额，其换算公式如下。

1. 一般纳税人销售额换算公式

$$不含税销售额=\frac{含税销售额}{1+税率}$$

增值税一般纳税人向购买方收取的价外费用和逾期包装物押金，应视为含税收入，在征税时要换算成不含税收入再并入销售额计征。

【例 2-3】某企业为增值税一般纳税人，8 月份生产批发服装取得不含增值税收入 80 000 元，另收取购买方违约金 1130 元。试计算该企业 8 月份应税销售额。

【解析】收取的违约金属于价外费，并且含增值税，因此销售额的计算如下。

8 月份应税销售额=80 000+1130÷(1+13%)= 81 000(元)

2. 小规模纳税人销售额换算公式

$$\text{不含税销售额}=\frac{\text{含税销售额}}{1+\text{征收率}}$$

(二)特殊情况的销售额确定

1. 折扣销售

折扣销售也称为商业折扣，是指销售方为鼓励购买者多买而给予的价格折让。纳税人采取折扣方式销售货物，如果销售额和折扣额同在一张发票上应分别注明的，可按冲减折扣额后的余额征收增值税；若将折扣额另开发票的，不论其在财务上如何处理，均不得从销售额中扣减折扣额，即按销售全额计税。

值得注意的是：①折扣销售仅限于价格折扣，如果销货方将货物用于实物折扣的(如买一赠一等)，则不能从销售额中减除，即实物折扣视同销售计税。②折扣销售不同于销售折扣，销售折扣也称现金折扣，是销售方为鼓励买方在一定期限内早日付款而给予的一种折扣优惠。计征增值税时，销售折扣不允许从销售额中扣减，即按销售全额计税。

【思考 2-24】甲公司为增值税一般纳税人，10 月采取折扣方式销售货物一批，该批货物不含税销售额 90 000 元，折扣额 9000 元，销售额和折扣额在同一张发票上分别注明。已知增值税税率为 13%。甲公司当月该笔业务增值税销项税额的下列计算列示中，正确的是(　　)。

A. (90 000−9000)÷(1+13%)×13%=9318.58(元)

B. 90 000×13%=11 700(元)

C. 90 000÷(1+13%)×13%=10 353.98(元)

D. (90 000−9000)×13%=10 530(元)

【解析】正确答案是 D。销售额和折扣额同在一张发票上应分别注明，可按冲减折扣额后的余额征收增值税，本例中销售额不含税，选项 A 不对。

2. 以旧换新

采取以旧换新方式销售货物的，应按新货物的同期销售价格确定销售额，不得从销售额中扣减旧货物的收购价格。但对金银首饰以旧换新业务，可以按照销售方实际收取的不含增值税的全部价款征收增值税。

【例 2-4】某商场为增值税一般纳税人，5 月份采取以旧换新方式销售冰箱 20 台，同时回收 20 台旧冰箱，取得现金收入 41 200 元，每台旧冰箱折价 200 元。该商场零售新冰箱每台含税价为 2260 元。试计算该商场以旧换新业务的销售额。

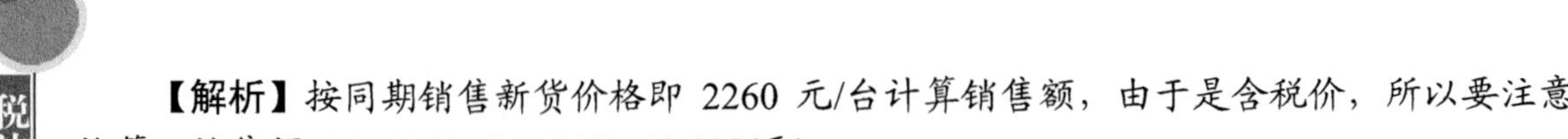

【解析】按同期销售新货价格即 2260 元/台计算销售额，由于是含税价，所以要注意换算：销售额=20×2260÷(1+13%)=40 000(元)。

【思考 2-25】某金店是增值税一般纳税人，3 月份采用以旧换新方式销售纯金项链 10 条，每条新项链的不含税销售额为 4000 元，收购旧项链的不含税金额为每条 2000 元。该笔业务的销项税额为(　　)

A. 6400　　B. 5200　　C. 3200　　D. 2600

【解析】正确答案是 D。金银首饰以旧换新业务，可以按照销售方实际收取的(现金差价)不含增值税的全部价款征收增值税。销项税额=2000×10×13%=2600(元)。

3. 还本销售

采取还本销售方式销售货物的，其销售额就是货物的销售价格，不得从销售额中减除还本支出。还本销售是指纳税人在销售货物后，到一定期限由销货方一次或分次退还给购货方全部或部分价款。实际是一种资金筹集方式，即以货物换取资金的使用价值，到期还本不付息的方法。

4. 以物易物

双方都按购销行为处理，分别开具增值税专用发票，以发出的货物市场价核算销售额并计算销项税额，以收到货物的市场价计算进项税额。

5. 包装物押金

纳税人为销售货物而出租或出借包装物收取的押金，单独记账核算的，不并入销售额。但对因逾期未收回的包装物、不再退还的和已收取周转期为 1 年以上的押金，应并入销售额，并按照所包装货物的适用税率计算增值税。个别包装物周转期长的，报税务机关审批后，可适当放宽逾期期限。

从 1995 年 6 月 1 日起，对销售除啤酒、黄酒外的其他酒类产品收取的包装物押金，无论是否返还以及会计上如何核算，均应并入当期销售额征税。

【思考 2-26】甲厂为增值税一般纳税人，5 月份销售食品取得不含增值税价款 113 万元，另收取包装物押金 2.26 万元，已知增值税税率为 13%，甲厂当月应缴纳增值税的下列计算中，正确的是(　　)。

A. (113+2.26)÷(1+13%)×13%=13.26(万元)

B. 113÷(1+13%)×13%=13(万元)

C. 113×13%=14.69(万元)

D. [113+2.26÷(1+13%)]×13%=14.95(万元)

【解析】正确答案是 C。逾期未收回的包装物押金，并入销售额计算增值税。本题中，该押金未逾期，暂不计税。

6. 核定销售额

纳税人销售货物、提供劳务或发生应税行为价格明显偏低或者偏高且不具有合理商业目的的，或者视同销售行为而无销售额的，由主管税务机关核定其销售额。核定销售额的顺序如下。

(1) 按照纳税人最近时期销售同类货物、服务、无形资产或者不动产的平均价格确定。

(2) 按照其他纳税人最近时期销售同类货物、服务、无形资产或者不动产的平均价格确定。

(3) 按照组成计税价格确定。组成计税价格的计算公式如下。

组成计税价格=成本×(1+成本利润率)

若该货物属于征收消费税的范围，其组成计税价格还应加上消费税税额。其计算公式如下。

组成计税价格=成本×(1+成本利润率)+消费税税额

或　组成计税价格=成本×(1+成本利润率)÷(1−消费税税率)

公式中的“成本”分为两种情况：一是销售自产货物的为实际生产成本；二是销售外购货物的为实际采购成本。“成本利润率”根据规定为10%，但属于从价定率征收消费税的货物，其组成计税价格公式中的成本利润率为《消费税法》中规定的成本利润率(详见本书第三章)。

【例2-5】某食品加工厂为增值税一般纳税人，9月将一批自产新产品甲作为福利发给本厂职工，另将外购5000元的小礼品送给老客户。两类产品均没有同类产品销售价格。已知甲产品生产成本为8000元。试分别计算两项业务的增值税销售额。

【解析】没有同类价格，采用组成计税价格核定销售额如下。

甲产品的销售额=组成计税价格=8000×(1+10%)=8800(元)

小礼品的销售额=组成计税价格=5000×(1+10%)=5500(元)

7. 营改增行业销售额的界定规定

(1) 贷款服务，以提供贷款服务取得的全部利息及利息性质的收入为销售额。

(2) 直接收费金融服务，以提供直接收费金融服务收取的手续费、佣金、酬金、管理费、服务费、经手费、开户费、过户费、结算费、转托管费等各类费用为销售额。

(3) 金融商品转让，按照卖出价扣除买入价后的余额为销售额。

转让金融商品出现正负差，按盈亏相抵后的余额为销售额。若相抵后出现负差，可结转下一纳税期与下期转让金融商品销售额相抵，但年末时仍出现负差的，不得转入下一个会计年度。

金融商品的买入价，可以选择按照加权平均法或者移动平均法进行核算，选择后36个月内不得变更。

金融商品转让，不得开具增值税专用发票。

(4) 经纪代理服务，以取得的全部价款和价外费用，扣除向委托方收取并代为支付的政府性基金或行政事业性收费后的余额为销售额。向委托方收取的政府性基金或行政事业性收费，不得开具增值税专用发票。

(5) 航空运输企业的销售额，不包括代收的机场建设费和代售其他航空运输企业客票而代收转付的价款。

【思考2-27】甲航空公司收取的下列费用，应计入销售额计征增值税的是(　　)。

A. 特价机票改签费

B. 代收转付其他航空公司客票款

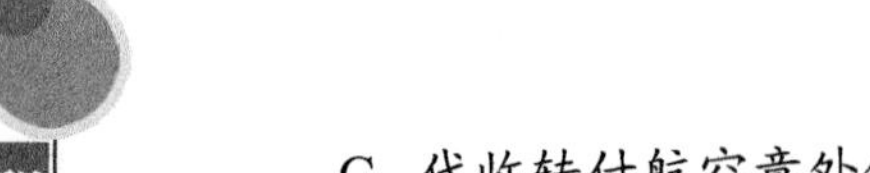

C. 代收转付航空意外保险费

D. 代收机场建设费(民航发展基金)

【解析】正确答案是A。航空运输企业的销售额，不包括代收的机场建设费和代售其他航空运输企业客票而代收转付的价款，选项B、D不计入销售额计税；销售货物(服务)同时代办保险等而向购买方收取的保险费，不包括在销售额内，选项C也不计入销售额计税。

(6) 纳税人提供客运场站服务，以其取得的全部价款和价外费用，扣除支付承运方运费后的余额为销售额。

(7) 纳税人提供旅游服务可以选择以取得的全部价款和价外费用，扣除向旅游服务购买方收取并支付给其他单位或者个人的住宿费、餐饮费、交通费、签证费、门票费和支付给其他接团旅游企业的旅游费用后的余额为销售额。即可以选择余额计税。

选择上述办法计算销售额的纳税人，向旅游服务购买方收取并支付的上述费用，不得开具增值税专用发票，可以开具普通发票。(凡选择余额计税的，一般均不得开具增值税专用发票。)

(8) 纳税人提供建筑服务适用简易计税的，以取得的全部价款和价外费用扣除支付和分包款后的余额为销售额。即采用余额计税。

(9) 房地产开发企业中的一般纳税人销售其开发的房地产项目(简易计税老项目除外)，以取得的全部价款和价外费用，扣除受让土地时向政府部门支付的土地价款后的余额为销售额。

【思考2-28】下列关于营改增行业销售额的表述中，不正确的是(　　)。

A. 贷款服务以提供贷款服务取得的全部利息及利息性质的收入为销售额

B. 金融商品转让出现正负差，按盈亏相抵后的余额为销售额

C. 航空运输服务的销售额不包括代收的机场建设费和代售其他航空运输企业客票而代收转付的价款

D. 客运场站服务以其取得的全部价款和价外费用为销售额

【解析】正确答案是D。一般纳税人提供客运场站服务，以其取得的全部价款和价外费用，扣除支付承运方运费后的余额为销售额。

【思考2-29】选择差额计税的旅游公司发生的下列支出中，在确定增值税销售额时可以扣除的是(　　)。

A. 支付的广告制作费　　B. 替旅游者支付的酒店住宿费

C. 支付的导游工资　　D. 支付的办公室租金

【解析】正确答案是B。纳税人提供旅游服务可以扣除“为旅客支付的费用”，纳税人自身营业发生的费用不可以扣除。

二、一般纳税人应纳税额的计算

增值税一般纳税人采用税款抵扣的方法计税，其计算公式如下。

应纳税额=当期销项税额-当期进项税额

当期销项税额小于当期进项税额不足抵扣时，其不足部分可以结转下期继续抵扣。

(一)销项税额的确定

销项税额是指纳税人销售货物或提供应税行为，按照销售额和规定的税率计算并向购买方收取的增值税税额。其计算公式如下。

销项税额=销售额(或组成计税价格)×税率

(二)进项税额的确定

进项税额是指纳税人购进货物或者接受应税行为，所支付或者负担的增值税税额。进项税额与销项税额是对应的，销售方收取的销项税额就是购买方应支付的进项税额。

【例 2-6】ABC 公司向甲厂销售原材料，取得含税销售额 33 900 元。试分析这项交易中增值税的销项税额与进项税额。已知增值税税率为 13%。

【解析】不含税销售额换算如下。

销售额=33 900÷(1+13%)=30 000(元)

税额=30 000×13%=3900(元)

对 ABC 公司而言，在这起买卖中是收取款项的一方，所以其收取的 3900 元称为销项税额；对甲厂而言，在这起买卖中是支付款项的一方，所以支付的 3900 元称为进项税额。

由于纳税人的当期进项税额可以抵扣当期销项税额，直接影响纳税人应纳增值税税额的多少，因此税法对准予抵扣的进项税额做了以下严格规定。

1. 准予抵扣的进项税额

下列进项税额准予从销项税额中抵扣。

(1) 从销售方取得的增值税专用发票(含税控机动车销售统一发票，下同)上注明的增值税额。

(2) 从海关取得的海关进口增值税专用缴款书上注明的增值税额。

(3) 购进农产品，按照以下办法扣除进项。

① 取得一般纳税人开具的增值税专用发票或者海关进口增值税专用缴款书的，以增值税专用发票或者海关进口增值税专用缴款书上注明的增值税额为进项税额。

取得(开具)农产品销售发票或者收购发票的，以农产品销售发票或者收购发票上注明的农产品买价和 9%的扣除率计算进项税额。例如，面粉厂直接向农民收购玉米一批，开具的收购凭证上注明的农产品买价为 60 万元，则可抵扣的进项为 5.4(60×9%)万元。

从按照简易计税方法依照 3%征收率计算缴纳增值税的小规模纳税人取得增值税专用发票的，按票上注明的金额和 9%的扣除率计算进项税额。例如，某超市从个体户(小规模纳税人)处购进水果以批发或者零售，个体户申请税务局代开增值税专用发票，发票上注明的价款 1000 元、增值税额 30 元。由于该超市购进农产品是用于直接销售的，可以按 9%的扣除率计算进项税额，进项税额为 90(1000×9%)元，即可以重新计算进项多抵扣。

② 购进农产品用于深加工后销售，按 10%的扣除率计算抵扣进项税额。

纳税人购进用于生产销售或委托受托加工 13%税率货物的，按照 10%的扣除率计算进项税额。即购进农产品用于生产深加工的，按取得的增值税专用发票、海关专用缴款书、农产品收购凭证或者销售发票上的销售额和 10%扣除率计算抵扣进项，相比 9%可以多扣 1%，对纳税人有利。例如，甲公司从乙公司(一般纳税人)购入一批苹果用于加工苹果酱，乙公司开具增值税专用发票上注明的价款 1000 元、税额 90 元，属于深加工，甲公司可以重新计算可以抵扣的进项税额，即 1000×10%=100 元，而不是按增值税专用发票上的税额抵扣。

③ 纳税人从批发、零售环节购进适用免征增值税政策的蔬菜、部分鲜活肉蛋而取得的普通发票，不得作为计算抵扣进项税额的凭证。

④ 购进农产品即用于生产销售或委托加工 13%税率的货物又用于生产其他货物服务的，应当分别核算，分别计算抵扣进项，若不能分别核算的，统一按 9%扣除率计算扣除。

【思考 2-30】购进农产品如何抵扣进项税额？

【解析】若购入农产品用于直接销售或简单加工后销售的，按 9%的扣除率计算扣除；若用于深加工的，按 10%的扣除率计算扣除；但是，从批发、零售环节购入蔬菜、部分鲜活肉蛋而取得的普通发票不得抵扣。

(4) 纳税人购进国内旅客运输服务未取得增值税专用发票的，暂按照以下规定确定进项税额。

① 取得增值税电子普通发票的，为发票上注明的税额。

② 取得注明旅客身份信息的航空运输电子客票行程单的，按照下列公式计算进项税额。

航空旅客运输进项税额=(票价+燃油附加费)÷(1+9%)×9%

③ 取得注明旅客身份信息的铁路车票的，按照下列公式计算进项税额。

铁路旅客运输进项税额=票面金额÷(1+9%)×9%

④取得注明旅客身份信息的公路、水路等其他客票的，按照下列公式计算进项税额。

公路、水路等其他旅客运输进项税额=票面金额÷(1+3%)×3%

【思考 2-31】甲公司为增值税一般纳税人，2019 年 9 月购进国内旅客运输服务，取得的下列票据中，可以作为进项税额抵扣依据的有(　　)。

A. 增值税电子普通发票

B. 注明员工身份信息的航空运输电子客票行程单

C. 注明员工身份信息的铁路车票

D. 注明员工身份信息的公路、水路客票

【解析】正确答案为：ABCD。

(5) 从境外单位或者个人购进服务、无形资产或者不动产，自税务机关或者扣缴义务人取得的解缴税款的完税凭证上注明的增值税额。纳税人凭完税凭证抵扣进项税额的，应当具备书面合同、付款证明和境外单位的对账单或者发票。资料不全的，其进项税额不得从销项税额中抵扣。

纳税人取得的增值税扣税凭证不符合法律、行政法规或者国家税务总局有关规定的，其进项税额不得从销项税额中抵扣。增值税扣税凭证是指增值税专用发票、海关进口增值税专用缴款书、农产品收购发票、农产品销售发票以及完税凭证。

【例 2-7】甲厂是增值税一般纳税人，从农业生产者手中收购粮食用于简单加工，农产品收购凭证上注明收购价款为 30 万元，试计算其可以抵扣的进项税额。

【解析】可抵扣的进项税额=30×9%=2.7(万元)。

【例 2-8】A 公司是增值税一般纳税人，4 月份发生以下业务：①从甲厂购买原材料，取得甲厂开具的增值税专用发票，注明货款 200 000 元、增值税 26 000 元，另支付运费 20 000 元、建设基金 5000 元、保险费等 3000 元，取得普通发票；②销售产品一批，取得不含税销售额 300 000 元，另收取送货上门的运输费 11 300 元。已知增值税税率为 13%，试计算 A 公司的进项税额与销项税额。

【解析】

在购买原材料这一交易中，A 公司是支付款项的一方，所支付的税金为进项税额，由于支付运杂费等取得的是普通发票，不得抵扣，所以进项税额的计算如下。

进项税额=200 000×13%＝26 000(元)

在销售产品这一交易中，A 公司是收取款项的一方，所收取的税金为销项税额，需要注意的是，此处的运费不是支付的；而是收取的，属于价外费用性质，由于价外费用含税，需要换算。因此，销项税额的计算如下。

销项税额=300 000×13%＋11 300÷(1+13%)×13%＝40 300(元)

【思考 2-32】在例 2-8 中，运费的处理为什么不同？

【解析】支付运费时，所支付的税金属于进项，能否抵扣要看是否取得货物运输增值税专用发票，即“凭票抵扣”；而收取运费时，运费属于价外费用，应并入销售额计算销项税额，被视为含税收入需要换算为不含税收入。

【思考 2-33】ABC 建筑公司为一般纳税人，12 月份发生的下列增值税进项税额中，准予从销项税额中抵扣的有(　　)。

A. 购进工程所用材料取得增值税专用发票上注明的税额 250 000 元

B. 购进施工现场修建临时建筑物所用材料取得增值税专用发票上注明的税额 1600 元

C. 购进工程设计服务取得增值税专用发票注明税额 800 元

D. 购进办公用品取得增值税普通发票上注明的税额 420 元

【解析】正确答案是 ABC。增值税普通发票不能抵扣。

2. 不得抵扣的进项税额

下列项目的进项税额不得从销项税额中抵扣。

(1) 用于简易计税方法计税项目、免征增值税项目、集体福利或者个人消费的购进货物、加工修理修配劳务、服务、无形资产和不动产。其中涉及的固定资产、无形资产、不动产，仅指专用于上述项目的固定资产、无形资产(不包括其他权益性无形资产)、不动产。

纳税人的交际应酬消费属于个人消费。

(2) 非正常损失的购进货物，以及相关的加工修理修配劳务和交通运输服务。

(3) 非正常损失的在产品、产成品所耗用的购进货物(不包括固定资产)、加工修理修配劳务和交通运输服务。

(4) 非正常损失的不动产，以及该不动产所耗用的购进货物、设计服务和建筑服务。

(5) 非正常损失的不动产在建工程所耗用的购进货物、设计服务和建筑服务。

纳税人新建、改建、扩建、修缮、装饰不动产，均属于不动产在建工程。

上述“非正常损失”是指因“管理不善”造成被盗、丢失、霉烂变质的损失，以及因违反法律法规造成货物或不动产被依法没收、毁损、拆除的情形。若是自然灾害造成的损失其进项税额可以抵扣。例如，甲公司购进一批材料，取得增值税专用发票上注明的税额1.3万元，运输过程中因管理不善丢失了5%，又因不可抗力毁损了30%。则可抵扣的进项税额为1.235(1.3−1.3×5%)万元。

(6) 购进的贷款服务、餐饮服务、居民日常服务和娱乐服务。

(7) 纳税人接受贷款服务向贷款方支付的与该笔贷款直接相关的投融资顾问费、手续费、咨询费等费用，其进项税额不得从销项税额中抵扣。

(8) 财政部和国家税务总局规定的其他情形。

【思考2-34】下列各项中，不得从销项税额中抵扣进项税额的有(　　)。

A. 用于集体福利购进的商品

B. 生产应税产品购入的原材料

C. 因管理不善被盗材料所支付的增值税税款

D. 购进不动产耗用装修材料所支付的增值税税款

【解析】正确答案为AC。用于集体福利或非正常损失的购进货物不得从销项税额中抵扣进项税额。自2016年5月1日全面实行增值税以来，外购用于不动产、无形资产等进项税额均可抵扣。

【思考2-35】一般纳税人购进的下列服务中，准予抵扣进项税额的有(　　)。

A. 贷款服务　　B. 住宿服务

C. 餐饮服务　　D. 广告

【解析】正确答案是BD。纳税人购进的贷款服务(选项A)、餐饮服务(选项C)、居民日常服务和娱乐服务，不得抵扣进项税额。

适用一般计税方法的纳税人，兼营简易计税方法计税项目、免征增值税项目而无法划分不得抵扣的进项税额，按照下列公式计算不得抵扣的进项税额。

不得抵扣的进项税额=当期无法划分的全部进项税额×(当期简易计税方法计税项目销售额+免征增值税项目销售额)÷当期全部销售额

【例2-9】某糖厂生产销售白糖，同时，又向饲料厂销售甜菜渣(免增值税)。6月份从农业生产者手中购买甜菜30万元，对外出售白糖取得收入45万元，销售甜菜渣5万元，无法区分甜菜移用加工白糖和形成甜菜渣的使用量，试计算该糖厂6月份不得抵扣的进项税额。

【解析】由于销售甜菜渣项目免增值税，因此形成甜菜渣的进项税额不得抵扣；又由于无法区分不得抵扣进项税额，因此按其收入比计算如下。

购买甜菜的全部进项税额=30×10%=3(万元)

不得抵扣的进项税额=3×5÷(45+5)=0.3(万元)

纳税人因销货退回或折让而退还给购买方的增值税税额，应从发生销货退回或折让当期的销项税额中扣减；因进货退出或折让而收回的增值税税额，应从发生进货退回或折让当期的进项税额中扣减。若不按规定扣减，造成不纳或少纳增值税的，按偷税予以处罚。

已抵扣进项税额的购进货物(不含固定资产)、劳务、服务，发生按规定不允许抵扣而已经抵扣进项税额的行为，应当将该进项税额从当期进项税额中扣减；无法确定该进项税

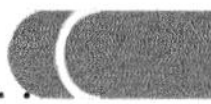

额的，按照当期实际成本计算应扣减的进项税额。

已抵扣进项税额的固定资产、无形资产或者不动产，发生按规定不允许抵扣而已经抵扣进项税额的行为，按照下列公式计算不得抵扣的进项税额。

不得抵扣的进项税额=固定资产、无形资产或者不动产净值×适用税率

固定资产、无形资产或者不动产净值，是指纳税人根据财务会计制度计提折旧或摊销后的余额。

3. 购进不动产或者不动产在建工程的进项税额

自2019年4月1日起，增值税一般纳税人取得不动产或不动产在建工程的进项税额不再分两年抵扣。此前按照规定尚未抵扣完毕的待抵扣进项税额，可自2019年4月税款所属期起从销项税额中抵扣。

取得不动产，包括以直接购买、接受捐赠、接受投资入股、自建以及抵债等各种形式取得的不动产。

4. 一般纳税人选择简易计税不得抵扣进项税额

一般纳税人发生下列应税行为可选择简易方法计税，不允许抵扣进项税额。

(1) 公共交通运输服务，包括轮客渡、公交客运、地铁、城市轻轨、出租车、长途客运、班车。

(2) 经认定的动漫企业为开发动漫产品提供的动漫脚本编撰、形象设计、背景设计、动画设计、分镜、动画制作、摄制、描线、上色、画面合成、配音、配乐、音效合成、剪辑、字幕制作、压缩转码(面向网络动漫、手机动漫格式适配)服务，以及在境内转让动漫版权(包括动漫品牌、形象或者内容的授权及再授权)。

(3) 电影放映服务、仓储服务、装卸搬运服务、收派服务和文化体育服务。

(4) 以纳入营改增试点之日前取得的有形动产为标的物提供的经营租赁服务。

(5) 在纳入营改增试点之日前签订的尚未执行完毕的有形动产租赁合同。

【思考2-36】营改增试点的一般纳税人发生下列行为中，可以选择简易计税方法计税的有(　　)。

A. 电影放映　　　　B. 文化体育服务

C. 收派服务　　　　D. 公交客运服务

【解析】正确答案是ABCD。

【例2-10】某电器商场为增值税一般纳税人。3月份发生如下经济业务。

(1) 销售空调取得含税销售收入171 760元，同时提供安装服务收取安装费19 210元。

(2) 销售电视机120台，每台含税零售单价为2147元。

(3) 购进本商场自用的自动收款机一批，增值税专用发票上注明的价款为20 000元，增值税税额为2600元。

(4) 购进热水器50台，不含税单价为800元，购进DVD播放机100台，不含税单价为600元，两项业务均已支付货款并取得增值税专用发票，另支付运费20 000元，取得专用发票，税率为9%。

(5) 当月该商场其他商品含税销售额为158 200元。

要求：计算该商场3月份应纳增值税税额。

【解析】

当期销项税额=(171 760+19 210)÷(1+13%)×13%+120×2 147÷(1+13%)×13%
+158 200 ÷(1+13%)×13%
=53 430(元)

当期进项税额=2600+50×800×13%+100×600×13%+20 000×9%
=17 400(元)

当期应纳税额=53 430−17 400=36 030(元)

【例2-11】某银行为增值税一般纳税人，第二季度发生的有关经济业务如下。

(1) 购进5台自助存款机，取得增值税专用发票上注明的金额为40万元，增值税为5.2万元。

(2) 租入一套房屋作为营业部，租金总额105万元，取得增值税专用发票上注明的金额为100万元，增值税为5万元。

(3) 办理公司业务，收取结算手续费(含税)31.8万元；收取账户管理费(含税)26.5万元。

(4) 办理贷款业务，取得利息收入(含税)1.06亿元。

(5) 吸收存款8亿元。

已知该银行取得的增值税专用发票均符合规定，并已认证；提供金融服务适用的增值税税率为 6%。计算该银行第二季度应纳增值税税额。

【解析】

当期销项税额=31.8÷(1+6%)×6%+26.5÷(1+6%)×6%+1.06×10 000÷(1+6%)×6%
=1.8+1.5+600=603.3(万元)

当期进项税额=5.2+5=10.2(万元)

应纳增值税税额=603.3−10.2=593.1(万元)

三、小规模纳税人应纳税额的计算

小规模纳税人销售货物、提供应税劳务或者发生应税行为采用简易计税方法计税，应按照销售额和规定的征收率计算应纳增值税税额，不得抵扣进项税额。其计算公式如下。

应纳税额=销售额×征收率

简易计税方法的销售额不包括其应纳税额，纳税人采用销售额和应纳税额合并定价方法的，按照下列公式计算销售额。

销售额=含税销售额÷(1+征收率)

一般纳税人发生财政部和国家税务总局规定的特定应税行为，可以选择适用简易计税方法计税，但一经选择，36 个月内不得变更。

【例 2-12】某商店是增值税小规模纳税人。2018 年 3 月份取得零售收入 30 900 元，当月购进商品取得的增值税专用发票上注明的价和税分别为 20 000 元和 2600 元，另支付运费 1000 元。试计算该商店 3 月份应纳增值税税额。

【解析】小规模纳税人采用简易计税方法计税，不得抵扣任何进项税额，所以该商店 3 月份应纳税额计算如下。

应纳税额=30 900÷(1+3%)×3%=900(元)。

四、进口货物应纳税额的计算

纳税人进口货物，应按照组成计税价格和规定的增值税税率计算应纳税额，不得抵扣任何税额(指在国外已纳税额)。其计算公式如下。

$$组成计税价格=关税完税价格+关税+消费税$$
$$=\frac{关税完税价格\div 关税}{1-消费税税率}$$
$$应纳税额=组成计税价格\times 比例税率$$

关税完税价格是指海关核定的关税计税价格，包括已纳关税税额，如果进口的货物属于消费税应税产品，则其组成计税价格中还应包括已纳消费税税额。

【例 2-13】某进出口公司为增值税一般纳税人，2018 年 6 月报送进口电子游戏机 200 台(非消费税应税产品)，关税完税价格为 60 000 元，关税税额为 78 000 元。已缴进口关税和海关代征的增值税，并已取得增值税完税凭证。当月对外售出 180 台，每台不含税售价为 1000 元，同时支付运费 10 000 元，取得增值税专用发票。试计算该公司当月进口环节和销售环节应纳增值税税额。

【解析】

(1) 进口环节应纳税额的计算。

组成计税价格=60 000+78 000= 138 000(元)

增值税应纳税额=138 000×13% =17 940 (元)

(2) 销售环节应纳税额的计算。

销项税额=180×1000×13%=23 400(元)

进项税额=17 940+10 000×9%=18 840(元)

应纳税额=17 940−18 840 =4560(元)

五、扣缴计税方法

境外单位或个人在境内发生应税行为，在境内未设有经营机构的，扣缴义务人按下列公式计算应扣缴税额。

$$应扣缴税额=购买方支付的价款\div(1+税率)\times 税率$$

例如，甲公司为一般纳税人，接受 ABC 境外广告公司(在国内未设经营机构)设计服务，按合同应支付境外设计费 10 万元，则甲公司应代扣增值税为：10÷(1+6%)×6%=0.566(万元)。甲公司可以持完税凭证将 0.566 万元作为本公司的进项税抵扣。

第四节　增值税的征收管理

一、增值税纳税义务的发生时间

增值税纳税义务的发生时间是指增值税纳税人、扣缴义务人发生应税和扣缴税款行为应承担纳税义务和扣缴义务的起始时间。根据规定，纳税人销售货物或发生应税行为的，其纳税义务发生的时间为收讫销售款项或者取得销售款项凭据的当天；先开具发票的，为开具发票的当天。收讫销售款项是指纳税人销售货物、服务、无形资产、不动产过程中或者完成后收到款项。取得索取销售款项凭据的当天，是指书面合同确定的付款日期；未签订书面合同或者书面合同未确定付款日期的，为服务、无形资产转让完成的当天或者不动产权属变更的当天。

按销售结算方式的不同，具体规定如下。

(1) 采取直接收款方式销售货物的，不论货物是否发出，均为收到销售额或取得索取销售额的凭据，并将提货单交给买方的当天。

(2) 采取托收承付和委托银行收款方式销售货物的，为发出货物并办妥托收手续的当天。

(3) 采取预收货款方式销售货物的，为货物发出的当天。但生产销售生产工期超过12个月的大型机械设备、船舶、飞机等货物，为收到预收款或者书面合同约定的收款日期的当天。纳税人提供建筑服务、租赁服务采取预收款方式的，其纳税义务发生时间为收到预收款的当天。

值得注意的是，纳税人提供租赁服务采取预收款方式的，其纳税义务发生时间为收到预收款的当天。例如，某试点纳税人出租一辆小轿车，租金5000元/月，一次性预收了对方一年的租金共60 000元，则应在收到60 000元租金的当天确认纳税义务发生，并按60 000元确认收入。而不能将60 000元租金采取按月分摊确认收入的方法，也不能在该业务完成后再确认收入。

(4) 采取赊销和分期收款结算方式的，为合同约定的收款日期的当天，无书面合同的或者书面合同没有约定收款日期的，为货物发出的当天。

(5) 委托其他纳税人代销货物的，为收到代销单位的代销清单或者收到全部或者部分货款的当天。未收到代销清单及货款的，为发出代销货物满180天的当天。

(6) 销售应税劳务的，为提供劳务的同时收讫销售额或取得索取销售额凭据的当天。

(7) 进口货物的，纳税义务所发生的时间为报关进口的当天。

(8) 纳税人发生视同销售货物行为的(将货物交付他人代销和销售代销货物除外)，为货物移送使用的当天。纳税人发生视同销售应税行为的，其纳税义务发生时间为服务、无形资产转让完成的当天或者不动产权属变更的当天。

(9) 纳税人从事金融商品转让的，为金融商品所有权转移的当天。

增值税扣缴义务发生时间为纳税人增值税纳税义务发生的当天。

【思考2-37】下列关于增值税纳税义务发生时间的表述中，正确的有(　　)。

A. 采取分期付款结算方式的，为货物发出的当天

B. 采取委托银行收款结算方式的，为货物发出的当天

C. 采取交款提货结算方式的，为收到货款的当天

D. 采取预收货款结算方式的，为实际收到货款的当天

【解析】正确答案是BC。

【思考 2-38】下列关于增值税纳税义务发生时间的表述中，不正确的是(　　)。

A. 纳税人发生应税行为先开具发票的，为开具发票的当天

B. 纳税人发生视同销售不动产的，为不动产权属变更的当天

C. 纳税人提供租赁服务采取预收款方式的，为租期届满的当天

D. 纳税人从事金融商品转让的，为金融商品所有权转移的当天

【解析】正确答案是 C。纳税人提供租赁服务采取预收款方式的，其纳税义务发生时间为收到预收款的当天。

二、增值税的纳税期限

增值税的纳税期限分别为 1 日、3 日、5 日、10 日、15 日、1 个月或者 1 个季度。纳税人的具体纳税期限，由主管税务机关根据纳税人应纳税额的大小分别核定；不能按照固定期限纳税的，可以按次纳税。纳税人以 1 个月或者 1 个季度为 1 个纳税期的，自期满之日起 15 日内申报纳税；以 1 日、3 日、5 日、10 日或者 15 日为 1 个纳税期的，自期满之日起 5 日内预缴税款，于次月 1 日起 15 日内申报纳税并结清上月应纳税款。

以 1 个季度为纳税期限的规定适用于小规模纳税人、银行、财务公司、信托投资公司、信用社，以及财政部和国家税务总局规定的其他纳税人。不能按照固定期限纳税的，可以按次纳税。小规模纳税人的具体纳税期限，由主管税务机关根据其应纳税额的大小分别核定。

纳税人进口货物，应当自海关填发税款缴纳书之日起 15 日内缴纳税款。

三、增值税的纳税地点

(1) 固定业户应当向其机构所在地或者居住地主管税务机关申报纳税。总机构和分支机构不在同一县(市)的，应当分别向各自所在地的主管税务机关申报纳税；经财政部和国家税务总局或者其授权的财政和税务机关批准，可以由总机构汇总向总机构所在地的主管税务机关申报纳税。

(2) 固定业户到外县(市)销售货物的，应当向其机构所在地主管税务机关申请开具外出经营税收管理证明，向其机构所在地主管税务机关申报纳税。未持有其机构所在地主管税务机关核发的外出经营活动税收管理证明，到外县(市)销售货物或者应税劳务的，应当向销售地主管税务机关申报纳税，销售地主管税务机关按规定的征收率征税。其在销售地发生的销售额回原所在地后，仍应按规定申报纳税，在销售地缴纳的税款不得从当期应纳税额中扣减。

(3) 非固定业户销售货物或者应税行为，应当向销售地或应税行为地主管税务机关申报纳税。未申报纳税的，由其机构所在地或者居住地主管税务机关补征税款。

(4) 其他个人提供建筑服务，销售或者租赁不动产，转让自然资源使用权，应向建筑服务发生地、不动产所在地、自然资源所在地主管税务机关申报纳税。

(5) 进口货物应当由进口人或者其代理人向报关地海关申报纳税。

(6) 扣缴义务人应当向其机构所在地或者居住地主管税务机关申报缴纳扣缴的税款。

四、增值税专用发票的使用与管理

(一)增值税专用发票的内容和领用

1. 增值税专用发票的内容

专用发票是指一般纳税人销售货物或者提供应税劳务开具的发票，是购买方支付增值税税额并可按照增值税有关规定据以抵扣增值税进项税额的凭证。专用发票由基本联次或者基本联次附加其他联次构成，基本联次为以下三联。

(1) 发票联，作为购买方核算采购成本和增值税进项税额的记账凭证。

(2) 抵扣联，作为购买方报主管税务机关认证和留存备查的凭证。

(3) 记账联，作为销售方核算销售收入和增值税销项税额的记账凭证。

其他联次的用途，由一般纳税人自行确定。增值税专用发票票样如表 2-1 所示。

专用发票实行最高开票限额管理。最高开票限额是指单份专用发票开具的销售额合计数不得达到的上限额度。一般纳税人申请最高开票限额时，需填报《最高开票限额申请表》。最高开票限额由一般纳税人申请，税务机关依法审批。最高开票限额为 10 万元及以下的，由区县级税务机关审批；最高开票限额为 100 万元的，由地市级税务机关审批；最高开票限额为 1000 万元及以上的，由省级税务机关审批。防伪税控系统的具体发行工作由区县级税务机关负责。

1000000000　　××增值税专用发票　　№ 00000000

发票联

开票日期:

<table>
<tr><td>购买方</td><td colspan="4">名　　称:
纳税人识别号:
地 址、电 话:
开户行及账号:</td><td>密码区</td><td colspan="4">(略)</td></tr>
<tr><td colspan="2">货物或应税劳务、服务名称

合　计</td><td>规格型号</td><td>单位</td><td>数量</td><td>单价</td><td>金额</td><td>税率</td><td>税额</td></tr>
<tr><td colspan="2">价税合计(大写)</td><td colspan="7">(小写)</td></tr>
<tr><td>销售方</td><td colspan="4">名　　称:
纳税人识别号:
地 址、电 话:
开户行及账号:</td><td>备注</td><td colspan="4"></td></tr>
</table>

第三联：发票联　购买方记账凭证

收款人:　　复核:　　开票人:　　销售方:(章)

图 2-1　电脑版专用发票票样

2. 增值税专用发票的领用

增值税专用发票只限于增值税一般纳税人领购和使用，小规模纳税人和非增值税纳税

人不得领购使用。但一般纳税人有下列情形之一者，不得领购使用专用发票。

(1) 会计核算不健全。

(2) 有《税收征管法》规定的税收违法行为，拒不接受税务机关处理的。

(3) 有下列行为之一，经税务机关责令限期改正而仍未改正的：虚开增值税专用发票；私自印制专用发票；向税务机关以外的单位和个人买取专用发票；借用他人专用发票；未按规定要求开具专用发票；未按规定保管专用发票和专用设备；未按规定申请办理防伪税控系统变更发行；未按规定接受税务机关检查。

商业企业一般纳税人零售的烟、酒、食品、服装、鞋帽(不包括劳保专用)、化妆品等消费品不得开具专用发票。

(二)增值税专用发票的开具范围

一般纳税人销售货物(包括视同销售)、提供应税劳务以及应当征收增值税的非应税劳务(以下简称销售应税项目)，应当向购买方开具专用发票。但下列情形不得开具增值税专用发票。

(1) 向消费者个人销售货物、服务、无形资产或者不动产的。

(2) 销售货物或者应税行为适用免税规定的(法律、法规及国家税务总局另有规定的除外)。

(3) 商业企业一般纳税人零售烟、酒、食品、服装、鞋帽(不包括劳保专用部分)、化妆品等消费品的。

【思考 2-39】下列各项中，不得开具增值税专用发票的有(　　)。

A. 向消费者销售应税行为　　B. 销售报关出口的货物

C. 转让非专利技术　　D. 将货物交给他人代销

【解析】正确答案为 ABC。

(三)增值税专用发票的开具要求

一般纳税人填开专用发票时，在填写内容上必须做到以下 4 点。

(1) 项目填写齐全，与实际交易相符。

(2) 字迹清楚，不得压线、错格。

(3) 发票联和抵扣联加盖财务专用章或发票专用章。

(4) 按照增值税纳税义务的发生时间开具。

如果开具的专用发票有不符合以上所列要求的，不得作为扣税凭证，购买方有权拒收。

(四)发生退货或销售折让的处理

一般纳税人的销售方如果销售货物并向购买方开具了专用发票后，发生了退货或销售折让，应视不同情况分别按以下规定办理。

(1) 购买方在未付货款并且未作账务处理的情况下，须将原发票联和税款抵扣联主动退还销售方。销售方收到后，应在该发票联和税款抵扣联及有关的存根联、记账联上注明“作废”字样，作为扣减当期销项税额的凭证。未收到购买方退还的专用发票前，销售方不得扣减当期的销项税额。属于销售折让的，销售方应按折让后的货款重开专用发票。

(2) 购买方已付货款，或者货款未付但已作账务处理，发票联及抵扣联无法退还的情况下，购买方必须取得当地主管税务机关开具的进货退出或索取折让证明单(以下简称证明单)送交销售方，作为销售方开具红字专用发票的合法依据。销售方在未收到证明单以前，不得开具红字专用发票。收到证明单后，根据退回货物的数量、价款或折让金额向购买方开具红字专用发票。红字专用发票的存根联和记账联作为销售方扣减当期销项税额的凭证，其发票联和税款抵扣联作为购买方扣减进项税额的凭证。

购买方收到红字专用发票后，应将红字专用发票所注明的增值税税额从当期进项税额中扣减。如不扣减，造成不纳税或少纳税的，属于偷税行为。

五、税收优惠和出口退(免)税

(一)税收优惠

1. 增值税的免税项目

(1) 农业生产者销售的自产农产品。这类产品是指直接从事种植业、养殖业、林业、牧业或水产业的单位和个人销售自产的属于税收政策规定范围的农产品。农产品是指初级农产品，具体范围由财政部、国家税务总局规定。

(2) 避孕药品和用具。

(3) 古旧图书，即指向社会收购的古旧图书。

(4) 直接用于科学研究、科学实验和教学的进口仪器或设备。

(5) 外国政府和国际组织无偿援助的进口物资和设备。

(6) 由残疾人组织直接进口供残疾人专用的物品。

(7) 销售自己使用过的物品，即指其他个人自己使用过的物品。

【思考 2-40】下列项目中，免征增值税的有(　　)。

A. 报纸、杂志　　B. 面粉

C. 农民出售自己种植的棉花　　D. 古旧图书

【解析】正确答案为 CD。选项 B 属于加工后的农产品，适用 9%的增值税税率。

2. 营业税改增值税过渡政策

(1) 下列项目免征增值税。托儿所、幼儿园提供的保育和教育服务；养老机构提供的养老服务；残疾人福利机构提供的育养服务；婚姻介绍服务；殡葬服务；残疾人员本人为社会提供的服务；医疗机构提供的医疗服务；从事学历教育的学校提供的教育服务；学生勤工俭学提供的服务；农业机耕、排灌、病虫害防治、植物保护、农牧保险以及相关技术培训业务，家禽、牲畜、水生动物的配种和疾病防治；纪念馆、博物馆、文化馆、文物保护单位管理机构、美术馆、展览馆、书画院、图书馆在自己的场所提供文化体育服务取得的第一道门票收入；个人转让著作权；个人销售自建自用住房；金融同业往来利息收入；纳税人提供技术转让、技术开发和与之相关的技术咨询、技术服务；将土地使用权转让给农业生产者用于农业生产；福利彩票、体育彩票的发行收入；涉及家庭财产分割的个人无偿转让不动产、土地使用权。

【思考 2-41】下列各项中，不属于免税项目的是(　　)。

A. 养老机构提供的养老服务　　B. 装修公司提供的装饰服务

C. 婚介所提供的婚姻介绍服务　　D. 托儿所提供的保育服务

【解析】正确答案是 B。A、C、D 为免税项目。

(2) 增值税即征即退优惠政策。①一般纳税人提供管道运输服务，对其增值税实际税负超过 3%的部分实行增值税即征即退政策。②经人民银行、银监会或者商务部批准从事融资租赁业务的试点纳税人中的一般纳税人，提供有形动产融资租赁服务和有形动产融资性售后回租服务，对其增值税实际税负超过 3%的部分实行增值税即征即退政策。

增值税实际税负，是指纳税人当期提供应税服务实际缴纳的增值税税额占纳税人当期提供应税服务取得的全部价款和价外费用的比例。

(3) 金融企业贷款利息优惠政策。金融企业发放贷款后，自结息日起 90 天内发生的应收未收利息按现行规定缴纳增值税，自结息日起 90 天后发生的应收未收利息暂不缴纳增值税，待实际收到利息时按规定缴纳增值税。

(4) 个人转让住房优惠政策。个人将购买不足 2 年的住房对外销售的，按照 5%的征收率全额缴纳增值税；个人将购买 2 年以上(含 2 年)的住房对外销售的，免征增值税(北京、上海、广州、深圳除外)。

3. 未达起征点免征

个人发生应税行为的销售额未达到增值税起征点的，免征增值税；达到起征点的，全额计算缴纳增值税。现行增值税起征点的幅度规定如下。

(1) 按期纳税的，为月销售额 5000～20 000 元(含本数)。

(2) 按次纳税的，为每次(日)销售额 300～500 元(含本数)。

其具体起征点由省级国家税务局在规定幅度内确定。增值税的起征点只适用于个人，不适用于登记为一般纳税人的个体工商户。

4. 小微企业免税规定

(1) 增值税小规模纳税人月销售额不超过 3 万元(含 3 万元，下同)的，免征增值税。其中，以 1 个季度为纳税期限的增值税小规模纳税人，季度销售额不超过 9 万元的，免征增值税。

(2) 增值税小规模纳税人月销售额不超过 3 万元(按季纳税 9 万元)的，当期因代开增值税专用发票(含货物运输业增值税专用发票)已经缴纳的税款，在专用发票全部联次追回或者按规定开具红字专用发票后，可以向主管税务机关申请退还。

5. 其他减免税规定

(1) 纳税人兼营免税项目的，应单独核算免税项目的销售额；未单独核算销售额的，或者不能准确提供免税项目销售额的，不得免税。

(2) 纳税人销售货物或应税行为适用免税规定的，可以放弃免税，依法缴纳增值税。放弃免税后，36 个月内不得再申请免税。纳税人放弃免税权，应当以书面形式提交放弃免税权声明，报主管税务机关备案。纳税人自提交备案资料的次月起，依照现行规定缴纳增值税。纳税人一经放弃免税权，其生产销售的全部增值税应税货物或劳务均应按照适用税率征税，不得选择某一免税项目放弃免税权，也不得根据不同的销售对象选择部分货物或劳务放弃免税权。

【思考 2-42】下列关于增值税纳税人放弃免税权的说法中，正确的是(　　)。

A. 纳税人可以根据不同的销售对象选择部分货物放弃免税权

B. 纳税人应以书面形式提出放弃免税申请，报主管税务机关审批

C. 纳税人自税务机关受理其放弃免税声明的当月起 12 个月内不得申请免税

D. 纳税人自提交备案资料的次月起，依照现行规定缴纳增值税

【解析】正确答案为 D。

(3) 纳税人发生应税行为同时适用免税和零税率规定的，纳税人可以选择适用免税或者零税率。

(二)出口退(免)税

出口产品退(免)税是国际上通行的税收规则，目的在于鼓励本国产品出口，使本国产品以不含税价格进入国际市场，增强产品的竞争能力。我国实行出口货物零税率的优惠政策(除少数特殊货物外)。所谓零税率，是指货物在出口时整体税负为零。不但出口环节不必纳税，而且还可以退还以前环节已纳税款。

根据出口货物的不同种类和采取的不同形式，我国的出口货物税收政策分为出口免税并退税(如外贸企业、一般纳税人生产企业等)、出口免税不退税(如小规模企业)、出口不免税也不退税(如计划外出口的原油及其他国家禁止出口的产品)三种。

目前，我国出口货物的退税率主要有 13%、10%、9%、6%等几档。出口企业应将不同税率的货物分开核算和申报，凡划分不清适用的退税率，一律从低适用退税率计算退(免)税。

出口货物退(免)税计算办法有两种：一种是“免、抵、退”办法，主要适用于自营和委托出口自产货物的生产企业。“免”是指免征生产销售环节的增值税；“抵”是指出口货物所耗用的原材料等所含应予退还的进项税额，先抵顶内销货物的应纳税额；“退”是指当月应抵的进项税额大于应纳税额时，对未抵扣完的部分予以退税。另一种是“先征后退”办法，主要适用于收购货物出口的外贸企业，在货物出口后按收购成本与退税率计算退税。

第五节　纳税申报与账务处理

一、纳税申报

纳税人无论有无销售额，均应按主管税务机关核定的纳税期限填报纳税申报表，并于次月 1 日至 15 日内，向当地国家税务局申报纳税并结清上月应纳税款。无论是一般纳税人还是小规模纳税人缴纳增值税，均由国家税务局征收管理。纳税人应按有关规定及时办理纳税申报，并如实填写增值税纳税申报表(见表 2-1 和表 2-2)及其附表和附列资料。

表 2-1 增值税纳税申报表

（适用于一般纳税人）

根据《中华人民共和国增值税暂行条例》第 22 条和第 23 条的规定制定本表。纳税人不论有无销售额，均应按主管税务机关核定的纳税期限按期填报本表，并于次月 1 日至 15 日内，向当地税务机关申报。

税款所属期限：2018 年 06 月 01 日至 2018 年 06 月 30 日　　　填表日期：2018 年 07 月 08 日

纳税人识别号：460280304010296　　所属行业：工业企业　　金额单位：元(列至角分)

纳税人名称(公章)	ABC 有限责任公司	法定代表人姓名	张海涛	注册地址	新疆昌吉市文化路 19 号	企业登记注册类型	有限责任公司
开户银行及账户	昌吉市工商银行 4700031509002525553			营业地址	新疆昌吉市文化路 19 号	电话号码	2830135

	项 目	栏 次	一般货物及劳务		即征即退货物及劳务	
			本月数	本年累计	本月数	本年累计
销售额	(一)按适用税率征税货物及劳务销售额	1	2 186 400.00	3 738 400.00	0.00	0.00
	其中：应税货物销售额	2	2 126 400.00	3 626 400.00	0.00	0.00
	应税行为销售额	3	60 000.00	112 000.00	0.00	0.00
	纳税检查调整的销售额	4	0.00	0.00	0.00	0.00
	(二)按简易征收办法征税货物销售额	5	0.00	0.00	0.00	0.00
	其中：纳税检查调整的销售额	6	0.00	0.00	0.00	0.00
	(三)免、抵、退办法出口货物销售额	7	0.00	0.00		
	(四)免税货物及劳务销售额	8	0.00	0.00		
	其中：免税货物销售额	9	0.00	0.00		
	免税劳务销售额	10	0.00	0.00		
税款计算	销项税额	11	284 232.00	525 062.00	0.00	0.00
	进项税额	12	231 667.00	367 267.00	0.00	0.00
	上期留抵税额	13	0.00		0.00	
	进项税额转出	14	110 760.00	110 760.00	0.00	0.00
	免抵退货物应退税额	15	0.00	0.00		
	按适用税率计算的纳税检查应补缴税额	16	0.00	0.00		
	应抵扣税额合计	17=12+13-14-15+16	120 907.00		0.00	
	实际抵扣税额	18	120 907.00	256 507.00	0.00	0.00
	按适用税率计算的应纳税额	19=11-18	163 325.00	268 555.00	0.00	0.00
	期末留抵税额	20=17-18	0.00		0.00	
	简易征收办法计算的应纳税额	21	0.00	0.00	0.00	0.00
	按简易征收办法计算的纳税检查应补缴税额	22	0.00	0.00		
	应纳税额减征额	23	0.00	0.00	0.00	0.00
	应纳税额合计	24=19+21-23	163 325.00	268 555.00	0.00	0.00
税款缴纳	期初未缴税额(多缴为负数)	25	105 230.00		0.00	0.00
	实收出口开具专用缴款书退税额	26	0.00	0.00		
	本期已缴税额	27=28+29+30+31	105 230.00	105 230.00	0.00	0.00
	(1)分次预缴税额	28	0.00		0.00	
	(2)出口开具专用缴款书预缴税额	29	0.00			
	(3)本期缴纳上期应纳税额	30	105 230.00	105 230.00	0.00	0.00
	(4)本期缴纳欠缴税额	31	0.00	0.00	0.00	0.00
	期末未缴税款(多缴为负数)	32=24+25+26-27	163 325.00	163 325.00	0.00	0.00
	其中欠缴税(≥0)	33=25+26-27	0.00		0.00	
	本期应补(退)税额	34=24-28-29	163 325.00		0.00	
	即征即退实际退税额	35	0.00	0.00	0.00	0.00
	期初未缴查补税额	36	0.00			
	本期入库查补税额	37	0.00			
	期末未缴查补税额	38=16+22+36-37	0.00			
授权声明	如果你已委托代理人申报，请填写下列资料： 为代理一切税务事宜，现授权________________ (地址)____________为本纳税人的代理申报人，任何与本申报表有关的往来文件，都可寄予此人。 授权人签字：		申报人声明	此纳税申报表是根据《中华人民共和国增值税暂行条例》的规定填报的，我相信它是真实的、可靠的和完整的。 声明人签字：		

注：① 2=1 750 000+380 132÷(1+13%)+45 200÷(1+13%)=2 126 400 (元)。

② 3=67 800÷(1+13%)=60 000(元)。

③ 12=208 000+15 600+46 300×9%+3900=231667(元)。

④ 14=109200+1560=110 760(元)。

⑤ 本表第16栏数据，按税务、财政和审计部门检查确定的应补税销售额和适用税率计算的纳税检查应缴税额及查补的进项税额填写。应注意此处填写的是税额，即应补缴的税额，但这是已扣除了相应进项税额(如有进项的话)后的应纳税额。

⑥ 本表第17栏数据，填写纳税人本期应抵扣进项税额的合计数。注意公式中的"+16"项次的问题，在计算当期应纳税额时，不应该包括第16项数据，所以在此作为应抵扣税额加入第17项中。

⑦ 本表第21栏数据，填写纳税人本期按简易征收办法计算并应缴纳的增值税税额，但不包括按简易办法计算的纳税检查应补缴税额。

⑧ 本表第22栏数据，填写纳税人本期收到税务、财政和审计部门检查处理决定后，按简易征收办法计算的纳税检查应补缴税额。注意22项和16项次性质一致，但此项数据不涉及进项税额的问题。

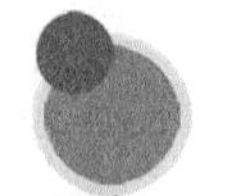

表2-2 增值税纳税申报表

(适用于小规模纳税人)

根据《中华人民共和国增值税暂行条例》第22条和第23条的规定制定本表。纳税人不论有无销售额，均应按主管税务机关核定的纳税期限按期填报本表，并于次月1日至15日内，向当地税务机关申报。

税款所属期限：2018年06月01日至2018年06月30日　　填表日期：2018年07月03日

纳税人识别号：460108353204666　　金额单位：元(列至角分)

纳税人名称	新潮服装有限责任公司	法定代表人姓名	王红燕	营业地址	乌市天山区虹桥3号
开户银行及账户	天山区农业银行3200024450002555003	经济类型	商业	电话	2661880
项　目		栏　次	本月数	本年累计	征收率
税收依据	(一)应征增值税货物及劳务不含税销售额	1=2+3	35 000.00	63 500.00	
	其中：货物生产及加工修理修配	2	0.00	0.00	
	货物批发、零售	3	35 000.00	63 500.00	3%
	(二)销售使用过的固定资产销售额	4	50 000.00	50 000.00	2%
		5	0.00	0.00	
	(三)纳税检查调整的销售额	6	3400.00	3400.00	
	(四)免税货物及劳务销售额	7	0.00	0.00	
	其中：出口免税货物销售额	8	0.00	0.00	
	(五)税务机关核定的不含税销售额	9	0.00	0.00	
税款计算	本期应纳税额	10	2152.00	3007.00	
	其中：纳税检查调整的应纳税额	11	102.00	102.00	
	本期减征的应纳税额	12	0.00	0.00	
	本期实际应纳税额	13=10-12	2152.00	3007.00	
	期初未缴税款(多缴为负数)	14	855.00		
	本期已纳税款	15	855.00	855.00	
	其中：本期预缴税款	16	0.00	0.00	
	期末未缴税款(多缴为负数)	17	2152.00	2152.00	
	其中：欠缴税款(≥0)	18	0.00	0.00	
	本期应补(退)税额	19	2152.00	2152.00	
授权声明	如果你已委托代理人申报，请填写下列资料：为代理一切税务事宜，现授权______(地址)____________为本纳税人的代理申报人，任何与本申报表有关的往来文件，都可寄予此人。授权人签字：	申报人声明	此纳税申报表是根据《中华人民共和国增值税暂行条例》的规定填报的，我相信它是真实的、可靠的和完整的。声明人签字：		
会计主管签章：		代理申报人签章		纳税人签章：	
以下由税务机关填写					
收到日期		接收人		主管税务机关盖章	

注：① 3=27 810÷(1+3%)+8240÷(1+3%)=35 000(元)。

② 4=51 500÷(1+3%)=50 000(元)。

③ 10=35 000×3%+3 400×3%+50 000×2%=2 152(元)。

(一)增值税一般纳税人的纳税申报

【例2-14】ABC有限责任公司为生产性增值税一般纳税人，适用税率为13%，其纳税人识别号为460280304010296，增值税纳税期限为1个月，2018年6月生产经营情况如下。

(1) 购买原材料取得防伪税控系统开具的增值税专用发票15张，合计金额为1 600 000元，税额为208 000元，均在法定期限内予以认证，并在本期全部申报抵扣进项税额；购买一台设备取得防伪税控系统开具的增值税专用发票，金额为120 000元，税额为15 600

元，已通过认证；取得支付运费的增值税专用发票 10 份，金额为 46 300 元，税率 9%，均为购买原材料的运费。前期取得但尚未认证的防伪税控系统开具的增值税专用发票 2 张，合计金额 30 000 元，税额 3900 元，本期通过认证，并申报抵扣。

(2) 本期有 840 000 元的外购材料因管理不善报废，其所负担的税款为 109 200 元；有 12 000 元的外购材料被盗窃，所负担的税款为 1560 元。

(3) 本期销售产品开具防伪税控系统的增值税专用发票 21 张，合计金额为 1 750 000 元，税额为 227 500 元。销售产品并开具普通发票 2 张，合计金额为 380 132 元；销售产品未开发票的金额为 45 200 元；因销售产品提供运输劳务开具发票 15 份，收取运费收入 67 800 元。

(4) 2018 年年初未缴税额为 0 元；5 月份应税货物销售额为 1 500 000 元，应税行为销售额为 52 000 元，销项税额为 240 830 元，进项税额为 135 600 元，期末未缴税额为 105 230 元，于 2018 年 6 月份缴纳。

要求：计算填列该公司 6 月份的增值税纳税申报表。

【解析】 ABC 公司 6 月份增值税纳税申报填写如表 2-1 所示。

(二)增值税小规模纳税人的纳税申报

增值税小规模纳税人按简易征税管理办法计算纳税，按照规定的纳税期限预缴增值税税款，并于次月 1 日至 15 日内计算填列增值税纳税申报表主表及附列资料，并结清上月税款，多退少补。

【例 2-15】 新潮服装有限责任公司为商业企业，属于增值税小规模纳税人，其纳税人识别号为 460108353204666，适用征收率为 3%，2018 年 6 月购销业务情况如下。

(1) 本期购进一批服装，支付现金 12 000 元，购进化妆品，支付现金 6000 元，商品均已验收入库。期初库存服装 3000 元，库存化妆品 2500 元。

(2) 八折销售服装，取得现金收入 27 810 元，其中开具普通发票的金额为 4200 元；原价销售化妆品，取得现金收入 8240 元，其中开具普通发票的金额为 1800 元。将自用 2 年的货车出售，取得收入 51 500 元，货车原价 81 000 元。

(3) 经税务检查须调整的销售额为 3400 元，应纳增值税税额为 102 元。

(4) 2018 年 5 月份现金销售货物销售额为 28 500 元，应纳增值税税额为 8550 元，已于本月缴纳。

要求：计算填报 6 月份的增值税纳税申报表。

【解析】 新潮服装有限责任公司 6 月份增值税纳税申报填写如表 2-2 所示。

二、增值税的账务处理

(一)一般纳税人增值税的账务处理

一般纳税人应在“应交税费”账户下设置“应交增值税”与“未交增值税”两个二级科目。“应交税费——应交增值税”明细账户采用多栏式，设置“进项税额”“已交税金”“销项税额”“出口退税”“进项税额转出”“转出未交增值税”和“转出多交增值税”等专栏。

1. 一般购销业务增值税的账务处理

购进时，借：材料采购
应交税费——应交增值税(进项税额)
贷：银行存款(应付账款、应付票据等)

销售时，借：银行存款(应收账款、应收票据等)
贷：主营业务收入(或其他业务收入)
应交税费——应交增值税(销项税额)

2. 视同销售增值税的账务处理

企业将自产或委托加工的货物用于非应税项目，作为集体福利消费、赠送他人等，应分情况做如下账务处理。

借：在建工程(应付职工薪酬、营业外支出等)
贷：库存商品(委托加工物资等)
应交税费——应交增值税(销项税额)

3. 不予抵扣项目增值税的账务处理

按《增值税暂行条例》的规定，不予抵扣的增值税税额，直接计入购入货物及接受劳务的成本。如果购入时不能直接确定其用途，无法确认其进项能否抵扣，则可先记入“应交税费——应交增值税(进项税额)”科目，以后用于按规定不得抵扣进项税额项目时，应将原已计入进项税额的增值税通过“应交税费——应交增值税(进项税额转出)”转入有关的承担者予以承担，其账务处理如下。

借：应付职工薪酬(待处理财产损溢等)
贷：应交税费——应交增值税(进项税额转出)
原材料(库存商品等)

4. 月末未缴(多缴)增值税的账务处理

(1) 本月应缴纳的增值税本月未缴的，月份终了时，应做如下账务处理。

借：应交税费——应交增值税(转出未交增值税)
贷：应交税费——未交增值税

(2) 月末本月多缴增值税时，做如下账务处理。

借：应交税费——未交增值税
贷：应交税费——应交增值税(转出多交增值税)

5. 上缴增值税的账务处理

(1) 本月缴纳本月的应缴增值税时，

借：应交税费——应交增值税(已交税金)
贷：银行存款

(2) 本月缴纳前期应缴增值税时，

借：应交税费——未交增值税
贷：银行存款

(二)小规模纳税人增值税的账务处理

由于小规模纳税人不得抵扣任何进项税额，所以只需要核算应缴税额、已缴税额及欠缴或多缴税额即可，只需要设置“应交税费——应交增值税”三栏式明细账。

购入时，不得抵扣任何进项税额，支付的增值税税额直接计入购入项目的成本，即

借：材料采购(管理费用、在建工程等)

　　贷：银行存款(应付账款等)

销售时，借：银行存款(应收账款等)

　　　　　　贷：主营业务收入(其他业务收入等)

　　　　　　　　应交税费——应交增值税

上缴时，借：应交税费——应交增值税

　　　　　　贷：银行存款

多缴税款收到退税款时，做相反的分录。

复习思考题

1. 简述增值税的概念及特点。
2. 简述混合销售行为界定及增值税的缴纳。
3. 简述增值税的纳税人、征税范围及税率。
4. 一般纳税人与小规模纳税人有何不同？
5. 增值税销售额确定中应注意什么？
6. 简述销项税额与进项税额的关系。

强化训练题

一、单项选择题

1. 我国现行增值税的类型属于(　　)。

A. 生产型　　B. 消费型　　C. 收入型　　D. 利润型

2. 下列业务中，一般纳税人不得开具增值税专用发票的是(　　)。

A. 提供修理修配劳务　　B. 向消费者个人销售货物

C. 销售房地产　　D. 提供设计服务

3. 纳税人采取分期收款方式销售商品时，其增值税纳税义务的发生时间是(　　)。

A. 发出商品的当天　　B. 收到全部货款的当天

C. 销售商品合同签订的当天　　D. 销售商品合同约定的收款日期的当天

4. 某商业零售企业为增值税小规模纳税人。2018 年 6 月，该商业企业销售商品收入(含税)30 900 元。已知该企业增值税征收率为 3%，则该企业 6 月份应缴纳的增值税税额为(　　)元。

A. 927　　B. 1236　　C. 1200　　D. 900

5. 下列纳税人中，按规定可以领购使用增值税专用发票的是( )。

A. 增值税小规模纳税人

B. 增值税一般纳税人

C. 销售的货物全部属于免征增值税的纳税人

D. 不能向税务机关提供有关增值税税务资料的一般纳税人

6. 甲设计公司为小规模纳税人，6月提供设计服务取得含税收入206 000元；因服务中止，退还给客户含增值税价款10 300元。征收率为3%，甲公司当月应纳增值税的下列计算中，正确的是( )。

A. 206 000÷(1+3%)×3%=6000(元)

B. 206 000×3%=6180(元)

C. (206 000−10 300)÷(1+3%)×3%=5700(元)

D. (206 000−10 300)×3%=5871(元)

7. 某机械修理厂为小规模纳税人，适用征收率为3%。1月份取得销售收入(含税)16 480元，购买零配件6400元，取得增值税专用发票，支付运输费200元，则该企业1月份应缴纳的增值税税额为( )元。

A. 225　　B. 298.3　　C. 435　　D. 480

8. 下列各项中，属于应按“销售货物”缴纳增值税的混合销售行为的是( )。

A. 电信公司销售电话的同时，提供电信服务

B. 摄影公司提供摄影服务的同时，销售相册等商品

C. 家电公司销售家电的同时，为客户提供送货服务与安装服务

D. 汽车制造厂既生产销售汽车，又提供汽车修理服务

9. 下列各项中，属于增值税免税项目的是( )。

A. 自来水公司销售自来水　　B. 农户出售自己种植的粮食

C. 企业将自产的产品发放给职工　　D. 企业将外购的商品对外投资

10. 下列项目中所包含的进项税额，允许从销项税额中抵扣的是( )。

A. 购进职工福利用品　　B. 购进生产用原材料

C. 购进招待用烟酒　　D. 购进生产免税产品所耗用的原材料

11. 甲厂为增值税一般纳税人，10月份将500件衬衣销售给乙商场，含税单价为113元/件；由于乙商场购进的数量较多，甲厂决定给予7折优惠，开票时将销售额和折扣额在同一张发票上分别注明，已知增值税税率为13%。甲厂该笔业务的增值税销项税额的下列计算中，正确的是( )。

A. 500×113×13%　　B. 500×113÷(1+13%)×13%

C. 500×113×70%×13%　　D. 500×113×70%÷(1+13%)×13%

12. 甲手机专卖店为增值税一般纳税人，10月份采取以旧换新方式销售某型号手机100部，该型号新手机的同期含税单价为3 164元，旧手机的收购单价为226元，已知增值税税率为13%，甲手机专卖店当月该业务增值税销项税额的下列计算公式中，正确的是( )。

A. (3164−226)×100×13%　　B. (3164−226)×100÷(1+13%)×13%

C. 3164×100×13%　　D. 3164×100÷(1+13%)×13%

13. 9月份甲公司销售产品取得含增值税价款113 000元，另收取包装物租金6780元。

下列关于增值税销项税额的计算中正确的是(　　)。

A. 113 000×(1+13%)×13%

B. (113 000+6780)÷(1+13%)×13%

C. 113 000×13%

D. (113 000+6780)×13%

14. 甲公司为增值税一般纳税人，5 月从国外进口一批音响，海关核定的关税完税价格为 113 万元，缴纳关税 11.3 万元。已知增值税税率为 13%，甲公司该笔业务应缴纳增值税税额的下列计算中，正确的是(　　)。

A. 113×13%　　B. (113+11.3)×13%

C. 113÷(1+13%)×13%　　D. [113+11.3÷(1+13%)]×13%

15. 下列项目中，免征增值税的是(　　)

A. 存款利息　　B. 流动资金贷款利息

C. 学历教育收取的学费　　D. 非学历教育收取的学费

二、多项选择题

1. 下列各项中，应当征收增值税的有(　　)。

A. 商品期货　B. 热力公司销售暖气　C. 医药公司销售药品　D. 邮局销售邮票

2. 下列各项中，视同销售应征增值税的有(　　)。

A. 将外购货物对外投资　　B. 将自产货物用于职工福利

C. 将外购涂料用于办公楼的粉刷　　D. 将外购货物送人

3. 下列进项税额不得从销项税额中抵扣的有(　　)。

A. 因管理不善毁损的库存商品　　B. 用于集体福利购进的农产品

C. 外购生产用原料所支付的运费　　D. 接受捐赠的原材料

4. 下列各项中，应当按“销售服务”征收增值税的有(　　)。

A. 医院提供治疗服务并销售药品　　B. 邮局提供邮政服务并销售集邮商品

C. 商店销售空调并负责安装　　D. 汽车修理厂修车并负责洗车

5. 下列关于纳税人销售自己使用过的物品应纳增值税的说法中，不正确的有(　　)。

A. 销售价格未超过原值的，免征增值税

B. 无论销售价格是否超过原值，均按照 3%的征收率减按 2%征收增值税

C. 一般纳税人销售未抵扣过进项的固定资产，按 3%的征收率减按 2%征收增值税

D. 一般纳税人销售除固定资产以外的其他物品，应当按适用税率征收增值税

6. 下列各项中，不得开具增值税专用发票的有(　　)。

A. 销售免税货物　　B. 销售固定资产

C. 向消费者个人销售不动产　　D. 出售闲置的厂房

7. 下列各项中，免予缴纳增值税的有(　　)。

A. 果农销售自产水果　　B. 药店销售避孕药品

C. 王某销售自己使用过的空调　　D. 直接用于教学的进口设备

8. 下列适用 9%低税率的有(　　)。

A. 销售农机　B. 销售水　C. 销售饲料　D. 销售电

9. 下列有关增值税纳税义务发生时间的表述中，符合规定的有(　　)。
   A. 采取直接收款方式销售货物的，不论货物是否发出，均为收到销售款或者取得索取销售款凭据的当天
   B. 采用预收货款方式销售货物的，为收到预收款的当天
   C. 委托其他纳税人代销货物的，为收到代销单位的代销清单或者收到全部或者部分货款的当天；未收到代销清单及货款的，为发出代销货物满90天的当天
   D. 采取托收承付和委托银行收款方式销售货物的，为发出货物并办妥托收手续的当天
10. 下列行为中，应视同销售货物行为征收增值税的有(　　)。
   A. 购进货物用于奖励职工　　B. 购进货物用于无偿赠送其他单位
   C. 购进货物用于免税项目　　D. 购进货物用于对外投资
11. 营改增试点一般纳税人发生的下列行为中，可以选择简易计税方法计税的有(　　)。
   A. 公交客运服务　　B. 动画设计服务
   C. 仓储服务　　D. 装卸搬运服务
12. 关于计税销售额的下列表述中，正确的有(　　)。
   A. 金融企业转让金融商品，按照卖出价扣除买入价后的余额为销售额
   B. 银行提供贷款服务，以提供贷款服务取得的全部利息及利息性质的收入为销售额
   C. 建筑企业提供建筑服务适用一般计税方法的，以取得的全部价款和价外费用扣除支付的分包款后的余额为销售额
   D. 房地产开发企业销售其开发的房地产项目适用一般计税方法的，以取得的全部价款和价外费用，扣除受让土地时向政府部门支付的土地价款后的余额为销售额
13. 纳税人销售货物向购买方收取的下列款项中，属于价外费用的有(　　)。
   A. 延期付款利息　　B. 赔偿金
   C. 手续费　　D. 包装物租金
14. 纳税人销售货物，向购买方收取的下列款项中，应并入增值税销售额的有(　　)。
   A. 销售货物价外向购买方收取的手续费
   B. 销售货物价外向购买方收取的违约金
   C. 销售货物的同时代办保险而向购买方收取的保险费
   D. 受托加工应征消费税的消费品所代收代缴的消费税
15. 下列业务中，不允许一般纳税人开具增值税专用发票的有(　　)。
   A. 向个人提供修理、修配服务　　B. 向个体经营者零售烟酒、食品
   C. 向一般纳税人销售货物　　D. 向个人销售房屋

三、判断题

1. 纳税人兼营销售货物、应税劳务、服务、无形资产或者不动产，适用不同税率或者征收率的，应当分别核算适用不同税率或者征收率的销售额；未分别核算的，从低适用税率。(　　)

2. 增值税一般纳税人将自产的货物无偿赠送他人的，不征收增值税。(　　)

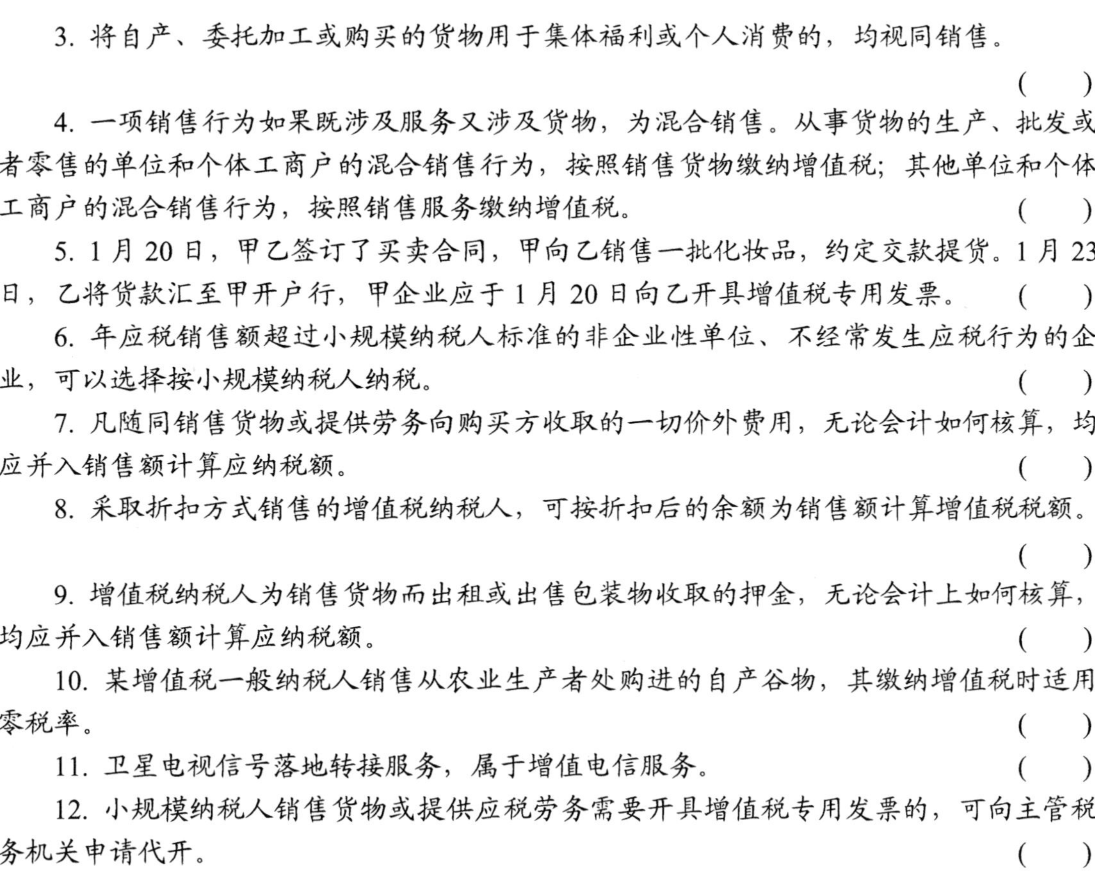

3. 将自产、委托加工或购买的货物用于集体福利或个人消费的，均视同销售。（　）

4. 一项销售行为如果既涉及服务又涉及货物，为混合销售。从事货物的生产、批发或者零售的单位和个体工商户的混合销售行为，按照销售货物缴纳增值税；其他单位和个体工商户的混合销售行为，按照销售服务缴纳增值税。（　）

5. 1月20日，甲乙签订了买卖合同，甲向乙销售一批化妆品，约定交款提货。1月23日，乙将货款汇至甲开户行，甲企业应于1月20日向乙开具增值税专用发票。（　）

6. 年应税销售额超过小规模纳税人标准的非企业性单位、不经常发生应税行为的企业，可以选择按小规模纳税人纳税。（　）

7. 凡随同销售货物或提供劳务向购买方收取的一切价外费用，无论会计如何核算，均应并入销售额计算应纳税额。（　）

8. 采取折扣方式销售的增值税纳税人，可按折扣后的余额为销售额计算增值税税额。（　）

9. 增值税纳税人为销售货物而出租或出售包装物收取的押金，无论会计上如何核算，均应并入销售额计算应纳税额。（　）

10. 某增值税一般纳税人销售从农业生产者处购进的自产谷物，其缴纳增值税时适用零税率。（　）

11. 卫星电视信号落地转接服务，属于增值电信服务。（　）

12. 小规模纳税人销售货物或提供应税劳务需要开具增值税专用发票的，可向主管税务机关申请代开。（　）

13. 个人转让著作权免征增值税。（　）

14. 建筑企业一般纳税人提供建筑服务属于老项目的，可以选择简易办法依照3%的征收率征收增值税。（　）

15. 单位或者个体工商户聘用的员工为本单位或者雇主提供加工、修理修配劳务，征收增值税。（　）

四、业务训练题

1. 某企业为增值税一般纳税人，3月外购原材料专用发票上注明的税额为13万元，当月销售货物取得含税销售额226万元，另将价值20万元(不含税)的自产商品对外投资，该企业适用的增值税税率为13%。试计算该企业3月份增值税应纳税额。

2. 某建材商店为增值税一般纳税人，主营建筑装修材料的销售。该商店4月份发生以下经济业务。

(1) 从某工厂购进涂料一批，货款已付，取得增值税专用发票上注明的销售额为60 000元(不含税)。

(2) 销售商品的销售额共计384 200元(含税)，其中包括本月购进的涂料全部对外销售的销售额104 400元。

试计算该商店4月份应纳增值税税额。

3. 某企业为增值税一般纳税人。5 月发生以下经济业务。

(1) 购进原材料一批，取得的增值税专用发票上注明的价款 70 万元，原材料已验收入库。

(2) 支付入库材料的运输费用 3 万元，已取得增值税专用发票，税率 9%。

(3) 销售产品开具的增值税专用发票上注明的价款 600 万元。

(4) 企业采取以旧换新方式向消费者销售产品(非金银首饰)，取得现金收入 30 万元，旧货折价 3.9 万元。

(5) 购进商品一批，取得的增值税专用发票上注明的价款 10 万元，货已验收入库。

(6) 将自产的产品给股东分红，同类产品销售额为 20 万元(不含税)。

已知该企业的适用税率均为 13%，购进货物取得的专用发票本月均已通过认证。试计算该企业 5 月份的增值税应纳税额。

4. 某企业是增值税一般纳税人，适用税率为 13%，6 月份有关生产经营业务如下。

(1) 销售甲产品给某大商场，开具增值税专用发票，取得不含税销售额 160 万元；另外，开具普通发票，取得销售甲产品的送货运输费收入 11.3 万元。

(2) 销售乙产品，开具普通发票，取得含税销售额 56.5 万元。

(3) 销售使用过的 2008 年进口的摩托车 5 辆，开具普通发票，每辆取得含税销售额 1.03 万元；每辆摩托车的原值为 1.2 万元。该批摩托车购进时进项不允许抵扣。

(4) 购进货物取得增值税专用发票，注明支付的货款 120 万元、进项税额 15.6 万元，货物已验收入库；另外，支付购货的运输费用 6 万元，取得增值税专用发票，税率为 9%。

(5) 向农业生产者购进免税农产品用于深加工，支付收购价 60 万元，支付给运输单位的运费 10 万元，取得增值税专用发票，税率为 9%，农产品已验收入库。本月下旬将购进的农产品的 20%用于本企业的职工福利。

要求：计算该企业 6 月份应纳增值税税额。

5. 东方家具公司为增值税一般纳税人。2 月份，该公司发生以下经济业务。

(1) 外购用于生产家具的木材一批，全部价款已付并验收入库。对方开具的增值税专用发票上注明的货款为 40 万元，运输单位开具的增值税专用发票上注明的运费金额为 1 万元、税率为 9%。

(2) 外购建筑涂料用于装饰公司办公楼，取得专用发票上注明的增值税税额为 9 万元，已办理验收入库手续，因管理不善，被盗。

(3) 进口生产家具用的辅助材料一批，关税完税价格 8 万元，已纳关税 1 万元。

(4) 销售家具一批，取得销售额(含税)90.4 万元。

已知该公司期初增值税进项税额余额为 0.8 万元，增值税税率为 13%，取得的专用发票均已通过认证，要求计算该公司 2 月份的增值税税额。

6. 某商业企业为增值税小规模纳税人，12 月外购原材料支付货款 30 000 元，取得对方开具的专用发票上注明的税款 4800 元，当月销售货物取得含税销售额 51 500 元，将外购小礼品送老客户共计 2060 元(含税)。试计算该企业应纳增值税税额。

7. 某工业企业为增值税一般纳税人。4 月份购销业务如下。

(1) 购进生产原料一批，取得的增值税专用发票上注明的价、税款分别是 23 万元和 2.99 万元，已验收入库；另支付运费 3 万元，未取得货物运输增值税专用发票。

(2) 购进钢材 20 吨，已验收入库；取得的增值税专用发票上注明的价、税款分别是 8 万元和 1.04 万元。

(3) 直接向农民收购用于深加工的农产品一批，经税务机关批准的收购凭证上注明的价款为 42 万元。

(4) 以托收承付方式销售产品一批，货物已发出并办妥银行托收手续，但货款未到，向买方开具的增值税专用发票上注明的销售额为 100 万元。

(5) 将本月外购的 20 吨钢材和库存的同价钢材 20 吨移送本企业扩建厂房。

已知期初留抵进项税额为 0.4 万元。本月取得的增值税专用发票均已通过认证，试计算该企业 4 月份应纳增值税税额。

8. 某小五金制造企业为增值税一般纳税人，10 月份发生经济业务如下。

(1) 购进一批原材料，取得增值税专用发票注明的价款为 50 万元，增值税 6.5 万元。支付运费，取得运输普通发票上注明的运费 2 万元、税额 0.2 万元；

(2) 接受其他企业投资转入材料一批，取得增值税专用发票上注明的价款为 100 万元，增值税 13 万元。

(3) 购进低值易耗品，取得增值税专用发票上注明的价款 6 万元，增值税 0.78 万元。

(4) 销售产品一批，取得不含税销售额 200 万元，另外收取包装物租金 1.13 万元。

(5) 采取以旧换新方式销售产品，新产品含税售价为 7.91 万元，旧产品作价 2 万元。

(6) 因仓库管理不善，上月购进的一批工具被盗，该批工具的采购成本为 8 万元。已知该企业取得增值税专用发票均符合规定，并已认证，增值税税率为 13%。计算该企业当月应纳增值税税额。

9. 甲有限责任公司为生产型增值税一般纳税人，适用税率为 13%，其纳税人识别号为 460280304012368，增值税纳税期限为 1 个月，2 月份生产经营情况如下。

(1) 购买原材料取得防伪税控系统开具的增值税专用发票 20 张，合计金额为 2 500 000 元，税额为 325 000 元，均在法定期限内予以认证，并在本期全部申报抵扣进项税额；购买办公用电脑一批，取得防伪税控系统开具的增值税专用发票金额为 80 000 元，税额为 10 400 元，已通过认证；取得运费增值税专用发票 12 张，金额为 58 000 元、税率为 9%，均为购买原材料的运费。前期取得但尚未认证的防伪税控系统开具的增值税专用发票 2 张，合计金额 20 000 元，税额 2600 元，本期通过认证，并申报抵扣。

(2) 本期有 180 000 元的外购材料因管理不善变质报废，其所负担的税款为 23 400 元；有 20 000 元的外购材料被盗窃，所负担的税款为 2600 元。

(3) 本期销售产品开具防伪税控系统的增值税专用发票 18 张，合计金额为 3 800 000 元，税额为 49 400 元。销售产品并开具普通发票 8 张，合计金额为 339 000 元；销售产品未开发票的金额为 56 500 元；因销售产品提供运输劳务开具发票 25 张，收取运费收入 135 600 元。

(4) 年初未缴税额为 0；1 月份应税货物销售额为 2 800 000 元，应税劳务销售额为 85 000 元，销项税额为 369 100 元，进项税额为 295 600 元，期末未缴税额为 73 500 元，于 2 月份缴纳。

要求：填列该公司 2 月份增值税纳税申报表。

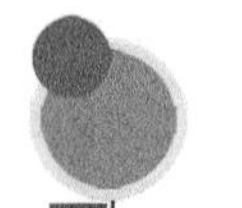

五、不定项选择题

1. 甲公司为增值税一般纳税人，主要生产和销售洗衣机。3月份有关经济业务如下。

(1) 购进一批原材料，取得增值税专用发票上注明的税额为272 000元；支付运输费，取得增值税专用发票上注明的税额为2750元。

(2) 购进低值易耗品，取得增值税普通发票上注明的税额为8500元。

(3) 销售A型洗衣机1000台，含增值税销售单价为3480元；另收取优质费522 000元、包装物租金174 000元。

(4) 采取以旧换新方式销售A型洗衣机50台，旧洗衣机作价113元/台。

(5) 向优秀职工发放A型洗衣机10台，生产成本2106元/台。

已知增值税税率为13%，上期留抵增值税税额59 000元，取得的增值税专用发票已通过税务机关认证。

要求：根据上述资料，分析回答下列小题。

(1) 甲公司下列增值税进项税额中，准予抵扣的是(　　)。

A. 购进低值易耗品的进项税额8500元　B. 上期留抵的增值税税额59 000元

C. 购进原材料的进项税额272 000元　D. 支付运输费的进项税额2750元

(2) 甲公司当月销售A型洗衣机增值税销项税额的下列计算中，正确的是(　　)。

A. [1000×3480+522 000÷(1+13%)]×13%

B. (1000×3480+522 000+174 000)×13%

C. (1000×3480+522 000+174 000)÷(1+13%)×13%

D. 1000×3480×13%

(3) 甲公司当月以旧换新方式销售A型洗衣机增值税销项税额的下列计算中，正确的是(　　)。

A. 50×3480×13%

B. 50×(3480−113)÷(1+13%)×13%

C. 50×3480÷(1+13%)×13%

D. 50×(3480−113)×13%

(4) 甲公司当月向优秀职工发放A型洗衣机增值税销项税额的下列计算中，正确的是(　　)。

A. 10×2106÷(1+13%)×13%　B. 10×3480×13%

C. 10×2106×13%　D. 10×3480÷(1+13%)×13%

2. 甲公司为增值税一般纳税人，主要从事货物运输服务，8月份有关经济业务如下。

(1) 购进办公用小轿车一部，取得增值税专用发票上注明的税额为25 500元；购进货车用柴油，取得增值税专用发票上注明的税额为51 000元。

(2) 购进化妆品一批，取得增值税专用发票上注明的税额为8500元，用于奖励给职工。

(3) 提供货物运输服务，取得含增值税价款1 100 000元，同时收取保价费2200元。

(4) 提供货物装卸搬运服务，取得含增值税价款31 800元；因损坏所搬运货物，向客户支付赔偿款5300元。

(5) 提供货物仓储服务，取得含增值税价款 116 600 元，另外收取货物逾期保管费

21 200 元。

已知交通运输服务增值税税率为 9%，物流辅助服务增值税税率为 6%，上期留抵增值税税额 6 800 元，取得的增值税专用发票已通过税务机关认证。

要求：根据上述资料，分别回答下列问题。

(1) 甲公司下列增值税进项税额中，准予抵扣的是(　　)。

A. 购进柴油的进项税额 51 000 元　　B. 购进化妆品的进项税额 8500 元

C. 上期留抵的增值税税额 6 800 元　　D. 购进小轿车的进项税额 25 500 元

(2) 甲公司当月提供货物运输服务增值税销项税额的下列计算中，正确的是(　　)。

A. (1 100 000+2200)×9%

B. 1 100 000×9%

C. (1 100 000+2200)÷(1+9%)×9%

D. 1 100 000×(1+9%)×9%

(3) 甲公司当月提供货物装卸搬运服务增值税销项税额的计算中，正确的是(　　)。

A. (31 800−5 300)×6%

B. 31 800×6%

C. 31 800÷(1+6%)×6%

D. (31 800−5300)÷(1+6%)×6%

(4) 甲公司当月提供货物仓储服务增值税销项税额的计算中，正确的是(　　)。

A. 116 600×(1+6%)×6%

B. 116 600×6%

C. (116 600+21 200)×6%

D. (116 600+21 200)÷(1+6%)×6%

3. 甲商店为增值税一般纳税人，主要从事副食品批发、零售业务；11 月份发生如下业务。

(1) 向枣农收购一批红枣，农产品收购发票上注明的买价 30 000 元，该批红枣一部分用于销售、一部分无偿赠送关联企业、一部分用于职工个人消费。

(2) 销售烟酒商品取得含增值税价款 406 000 元，另外销售食品袋收入 2320 元。

(3) 将自制的一批糕点作为职工福利，成本是 7020 元。

(4) 出租店铺取得租金 50 000 元，支付招租费 3000 元，管理人员工资 10 000 元。

已知出租店铺增值税税率为 5%，销售烟酒增值税税率为 13%，成本利润率为 10%，相关票据已通过认证。根据上述资料，分析回答下列问题。

(1) 甲商店收购红枣增值税进项税额税务处理的下列表述中，正确的是(　　)。

A. 用于职工个人消费部分的允许抵扣

B. 用于销售部分的农产品的允许抵扣

C. 全部不允许抵扣

D. 用于无偿赠送关联企业部分的允许抵扣

(2) 甲商店销售烟酒商品增值税销项税额的下列计算中，正确的是(　　)。

A. [406 000+2320÷(1+13%)]×13%　　B. 406 000÷(1+13%)×13%

C. 406 000×13%　　D. (406 000+2320)÷(1+13%)×13%

(3) 甲商店自制糕点增值税销项税额的下列计算中，正确的是(　　)。

A. 7020×(1+10%)÷(1−10%)×13%　　B. 7020÷(1+13%)×13%

C. 7020×(1+10%)×13%　　D. 7020×13%

(4) 甲商店出租店铺取得的收入，应缴纳的增值税是(　　)。

A. (50 000−5000)×5%　　B. (50 000−3000)×5%

C. (50 000−5000−3000)×5%　　D. 50 000×5%

4. 甲航空公司为增值税一般纳税人，主要提供国内、国际运输服务。10月份有关经营情况如下。

(1) 提供国内旅客运输服务取得含增值税票款收入9900万元，特价机票改签、变更费495万元。

(2) 代收转付航空意外保险费200万元，代收机场建设费(民航发展基金)266.4万元，代收转付其他航空公司客票款199.8万元。

(3) 出租飞机广告位取得含增值税收入296.96万元，同时收取延期付款违约金4.64万元。已知交通运输服务增值税税率为9%，有形动产租赁服务增值税税率为13%。要求：根据上述资料，不考虑其他因素，分析回答下列问题。

(1) 甲航空公司当月取得的下列款项中，应计入销售额计缴增值税的是(　　)。

A. 特价机票改签，变更费495万元

B. 代收转付其他航空公司客票款199.8万元

C. 代收转付航空意外保险费200万元

D. 代收机场建设费(民航发展基金)266.4万元

(2) 计算甲航空公司当月提供国内旅客运输服务增值税款项税额的下列算式中，正确的是(　　)。

A. (9900+495)÷(1+9%)×9%

B. (9900+495+200+266.4)×9%

C. (9900+266.4+199.8)÷(1+9%)×9%

D. (9900+200+266.4+199.8)×9%

(3) 计算甲航空公司当月提供飞机广告位出租服务增值税款项税额的下列算式中，正确的是(　　)。

A. 296.96×13%

B. (296.96+4.64)÷(l+13%)×13%

C. 296.96÷(l+13%)×13%

D. (296.96+4.64)×13%

(4) 下列属于免征增值税的有(　　)。

A. 将土地使用权转让给农业生产者用于农业生产

B. 金融同业往来利息收入

C. 纳税人提供技术转让、技术开发和与之相关的技术咨询、技术服务

D. 残疾人员本人为社会提供的服务

5. 甲商业银行M支行为增值税一般纳税人，主要提供相关金融服务，乙公司为星级客户。甲商业银行M支行第四季度有关经营业务的收入如下。

(1) 提供贷款服务，取得含增值税利息收入 6491.44 万元。

(2) 提供票据贴现服务，取得含增值税利息收入 874.5 万元。

(3) 提供资金结算服务，取得含增值税服务费收入 37.1 万元。

(4) 提供账户管理服务，取得含增值税服务费收入 12.72 万元。

已知金融服务增值税税率为 6%，乙公司为增值税一般纳税人。

要求根据上述材料，不考虑其他因素，分析回答下列问题。

(1) 甲商业银行 M 支行第四季度取得的下列收入中，应按照“金融服务——直接收费金融服务”科目计缴增值税的是(　　)。

A. 账户管理服务费收入 12.72 万元　　B. 票据贴现利息收入 874.5 万元

C. 资金结算服务收入 37.1 万元　　D. 贷款利息收入 6491.44 万元

(2) 乙公司向甲商业银行 M 支行购进的下列金融服务中，不得从销项税额中抵扣进项税额的是(　　)。

A. 票据贴现服务　　B. 账户管理服务

C. 贷款服务　　D. 资金结算服务

(3) 甲商业银行 M 支行第四季度贷款服务增值税销项税额的下列计算式中，正确的是(　　)。

A. (37.1+12.72)÷(1+6%)×6%

B. (6491.44+37.1)×6%+12.72×6%

C. 37.1÷(1+6%)×6%+874.5×6%

D. (6491.44+874.5)÷(1+6%)×6%

(4) 计算甲商业银行 M 支行第四季度直接收费金融服务销项税额的下列计算式中，正确的是(　　)。

A. 874.5×6%+12.72÷(1+6%)×6%

B. 37.1÷(1+6%)×6%+12.72×6%

C. (6491.44+37.1)÷(1+6%)×6%

D. (37.1+12.72)÷(1+6%)×6%

第三章 消 费 税 法

技能目标：

- 正确识别消费税的纳税人。
- 正确计算应纳消费税税额并规范填写纳税申报表。

知识目标：

- 掌握消费税的纳税人、税目及应纳税额的计算。
- 熟悉消费税征收管理规定。
- 了解消费税的概念、特征及账务处理。

第一节 消费税概述

一、消费税的概念

消费税是对在我国境内生产、委托加工和进口的应税消费品和消费行为的单位和个人就其销售额或销售量征收的一种税。它是建立在增值税普遍征收的基础上，国家根据特定的财政目的或调节消费的目的选择部分产品进行征税。我国现行消费税是 1994 年税制改革中新设置的一个税种，其宗旨是调节产品结构、引导消费方向和增加财政收入。

我国现行消费税法律制度的基本规范是 1993 年 12 月 13 日国务院颁布的、于 1994 年 1 月 1 日起实施的《中华人民共和国消费税暂行条例》(以下简称《消费税暂行条例》)。为配合增值税转型改革，该条例于 2008 年 11 月 5 日进行了修订，并于 2009 年 1 月 1 日起实施。

自 2014 年 12 月 1 日起，调整现行消费税政策，取消汽缸容量在 250 毫升(不含)以下的小排量摩托车、汽车轮胎、酒精、含铅汽油消费税；自 2015 年 2 月 1 日起，对电池、涂料征收消费税。2015 年 5 月 10 日起，将卷烟批发环节从价税由 5%提高到 11%，并按 0.005 元/支加征从量税；2016 年 10 月 1 日起，取消对普通美容、修饰类高档化妆品征收消费税，将高档化妆品的税率调整为 15%；2016 年 12 月 1 日起，对每辆零售价 130 万元(不含增值税)及以上的超豪华小汽车，在零售环节加征消费税。

二、消费税的特点

消费税同其他流转税相比，具有以下特点。

(一)征税范围的选择性

一般流转税的征税范围比较广泛，如增值税对所有货物实行普遍征收，而我国现行消费税只选择了部分高档消费品、非生活必需品、奢侈品及需要限制消费的消费品征收，以

起到特殊的调节作用。

(二)征收环节的单一性

一般来说，流转税征收环节较多，如增值税在货物生产、批发、零售、进口等多环节征税，即流转一次征收一次，每道环节都征税。而消费税实行单一环节征税，目前除金银首饰、钻石及钻石饰品、铂金首饰在零售环节征收外，其余的只在生产环节、委托加工环节或进口环节征收一次，在以后的批发、零售等环节中，由于价款中已包含消费税，因此不必再缴纳消费税。

(三)税率的差别性

一般流转税的税率档次较少，不同税目之间税负差别不大，增值税尤其典型。而消费税是以调节生产和消费为主要职能的，税率是针对不同消费品设计的，税率档次较多，不同税目之间的税负水平相差较大，如从价定率消费税的最高税率为56%，最低税率为1%。

(四)征收方法的灵活性

现行消费税对不同的消费品分别采用从量定额、从价定率及从量定额与从价定率相结合的复合征收方法。

【思考 3-1】下列关于增值税与消费税的关系中，表述正确的是(　　)。

A. 缴纳消费税的企业，不再缴纳增值税

B. 缴纳消费税的企业，必然要缴纳增值税

C. 缴纳增值税的企业，不再缴纳消费税

D. 缴纳增值税的企业，必然要缴纳消费税

【解析】正确答案是 B。消费税是在征收增值税的基础上，对一些特定的应税消费品再征收的一种税。缴纳消费税的纳税人也是增值税的纳税人。

第二节　消费税的基本要素

一、征税范围和税目

(一)征税范围

我国现行消费税征收范围主要是根据我国目前经济发展水平和居民消费水平，以及国家的消费政策、产业政策和财政政策的需要，并借鉴国外经验和做法确定的，只选择了极少数消费品作为征税对象，一般生活必需品未列入征税范围。现行《消费税暂行条例》选择了15类消费品列举征收，按其类型和特点划分为4个类别。

(1) 过度消费会对人类健康、社会秩序、生态环境等方面造成危害的特殊消费品，如烟、酒、鞭炮和焰火、电池、涂料等。

(2) 奢侈品和非生活必需品，如贵重首饰及珠宝玉石、高档化妆品、高尔夫球及球具

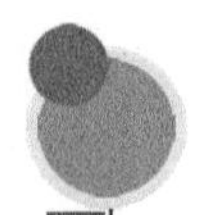

和高档手表等。

(3) 不可再生性资源和木材制品，如成品油、木制一次性筷子和实木地板等。

(4) 高能耗及高档消费品，如摩托车、小汽车和游艇等。

消费税的征税范围不是一成不变的，今后可以根据国家的政策、经济情况及消费结构的变化进行适当调整。

(二)税目

根据《消费税暂行条例》的规定，消费税税目共有15个，具体内容如下。

1. 烟

烟是以烟叶为原料加工生产的特殊消费品。凡是以烟叶为原料加工生产的产品，不论使用何种辅料，均属于本税目的征收范围，包括卷烟、雪茄烟和烟丝。

2. 酒及酒精

酒是酒精度在1°以上的各种酒类饮料。酒类包括粮食白酒、薯类白酒、黄酒、啤酒和其他酒。调味料酒不征收消费税。

3. 高档化妆品

高档化妆品是日常生活中用于修饰美化人体表面的用品，包括高档美容、修饰类高档化妆品、高档护肤类高档化妆品和成套高档化妆品。所谓“高档”是指生产(进口)环节销售(完税)价格(不含增值税)在10元/毫升(克)或者15元/片(张)及以上的美容、修饰类高档化妆品和护肤类高档化妆品。

舞台、戏剧、影视演员化妆用的上妆油、卸妆油、油彩，不属于本税目的征收范围。

4. 贵重首饰及珠宝玉石

贵重首饰及珠宝玉石包括凡以金、银、白金、宝石、珍珠、钻石、翡翠、珊瑚、玛瑙等高贵稀有物质以及其他金属、人造宝石等制作的各种纯金银首饰及镶嵌首饰和经采掘、打磨和加工的各种珠宝玉石。

5. 鞭炮、焰火

鞭炮、焰火包括各种鞭炮、焰火。但体育上用的发令纸、鞭炮药引线，不按本税目征收。

6. 成品油

成品油包括汽油、柴油、石脑油、溶剂油、航空煤油、润滑油和燃料油7个子目。取消了含铅汽油消费税，植物性润滑油、动物性润滑油、化工原料合成润滑油不征收消费税。

7. 摩托车

应税摩托车包括轻便摩托车和摩托车两种。对最大设计车速不超过50km/h，发动机汽缸总工作容量不超过50mL的三轮摩托车不征收消费税。汽缸容量在250mL(不含)以下的小排量摩托车不征收消费税。

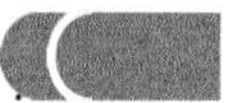

8. 小汽车

汽车是指由动力驱动，具有4个或4个以上车轮的非轨道承载的车辆。在小汽车税目下分设乘用车(座位数9个以下)、中轻型商用客车(座位数在10～23座)和超豪华小汽车(零售价130万元以上)3个子目，不包括大型商用客车、大货车、大卡车。

用上述应税车辆的底盘组装、改装或改制的各种货车、特种用车(如急救车、抢修车)、电动汽车等不属于本税目的征收范围。沙滩车、雪地车、卡丁车、高尔夫车不征收消费税。

9. 木制一次性筷子

木制一次性筷子又称卫生筷子，是指以木材为原料经过锯锻、浸泡、旋切、刨切、烘干、筛选、打磨、倒角、包装等环节加工而成的各类一次性使用的筷子。

本税目征收范围包括各种规格的木制一次性筷子。未经打磨、倒角的木制一次性筷子也属于本税目征税范围。

10. 实木地板

实木地板是指以木材为原料，经锯割、干燥、刨光、截断、开榫、涂漆等工序加工而成的地面装饰材料。

本税目征收范围包括各类规格的实木地板、实木指接地板、实木复合地板及用于装饰墙壁、天棚侧端面为榫、槽的实木装饰板。

未经涂饰的素板也属于本税目征税范围。

11. 游艇

本税目征收范围包括艇身长度大于8m(含)、小于90m(含)、内置发动机、可以在水上移动、一般为私人或团体购置、主要用于水上运动和休闲娱乐等非牟利活动的各类机动艇。

12. 高尔夫球及球具

本税目征收范围包括高尔夫球、高尔夫球杆和高尔夫球包(袋)。高尔夫球杆的杆头、杆身和握把属于本税目的征收范围。

13. 高档手表

高档手表是指销售价格(不含增值税)每块在10 000元(含)以上的各类手表。

14. 电池

电池包括原电池、蓄电池、燃料电池、太阳能电池和其他电池。对无汞原电池、金属氢化物镍蓄电池、锂原电池、锂离子蓄电池、太阳能电池、燃料电池和全钒液流电池免征消费税。

自2016年1月1日起，对铅蓄电池按4%税率征收消费税。

15. 涂料

对施工状态下挥发性有机物含量低于420克/升(含)的涂料免征消费税。

【思考3-2】生产下列产品应缴纳消费税的有(　　)。

A. 实木地板　　B. 单价4万元的裘皮大衣　　C. 高档食品　　D. 卷烟

【解析】正确答案是 AD。目前，我国并非对所有的消费品都征消费税，只是选择了15类应税消费品，B、C所列产品不属于应税消费品。

二、消费税的纳税人

消费税的纳税人是指在我国境内生产、委托加工和进口应税消费品的单位和个人。

“在我国境内”是指生产、委托加工和进口属于应征收消费税的消费品起运地或所在地在境内；“单位”是指国有企业、集体企业、私有企业、股份制企业、外商投资企业和外国企业、其他企业和行政单位、事业单位、军事单位、社会团体及其他单位；“个人”是指个体经营者及包括中国公民和外国公民在内的其他个人。

消费税的具体纳税人如下。

(1) 生产销售(包括自用)的应税消费品，应以生产销售的单位和个人为纳税人，由生产者直接纳税。

(2) 委托加工的应税产品，以委托加工的单位和个人为纳税人，一般由受托方代收代缴税款。

(3) 进口的应税消费品，以进口的单位和个人为纳税人，由海关代征税款。

【思考 3-3】 (1) A烟草公司提供烟叶委托B公司加工一批烟丝，在这项委托加工烟丝业务中，谁是消费税的纳税义务人？(2) 商场出售高档化妆品是否缴纳消费税？

【解析】(1) A烟草公司是消费税纳税义务人。委托加工的应税产品，以委托加工方为纳税人。(2) 商场出售高档化妆品不缴纳消费税，消费税只在生产环节、委托加工环节或进口环节征收一次，以后批发、零售环节不再征收。

三、税率

消费税采用比例税率和定额税率两种形式，根据不同的税目或子税目确定相应的税率或单位税额，对个别应税消费品则实行复合计税，以适应不同应税消费品的情况。消费税税率形式的选择，主要是根据课税对象的具体情况来确定的。

1. 比例税率

比例税率主要适用于价格差异较大，计量单位不规范的应税消费品，如小汽车、摩托车、高档化妆品等实行比例税率。

2. 定额税率

定额税率主要适用于那些价格差异不大，计量单位规范的应税消费品，如黄酒、啤酒和航空煤油、柴油等分别按单位重量或单位体积确定单位税额。黄酒每吨税额为240元，柴油每升税额为1.2元等。

3. 复合税率

复合税率是指同一种消费品同时适用比例税率与定额税率的一种特殊税率形式。复合

税率适用于价格和利润差异较大、容易采用转让定价方法来规避纳税的应税消费品，目前白酒及甲类、乙类卷烟的消费税税率采用复合税率形式。如粮食白酒定额税率为每斤(500克)0.5 元，比例税率为 20%，即生产粮食类白酒，先征一道从量定额税，然后再按销售额计征一道从价定率税。

纳税人兼营不同税率的应税消费品，应当分别核算不同税率应税消费品的销售额或销售数量，未分别核算的，按最高税率征税。如某摩托车厂既生产税率为 3%的摩托车，也生产税率为 10%的摩托车，若不能分别核算两种摩托车的销售额，则一律适用 10%的消费税税率计征消费税。

纳税人将适用税率不同的应税消费品组成成套消费品销售的，应适用成套消费品中的最高税率。如某酒厂将补酒与粮食类白酒组成两瓶装的礼盒出售，不论其会计核算如何，其从价计征的消费税一律适用最高税率，即粮食白酒的税率 20%。

消费税税率具体规定如表 3-1 所示。

表 3-1　消费税税目税率(税额)表

税　目	征税范围	计税单位	税率(税额)
1. 烟			
(1)卷烟(复合计征)	包括各种进口卷烟	每支(生产环节)	0.003 元/支
		甲类卷烟：每标准条(200 支)对外调拨价格在 70 元(含 70 元，不含增值税)以上的	56%
		乙类卷烟：每标准条对外调拨价格在 70 元(不含增值税)以下的	36%
(2)雪茄烟		**商业批发卷烟**：	11%加 0.005 元/支
(3)烟丝		生产环节	36%
		生产环节	30%
2. 酒及酒精			
(1)白酒		每 500 克或者 500 毫升	0.5 元
(复合计征)			20%
(2)黄酒		吨	240 元
(3)啤酒		甲类：每吨出厂价格(包装物及包装物押金)在 3 000 元(含 3 000 元，不含增值税)以上的	250 元
		乙类：每吨在 3 000 元以下的	220 元
(4)其他酒		娱乐业和饮食业自制的	10%
3. 高档化妆品	包括成套高档化妆品及高档护肤类高档化妆品		15%
4. 贵重首饰及珠宝玉石		金银首饰、铂金首饰和钻石及钻石饰品	5%
		其他贵重首饰和珠宝玉石	10%
5. 鞭炮、焰火			15%

续表

税　目	征税范围	计税单位	税率(税额)
6. 成品油 汽油 石脑油、溶剂油、润滑油 柴油、燃料油、航空煤油		 含铅汽油 无铅汽油	1.52 元/升 1.52 元/升 1.52 元/升 1.2 元/升
7. 摩托车		汽缸 250 毫升(含 250 毫升)以下的 汽缸超过 250 毫升的	3% 10%
8. 高尔夫球及球具			10%
9. 高档手表		每块销售价格(不含增值税)在 10 000 元(含)以上的	20%
10. 游艇			10%
11. 木制一次性筷子			5%
12. 实木地板			5%
13. 小汽车 (1)乘用车 (2)中轻型商用客车 (3)超豪华小汽车	 零售价 130 万元以上(不含税)	 汽缸容量(排气量，下同)在 1.0 升(含)以下的 汽缸容量在 1.0～1.5 升(含) 汽缸容量在 1.5～2 升(含) 汽缸容量在 2～2.5 升(含) 汽缸容量在 2.5～3 升(含) 汽缸容量在 3～4 升(含) 汽缸容量在 4 升以上的	 1% 3% 5% 9% 12% 25% 40% 5% 10%
14. 铅蓄电池		2016 年 1 月 1 日起实施 无汞原电池、金属氢化物镍蓄电池、锂原电池、锂离子蓄电池、太阳能电池、燃料电池和全钒液流电池	4% 免征
15. 涂料		 施工状态下挥发性有机物含量低于 420 克/升(含)	4% 免征

四、纳税环节

消费税选择生产、零售或进口的某一环节一次征收，而不在各个流转环节多次征收。具体包括以下几种情况。

1. 生产环节纳税

生产环节纳税可以分为以下两个方面。

(1) 纳税人生产的应税消费品，对外销售的，在销售时纳税。

(2) 纳税人自产自用的应税消费品，不用于连续生产应税消费品而用于其他方面的，在移送使用时纳税。

2. 委托加工环节

委托加工的应税消费品，由受托方在向委托方交货时代收代缴税款(受托方为个人、个体的除外)。委托加工的应税消费品收回后直接出售的，不再征收消费税。

3. 进口环节

进口应税消费品的，在报关进口时纳税。

4. 零售环节纳税

金银首饰、钻石饰品的消费税，在零售环节征收。其具体包括如下 4 种情况。

(1) 纳税人从事金银首饰、钻石饰品(含以旧换新)零售业务的，在零售时纳税。

(2) 纳税人将金银首饰用于馈赠、赞助、集资、广告、样品、职工福利、奖励等方面的，在移送时纳税。

(3) 为经营单位以外的单位和个人加工金银首饰，包括带料加工、翻新改制，以及以旧换新等业务，不包括修理和清洗。

(4) 未经中国人民银行总行批准，经营金银首饰批发业务的单位将金银首饰销售给经营单位。

不属于上述范围的应征消费税的金银首饰，仍在生产环节征收消费税。

在零售环节征收消费税的金银首饰的范围不包括镀金(银)、包金(银)首饰，以及镀金(银)、包金(银)的镶嵌首饰，凡采用包金、镀金工艺以外的其他工艺制成的含金、银首饰及镶嵌首饰，如锻压金、铸金、复合金首饰等，都应在零售环节征收消费税。

自 2016 年 12 月 1 日起，对超豪华小汽车，在生产(进口)环节按现行税率征收消费税基础上，在零售环节加征消费税，将超豪华小汽车销售给消费者的单位和个人为超豪华小汽车零售环节纳税人。

5. 批发环节纳税

自 2015 年 5 月 10 日起，卷烟批发环节消费税采用复合计税办法计征，批发环节消费税税率统一为 11%和 0.005 元/支。纳税人销售给纳税人以外的单位和个人的卷烟于销售时纳税，批发企业在计算应纳税额时不得扣除已含在生产环节的消费税税款。

烟草批发企业将卷烟销售给其他烟草批发企业的，不缴纳消费税(未离开批发领域)。

【思考 3-4】消费税的纳税环节可能有(　　)。

A. 生产环节　　B. 进口环节　　C. 批发环节　　D. 零售环节

【解析】正确答案是 ABCD。

【思考 3-5】下列经营行为中，应缴纳消费税的有(　　)。

A. 外贸公司进口高档化妆品　　B. 日化厂销售自产高档化妆品

C. 商贸城批发高档化妆品　　D. 超市零售高档化妆品

【解析】正确答案是 AB。在批发环节缴纳消费税的，仅限于卷烟；在商业零售环节缴

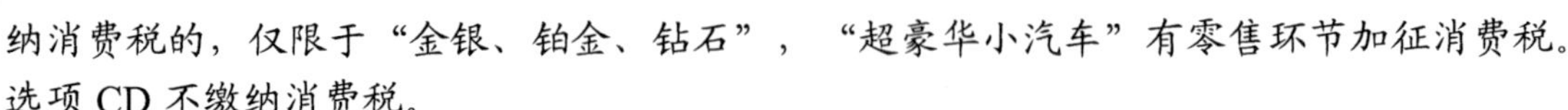
纳消费税的，仅限于“金银、铂金、钻石”，“超豪华小汽车”有零售环节加征消费税。选项CD不缴纳消费税。

第三节　消费税的计算

消费税的计算采取从价定率、从量定额和从量从价复合计税的三种方法计算应纳税额。根据纳税人涉及消费税征税范围的不同，本节重点介绍纳税人在生产、委托加工和进口应税消费品的三种不同情况下消费税的计算方法。

一、生产应税消费品应纳税额的计算

(一)从价定率的计算方法

在从价定率计算方法下，消费税的计税依据是应税消费品的销售额。销售额是指纳税人销售应税消费品向购买方收取的全部价款和价外费用，含消费税但不含向购买方收取的增值税税款。

“价外费用”是指价外收取的基金、集资费、返还利润、补贴、违约金(延期付款利息)和手续费、包装费、储备费、优质费、运输装卸费、代收款项、代垫款项以及其他各种性质的价外费用。但价外费用不包括以下几种。

(1) 向购买方收取的增值税。

(2) 承运部门将运费发票开具给购货方的款项，并且纳税人将该项发票转交给购货方的款项。

(3) 同时符合以下条件代为收取的政府性基金或者行政事业性收费：①由国务院或者财政部批准设立的政府性基金，由国务院或者省级人民政府及其财政、价格主管部门批准设立的行政事业性收费；②收取时开具省级以上财政部门印制的财政票据；③所收款项全额上缴财政。

其他价外费用，无论是否属于纳税人的收入，均应并入销售额征税。

在从价定率计算方法下，应纳消费税税额的基本计算公式如下。

$$应纳消费税税额=应税消费品的销售额\times适用税率$$

此处的“销售额”与《增值税法》中的“销售额”基本一致。在具体计算中应注意以下问题。

1. 含税销售额的换算

应税消费品在缴纳消费税的同时，与一般货物一样，还应缴纳增值税，在实际交易中，常常会出现销售额中含有增值税的情况，在计算消费税时，应当换算为不含增值税的销售额。其换算公式如下。

$$应税消费品的销售额=\frac{含增值税的销售额}{1+增值税税率或征收率}$$

【例3-1】A公司为增值税一般纳税人，3月份，该公司批发自产摩托车100辆，取得

不含增值税销售额 80 万元，零售自产摩托车 10 辆，取得含增值税销售额 9.04 万元。已知该摩托车适用的消费税税率为 10%，增值税税率为 13%。要求计算该公司 3 月份的增值税销项税额及应纳消费税税额。

【解析】增值税与消费税的计税依据均为不含增值税的销售额，因此要将含税销售额进行换算：

3 月份增值税销项税额 = 80×13% + 9.04÷(1+13%)×13% = 11.44(万元)

3 月份应纳消费税税额 = 80×10% + 9.04÷(1+13%)×10% = 8.8 (万元)

【思考 3-6】从例 3-1 中可以发现，在从价计征的情况下，销售自产消费税产品，其增值税销项税额的计算与应纳消费税税额的计算有着一定的关联，请简单总结二者的关系。

【解析】二者的计税依据一致，即销售额乘以增值税税率为销项税额，同样的销售额乘以消费税税率为应纳消费税税额。

2. 包装物的计税要求

实行从价定率办法计算应纳税额的应税消费品连同包装物销售的，无论包装物是否单独计价，也无论在会计上如何核算，均应并入应税消费品的销售额中征收消费税。如果包装物不作价随同产品销售，而是收取押金(酒类产品除外)，且单独核算又未过期的，此项押金则不应并入应税消费品的销售额中征税。但对因逾期未收回的包装物不再退还的或者已收取的时间超过 12 个月的押金，应并入应税消费品的销售额，按照应税消费品的适用税率缴纳消费税。

但是，对酒类产品生产企业销售酒类产品而收取的包装物押金，无论押金是否返还及会计上如何核算，均需并入酒类产品销售额中，依酒类产品的适用税率征收消费税。

【思考 3-7】下列不缴纳消费税的是(　　)。

A. 将自产的应税消费品用于职工福利

B. 随同自产烟丝销售而取得的包装物作价收入

C. 将自产的应税消费品用于连续生产应税消费品

D. 尚未逾期，但是收取的时间超过 12 个月的化妆品包装物押金

【解析】正确答案是 C。将自产的应税消费品用于连续生产“应税消费品”的，不缴纳消费税，用于“其他方面”的，缴纳消费税。收取的时间“超过 12 个月”的押金，应并入应税消费品的销售额计算缴纳消费税。

3. 自产自用销售额的确定

纳税人自产自用的应税消费品，用于连续生产应税消费品的，即作为生产最终应税消费品的直接材料，并构成最终应税消费品实体的，不纳税。例如，卷烟厂将生产出的烟丝接着生产卷烟，因为卷烟属于应税消费品，所以此时移送的烟丝不需要缴纳消费税，待生产的卷烟销售时再一次性征收消费税，这样一是避免重复征税，二是为了计算简便。

但是，纳税人自产自用的应税消费品，若是用于其他方面的，即“离开了消费税领域”，则应于移送使用时缴纳消费税。“用于其他方面”是指纳税人用于生产非应税消费品、在建工程、管理部门、非生产机构、提供劳务，以及用于馈赠、赞助、集资、广告、样品、职工福利、奖励等方面视同销售的应税消费品。例如，木制品厂把自己生产的地板用于本

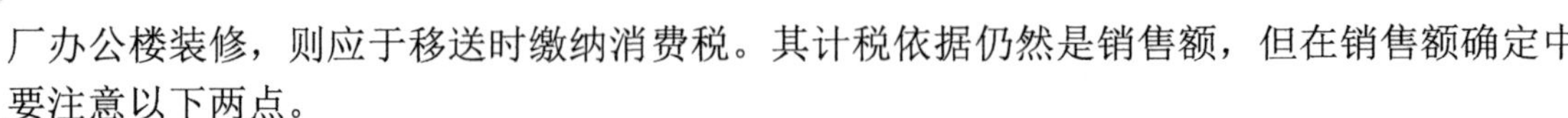

厂办公楼装修，则应于移送时缴纳消费税。其计税依据仍然是销售额，但在销售额确定中要注意以下两点。

(1) “价格优先”，即采用纳税人当月销售的同类消费品的销售价格；如果当月无销售则采用上月或最近月份同类消费品的销售价格。同类消费品的销售价格是指纳税人当月销售的同类消费品的加权平均销售价格。

(2) 没有“同类消费品的销售价格”时，才使用组成计税价格。

① 实行从价定率办法计算纳税的组成计税价格计算公式如下。

组成计税价格=(成本+利润)÷(1−消费税税率)

或 组成计税价格=成本×(1+成本利润率)÷(1−消费税税率)

公式中的“成本”是指应税消费品的产品生产成本；“利润”是指根据应税消费品的全国平均成本利润率计算的利润。应税消费品全国平均成本利润率由国家税务总局确定。

② 实行复合计税办法计算纳税的组成计税价格计算公式如下。

组成计税价格=(成本+利润+自产自用数量×定额税率)÷(1−消费税税率)

【例 3-2】 “三八”妇女节，ABC 公司将 100 盒新研制的高档化妆品发放给全体女职工，将其余 500 盒移送生产车间继续生产高档化妆品。每盒生产成本为 85 元，该公司同类高档化妆品平均销售价格为每盒 150 元(不含增值税)，全国平均利润率为 5%，消费税税率为 15%。

要求:

(1) 计算 ABC 公司向职工发放该批高档化妆品应缴纳的消费税。

(2) 若没有同类高档化妆品的销售价格，应如何计算应纳消费税税额？

【解析】

(1) 该公司移送的 500 盒高档化妆品，因为是用于连续生产高档化妆品的，所以不纳税。而发放给职工的 100 盒高档化妆品，属于“用于其他方面的”，应当纳税。由于“价格优先”，所以应纳税额计算如下。

应纳消费税税额=100×150×15% = 2250(元)

(2) 若没有同类高档化妆品的销售价格，采用组成计税价格，应纳税额计算如下。

组成计税价格=100×85×(1+5%)÷(1−15%) = 10 500(元)

应纳消费税税额=10 500×15% = 1575(元)

4. 外购应税消费品已纳税款的扣除

根据《税法》规定，用外购已税消费品连续生产出来的应税消费品在计算征税时，可以按当期生产领用数量计算准予扣除外购的应税消费品已纳消费税税款。扣除范围包括以下几种。

(1) 以外购已税杆头、杆身和握把为原料生产的高尔夫球杆。

(2) 以外购已税木制一次性筷子为原料生产的木制一次性筷子。

(3) 以外购已税实木地板为原料生产的实木地板。

(4) 以外购已税石脑油为原料生产的应税消费品。

(5) 以外购已税润滑油为原料生产的润滑油。

(6) 以外购已税烟丝生产的卷烟。

(7) 以外购已税高档化妆品生产的高档化妆品。

(8) 以外购已税珠宝玉石生产的贵重首饰及珠宝玉石。

(9) 以外购已税鞭炮焰火生产的鞭炮焰火。

当期准予扣除外购应税消费品已纳消费税税款的计算公式如下。

$$\text{当期准予扣除的外购应税消费品已纳税款}=\left(\text{期初库存外购应税消费品买价}+\text{当期外购应税消费品买价}-\text{期末库存外购应税消费品买价}\right)\times\text{外购应税消费品适用税率}$$

【例 3-3】甲厂 6 月份期初库存高档化妆品 1 万元，当月又从某日化厂购进高档化妆品 10 万元，期末库存高档化妆品 3 万元，所领高档化妆品全部用于生产高档化妆品，当月取得高档化妆品对外销售收入(不含增值税)15 万元。已知高档化妆品的消费税税率为 15%，要求计算甲厂 6 月份应纳消费税税额。

【解析】根据《税法》规定，外购已税高档化妆品连续生产高档化妆品的，可以按当期生产领用数量计算扣除已纳消费税税款，甲厂当期可扣除的已纳税款计算如下。

当期准予扣除的外购应税消费品已纳税款=(1+10−3)×15% = 1.2(万元)

当期应纳税额= 15×15%−1.2 = 1.05(万元)

【思考 3-8】根据消费税法律制度的有关规定，纳税人外购特定应税消费品，用于继续生产应税消费品的，已缴纳的消费税税款准予按当期生产领用量从应纳消费税税额中抵扣，下列各项中，可以抵扣已缴纳的消费税的有(　　)。

A. 外购的已税玉石用于生产首饰　　B. 外购的已税烟丝用于生产卷烟

C. 外购的已税汽车轮胎用于生产小汽车　D. 外购的已税摩托车生产的摩托车

【解析】正确答案是 ABD。除外购石脑油、烟丝、珠宝玉石生产应税消费品、卷烟、首饰可以扣除外，其余外购项目与生产项目“前后一样”才能扣除，且可扣项目中不包括酒、小汽车、摩托车、高档手表、游艇。所以选项 C 不正确。

(二)从量定额的计算方法

实行从量计征的应税消费品，其计税依据是应税消费品的销售数量，自产自用应税消费品的，为应税消费品的移送使用数量。其应纳消费税税额的基本计算公式如下。

应纳税额=应税消费品的销售数量(或移送使用数量)×定额税率

现行消费税的征税范围中，黄酒、啤酒、成品油实行从量定额计税。黄酒、啤酒是以吨为税额单位的；汽油、柴油等是以升为税额单位的。但是，考虑到在实际销售过程中有时将“吨”和“升”这两个计量单位混用，为了规范不同产品的计量单位，吨与升两个计量单位的换算标准如下。

啤酒	1 吨=988 升	溶剂油	1 吨=1282 升	柴油	1 吨=1176 升
黄酒	1 吨=962 升	润滑油	1 吨=1126 升	航空煤油	1 吨=1246 升
汽油	1 吨=1388 升	燃料油	1 吨=1015 升	石脑油	1 吨=1385 升

【例 3-4】某啤酒厂 6 月份销售自制啤酒 148 200 升，适用的消费税税额是 250 元/吨。试计算该厂当月应纳消费税税额。

【解析】应税销售额=148 200÷988=150(吨)

应纳税额=150×250=37 500(元)

(三)从量定额和从价定率的混合计算方法

其计税依据是应税消费品的销售数量和销售额。销售数量和销售额的确定同上所述。现行消费税的征税范围中，只有卷烟、白酒采用混合计算方法，其应纳消费税税额的基本计算公式如下。

应纳税额=应税销售数量(或移送数量)×定额税率+应税销售额(组成计税价)×比例税率

组成计税价格=(成本+利润+自产自用数量×定额税率)÷(1−消费税税率)

【例 3-5】某卷烟厂 10 月份生产销售卷烟 1000 标准箱(50 000 支，250 条)，每条不含税销售价格为 70 元，试计算该厂 10 月份的应纳消费税税额。

【解析】根据税率表可知，该批卷烟的比例税率为 56%，定额税率为 150 元/箱，所以该厂 10 月份的应纳消费税税额计算如下。

应纳税额=1000×150 + 1000×250×70×56%

=150 000 + 9 800 000= 9 950 000(元)

【例 3-6】某酒厂 12 月份生产销售粮食白酒 300 千克，销售价格(不含增值税，下同)为每瓶(500 克，1 斤)40 元；销售药酒 80 千克，共计 160 瓶，每瓶(500 克，1 斤)销售价格为 50 元；另该厂将粮食白酒 100 千克与药酒 50 千克组成 60 盒礼品套酒出售，每套销售价格为 180 元，已全部出售。试计算该酒厂 12 月份的应纳消费税税额。

【解析】根据税率表可知，粮食白酒比例税率为 20%，定额税率为 0.5 元/斤(500 克)，药酒的比例税率为 10%，则该厂 12 月份的应纳消费税税额计算如下。

粮食白酒的应纳税额=300×2×0.5 + 300×2×40×20%

=300 + 4800 = 5100(元)

药酒的应纳税额=160×50×10% = 800(元)

礼品套酒的应纳税额=100×2×0.5 + 60×180×20%

=100 + 2160 =2260(元)

12 月份的应纳消费税税额=5100+800+2260 = 8160(元)

【例 3-7】某企业 3 月份研发生产一种新型粮食白酒，第一批为 2 000 千克，成本为 34 万元，作为礼品赠送品尝，没有同类售价。已知粮食白酒的成本利润率为 10%，白酒的消费税税率为 20%加 0.5 元/斤，试计算该批白酒当月应纳消费税税额。

【解析】没有同类价，需要计算组成计税价如下。

组成计税价=(34+34×10%+2000×2×0.5÷10 000)÷(1−20%)=47(万元)

应纳消费税税额=47×20%+2000×2×0.5÷10 000=9.4+0.2=9.6(万元)

(四)计税依据的特殊规定

(1) 纳税人应税消费品的计税价格明显偏低并无正当理由的，由主管税务机关核定其计税价格。应税消费品的计税价格的核定权限规定：①卷烟、白酒和小汽车的计税价格由国家税务总局核定，送财政部备案；②其他应税消费品的计税价格由省、自治区和直辖市国家税务局核定；③进口的应税消费品的计税价格由海关核定。

(2) 纳税人通过自设非独立核算门市部销售的自产应税消费品，应当按照门市部的对

外销售额或者销售数量征收消费税。

(3) 纳税人以自产的应税消费品换取生产资料和消费资料，投资入股和抵偿债务等方面的应税消费品，应当以纳税人同类应税消费品的最高销售价格作为计税依据来计算消费税。

【思考 3-9】下列应税消费品中，以纳税人同类应税消费品的最高销售价格作为计税依据的有(　　)。

A. 用于抵债的自产应税消费品　　B. 用于对外投资的外购应税消费品

C. 用于换取生产资料的自产应税消费品　　D. 用于换取消费资料的外购应税消费品

【解析】正确答案是AC。根据规定，用于抵债和换取生产资料的自产应税消费品，以纳税人同类应税消费品的最高销售价格作为计税依据计算消费税。

(4) 纳税人之间销售的卷烟不缴纳消费税。批发企业在计算纳税时不得扣除已含的生产环节的消费税税款。

二、委托加工应税消费品应纳税额的计算

委托加工的应税消费品是指由委托方提供原料和主要材料，受托方只收取加工费和代垫部分辅助材料加工而成的应税消费品。对于由受托方提供原材料生产的应税消费品，或者受托方先将原材料卖给委托方，然后再接受加工的应税消费品，以及由受托方以委托方名义购进原材料生产的应税消费品，不论纳税人在财务上是否作销售处理，都不得作为委托加工应税消费品，而应当按照销售自制的应税消费品缴纳消费税。

按照《税法》规定，委托加工应税消费品，受托方是法定的代收代缴义务人，由受托方在向委托方交货时代收代缴消费税。如果纳税人委托个体经营者加工应税消费品，一律于委托方收回后在委托方所在地缴纳消费税。如果受托方对委托加工的应税消费品未代收代缴或少代收代缴消费税，要按照《税收征收管理法》的规定，承担代收代缴的法律责任。对于受托方没有按规定代收代缴税款的，并不能因此免除委托方补缴税款的责任。在对委托方进行税务检查中，如果发现其委托加工的应税消费品受托方没有代收代缴税款，委托方要补缴税款。

(一)从价定率的计算方法

1. 销售额的确定

委托加工的应税消费品，按照受托方同类消费品的销售价格计算纳税；没有同类消费品的销售价格，则采用组成计税价格。

(1) 实行从价定率办法计算纳税的组成计税价格的计算公式如下。

$$\text{组合计税价格}=\frac{\text{材料成本}+\text{加工费}}{1-\text{消费税税率}}$$

公式中的“材料成本”是指委托方所提供加工材料的实际成本。委托加工应税消费品的纳税人，必须在委托加工合同上如实注明材料成本，凡未提供材料成本的，受托方所在地主管税务机关有权核定其材料成本。“加工费”是指受托方加工应税消费品向委托方所

收取的全部费用(包括代垫辅助材料的实际成本，不包括增值税税金)，受托方必须如实提供向委托方收取的全部费用。

委托加工的应税消费品应纳税额的基本计算公式如下。

应纳税额=同类消费品销售价格(或组成计税价格)×比例税率

(2) 实行复合计税办法计算纳税的组成计税价格的计算公式如下。

$$组成计税价格=\frac{材料成本+加工费+委托加工数量\times定额税率}{1-消费税比例税率}$$

【例 3-8】甲日化厂 4 月份委托 A 公司加工一批高档化妆品，向 A 公司提供原材料实际成本为 15 000 元，加工费 5000 元(不含增值税)，另外还支付了 A 公司代垫的辅助材料 5500 元，A 公司无同类高档化妆品销售价格。

已知高档化妆品消费税税率为 15%，试计算 A 公司应代收代缴的消费税税额。

【解析】由于受托方无同类高档化妆品销售价格，因此只能用组成计税价格计算消费税税额如下。

组成计税价格=(15 000+5000+5500)÷(1−15%)= 30 000(元)

A 公司应代收代缴的消费税税额 = 30 000×15% = 4500(元)

2. 委托加工收回的应税消费品已纳税款的扣除

委托加工的应税消费品，受托方在交货时已代收代缴消费税，委托方收回后直接出售的，不再征收消费税。委托方收回货物后用于连续生产应税消费品的，其已纳税款准予按照规定从连续生产的应税消费品应纳消费税税额中抵扣。按照国家税务总局的规定，下列连续生产的应税消费品准予从应纳消费税税额中按当期生产领用数量计算扣除委托加工收回的应税消费品已纳消费税税款。

(1) 以委托加工收回的已税杆头、杆身和握把为原料生产的高尔夫球杆。

(2) 以委托加工收回的已税木制一次性筷子为原料生产的木制一次性筷子。

(3) 以委托加工收回的已税实木地板为原料生产的实木地板。

(4) 以委托加工收回的已税石脑油为原料生产的应税消费品。

(5) 以委托加工收回的已税润滑油为原料生产的润滑油。

(6) 以委托加工收回的已税烟丝为原料生产的卷烟。

(7) 以委托加工收回的已税高档化妆品为原料生产的高档化妆品。

(8) 以委托加工收回的已税珠宝玉石为原料生产的贵重首饰及珠宝玉石。

(9) 以委托加工收回的已税鞭炮焰火为原料生产的鞭炮焰火。

当期准予扣除委托加工收回的应税消费品已纳消费税税款的计算公式如下。

$$\begin{matrix}当期准予扣除的\\委托加工应税\\消费品已纳税款\end{matrix}=\begin{matrix}期初库存的委托\\加工应税消费品\\已纳税款\end{matrix}+\begin{matrix}当前收回的委托\\加工应税消费品\\已纳税款\end{matrix}-\begin{matrix}期末库存的委托\\加工应税消费品\\已纳税款\end{matrix}$$

【例 3-9】甲卷烟厂 8 月份委托 B 公司加工一批烟丝，向 B 公司提供烟叶的实际成本为 60 000 元，支付加工费 3000 元(不含增值税)，B 公司生产的同类烟丝销售价格为 90 000 元(不含增值税，下同)。甲厂将这批收回的烟丝 80%用于生产卷烟，当月全部完工并实现对外销售，共销售 500 标准箱(每箱 250 条)，每条单价为 60 元。20%的烟丝对外零售，取

得含增值税销售收入 21 060 元。已知烟丝的税率为 30%，该批卷烟的比例税率为 36%，定额税率为 150 元/箱。要求：

(1) 计算 B 公司代收代缴的消费税税额。

(2) 计算甲卷烟厂销售卷烟的应纳消费税税额。

【解析】

(1) 因 B 公司有同类烟丝的销售价格，故直接采用同类烟丝的销售价格计税。

B 公司应代收代缴的消费税税额= 90 000×30% = 27 000(元)

(2) 甲卷烟厂当月准予扣除的已纳消费税税款= 27 000×80% = 21 600(元)

销售卷烟应纳消费税税额=500×150 + 500×250×60×36%−21 600

=75 000 + 2 700 000 −21 600= 2 753 400(元)

将 20%的委托加工收回的烟丝直接对外销售，不再缴纳消费税。

(二)从量定额的计算方法

从量定额计征时，委托加工应税消费品的计税依据，为纳税人收回的应税消费品数量。其应纳消费税税额的基本计算公式如下。

应纳税额=委托加工数量×定额税率

(三)从量定额和从价定率的混合计算方法

委托加工应税消费品属于粮食白酒、薯类白酒及卷烟的需要混合计算，其基本公式如下。

应纳税额=委托加工数量×定额税率+同类消费品销售价格(或组成计税价格)×比例税率

【例 3-10】A 酒厂 2 月份委托 C 公司加工薯类白酒 5 吨，向 C 公司提供薯干的实际成本为 50 000 元，支付加工费 6000 元(不含增值税)，C 公司无同类产品销售价格。已知薯类白酒的比例税率为 20%，定额税率为 0.5 元/斤。试计算 C 公司应代收代缴的消费税税额。

【解析】因 C 公司无同类白酒的销售价格，故采用组成计税价格计算如下。

$$组成计税价格=\frac{材料成本+加工费+委托加工数量\times定额税率}{1-消费税比例税率}$$

=(50 000+6000+5×1000×2×0.5)÷(1−20%)= 76 250(元)

代收代缴消费税税额=5×1000×2×0.5 + 76 250×20%

=5000 + 15 250

=20 250(元)

三、进口应税消费品应纳税额的计算

进口的应税消费品，于报关进口时由收货人或办理报关手续的单位和个人向报关地海关申报纳税，进口应税消费品的消费税由海关代征。纳税人进口应税消费品应纳税额的计算方法如下。

(一)从价定率的计算方法

$$应纳税额=组成计税价格\times比例税率$$

$$组成计税价格=\frac{关税完税价格+关税}{1-消费税税率}$$

关税完税价格是指海关核定的关税计税价格。

【例 3-11】某进出口公司进口了95辆小汽车，每辆车经海关核定的关税完税价格为8万元。已知小汽车的关税税率为45%，消费税税率为5%，增值税税率为13%，试计算进口环节应缴纳的消费税税额和增值税税额。

【解析】组成计税价格=95×8×(1+45%)÷(1−5%)= 1160(万元)

应纳消费税税额=1160×5% = 58(万元)

应纳增值税税额=1160×13% =150.8(万元)

(二)从量定额的计算方法

计税依据为海关核定的应税消费品进口征税数量。其应纳税额的计算公式如下。

$$应纳税额=进口应税消费品数量\times消费税单位税额$$

(三)从量定额和从价定率的混合计算方法

$$应纳税额=进口应税消费品数量\times消费税单位税额+组成计税价格\times消费税税率$$

$$组成计税价格=\frac{关税完税价格+关税+进口数量\times消费税定额税率}{1-消费税比例税率}$$

【例 3-12】某公司进口卷烟200标准箱，每箱关税完税价格为60 000元，关税税率为25%，消费税税率为56%，每标准箱定额税率为150元。计算该公司当月进口环节应缴纳的增值税税额和消费税税额。

【解析】组成计税价格=200×(60 000+60 000×25%+150)÷(1−56%)=3415.9(万元)

应纳消费税税额=3415.9×56%+200×150÷10 000 = 1915.904(万元)

应纳增值税税额=3415.9×13% =444.067(万元)

第四节　消费税的征收管理

一、消费税的纳税义务发生时间

(1) 纳税人销售应税消费品的，按不同的销售结算方式分别处理：①采取赊销和分期收款结算方式的，为书面合同约定的收款日期的当天，书面合同没有约定收款日期或者无书面合同的，为发出应税消费品的当天；②采取预收货款结算方式的，为发出应税消费品的当天；③采取托收承付和委托银行收款方式的，为发出应税消费品并办妥托收手续的当天；④采取其他结算方式的，为收讫销售款或者取得索取销售款凭据的当天。

(2) 纳税人自产自用应税消费品的，为移送使用的当天。

(3) 纳税人委托加工应税消费品的，为纳税人提货的当天。

(4) 纳税人进口应税消费品的，为报关进口的当天。

【思考 3-10】下列关于消费税纳税义务发生时间的表述中，正确的有(　　)。

A. 纳税人自产自用应税消费品的，为移送使用的当天

B. 纳税人委托加工应税消费品的，为支付加工费的当天

C. 纳税人进口应税消费品的，为报关进口的当天

D. 纳税人销售应税消费品采用预收款方式的，为发出应税消费品的当天

【解析】正确答案是 ACD。纳税人委托加工应税消费品的，为纳税人“提货”的当天，选项 B 不正确。

二、纳税期限

消费税的纳税期限分别为 1 日、3 日、5 日、10 日、15 日、1 个月或者 1 个季度。纳税人的具体纳税期限，由主管税务机关根据纳税人应纳税额的大小分别核定；不能按照固定期限纳税的，可以按次纳税。纳税人以 1 个月或者 1 个季度为 1 个纳税期的，自期满之日起 15 日内申报纳税；以 1 日、3 日、5 日、10 日或者 15 日为 1 个纳税期的，自期满之日起 5 日内预缴税款，于次月 1 日起 15 日内申报纳税并结清上月应纳税款。

纳税人进口应税消费品，应当自海关填发海关进口消费税专用缴款书之日起 15 日内缴纳税款。

三、纳税地点

(1) 纳税人销售的应税消费品，以及自产自用的应税消费品，除国家另有规定外，应当向纳税人机构所在地或者居住地的主管税务机关申报纳税。

(2) 委托个人加工的应税消费品，由委托方向其机构所在地或者居住地主管税务机关申报纳税。

(3) 进口的应税消费品，由进口人或者其代理人向报关地海关申报纳税。

(4) 纳税人到外县(市)销售或委托外县(市)代销自产应税消费品的，于应税消费品销售后，向机构所在地或者居住地主管税务机关申报纳税。

(5) 纳税人的总机构与分支机构不在同一县(市)的，应当分别向各自机构所在地的主管税务机关申报纳税；经财政部、国家税务总局或者其授权的财政、税务机关批准，可以由总机构汇总向总机构所在地的主管税务机关申报纳税。

四、出口应税消费品退税的规定

(一)退税率

计算出口应税消费品应退消费税的税率或单位税额，应按该产品所适用的消费税税率执行，即退税率与征收税率相同，不同于增值税的退税率。企业应将不同税率的出口应税

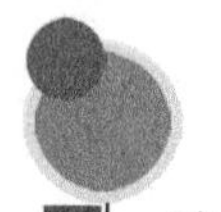

消费品分开核算和申报，凡划分不清适用税率的，一律从低适用税率计算应退消费税税额。

(二)出口应税消费品退(免)消费税政策

出口应税消费品退(免)消费税在政策上分为以下三种情况。

1. 出口免税并退税

有出口经营权的外贸企业购进应税消费品直接出口，以及外贸企业受其他外贸企业委托代理出口应税消费品。外贸企业受其他商贸企业委托，代理出口应税消费品是不予退(免)税的。

2. 出口免税但不退税

有出口经营权的生产性企业自营出口或生产企业委托外贸企业代理出口自产的应税消费品，依据其实际出口数量免征消费税，不予办理退还消费税。这项政策不同于增值税退(免)的规定。其区别在于消费税仅在生产环节征收，生产环节免税，出口的应税消费品就不含有消费税，因而不存在退税问题。而增值税却在货物销售的各个环节征收，生产企业出口货物时，已纳的增值税就需退还。

3. 出口不免税也不退税

除生产企业、外贸企业外的其他企业，主要是一般商贸企业，这类企业委托外贸企业代理出口应税消费品一律不予退(免)税。

(三)出口应税消费品退税的计算

(1) 从价定率计征的，应依照外贸企业从工厂购进货物时征收消费税的价格计算应退消费税税款，其计算公式如下。

$$\text{应退消费税税款}=\text{出口货物的工厂销售额}\times\text{税率}$$

(2) 从量定额计征的，应依照货物购进和报关出口的数量计算应退消费税税款。其计算公式如下。

$$\text{应退消费税税款}=\text{出口数量}\times\text{单位税额}$$

如果出口的应税消费品办理退税后，发生退关，或者国外退货进口时予以免税的，报关出口者必须及时向其所在地主管税务机关申报补缴已退的消费税税款。纳税人直接出口的应税消费品办理免税后发生退关或国外退货，进口时已予以免税的，经所在地主管税务机关批准，可暂不办理补税，待其转为国内销售时，再向其主管税务机关申报补缴消费税。

第五节　纳税申报与账务处理

一、纳税申报

纳税人无论有无销售额，均应按主管税务机关核定的纳税期限填报纳税申报表，并于次月 1 日至 15 日内，向当地国家税务局申报纳税并结清上月应纳税款。纳税人应按有关规

定及时办理纳税申报，并如实填写消费税纳税申报表(见表 3-2)。

表 3-2　消费税纳税申报表

税款所属期限：2017 年 02 月 01 日至 2017 年 02 月 28 日　　　　数量单位：标准箱

纳税人识别号：465280104013184　　　　金额单位：元(列至角分)

应税消费品名称	适用税目	从价定率		从量定额		当期准予扣除外购应税消费品买价				
		应税销售额	适用税率	应税销售数量	单位税额	合计	期初库存外购应税消费品买价	当期购进外购应税消费品买价	期末库存外购应税消费品买价	外购应税消费品适用税率
1	2	3	4	5	6	7=8+9−10	8	9	10	11
卷烟	烟	900 000.00	36%	60	150.00					
烟丝	烟					104 000.00	10 000.00	100 000.00	6000.00	30%
合计		900 000.00		60		104 000.00	10 000.00	100 000.00	6000.00	

应纳消费税		当期准予扣除外购应税消费品已纳税款	当期准予扣除委托加工应税消费品已纳税款			
本期	累计		合计	期初库存委托加工应税消费品已纳税款	当期购进委托加工应税消费品已纳税款	期末库存委托加工应税消费品已纳税款
17	18	12=7×11	13=14+15−16	14	15	16
276 800.00	596 800.00	31 200.00	25 000.00	5 000.00	30 000.00	10 000.00

已纳消费税		本期应补(退)税金额			
本期	累计	合计	上期结算税金额	补交本年度欠税	补交以前年度欠税
19	20	21=17−19+22+23+24	22	23	24
0.00	320 000.00	276 800.00	0.00	0.00	0.00

截至上年底累计欠税额	本年度新增欠税额	
	本期	累计
25	26	27
0.00	0.00	0.00

如纳税人填报，由纳税人填写以下各栏		如委托代理人填报，由代理人填写以下各栏				备注
会计主管签章	纳税人公章	代理人名称		代理人公章		
		代理人地址				
		经办人		电话		
以下由税务机关填写						
收到申报表的日期			接收人			

填表人：

注：① 17=3×4+5×6−12−13。

② 18=17+本年度以前各期应纳消费税。

③ 20=19+本年度以前各期实际缴纳的消费税。

④ 22“上期结算税金额”为按期缴税户上期预缴后在所属期结算应缴的税额。

【例 3-13】某卷烟厂的纳税人识别号为 465280104013184，2017 年 2 月份生产经营情况如下。

(1) 期初库存外购烟丝金额为 10 000 元，当期外购烟丝金额为 100 000 元，期末库存烟丝金额为 6000 元，所领用烟丝均生产加工卷烟。

(2) 委托加工烟丝已纳消费税税款期初余额为 5000 元，当期收回的为 30 000 元，期末为 10 000 元，所领用烟丝均为生产加工卷烟。

(3) 销售卷烟 60 标准箱，不含增值税销售额为 900 000 元(每条为 60 元)。2017 年 1 月份应纳消费税税款 320 000 元，已于 2 月 10 日缴入国库。

试填报该厂2月份的消费税纳税申报表。

【解析】该厂2月份的消费税的税申报表如表3-2所示。

二、消费税的账务处理

(一)生产销售应税消费品的账务处理

企业生产销售缴纳消费税的应税消费品，在销售时应当按照应缴消费税税额，借记“营业税金及附加”账户；贷记“应交税费——应交消费税”账户。承例3-1，计算应纳消费税时，其账务处理如下。

借：营业税金及附加　　　　88 000

　　贷：应交税费——应交消费税　　88 000

若是自产自用(用于其他方面的)应税消费品，于移送使用时，借方应根据不同情况记入“管理费用”“营业外支出”“应付职工薪酬”“营业税金及附加”“生产成本”等账户。

(二)委托加工应税消费品的账务处理

若收回后直接用于销售的，受托方代收代缴的消费税应计入“委托加工物资”等账户的借方；若收回后用于连续生产应税消费品的，应按受托方代收代缴的消费税税额计入“应交税费——应交消费税”账户的借方。承例3-9，收回委托加工物资时，消费税账务处理如下。

借：委托加工物资　　　　5400　(20%烟丝对外销售)

　　应交税费——应交消费税　　21 600　(80%烟丝连续生产卷烟)

　　贷：银行存款(或应付账款)　　27 000

(三)进口应税消费品的账务处理

进口环节海关代征的消费税应计入进口应税消费品的成本。借方记入“材料采购”“库存商品”或“商品采购”等账户。承例3-11，消费税账务处理如下。

借：商品采购　　　　580 000(生产企业为材料采购)

　　贷：应交税费——应交消费税　　580 000

复习思考题

1. 简述消费税的概念及特点。
2. 简述消费税与增值税的关系。
3. 简述消费税的税目及纳税环节。
4. 如何确定消费税的纳税义务人？

强化训练题

一、单项选择题

1. 纳税人将自产的应税消费品用于(　　)的不征收消费税。
   A. 连续生产应税消费品　　B. 连续生产非应税消费品
   C. 职工福利　　D. 对外投资

2. 根据消费税法规定，金银首饰、钻石及钻石饰品的消费税在(　　)环节征收。
   A. 生产　　B. 进口　　C. 零售　　D. 批发

3. 下列各项中，按照委托加工计征消费税的是(　　)。
   A. 由委托方提供原料和主要材料，受托方只收取加工费和代垫部分辅助材料的应税消费品
   B. 由受托方提供原料生产的应税消费品
   C. 受托方先将原料卖给委托方，然后再接受加工的应税消费品
   D. 由受托方以委托方的名义购进原材料生产的应税消费品

4. 甲酒厂为一般纳税人，5月份销售果木酒取得不含增值税的销售额10万元，同时收取包装费0.58万元、优质费2.32万元，消费税税率为10%，增值税税率为13%，甲酒厂当月应缴纳消费税(　　)。
   A. (10+0.58+2.32)×10%
   B. (10+0.58)×10%
   C. [10+(0.58+2.32)/(1+13%)]×10%
   D. [10+0.58/(1+13%)]×10%

5. 下列各项中，应征收消费税的是(　　)。
   A. 汽车厂销售雪地车　　B. 手表厂销售高档手表
   C. 珠宝店销售珍珠项链　　D. 商场销售木制一次性筷子

6. 根据消费税法律制度的规定，下列关于委托加工的表述中，不正确的是(　　)。
   A. 委托加工的应税消费品，按照委托方的同类消费品的销售价格计征消费税；没有同类消费品销售价格的，按照组成计税价格计征消费税
   B. 纳税人委托加工应税消费品的，消费税的纳税义务发生时间为纳税人提货的当天
   C. 委托加工的应税消费品直接出售的，不再征收消费税
   D. 委托个人加工的应税消费品，由委托方收回后缴纳消费税

7. 委托加工收回的应税消费品由委托方收回直接出售时，应缴纳的税金是(　　)。
   A. 消费税　　B. 增值税　　C. 消费税和增值税　　D. 无须缴纳任何税

8. 甲烟草公司提供烟叶委托乙公司加工一批烟丝。在这项委托加工烟丝的业务中，消费税的纳税义务是(　　)。
   A. 甲公司　　B. 乙公司　　C. 丙公司　　D. 甲公司和丙公司

9. 下列消费品中，既征增值税又征消费税的是(　　)。

A. 从国外进口的数码相机　　B. 烟酒经销商店销售外购的已税烟酒
C. 从国外进口的小汽车　　D. 生产销售的子午线轮胎

10. 某酒厂4月份生产一种新的粮食白酒，广告样品使用0.8吨，已知该种白酒无同类产品出厂价，生产成本每吨40 000元，成本利润率为10%。已知粮食白酒消费税的定额税率为0.5元/斤，比例税率为20%。则该厂当月应缴纳的消费税为(　　)元。

A. 8600　　B. 8800　　C. 9600　　D. 10 800

二、多项选择题

1. 下列生产产品须缴纳消费税的有(　　)。

A. 自行车　　B. 实木地板　　C. 高档服装　　D. 烟

2. 下列适用从量定额与从价定率混合计税的有(　　)。

A. 汽油　　B. 卷烟　　C. 粮食白酒　　D. 药酒

3. 纳税人用于下列(　　)的应税消费品，应按纳税人同类应税消费品的最高销售价格作为计税依据计算消费税。

A. 抵偿债务　　B. 职工福利
C. 换取生产资料　　D. 投资入股

4. 纳税人外购和委托加工的特定应税消费品，用于连续生产应税消费品的，已缴纳的消费税税款准予从应纳消费税税额中抵扣。下列各项中，可以抵扣已缴纳的消费税的有(　　)。

A. 外购高档化妆品用于生产高档化妆品
B. 委托加工收回的烟丝用于生产卷烟
C. 以外购已税酒精为原料生产白酒
D. 委托加工收回的已税玉石用于生产贵重首饰

5. 下列交易活动中，纳税人需要缴纳消费税的有(　　)。

A. 商场销售粮食白酒　　B. 酒厂生产销售粮食白酒
C. 外贸公司进口小汽车　　D. 加工厂受托加工烟丝

6. 下列表述中，正确的有(　　)。

A. 包装物连同应税消费品销售的，无论包装物如何核算，均应计入应税消费品的销售额计征消费税
B. 逾期包装物押金应计入销售额，按照应税消费品的适用税率计征消费税
C. 收取1年以上的包装物押金应计入销售额计征消费税
D. 使用自产酒精生产白酒，酒精移送时，应缴纳消费税

7. 下列各项中，不缴纳消费税的有(　　)。

A. 委托加工的应税消费品，受托方已代收代缴消费税，委托方取回后直接销售的
B. 自产自用的应税消费品，用于连续生产应税消费品的
C. 自产自用的应税消费品，用于连续生产非应税消费品的
D. 自产自用的应税消费品，用于职工福利的

8. 下列各项中，既征增值税，又征消费税的有(　　)。

A. 批发环节销售的卷烟　　B. 生产销售的普通护肤护发品

C. 零售环节销售的金银首饰　　D. 进口的高档化妆品

9. 下列各项中，纳税人应当缴纳消费税的有(　　)。

A. 将自产的应税消费品用于职工福利

B. 将自产的应税消费品用于连续生产应税消费品

C. 随同应税消费品销售而取得的包装物作价收入

D. 收取时间超过12个月的包装物押金

10. 下列关于消费税纳税环节的表述中，正确的有(　　)。

A. 纳税人生产的应税消费品，于纳税人销售时纳税

B. 纳税人自产自用的应税消费品，用于连续生产应税消费品的，于移送时纳税

C. 纳税人带料加工、翻新改制的金银首饰，在受托方交货时纳税

D. 纳税人从事金银首饰零售业务的，在零售时纳税

11. 下列应征收消费税的有(　　)。

A. 烟草批发企业将卷烟销售给零售单位

B. 地板经销商提供实木地板保养服务

C. 外贸公司进口高档手表

D. 金店零售金银首饰

12. 下列属于消费税范围的有(　　)。

A. 首饰店零售金银首饰

B. 烟草批发企业将卷烟销售给其他烟草批发企业

C. 外贸公司进口高档手表

D. 小汽车生产企业将自产小汽车奖励给优秀员工

三、判断题

1. A市甲企业委托B市乙企业加工烟丝，则烟丝的消费税应由甲企业向A市税务机关解缴。(　　)

2. 消费税的纳税人采取预收货款结算方式的，其纳税义务发生时间为销售合同规定的收款日期的当天。(　　)

3. 消费税是价内税，增值税是价外税，因此这两个税种的税基截然不同。(　　)

4. 纳税人委托个体经营者加工应税消费品，一律于委托方收回后在委托方所在地缴纳消费税。(　　)

5. 自产自用的应税消费品，应视同销售，于移送使用的当天缴纳消费税。(　　)

6. 某卷烟厂通过自设非独立核算门市部销售自产卷烟，应当按照门市部对外销售额或销售数量计算征收消费税。(　　)

7. 委托加工的应税消费品，委托方用于连续生产应税消费品的，所纳税款准予按规定抵扣。(　　)

8. 包装物已作价随同应税消费品销售，又另外收取押金并在规定期限内未予退还的押金，不应计入应税消费品的销售额计征消费税。(　　)

9. 高档手表采用从量计征方法计缴消费税。(　　)

10. 对从事生产、委托加工、进口和出口应税消费品的单位和个人，都应当征收消费税。(　　)

四、业务训练题

1. 某企业3月份发生下列业务。

(1) 从国外进口一批A类高档化妆品，关税完税价格为1 650 000元，已缴纳关税900 000元。

(2) 委托某工厂加工B类高档化妆品，提供原材料价值158 000元，支付加工费12 000元(不含增值税)。该批加工产品已收回(受托方没有B类高档化妆品同类货物销售价格)。

(3) 销售本企业生产的C类高档化妆品，取得销售额580 000元(不含增值税，下同)，另外，将价值8 000元的C类高档化妆品赠送给客户。已知高档化妆品的消费税税率为15%。

要求：

(1) 计算A类高档化妆品应缴纳的消费税。

(2) 计算B类高档化妆品应缴纳的消费税。

(3) 计算C类高档化妆品应缴纳的消费税。

2. 某酒厂2月份销售自产粮食白酒7吨，取得收入90 000元(不含增值税，下同)，委托A厂加工药酒20吨，发出材料成本40 000元，支付加工费5000元，A厂无同类货物销售额，药酒收回后直接对外销售，取得销售额为52 000元。

已知粮食白酒的比例税率为20%，定额税率为0.5元/斤，药酒的比例税率为10%，要求计算该酒厂2月份应纳消费税税额。

3. 某卷烟厂3月份生产经营情况如下。

(1) 从某烟丝厂购进已税烟丝200吨，每吨不含增值税单价为2万元。

(2) 生产领用外购已税烟丝150吨，生产卷烟20 000标准箱，当月销售18 000标准箱，取得不含增值税销售额31 500万元。

已知卷烟每标准箱的定额税率为150元，比例税率为56%，烟丝的消费税税率为30%。要求计算该厂3月份的应纳消费税税额。

4. 某酒厂4月份销售黄酒50吨，取得含税销售收入175 500元，另将2吨黄酒发放给职工作为福利，不含税价格为每吨3000元。

已知黄酒的定额税率为每吨240元，要求计算该厂4月份应缴纳的消费税税额。

5. 甲公司是增值税一般纳税人，生产高档化妆品。4月6日，甲公司向当地税务机关报税，结清3月份的应缴纳税款。4月20日，税务机关在对该公司3月份的纳税情况实施税务稽核时，发现以下情况。

(1) 连同高档化妆品一同销售的特制包装盒收入(含增值税)9040元，未纳入增值税、消费税销售额中。

(2) 外购一批用于生产高档化妆品的原材料，取得对方开具的增值税专用发票上注明的增值税税额为4800元。经核查，该批原料因管理不善已被盗窃，但其进项税额已在3月份抵扣。

(3) 将新开发的高档化妆品40箱作为样品用于新产品发布会，会后全部赠送给与会人员，该批样品未计入销售额。生产该批样品的进项税额已在3月份抵扣。该批高档化妆品每箱市场销售价格为305.1元(含增值税)。

已知高档化妆品的增值税税率为13%，消费税税率为15%。

要求:

(1) 计算甲公司 3 月份应补缴的增值税。

(2) 计算甲公司 3 月份应补缴的消费税。

6. 某汽车制造厂为增值税一般纳税人。3 月份，该厂购进用于生产小汽车的原材料，取得的增值税专用发票上注明的税款共计 800 万元；进口大型检测仪器设备一台，取得的海关完税凭证上注明的增值税税款为 10 万元；销售小汽车取得销售收入 10 170 万元(含增值税)；兼营小汽车修理修配业务收入 30 万元(不含增值税)，用于汽车修理修配业务所购进的零部件、原材料等所取得的增值税专用发票上注明的税款为 4 万元。消费税税率为 9%。

要求:

(1) 计算该厂应缴纳的增值税税额。

(2) 计算该厂应缴纳的消费税税额。

7. 甲公司为增值税一般纳税人，4 月份发生以下经济业务。

(1) 进口小轿车 30 辆，关税完税价格为 460.38 万元，取得相关完税凭证。

(2) 委托某运输公司将小轿车从海关运回甲公司，支付运输费 9 万元，取得运输公司开具的普通发票。当月售出 24 辆，每辆取得含税销售额 39.55 万元。

已知关税税率为 60%，增值税税率为 13%，消费税税率为 9%。

要求:

(1) 计算甲公司进口环节应缴纳的关税税额、消费税税额和增值税税额。

(2) 计算甲公司在国内销售环节应缴纳的增值税税额。

8. 某高档化妆品生产企业为增值税一般纳税人，4 月从国外进口一批散装高档化妆品，关税完税价格为 170 万元。进口机器设备一套，关税完税价格为 40 万元。本月内企业将进口的散装高档化妆品全部生产加工为成套高档化妆品 7800 件，对外批发销售 7000 件，取得不含税销售额 400 万元；向消费者零售 800 件，取得含税销售额 49.72 万元。

已知高档化妆品的关税税率为 50%，消费税税率为 15%；设备的关税税率为 20%。

要求:

(1) 计算该企业在进口环节应缴纳的增值税税额和消费税税额。

(2) 计算该企业在国内销售环节应缴纳的增值税税额和消费税税额。

(3) 若该企业将进口散装高档化妆品的 80%用于生产加工成套高档化妆品并实现销售，其他资料不变，计算其应纳消费税税额与增值税税额。

9. 某日用高档化妆品厂纳税人识别号为 465000114004588，2 月份生产经营情况如下。

(1) 期初库存外购高档化妆品金额 40 000 元，当期外购高档化妆品金额 300 000 元，期末库存高档化妆品金额 90 000 元，所领用高档化妆品均生产高档化妆品。

(2) 委托加工高档化妆品已纳消费税税款期初余额为 6000 元，当期收回的为 40 000 元，期末为 15 000 元，均为生产高档化妆品所领用。

(3) 销售高档化妆品取得不含增值税销售额为 560 000 元。1 月份应纳消费税税款 46 000 元，已于 2 月 10 日缴入国库。

已知高档化妆品的消费税税率为 15%，要求规范填写该厂 2 月份的消费税纳税申报表。

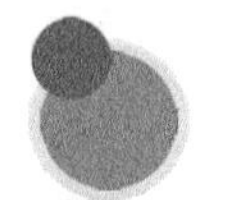

五、不定项选择题

1. 甲公司为一般纳税人，6 月份购进原材料取得增值税专用发票上注明的价款为 2500 万元，税款为 400 万元；当月销售商品含税收入为 9280 万元。该商品消费税税率为 5%。

要求：根据上述资料分析回答下列小题。

(1) 当月应缴纳增值税税额为(　　)万元。

A. 1166.2　　B. 880　　C. 1178.1　　D. 946.9

(2) 当月应缴消费税税额为(　　)万元。

A. 400　　B. 468　　C. 600　　D. 442

(3) 当月销售商品应做会计分录(　　)。

A. 借：主营业务收入　　9280
　　贷：银行存款　　9280

B. 借：银行存款　　9280
　　贷：主营业务收入　　9280

C. 借：银行存款　　9280
　　贷：主营业务收入　　8000
　　　　应交税费——应交增值税(销项税额)　　1280

D. 借：银行存款　　9280
　　贷：主营业务收入　　8000
　　　　应交税费——应交消费税　　1280

2. 甲公司为增值税一般纳税人，主要生产和销售高档化妆品。5 月份有关经济业务如下。

(1) 销售香水 150 箱，不含增值税单价为 2 万元，另收取品牌使用费 11.6 万元。

(2) 受托加工香水精，收取不含增值税加工费 5 万元，委托方提供的原材料成本 58 万元，甲公司无同类产品销售价格。

(3) 销售口红两批，第一批 100 箱，不含增值税单价为 0.2 万元；第二批 200 箱，不含增值税单价为 0.16 万元。

(4) 将口红 50 箱赞助给国内某高档化妆品展销会。

已知高档化妆品增值税税率为 13%，消费税税率为 15%。

要求：根据上述资料，分析回答下列小题。

(1) 甲公司本月销售香水应缴纳的消费税税额的计算，正确的是(　　)。

A. 2×150×15%　　B. (2×150+11.6)×15%

C. (2×150+11.6)÷(1+13%)×15%　　D. [2×150+11.6÷(1+13%)]×15%

(2) 甲公司受托加工香水精应代收代缴的消费税税额的计算中，正确的是(　　)。

A. 58×15%　　B. (58+5)×15%

C. (58+5)÷(1−15%)×15%　　D. (58+5)÷(1+15%)×15%

(3) 甲公司销售口红的增值税税额和消费税税额的处理中，正确的是(　　)。

A. 增值税销项税额=(0.2×100+0.16×200)×13%

B. 增值税销项税额=0.2×(100+200)×13%

C. 消费税税额=(0.2×100+0.16×200)×15%

D. 消费税税额=0.2×(100+200)×15%

(4) 甲公司将口红赞助给国内某高档化妆品展销会应缴纳的消费税税额的计算中，正确的有( )。

A. 0.16×50×15%　　B. 0.2×50×15%

C. (0.2+0.16)÷2×50×15%　　D. (0.2×100+0.16×200)÷(100+200)×50×15%

3. 甲企业为增值税一般纳税人，主要从事小汽车的制造和销售业务。7 月份有关业务如下。

(1) 销售一辆定制小汽车取得合理含税价款 232 000 元，另收取手续费 34 800 元。

(2) 将 20 辆小汽车对外投资，小汽车生产成本 10 万元/辆；甲企业同类小汽车不含增值税最高销售价格 16 万元/辆，平均销售价格 15 万元/辆，最低销售价格为 14 万元/辆。

(3) 采取预收款方式销售给 4S 店一批小汽车，5 日签订合同，10 日收到预收款，15 日发出小汽车，20 日开具发票。

(4) 生产中轻型商用客车 500 辆，其中 480 辆用于销售、10 辆用于广告、8 辆用于企业管理部门、2 辆用于赞助。

已知小汽车增值税税率为 13%，消费税税率为 5%。

要求：根据上述资料，分析回答下列小题。

(1) 甲企业销售定制小汽车应缴纳的消费税税额的计算中，正确的是( )。

A. 232 000×5%

B. (232 000+34 800)÷(1+13%)×5%

C. 232 000/(1+13%)×5%

D. (232 000+34 800)×5%

(2) 甲企业以小汽车投资应缴纳消费税税额的下列计算中，正确的是( )。

A. 20×16×5%=16(万元)　　B. 20×15×5%=15(万元)

C. 20×10×5%=10(万元)　　D. 20×14×5%=14(万元)

(3) 甲企业采用预收款方式销售小汽车，消费税的纳税义务发生时间是( )。

A. 7 月 10 日　　B. 7 月 5 日

C. 7 月 15 日　　D. 7 月 20 日

(4) 下列行为应缴消费税的是( )。

A. 480 辆用于销售　　B. 10 辆用于广告

C. 8 辆用于企业管理部门　　D. 2 辆用于赞助

4. 甲公司为一般纳税人，主要生产和销售高档化妆品。11 月份有关经济业务如下。

(1) 销售高档面膜，取得不含增值税价款 300 万元，另收取品牌使用费 11.6 万元。

(2) 受托加工高档粉饼，收取不含增值税加工费 5 万元，委托方提供的原材料成本 80 万元，甲公司无同类产品销售价格。

(3) 销售高档口红两批，第一批不含增值税单价为 0.2 万元/箱，共 100 箱;第二批不含增值税单价为 0.16 万元/箱，共 200 箱。

(4) 将高档口红 50 箱赞助给国内某化妆品展销会。

已知高档化妆品增值税税率为 13%，消费税税率为 15%。

要求：根据上述资料，不考虑其他因素，分析回答下列小题。

(1) 关于甲公司本月销售高档面膜应缴纳的消费税税额的计算中，正确的是(　　)。

A. 300×15%

B. (300+11.6)×15%

C. (300+11.6)÷(1+13%)×15%

D. [300+11.6÷(1+13%)]×15%

(2) 关于甲公司受托加工高档粉饼应代收代缴的消费税税额的计算中，正确的是(　　)。

A. 80×15%

B. (80+5)×15%

C. (80+5)÷(1−15%)×15%

D. (80+5)÷(1+15%)×15%

(3) 关于甲公司销售高档口红的增值税和消费税处理，下列计算正确的是(　　)。

A. 甲公司销售高档口红共应确认增值税销项税额=(0.2×100+0.16×200)×13%

B. 甲公司销售高档口红共应确认增值税销项税额=0.2×(100+200)×13%

C. 甲公司销售高档口红应缴纳的消费税税额=(0.2×100+0.16×200)×15%

D. 甲公司销售高档口红应缴纳的消费税税额=0.2×(100+200)×15%

(4) 关于甲公司将高档口红赞助给国内某化妆品展销会应缴纳的消费税税额的计算中，正确的是(　　)。

A. 0.16×50×15%

B. 0.2×50×15%

C. (0.2+0.16)÷2×50×15%

D. (0.2×100+0.16×200)÷(100+200)×50×15%

5. 甲公司为增值税一般纳税人，主要从事汽车销售和维修业务，1 月份有关经济业务如下。

(1) 进口小汽车一批，取得海关进口增值税专用缴款书上注明的增值税税额 187 万元。

(2) 购进维修用原材料及零配件，取得增值税专用发票上注明的增值税税额 100.3 万元。

(3) 支付运输费，取得增值税专用发票上注明的增值税税额 1.1 万元。

(4) 销售进口小汽车，取得含税销售额 8700 万元。

(5) 销售小汽车内部装饰品，取得含税销售额 185.6 万元。

(6) 销售小汽车零配件取得含税销售额 17.4 万元。

(7) 对外提供汽车维修服务，取得含税销售额 208.8 万元。

已知销售货物增值税税率为 13%，提供修理修配劳务增值税税率为 13%；取得的增值税专用发票和专用缴款书均通过认证。

要求：根据上述资料，不考虑其他因素，分析回答以下问题。

(1) 甲公司当月准予抵扣进项税额的下列计算中，正确的是(　　)万元。

A. 187+1.1=188.1　　B. 187+100.3=287.3

C. 187+100.3+1.1=288.4　　D. 100.3+1.1=101.4

(2) 甲公司当月发生的下列业务中，应按销售货物申报缴纳增值税的是(　　)。

A. 销售小汽车内部装饰品　　B. 销售小汽车零配件

C. 提供汽车维修服务　　D. 销售进口小汽车

(3) 甲公司当月增值税销项税额的下列计算列式中，正确的是(　　)。

A. 提供汽车维修服务的销项税额=208.8÷(1+13%)×13%

B. 销售小汽车内部装饰品的销项税额=185.6÷(1+13%)×13%

C. 销售小汽车零配件的销项税额=17.4÷(1+13%)×13%

D. 销售进口小汽车的销项税额=8700÷(1+13%)×13%

(4) 甲公司发生的下列业务中，应缴纳消费税的有(　　)。

A. 销售汽车内部装饰品　　B. 提供汽车维修服务

C. 进口汽车　　D. 销售进口小汽车

6. 甲餐具生产厂为增值税一般纳税人，主要从事一次性餐具的生产和销售业务，8月份有关经济业务如下。

(1) 收购原木，开具的农产品收购发票注明买价33 600元，运输途中发生合理损耗448元。

(2) 采取预收款方式向乙公司销售一次性餐具，8月1日双方签订销售合同；8月3日预收全部含税货款116 000元，另收取包装费3480元；8月15日和8月25日各发出50%的餐具。

(3) 受托加工木制一次性筷子，收取不含增值税加工费17 100元，委托方提供的原材料成本39 900元。甲餐具生产厂无同类木质一次性筷子销售价格。

已知增值税税率为13%，农产品扣除率为10%；木制一次性筷子消费税税率为5%。

要求：根据上述资料，不考虑其他因素，分析回答下列小题。

(1) 甲餐具生产厂当月收购原木准予抵扣的增值税进项税额的下列计算列式中，正确的是(　　)。

A. 33 600÷(1+10%)×10%　　B. (33 600−448)×10%

C. 33 600×10%　　D. (336 00−448)÷(1+10%)×10%

(2) 甲餐具生产厂采取预收款方式销售一次性餐具，其增值税纳税义务发生时间是(　　)。

A. 8月1日　　B. 8月25日　　C. 8月15日　　D. 8月3日

(3) 甲餐具生产厂当月销售一次性餐具增值税销项税额的下列计算列式中，正确的是(　　)。

A. 116 000×13%

B. 116 000÷(1+13%)×13%

C. (116 000+3480)×13%

D. (116 000+3480)÷(1+13%)×13%

(4) 甲餐具生产厂当月受托加工木制一次性筷子应代收代缴消费税税额的下列计算列式中，正确的是(　　)。

A. 17 100×5%=855(元)

B. 17 100÷(1−5%)×5%=900(元)

C. (39 900+17 100)÷(1−5%)×5%=3000(元)

D. (39 900+17 100)×5%=2850(元)

第四章　城市维护建设税法及教育费附加

技能目标：

正确计算城市维护建设税及教育费附加，并规范填写纳税申报表。

知识目标：

- 掌握城市维护建设税及教育费附加的纳税人、税率及应纳税额的计算。
- 熟悉城市维护建设税及教育费附加的征收管理。
- 了解城市维护建设税及教育费附加的账务处理。

第一节　城市维护建设税法

一、城市维护建设税的概念

城市维护建设税(以下简称“城建税”)是国家对缴纳增值税、消费税(以下简称“两税”)的单位和个人，就其实际缴纳的“两税”税额为计税依据而征收的一种税。

城市维护建设税法是指国家制定的用以调整城市维护建设税征收与缴纳关系的法律规范。现行城市维护建设税的基本规范，是2020年8月11日第十三届全国人民代表大会常务委员会第二十一次会议通过了《中华人民共和国城市维护建设税法》，自2021年9月1日起施行。1985年2月8日国务院发布的《中华人民共和国城市维护建设税暂行条例》同时废止。

城建税是一种附加税。它以纳税人实际缴纳的“两税”税额为计税依据，附加于“两税”税额，本身并没有特定的、独立的征税对象。

二、基本要素

(一)纳税人

城建税的纳税人是缴纳增值税、消费税的单位和个人。即不论单位和个人，只要缴纳了增值税、消费税中的任何一种税，都应同时缴纳城建税。城建税的纳税人具体包括各类企业、行政单位、事业单位、军事单位、社会团体及其他单位，以及个体工商户及其他个人。

【思考4-1】下列属于城建税纳税人的有(　　)。

A. 国有企业　　B. 个人　　C. 私营企业　　D. 中外合资经营企业

【解析】正确答案是ABCD。

(二)征税范围

城建税在全国范围内征收，不仅包括城市、县城和镇，还包括城镇以外的地区，如农

村。只要缴纳增值税、消费税，除税法另有规定外，都应同时缴纳城建税。

(三)城建税的税率

城建税的税率，按纳税人所在地的不同，设置了三档地区差别比例税率，具体规定如下。

(1) 纳税人所在地为市区的，税率为7%。

(2) 纳税人所在地为县城、镇的，税率为5%。

(3) 纳税人所在地不在市区、县城或者镇的，税率为1%。

城建税的适用税率，应当按纳税人所在地的规定执行。但是，对下列两种情况，可按缴纳“两税”所在地的规定税率就地缴纳城建税：一是由受托方代征代扣“两税”的单位和个人，其代征代扣的城建税按受托方所在地适用税率执行；二是流动经营等无固定纳税地点的单位和个人，在经营地缴纳“两税”的，其城建税按经营地适用的税率执行。

【思考 4-2】某市甲企业委托某乡村乙企业加工一批烟丝，则甲企业应适用的城建税税率是(　　)。

A. 7%　　B. 5%　　C. 1%　　D. 0

【解析】正确答案是 C。委托加工的应税消费品，由受托方代收代缴消费税，因此城建税按受托方所在地适用的税率执行。

三、城建税的计算

(一)计税依据

城建税的计税依据是纳税人实际缴纳的“两税”税额，不包括纳税人违反增值税、消费税有关税法规定而加收的滞纳金和罚款。城市维护建设税的计税依据应当按照规定扣除期末留抵退税退还的增值税税额。

城市维护建设税计税依据的具体确定办法，由国务院依据本法和有关税收法律、行政法规规定，报全国人民代表大会常务委员会备案。

在确定计税依据时，要注意以下两点。

(1) 如果减免“两税”，也要同时减免城建税。

(2) 纳税人在被查补“两税”和被处以罚款时，应同时对其偷漏的城建税进行补税、征收滞纳金和罚款。

【思考 4-3】下列各项中，可以作为城建税计税依据的有(　　)。

A. 纳税人因迟延缴纳增值税而加收的滞纳金

B. 纳税人享受减免后实际缴纳的增值税

C. 纳税人偷逃增值税而支付的罚款

D. 纳税人偷逃消费税被查补的税款

【解析】正确答案是 BD。城建税的计税依据是单位和个人实际缴纳“两税”的税额，不包括滞纳金和罚款。

(二)应纳税额的计算

城建税纳税人的应纳税额是由纳税人实际缴纳的“两税”税额决定的，其计算公式如下。

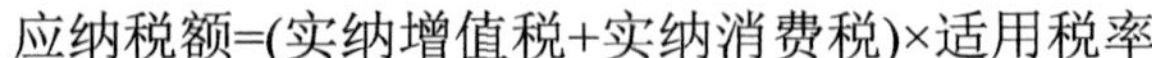

应纳税额=(实纳增值税+实纳消费税)×适用税率

【例 4-1】 丰源卷烟厂(地处县城)6 月份销售卷烟 500 箱，取得不含税销售额 800 万元，假设当期无其他业务。消费税定额税率为 150 元/箱，比例税率为 36%，增值税税率为 13%。试计算该厂应缴纳的城建税税额。

【解析】 计算城建税，首先要计算出“两税”税额，卷烟厂不仅要缴纳增值税，还要缴纳消费税。其具体计算如下。

应缴纳增值税=800×13%=104(万元)

应缴纳消费税=500×150÷10 000+800×36%=7.5+288=295.5(万元)

该卷烟厂地处县城，适用城建税税率为 5%，所以应纳城建税税额如下

应缴纳城建税=(128+295.5)×5%=21.175(万元)

【例 4-2】 某镇化妆品生产企业 5 月份缴纳消费税 4 万元，增值税 3 万元，被查补消费税 1 万元、增值税 0.5 万元，并被处以罚款 0.8 万元，加收滞纳金 0.06 万元，试计算该化妆品生产企业应缴纳的城建税税额。

【解析】 城建税以实际缴纳及查补的“两税”税额为计税依据，不包括违反“两税”规定加收的滞纳金和罚款。该企业地处某镇，适用城建税税率为 5%，则应纳城建税税额如下。

应缴纳城建税税额=(4+3+1+0.5)×5%=0.425(万元)

四、征收管理

(一)税收优惠

城建税原则上不单独减免，但因城建税具有附加税性质，当“两税”发生减免时，城建税也相应发生税收减免。具体规定如下。

(1) 海关对进口产品代征的增值税、消费税，不征收城建税。

(2) 对由于减免增值税、消费税而发生退税的，可同时退还已征收的城建税。

(3) 对增值税、消费税实行先征后返、先征后退、即征即退办法的，除另有规定外，对随“两税”附征的城建税，一律不予退(返)还。

(4) 根据国民经济和社会发展的需要，国务院对重大公共基础设施建设、特殊产业和群体以及重大突发事件应对等情形可以规定减征或者免征城市维护建设税，报全国人民代表大会常务委员会备案。

(二)纳税地点

纳税人缴纳“两税”的地点，就是该纳税人缴纳城建税的地点。但下列情况例外。

(1) 对代扣代缴“两税”的单位和个人，其纳税地点为代扣代缴地。

(2) 对流动经营等无固定纳税地点的单位和个人，应随同“两税”在经营地缴纳城建税。

(三)纳税期限

城市维护建设税的纳税义务发生时间与增值税、消费税的纳税义务发生时间一致，分别与增值税、消费税同时缴纳。

城建税的具体纳税期限由主管税务机关根据纳税人应纳税额的大小分别核定。不能按

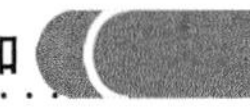

照固定期限按期纳税的，可以按次纳税。

【思考 4-4】下列各项中，符合城建税纳税地点规定的有(　　)。

A. 一般情况下，纳税人缴纳“两税”的地点，就是该纳税人缴纳城建税的地点

B. 流动经营无固定地点的单位，为单位注册地

C. 流动经营无固定地点的个人，为居住所在地

D. 代扣代缴“两税”的单位和个人，为代扣代缴地

【解析】正确答案是 AD。对流动经营等无固定纳税地点的单位和个人，应随同“两税”在经营地缴纳城建税。

五、纳税申报与账务处理

(一)纳税申报

城建税由地方税务机关征收管理。纳税人应按期申报纳税，并如实填写城市维护建设税纳税申报表(见表 4-1)。

【例 4-3】某市红远日用化妆品厂纳税人识别号为 286341550096969，2019 年 3 月份实际应缴纳增值税 90 万元，消费税 76 万元，取得出口退还增值税 20 万元，缴纳进口环节增值税 30 万元，消费税 20 万元，关税 6 万元。试计算该厂 3 月份应纳城建税税额，并填写城建税纳税申报表。

【解析】海关对进口产品代征的增值税和消费税，不征收城建税。对出口产品扣除期末留抵退税退还的增值税税额。因此，3 月份该厂应纳城建税税额计算如下。

应纳城建税税额=(90+76−20)×7%=10.22(万元)

城建税纳税申报表的填写如表 4-1 所示。

表 4-1　城市维护建设税纳税申报表

填表日期：2019 年 04 月 08 日

纳税人识别号：286341550096969　　　　金额单位：元(列至角分)

纳税人名称	红远日用化妆品厂		税款所属时期	2019年03月01日至03月31日	
计税依据	计税金额	税率	应纳税额	已纳税额	应补(退)税额
1	2	3	4=2×3	5	6=4−5
增值税	700 000.00	7%	49 000.00	0	0
消费税	760 000.00	7%	53 200.00	0	0
合计	1 660 000.00	—	102 200.00	0	102 200
如纳税人填报，由纳税人填写以下各栏		如委托代理人填报，由代理人填写以下各栏			备注
会计主管 签章	纳税人 公章	代理人名称		代理人 公章	
		代理人地址			
		经办人		电话	
以下由税务机关填写					
收到申报表日期			接收人		

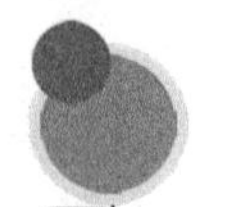

(二)账务处理

企业缴纳城建税，应通过“应交税费”账户核算，直接在“营业税金及附加”或者“其他业务支出”等账户列支。

承例 4-3，红远日用化妆品厂在计算与缴纳城建税时的账务处理如下。

(1) 计算应缴纳城建税时，

借：营业税金及附加　　116 200

　　贷：应交税费——应交城市维护建设税　　116 200

(2) 企业实际缴纳城建税时，

借：应交税费——应交城市维护建设税　　116 200

　　贷：银行存款　　116 200

第二节　教育费附加

一、教育费附加的概念

教育费附加是指对缴纳增值税、消费税的单位和个人，就其实际缴纳的税额为计算依据征收的一种附加费。

为了加快教育事业的发展，提高全民族的科学文化水平，国务院于 1986 年 4 月 28 日发布了《征收教育费附加的暂行规定》，自 1986 年 7 月 1 日起施行。

二、征收范围及计征依据

凡缴纳增值税、消费税的单位和个人，都应缴纳教育费附加。自 2010 年 12 月 1 日起，对外商投资企业、外国企业及外籍个人征收教育费附加。

教育费附加是对缴纳增值税、消费税的单位和个人征收，以其实际缴纳的增值税、消费税的税额为计税依据，分别与增值税、消费税同时缴纳。

三、计征比率

现行教育费附加的征收比率为 3%。

【思考 4-5】教育费附加与城建税都是“两税”的附加，所以二者计算上没有区别。这一说法是否正确？为什么？

【解析】这一说法不正确。教育费附加的征税范围、计税依据、缴纳义务人与城建税一致，但教育费附加的计征比率不因纳税人所在地区的不同而不同，而是统一的计征比率，比率为 3%。

四、教育费附加的计算

教育费附加的计算公式如下。

应纳教育费附加=(实纳增值税+实纳消费税)×3%

【例 4-4】某市区甲企业 2014 年 2 月份实际缴纳增值税 10 万元，消费税 25 万元，试计算甲企业应缴纳的教育费附加及城建税。

【解析】应纳教育费附加=(10+25)×3%=1.05(万元)

应纳城建税=(10+25)×7%=2.45(万元)

五、征收管理

教育费附加的减免规定、缴纳地点和缴纳期限等征收管理规定与城市维护建设税相同。在此不再赘述。

【思考 4-6】对于实行“先征后退”的企业，随“两税”附征的教育费附加，在办理增值税和消费税退税时，教育费附加(　　)。

A. 不退　　B. 退还　　C. 减半　　D. 抵缴下期

【解析】正确答案是 A。对“两税”实行先征后返、先征后退或即征即退的办法，除另有规定外，对随“两税”附征的城市维护建设税和教育费附加，一律不予退(返)还。

六、教育费附加的申报与账务处理

(一)教育费附加的申报

教育费附加与城建税的性质相同，应在征收城建税的同时附加征收。纳税人应在申报城建税的同时，申报教育费附加，并填写教育费附加申报表(见表 4-2)。

承例 4-3，红远日用化妆品厂应缴教育费附加为(90+76−20)×3%=4.38(万元)。

教育费附加申报表如表 4-2 所示。

表4-2　教育费附加申报表

填表日期：2019 年 04 月 08 日

纳税人识别号：286341550096969　　　　金额单位：元(列至角分)

纳税人名称	红远日用化妆品厂		税款所属时期	2019年03月01日至03月31日	
计税依据	计税金额	税率	应纳税额	已纳税额	应补(退)税额
1	2	3	4=2×3	5	6=4−5
增值税	700 000.00	3%	21 000.00	0	0
消费税	760 000.00	3%	22 800.00	0	0
合计	1 660 000.00	—	43 800.00	0	43 800
如纳税人填报，由纳税人填写以下各栏		如委托代理人填报，由代理人填写以下各栏			备注
会计主管 签章	纳税人 公章	代理人名称		代理人 公章	
		代理人地址			
		经办人		电话	
以下由税务机关填写					
收到申报表日期			接收人		

(二)账务处理

教育费附加通过“应交税费”账户核算。企业按规定计算应缴的教育费附加时，借记“营业税金及附加”或者“其他业务支出”账户，贷记“应交税费——应交教育费附加”账户；企业实际缴纳教育费附加时，借记“应交税费——应交教育费附加”账户，贷记“银行存款”账户。

复习思考题

1. 简述城市维护建设税及教育费附加的概念和特点。
2. 简述城市维护建设税及教育费附加与“两税”的关系。
3. 简述在计算城市维护建设税及教育费附加时应注意的问题。

强化训练题

一、单项选择题

1. 城建税的计税依据是(　　)。
   A. 应缴纳的“两税”税额　　B. 实际缴纳的“两税”税额
   C. 实际缴纳的“两税”及滞纳金　　D. 应缴纳的“两税”及罚款
2. 现行教育费附加的征收率为(　　)。
   A. 1%　　B. 2%　　C. 3%　　D. 5%
3. 城建税的适用税率，一般按(　　)的适用税率执行。
   A. 纳税人缴纳“两税”所在地　　B. 纳税人所在地
   C. 纳税人的生产经营地　　D. 纳税人总机构所在地
4. 在经营地缴纳“两税”的，则其城建税应在(　　)缴纳。
   A. 经营地按当地适用税率计算
   B. 机构所在地按当地适用税率计算
   C. 经营地但按机构所在地的适用税率计算
   D. 机构所在地但按经营地的适用税率计算
5. 下列说法中，正确的是(　　)。
   A. 只要缴纳增值税就会缴纳城建税和教育费附加
   B. 同时缴纳增值税和消费税的纳税人才能成为城建税的纳税人
   C. 只要退还“增值税、消费税”就退还城建税
   D. 城建税的纳税人是缴纳增值税或消费税的单位和个人
6. 10月份甲公司向税务机关实际缴纳增值税70 000元、消费税50 000元；向海关缴纳进口环节增值税40 000元、消费税30 000元。已知城市维护建设税适用税率为7%，则甲公司当月应缴纳城市维护建设税税额的下列算式中，正确的是(　　)。

A. (70 000+50 000+40 000+30 000)×7%=13 300(元)

B. (70 000+40 000)×7%=7700(元)

C. (50 000+30 000)×7%=5600(元)

D. (70 000+50 000)×7%=8400(元)

7. 位于市区的某企业3月份共缴纳增值税、消费税和关税562万元，其中关税102万元、进口环节缴纳的增值税和消费税260万元。则该企业3月份应缴纳的城市维护建设税为(   )。

A. 14万元　　B. 18.2万元　　C. 32.2万元　　D. 39.34万元

8. 下列关于城市维护建设税税收优惠的表述中，不正确的是(   )。

A. 对实行增值税期末留抵退税的纳税人，不允许其从城建税的计税依据中扣除退还的增值税税额。

B. 海关对进口产品代征的增值税，不征收城市维护建设税

C. 对增值税实行先征后退办法的，除另有规定外，不予退还增值税附征的城市维护建设税

D. 对增值税实行即征即退办法的，除另有规定外，不予退还增值税附征的城市维护建设税

二、多项选择题

1. 城市维护建设税的征收范围包括(   )。

A. 城市　　B. 农村　　C. 县城　　D. 镇

2. 下列各项中，符合城市维护建设税有关规定的有(   )。

A. 城建税的计税依据是纳税人实际缴纳增值税或消费税的税额

B. 因减免税而发生增值税或消费税退税的，城建税也同时退税

C. 纳税人因偷漏增值税或消费税应该补税的，也要补缴城建税

D. 纳税人偷漏“增值税、消费税”而加收的滞纳金和罚款，一律计入城建税的计税依据

3. 下列情况中，不缴纳城建税的有(   )。

A. 外商投资企业缴纳的增值税

B. 外商投资企业缴纳的消费税滞纳金

C. 某内资企业本月进口货物海关代征的增值税

D. 某服务性内资企业本年直接免征增值税

4. 城市维护建设税是(   )。

A. 采用幅度比例税率　　B. 一种附加税

C. 税款专款专用的一种税　　D. 对进口货物不征税

5. 下列各项中，符合城市维护建设税有关规定的有(   )。

A. 海关对进口产品代征的增值税或消费税，征收城市维护建设税

B. 海关对进口产品代征的增值税或消费税，不征收城市维护建设税

C. 对实行增值税期末留抵退税的纳税人，允许其从城建税的计税依据中扣除退还的增值税税额

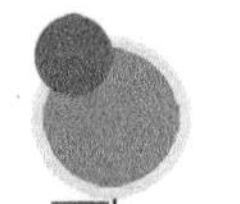

D. 对实行增值税期末留抵退税的纳税人，不允许其从城建税的计税依据中扣除退还的增值税税额

6. 下列属于城市建设维护税的纳税人的有(　　)。

A. 实际缴纳增值税的中外合作经营企业

B. 实际缴纳增值税的私营企业

C. 实际缴纳增值税的个体工商户

D. 实际缴纳增值税的国有银行

三、判断题

1. 纳税人享受减免增值税或消费税照顾的，不得同时享受减免城建税和教育费附加照顾。(　　)

2. 海关对进口产品代征的增值税或消费税，不征收城建税和教育费附加。(　　)

3. 城建税的征税范围不包括农村。(　　)

4. 对实行增值税期末留抵退税的纳税人，允许其从城建税的计税依据中扣除退还的增值税税额。(　　)

5. 纳税人偷漏增值税或消费税被税务机关按规定处以罚款时，其偷漏的城建税，亦同样处以罚款。(　　)

四、业务训练题

1. 某县城一加工企业1月份因进口半成品缴纳增值税120万元，销售缴纳增值税280万元，本月又出租门面房收到租金40万元，缴纳增值税4.4万元。试计算该企业本月应缴纳的城建税和教育费附加。

2. 某县城一生产企业为增值税一般纳税人。本期进口原材料一批，向海关缴纳进口环节增值税10万元；本期在国内销售甲产品缴纳增值税30万元和消费税50万元，由于迟延缴纳消费税，被加收滞纳金1万元；本期出口乙产品一批，按规定退回增值税5万元。试计算该企业本期应缴纳的城建税。

3. 市区某纳税人当月应纳增值税5万元，减免2万元，补缴上月漏交的增值税0.5万元。试计算该纳税人本月应缴纳的城建税。

4. 某乡村护肤品生产企业本月缴纳增值税 15 万元，消费税 38 万元，补缴上月应纳消费税 2 万元，当月取得出口退还增值税 6 万元，缴纳进口关税 5 万元、进口增值税 20 万元和进口消费税 10 万元。试计算本月应缴纳的城建税和教育费附加。

5. 某县康乐饮料厂纳税人识别号为 286003410025698，2017 年 4 月份实际应缴纳增值税 10 万元，消费税 21 万元，被税务机关查补增值税 2 万元和消费税 1 万元，并被处以 9 万元的罚款。试计算该厂 4 月份应纳城建税和教育费附加，并填写城建税纳税申报表和教育费附加申报表。

第五章　关　税　法

技能目标：

- 准确识别关税的纳税人。
- 正确计算应纳关税税额。

知识目标：

- 掌握关税的纳税人、征税对象、税率及应纳税额的计算。
- 熟悉关税征收管理规定。
- 了解关税的概念、特征及账务处理。

第一节　关税的基本要素

一、关税的概念

关税是海关依法对进出境货物、物品征收的一种税。所谓“境”是指关境，又称“海关境域”或“关税领域”，是国家《海关法》全面实施的领域。在通常情况下，一国关境与其国境是一致的，包括国家全部的领土、领海和领空。但当某一国家在国境内设立了自由港(如香港)、自由贸易区(如上海外高桥保税物流园区)等，这些区域就进出口关税而言处在关境之外，可以不征关税，此时关境小于国境。相反，在缔结关税同盟的国家之间，它们相互组成一个共同关境，实施统一的关税法令和税则，彼此间进出境的货物不征收关税，关境包括了几个缔约国的领土，这时关境便大于国境，如欧洲联盟。

我国关税的基本法律规范是全国人民代表大会 2000 年 7 月修正颁布的《中华人民共和国海关法》和国务院 2003 年 11 月发布的《中华人民共和国进出口关税条例》。

二、征税对象

关税的征税对象是准许进出境的货物和物品。货物是指贸易性商品；物品是指各种方式进入国境的个人物品，包括入境旅客随身携带的行李物品、个人邮递物品、各种运输工具上的服务人员携带进口的自用物品、馈赠物品以及其他方式进境的个人物品。

三、纳税人

关税的纳税人包括进口货物的收货人、出口货物的发货人及进出境物品的所有人。

进出口货物的收、发货人是依法取得对外贸易经营权，并进口或者出口货物的法人或者其他社会团体，具体包括：外贸进出口公司；工贸或农贸结合的进出口公司；其他经批准经营进出口商品的企业。

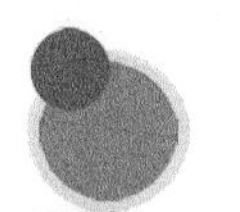

进出境物品的所有人包括该物品的所有人和推定为所有人的人。一般情况下，对于携带进境的物品，推定其携带人为所有人；对分离运输的行李，推定相应的进出境旅客为所有人；对以邮递方式进境的物品，推定其收件人为所有人；以邮递或其他运输方式出境的物品，推定其寄件人或托运人为所有人。

【思考 5-1】 下列各项中，属于关税法定纳税义务人的有(　　)。

A. 进口货物的收货人　　B. 进口货物的代理人

C. 出口货物的发货人　　D. 出口货物的代理人

【解析】 正确答案是 AC。

四、税目和税率

(一)税目

关税的税目和税率由《海关进出口税则》规定。《海关进出口税则》包括归类总规则、进口税率表和出口税率表三个主要部分，其中归类总规则是进出口货物分类的具有法律效力的原则方法。

进出口税则中的商品分类目录，由类、章、项目、一级子目和二级子目 5 个等级、8 位数码组成。按照税则归类总规则及其归类方法，每一种进出口商品都能找到一个最适合的对应税号。现行税则税号总数为 8 547 个。

(二)税率

关税的税率分为进口税率和出口税率两部分。

1. 进口税率

进口税率分为最惠国税率、协定税率、特惠税率、普通税率、关税配额和暂定税率。不同税率的运用是以进口货物的原产地为标准的。

进口关税一般采用比例税率，实行从价计征的办法，但对啤酒、原油等少数货物则实行从量计征。对广播用录像机、放像机、摄像机等实行从价加从量的复合税率。

【思考 5-2】 下列进口货物中，实行从量计征关税的有(　　)。

A. 汽车　　B. 摄像机　　C. 原油　　D. 啤酒

【解析】 正确答案是 CD。录像机、放像机、摄像机等实行复合税率，汽车为比例税率。

(1) 最惠国税率。该税率适用原产于与我国共同适用最惠国待遇条款的 WTO 成员国或地区的进口货物，或原产于与我国签订有相互给予最惠国待遇条款的双边贸易协定的国家或地区的进口货物，以及原产于我国境内的进口货物。

(2) 协定税率。该税率适用原产于我国参加的含有关税优惠条款的区域性贸易协定有关缔约方的进口货物，目前对原产于东盟十国、智利、巴基斯坦、新西兰、韩国、印度、斯里兰卡、孟加拉等国家的部分进口商品实施比最惠国税率更优惠的协定税率。

(3) 特惠税率。该税率适用原产于与我国签订有特殊优惠关税协定的国家或地区的进口货物，目前对原产于老挝、埃塞俄比亚等 41 个国家的部分商品实施特惠税率。

(4) 普通税率。该税率适用原产于上述国家或地区以外的其他国家或地区的进口货物，以及原产地不明的货物。

(5) 关税配额。实行关税配额管理的进口货物，在关税配额内的，适用关税配额税率；关税配额外的，其税率的适用按上述税率形式的规定执行。目前，国家对部分进口农产品(如小麦、豆油等)和化肥产品(如尿素等)实行关税配额，即一定数量内的上述进口商品适用税率较低的配额内税率，超出该数量的进口商品适用税率较高的配额外税率。

(6) 暂定税率。暂定税率是在最惠国税率的基础上，对于一些国内需要降低进口关税的货物，以及出于国际双边关系的考虑需要个别安排的进口货物，可以实行暂定税率。

适用最惠国税率的进口货物有暂定税率的，应适用暂定税率；适用协定税率、特惠税率的货物有暂定税率的，从低适用税率；适用普通税率的进口货物，不适用暂定税率。

【思考 5-3】对于原产于与我国签订含有关税优惠条款的区域性贸易协定的国家或地区的进口货物，适用的税率是(　　)。

A. 最惠国税率　　B. 协定税率　　C. 特惠税率　　D. 普通税率

【解析】正确答案是 B。

2. 出口税率

目前，很多国家仅对少数资源性产品及易于竞相杀价、盲目进口和需要规范出口秩序的半制成品征收出口关税。未定有出口税率的货物，不征收出口关税。

3. 特别关税

特别关税包括报复性关税、反倾销关税与反补贴关税和保障性关税。

(1) 报复性关税。报复性关税是指为报复他国对本国出口货物的关税歧视，而对相关国家的进口货物征收的一种进口附加税。

(2) 反倾销关税与反补贴关税。反倾销关税与反补贴关税是指进口国海关对外国的倾销商品，在征收关税的同时附加征收的一种特别关税。其目的在于抵销他国补贴。

(3) 保障性关税。当某类商品进口量剧增，对我国相关产业带来巨大威胁或损害时，按照 WTO 的有关规则，可以启动一般保障措施，即在与有实质利益的国家或地区进行磋商后，在一定时期内提高该项商品的进口关税或采取数量限制措施，以保护国内相关产业不受损害。

【思考 5-4】我国特别关税的种类包括(　　)。

A. 报复性关税　　B. 保障性关税

C. 进口附加税　　D. 反倾销关税与反补贴关税

【解析】正确答案是 ABD。

(三)原产地的规定

原产地的确定关系到进口货物适用的关税税率。我国原产地的规定基本上采用了“全部产地生产标准”和“实质性加工标准”两种国际上通用的原产地标准。全部产地生产标准是指进口货物“完全在一个国家内生产或制造”，生产或制造国即为该货物的原产国。实质性加工标准是指适用于确定有两个或两个以上国家参与生产的产品的原产国的标准，

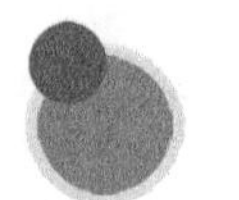

即经过几个国家加工、制造的进口货物，以最后一个对货物进行经济上可视为实质性加工的国家作为有关货物的原产国。所谓实质性加工，是指产品加工后，在进出口税则中4位数税号一级的税则归类已经有了改变或者加工增值部分所占新产品总值的比例已超过30%的。

【思考5-5】选择适用最惠国税率、协定税率、特惠税率及普通税率的依据是(　　)。

A. 货物的销售地　　B. 货物的生产地

C. 货物的发出地　　D. 货物的原产地

【解析】正确答案是D。不同税率的运用是以进口货物的原产地为依据的。

第二节　关税的计算

一、计税依据

我国对进出口货物征收关税，主要采取从价计征的办法，以进出口货物的完税价格为计税依据征收关税。进出口货物的完税价格，由海关以该货物的成交价格为基础审查确定。成交价格不能确定时，完税价格由海关依法估定。

(一)进口货物的完税价格

1. 一般进口货物的完税价格

进口货物的完税价格包括货物的货价和货物运抵我国境内输入地点起卸前的运输及其相关费用、保险费。我国境内输入地为入境海关地，包括内陆河和江口岸，一般为第一口岸。货物的货价以成交价格为基础。进口货物的成交价格是指买方为购买该货物，并按《完税价格办法》有关规定调整后的实付或应付价格。具体确定中应注意以下规定。

(1) 下列费用应当计入进口货物的完税价格。

① 由买方负担的除购货佣金以外的佣金和经纪费。购货佣金是指买方为购买进口货物向自己的采购代理人支付的劳务费用；经纪费是指买方为购买进口货物向代表买卖双方利益的经纪人支付的劳务费用。

② 由买方负担的与该货物视为一体的容器费用。

③ 由买方负担的包装材料和包装劳务费用。

④ 与该货物的生产和向我国境内销售有关的，由买方以免费或者以低于成本的方式提供并可以按适当比例分摊的料件、工具、模具、消耗材料及类似货物的价款，以及在境外开发、设计等相关服务的费用。

⑤ 作为该货物向我国境内销售的条件，买方必须支付的、与该货物有关的特许权使用费。

⑥ 卖方直接或间接从买方获得的该货物进口后转售、处置或使用的收益。

【思考5-6】进口货物以海关审定的成交价格为基础的到岸价格为完税价格。到岸价格包括货价及货物运抵中国关境内输入地起卸前的(　　)等费用。

A. 包装　　B. 其他劳务　　C. 保险　　D. 运输

【解析】正确答案是ABCD。到岸价格包括货价，加上货物运抵中国关境内输入地起卸前的运输及相关费用和保险费。与货物一体的包装物计入货价；其他劳务属于相关费用。

(2) 下列费用，如能与该货物实付或者应付价格区分，不得计入完税价格。

① 厂房、机械和设备等货物进口后的基建、安装、装配、维修和技术服务的费用。

② 货物运抵境内输入地点之后的运输费用。

③ 进口关税及其他国内税。

【例5-1】某市大型商贸公司进口一批化妆品，支付国外的买价220万元，购货佣金6万元，国外的经纪费用4万元；支付运抵我国海关地前的运输费用20万元，装卸费用和保险费用11万元；支付海关地再运往商贸公司的运输费用8万元，装卸费用和保险费用3万元。试计算进口该批化妆品的完税价格。

【解析】购货佣金6万元及运抵境内输入地点之后的运输费用3万元不应计入完税价格之中。因此，进口货物的完税价格=220+4+20+11=255(万元)。

2. 进口货物海关估价方法

进口货物的价格不符合成交价格条件或者成交价格不能确定的，海关应当依次以相同货物成交价格方法、类似货物成交价格方法、倒扣价格方法、计算价格方法及其他合理方法确定的价格为基础，估定完税价格。

3. 特殊进口货物的完税价格

(1) 加工贸易进口料件及其制成品。加工贸易进口料件及其制成品需征税或内销补税的，海关按照一般进口货物的完税价格规定，审定完税价格。

(2) 保税区和出口加工区货物。从保税区或出口加工区销往区外和从保税仓库出库内销的进口货物(加工贸易进口料件及其制成品除外)，以海关审定的价格估定完税价格。对经审核销售价格不能确定的，海关应当按照一般进口货物估价办法的规定估定完税价格。如销售价格中未包括在保税区、出口加工区或保税仓库中发生的仓储、运输及其他相关费用的，应当按照客观量化的数据资料予以计入。

(3) 运往境外修理的货物。运往境外修理的机械器具、运输工具或其他货物，出境时已向海关报明，并在海关规定期限内复运进境的，应当以海关审定的境外修理费和料件费为完税价格。

(4) 运往境外加工的货物。运往境外加工的货物，出境时已向海关报明，并在海关规定期限内复运进境的，应当以海关审定的境外加工费和料件费，以及该货物复运进境的运输及其相关费用和保险费估定完税价格。

(5) 暂时进境货物。对于经海关批准的暂时进境的货物，应当按照一般进口货物估价办法的规定，估定完税价格。

(6) 租赁方式进口货物。租赁方式进口的货物中，以租金方式对外支付的租赁货物，在租赁期间以海关审定的租金作为完税价格；留购的租赁货物，以海关审定的留购价格作为完税价格；承租人申请一次性缴纳税款的，经海关同意，按照一般进口货物估价办法的规定估定完税价格。

(7) 留购的进口货样等。对于境内留购的进口货样、展览品和广告陈列品，以海关审定的留购价格作为完税价格。

(8) 予以补税的减免税货物。减税或免税进口的货物在转让或出售需要补税时，应当以海关审定的该货物原进口时的价格扣除折旧部分价值作为完税价格。其计算公式如下。

$$完税价格=海关审定的该货物原进口时的价格\times\left(1-\frac{实际使用月份}{监管年限\times12}\right)$$

【例 5-2】2015 年 7 月 1 日某公司由于承担国家重要工程项目，经批准免税进口了一套电子设备。使用 2 年后项目完工，2017 年 6 月 30 日公司将该设备出售给了国内另一家企业。该电子设备的到岸价格为 300 万元，关税税率为 10%，海关规定的监管年限为 5 年，试计算该公司应补缴的关税税额。

【解析】应补缴关税税额=300×(1−2÷5)×10%=18(万元)

(9) 以其他方式进口的货物。以易货贸易、寄售、捐赠或赠送等其他方式进口的货物，应当按照一般进口货物估价办法的规定估定完税价格。

【思考 5-7】下列各项符合进口货物完税价格规定的是(　　)。

A. 运往境外加工的货物，应以加工后进境时的到岸价格为完税价格

B. 准予暂时进口的施工机械，按同类货物的到岸价格为完税价格

C. 转让进口的免税旧货物，以原入境的到岸价格为完税价格

D. 留购的进口货样，以留购价格作为完税价格

【解析】正确答案是 D。

(二)出口货物的完税价格

出口货物应当以海关审定的货物售予境外的离岸价格，扣除出口关税后作为完税价格。其计算公式如下。

$$出口货物完税价格=\frac{离岸价格}{1+关税出口税率}$$

离岸价格应以该项货物运离关境前的最后一个口岸的离岸价格为实际离岸价格。若该项货物从内地起运，则从内地口岸到最后出境口岸所支付的国内段运输费用应予扣除。

出口货物的成交价格中含有支付给境外的佣金的，如果单独列明，应当扣除。

成交价格之外，买方还另外支付的货物包装费，应计入成交价格。

出口货物的成交价格不能确定时，完税价格由海关依法估定。

【思考 5-8】出口货物以海关审定的离岸价格作为出口关税的完税价格。试分析这一说法是否正确。

【解析】不正确。出口关税不计入完税价格。

二、应纳税额的计算

1. 从价税应纳税额的计算

$$关税税额=应税进(出)口货物数量\times单位完税价格\times税率$$

2. 从量税应纳税额的计算

关税税额=应税进(出)口货物数量×单位货物税额

3. 复合税应纳税额的计算

目前我国对录(放)像机和摄像机实行复合税。

关税税额=应税进(出)口货物数量×单位货物税额+
应税进(出)口货物数量×单位完税价格×税率

4. 滑准税应纳税额的计算

滑准税是指关税的税率随着进口商品价格的变动而反方向变动的一种税率形式，即价格越高，税率越低，税率为比例税率。其主要特点是可保持滑准税商品的国内市场价格的相对稳定，尽可能减少国际市场价格波动的影响。目前，我国对新闻纸实行滑准税。其计算公式如下。

关税税额=应税进(出)口货物数量×单位完税价格×滑准税税率

【例 5-3】某公司进口一台机器设备，成交价格为 508 万元人民币，运费和保险费共为 1.5 万元，成交价格中包含有该公司向境外采购代理人支付的购货佣金 8 万元，进口关税税率为 15%，试计算该公司应纳进口关税税额。

【解析】进口货物的完税价格不包括买方向自己采购代理人支付的购货佣金和劳务费用。关税税额=(508−8+1.5)×15%=75.225(万元)。

【例 5-4】某公司出口一批硅铁，离岸价格为 1 500 万元，出口税率为 25%，试计算该公司应纳出口关税税额。

【解析】出口货物的完税价格不包括关税。离岸价格里含有关税，需要把它转化为不含关税的价格。关税税额=1 500÷(1+25%)×25% =300(万元)。

【例 5-5】某进出口公司从 A 国进口货物一批，成交价折合人民币 7000 万元(包括单独计价并经海关审查属实的货物进口后装配调试费用 50 万元，向境外采购代理人支付的购货佣金 20 万元)。另支付运费 150 万元，保险费 80 万元。假设该货物适用的关税税率为 80%，增值税税率为 13%，消费税税率为 10%。试分别计算该公司应缴的关税税额、消费税税额及增值税税额。

【解析】关税完税价格=7000−50−20+150+80=7160(万元)

进口关税税额=7160×80%=5728(万元)

进口消费税税额=(7160+5728)÷(1−10%)×10%=1432(万元)

进口增值税税额=(7160+5728)÷(1−10%)×13%=1861.6(万元)

第三节 关税征收管理

一、税收优惠

关税的减免分为法定减免税、特定减免税和临时减免税三类。

(一)法定减免税

关税的法定减免，是指在《海关法》和《进出口关税条例》中有明文规定的减免，纳税义务人无须提出申请，海关可按规定直接予以减免税。其主要情形如下。

(1) 一票货物关税税额在人民币50元以下的，可免征关税。

(2) 无商业价值的广告品和货样，可免征关税。

(3) 外国政府和国际组织无偿赠送的物资，可免征关税。

(4) 进出境运输工具装载的途中必需的燃料、物料和饮食用品，可予免税。

(5) 经海关核准暂时进境或者暂时出境，并在6个月内复运出境或者复运进境的货样、展览品、施工机械、工程车辆、工程船舶、供安装设备时使用的仪器和工具、电视或者电影摄制器械、盛装货物的容器以及剧团服装道具，在货物收发货人向海关缴纳相当于税款的保证金或者提供担保后，可予暂时免税。

(6) 为境外厂商加工、装配成品和为制造外销产品而进口的原材料、辅料、零件、部件、配套件和包装物料，海关按照实际加工出口的成品数量免征进口关税；对进口料、件先征进口关税，再按照实际加工出口的成品数量予以退税。

(7) 因故退还的中国出口货物，经海关审查属实，可予免征进口关税，但已征收的出口关税不予退还。

(8) 因故退还的境外进口货物，经海关审查属实，可予免征出口关税，但已征收的进口关税不予退还。

(9) 进口货物如有以下情形，经海关查明属实，可酌情减免进口关税：①在境外运输途中或者在起卸时，遭受损坏或者损失的；②起卸后海关放行前，因不可抗力遭受损坏或者损失的；③海关查验时已经破漏、损坏或者腐烂，经证明不是保管不慎造成的。

(10) 无代价抵偿货物，即进口货物在征税放行后，发现货物残损、短少或品质不良，而由国外承运人、发货人或保险公司免费补偿或更换的同类货物，可以免税。但有残损或质量问题的原进口货物如未退运国外，其进口的无代价抵偿货物应照章征税。

(11) 我国缔结或者参加的国际条约规定减征或免征关税的货物和物品，按照规定予以减免关税。

(12) 法律规定减征或免征的其他货物。

(二)特定减免税

特定减免税也称为政策性减免税。在法定减免税之外，国家按照国际通行规则和我国实际情况，制定发布的有关进出口货物减免关税的政策，称为特定或政策性减免税。特定减免税货物一般有地区、企业和用途的限制，海关需要进行后续管理，也需要进行减免税统计。特定减免税货物包括：科教用品；残疾人专用品；扶贫慈善性捐赠物资；加工贸易产品；边境贸易进口物资；保税区进出口货物；出口加工区进出口货物；进口设备；特定行业或用途的减免税政策。

(三)临时减免税

临时减免税是指以上法定和特定减免税以外的其他减免税，即由国务院根据《海关法》对某个单位、某类商品、某个项目或某批进出口货物的特殊情况，给予特别照顾，一案一批，专文下达的减免税。

二、关税的缴纳

进口货物自运输工具申报进境之日起 14 日内，出口货物在货物运抵海关监管区后装货的 24 小时以前，应由进出口货物的纳税义务人向货物进(出)境地海关申报，海关根据税则归类和完税价格计算应缴纳的关税和进口环节代征税，并填发税款缴款书。

纳税义务人应当自海关填发税款缴款书之日起 15 日内，向指定银行缴纳税款。如关税缴纳期限的最后 1 日是周末或法定节假日，则关税缴纳期限顺延至周末或法定节假日过后的第 1 个工作日。逾期不缴的，除依法追缴外，从滞纳税款之日起，按日加收滞纳税款万分之五的滞纳金。若纳税义务人自海关填发缴款书之日起 3 个月仍未缴纳税款，经海关关长批准，海关可以采取强制扣缴或变价抵缴等强制措施。

关税纳税义务人因不可抗力或者在国家税收政策调整的情况下，不能按期缴纳税款的，经海关总署批准，可以延期缴纳税款，但最长不得超过 6 个月。

【思考 5-9】某公司进口一批货物，应纳进口关税为 10 万元，海关填发缴款书的日期为 10 月 6 日，该公司于 10 月 29 日缴纳税款，试计算该公司应缴纳的关税滞纳金。

【解析】该公司应自海关填发税款缴款书之日起 15 日内缴纳税款，关税缴纳期限届满之日为 10 月 20 日，该公司实际缴纳日为 10 月 29 日，滞纳了 9 天，因此滞纳金计算如下。

应缴纳的滞纳金=100 000×0.5‰×9=450(元)

三、关税退还

关税退还是关税纳税义务人按海关核定的税额缴纳关税后，因某种原因的出现，海关将实际征收多于应当征收的税额(称为溢征关税)退还给原纳税义务人的一种行政行为。根据《海关法》的规定，海关多征的税款，在发现后应当立即退还。纳税人发现多缴纳税款的，可自缴纳税款之日起 1 年内申请退还，逾期不予受理。

纳税人或其代理人如遇下列情形之一，可自缴纳税款之日起 1 年内，书面声明理由，连同原纳税收据向海关申请退税，并加计按同期银行利率计算的利息。

(1) 因海关误征，多纳税款。

(2) 海关核准免验进口的货物，在完税后，发现有短缺情况，经海关审查认可的。

(3) 已征出口关税的货物，因故未装运出口，申报退关，经海关查验属实的。

四、关税补征和追征

1. 关税补征

非因纳税人违反海关规定造成的少征或漏征关税，海关应予补征；补征期限为缴纳税

款或货物、物品放行之日起1年内。

2. 关税追征

由于纳税人违反海关规定而少征或漏征的关税，自纳税义务人缴纳税款之日起，海关在3年内可以追征，并从缴纳税款之日起按日加收少征或漏征税款万分之五的滞纳金。

五、关税的纳税争议

当纳税人与海关发生纳税争议时，可以向海关提出复议申请，但应当在规定期限内按海关核定的税额缴纳关税，逾期则构成滞纳，海关有权按规定采取强制执行措施。

发生纳税争议时，纳税人应当自海关填发税款缴款书之日起30日内，向原征税海关的上一级海关书面申请复议。海关应当自收到复议申请之日起60日内做出复议决定。纳税人对海关复议决定仍然不服的，可以自收到复议决定书之日起15日内，向人民法院提起行政诉讼。

六、关税的账务处理

(一)进口业务关税的账务处理

企业自营进口商品应支付的进口关税，应通过“应交税费——进口关税”和“原材料”账户加以反映。应缴纳的进口关税，借记“商品采购”(商品流通企业)、“原材料”(工业企业)账户，贷记“应交税费——进口关税”账户；实际缴纳时，借记“应交税费——进口关税”账户，贷记“银行存款”账户。

【例5-6】某外贸企业从国外自营进口商品一批，完税价格折合人民币为40万元，进口关税税率为40%，代征增值税税率为13%，根据海关开出的专用缴款书，以银行转账支票付讫税款。

【解析】应交关税=40×40%=16(万元)；材料采购成本=40+16=56(万元)；代征增值税=56×13%=7.28(万元)，账务处理如下。

计提关税和增值税时，

借：原材料　　560 000

　　贷：应交税费——进口关税　　160 000

　　　　应付账款　　400 000

支付关税和增值税时，

借：应交税费——进口关税　　160 000

　　应交税费——应交增值税(进项税额)　　72 800

　　贷：银行存款　　192 800

代理进口业务，受托方一般不垫付货款，大多以收取手续费的形式为委托方提供代理服务。进出口关税由委托单位负担，受托单位即使向海关缴纳了关税，也只是代垫或代付，日后仍要从委托方收回。代理进出口业务所计缴的关税，在会计核算上也是通过设置“应交税费”账户来反映的，其对应科目是“应付账款”“应收账款”“银行存款”等。

(二)出口业务关税的账务处理

我国对大多数出口商品不征收出口关税，只对极个别的商品征收出口关税。出口产品若需要缴纳关税，则通过“应交税费——出口关税”和“营业税金及附加”账户反映。计算应缴纳的出口关税，借记“营业税金及附加”账户，贷记“应交税费——出口关税”账户；实际缴纳时，借记“应交税费——出口关税”账户，贷记“银行存款”账户。

复习思考题

1. 简述关税的征税对象。
2. 简述进出口关税完税价格的计算。
3. 简述关税的计算方法。
4. 简述关税的纳税义务人及征收管理。

强化训练题

一、单项选择题

1. 下列项目中，属于进口完税价格组成部分的是(　　)。
   A. 进口人向境外自己的采购代理人支付的佣金
   B. 进口人向卖方支付的佣金
   C. 进口设备进口后发生的安装调试费用
   D. 货物运抵境内输入地点起卸之后的运输费用
2. 下列进口货物中实行滑准税的是(　　)。
   A. 录像机　　B. 小轿车　　C. 新闻纸　　D. 胶卷
3. 出口货物的完税价格应该包括(　　)。
   A. 离境口岸至境外口岸之间的运输费、保险费　　B. 支付给境外的佣金
   C. 出口货物成交价之外买方另外支付的包装费　　D. 出口关税
4. 如纳税人自海关填发缴款书之日起(　　)仍未缴纳税款，经海关关长批准，海关可采取强制扣缴、变价抵缴等强制措施。
   A. 1个月　　B. 3个月　　C. 6个月　　D. 9个月
5. 纳税人多缴纳的关税税款，经海关查验属实的，可以从缴纳税款之日起的(　　)年内书面声明理由，申请退税。
   A. 6　　B. 3　　C. 1　　D. 2
6. 下列项目中，按复合税率计征关税的是(　　)。
   A. 啤酒　　B. 汽车　　C. 原油　　D. 摄像机
7. 原产地不明的进口货物适用的关税税率是(　　)。
   A. 最惠国税率　　B. 协定税率　　C. 特惠税率　　D. 普通税率

8. 下列各项中，应计入关税完税价格的是(　　)。

A. 在货物成交过程中，向境外采购代理人支付的买方佣金，应计入成交价格

B. 在货物成交过程中，进口人在成交价格外另支付给卖方的佣金，应计入成交价格

C. 卖方付给进口人的正常回扣，应计入成交价格

D. 卖方违反合同规定延期交货的罚款，可以从成交价格中扣除

9. 下列各项中，经海关审查无误后可以免征关税的是(　　)。

A. 关税税额为人民币 200 元的一票货物

B. 广告品和货样

C. 外国公司无偿赠送的物资

D. 进出境运输工具装载的途中必需的燃料、物料和饮食用品

10. 甲公司为增值税一般纳税人，1 月份进口一批化妆品，海关核定的关税完税价格为 70 万元，甲公司缴纳进口关税 7 万元、进口消费税 33 万元。已知增值税税率为 13%。根据增值税法律制度的规定，甲公司进口该批化妆品应当缴纳的增值税税额为(　　)。

A. (70+33)×13%　　B. 70×13%

C. (70+7+33)×13%　　D. (70+7)×13%

二、多项选择题

1. 下列应征进口关税的货物有(　　)。

A. 运往境外加工复运进境的货物　　B. 正在国内举办展览会的进口汽车展品

C. 外国政府无偿赠送物资　　D. 海关核准免验进口的货物

2. 出口货物离岸价格可扣除(　　)，作为出口关税的完税价格。

A. 出口关税

B. 售价中包含的离境口岸至境外口岸之间的运输费用

C. 出口货物从内地口岸至最后出境口岸所支付的国内段运输费用

D. 包含在成交价格中的支付给境外的佣金

3. 我国进口关税税率的种类包括(　　)。

A. 最惠国税率　B. 协定税率　C. 普通税率　D. 特惠税率

4. 我国关税计征办法包括(　　)。

A. 从价关税　B. 从量关税　C. 复合关税　D. 滑准关税

5. 以下规定正确的有(　　)。

A. 由于纳税人违反海关规定而少征或漏征的关税，海关在1年内可以追征

B. 由于纳税人违反海关规定而少征或漏征的关税，海关在3年内可以追征

C. 非因纳税人违反海关规定造成的少征或漏征关税，海关应在缴纳税款或货物、物品放行之日起 1 年内补征

D. 因纳税人违反海关规定造成的少征或漏征关税，海关应在缴纳税款或货物、物品放行之日起 3 年内补征

6. 甲公司为增值税一般纳税人，主要从事化妆品生产和销售业务。3 月份有关经营情况如下：进口一批香水精，海关审定的货价 210 万元，运抵我国关境内输入地点起卸前

的包装费 11 万元、运输费 20 万元、保险费 4 万元。则甲公司进口香水精的下列各项支出中，应计入进口货物关税完税价格的有(　　)。

A. 包装费 11 万元　　B. 保险费 4 万元

C. 运输费 20 万元　　D. 货价 210 万元

7. 下列进口货物中，实行从价加从量复合税率计征进口关税的有(　　)。

A. 摄像机　　B. 啤酒　　C. 放像机　　D. 广播用录像机

8. 下列进口货物中，实行从量计征关税的有(　　)。

A. 原油　　B. 啤酒　　C. 摄像机　　D. 摩托车

9. 下列各项中，可以免税的有(　　)。

A. 进出境运输工具装载的途中必需的燃料

B. 无商业价值的广告品和货样

C. 国际组织无偿赠送的物资

D. 在境外运输途中受损坏的进口货物

10. 下列各项中，应计入关税完税价格的有(　　)。

A. 货物运抵我国关境内输入地点起卸前的包装费

B. 货物运抵我国关境内输入地点起卸前的运费

C. 货物运抵我国关境内输入地点起卸前的保险费

D. 为在国内使用而向境外支付的与该进口货物有关的专利权费用

三、判断题

1. 出口货物完税价格中不包括货物从内地口岸至最后出境口岸所支付的国内段运输费用。进口货物完税价格包括国内段运费。(　　)

2. 进口完税价格以成交价格为基础，成交价格除货价外，还包括货物送抵我国输入地起卸前的包装、运输、保险及其他劳务费用。(　　)

3. 选择最惠国税率还是普通税率的依据是货物的发出地。(　　)

4. 如果一国境内设有自由贸易区、自由港等，则该国的关境大于国境。(　　)

5. 出口货物的成交价格中含有支付给境外的佣金的，如果单独列明，应当扣除。(　　)

6. 以租赁方式进口的货物，以海关审查确定的该货物的租金作为完税价格。(　　)

7. 进口货物的纳税义务人应当自运输工具申报进境之日起14日内，出口货物的纳税义务人除海关特准的外，应当在货物运抵海关监管区后、装货的24小时以前，向货物的进出境地海关申报。(　　)

8. 纳税人与海关在纳税上发生争议，可以申请复议，也可以直接向人民法院起诉。(　　)

9. 对原产于与我国签订含有关税优惠条款的区域性贸易协定的国家或者地区的进口货物，按最惠国税率征收关税。(　　)

10. 对于因故退还的中国出口货物已经征收的出口关税，海关予以退还。(　　)

四、业务训练题

1. 上海某进出口公司从美国进口一批货物，货物以离岸价格成交，成交价折合人民币为 1 410 万元(包括单独计价并经海关审查属实的向境外采购代理人支付的买方佣金 10 万元，但不包括使用该货物而向境外支付的软件费 50 万元、向卖方支付的佣金 15 万元)，另支付货物运抵我国上海港的运费、保险费等 35 万元。假设该货物适用关税税率为 20%，增值税税率为 13%，消费税税率为 10%。试分别计算该公司应纳关税、消费税和增值税。

2. 某外贸公司出口一批铜丝，离岸价格为 2500 万元，出口关税税率为 30%。试计算该公司应缴纳的出口关税。

3. 2014 年 5 月 1 日某外资公司经批准免税进口了一套机械设备，使用 3 年后于 2017 年 4 月 30 日将该设备出售给了国内另一家企业。该机械设备的到岸价格为 400 万元，关税税率为 10%，海关规定的监管年限为 5 年。试计算公司应补交的关税税额。

4. 某公司进口一批货物，成交价格为人民币 500 万元，含单独计价并经海关审核属实的进口后装配调试费用 20 万元，该货物进口关税税率为 10%，海关填发税款缴纳证日期为 5 月 10 日，该公司于 5 月 30 日缴纳税款。试计算其应纳关税税额及滞纳金。

5. 某进出口公司进口摩托车 1000 辆，经海关审定的货价为 180 万美元。另外，运抵我国关境内输入地点起卸前的包装费 10 万美元，运输费 8 万美元，保险费 2 万美元。人民币基准汇价为 1 美元=6.8 元人民币。摩托车关税税率为 80%，消费税税率为 10%，增值税税率为 13%。试计算进口该批摩托车应缴纳的关税、消费税和增值税。

五、不定项选择题

1. 甲公司为增值税一般纳税人，主要从事汽车贸易及维修业务，10 月份有关经济业务如下。

(1) 进口一批越野车，海关审定的完税价格 360 万元，缴纳关税 90 万元，支付通关、商检费用 2.5 万元。

(2) 销售小轿车取得含增值税价款 348 万元，另收取提车价款 13.92 万元。

(3) 维修汽车取得含增值税维修费 20.88 万元，其中工时费 9.28 万元、材料费 11.6 万元。

已知越野车消费税税率 25%，增值税税率 13%。

要求：根据上述资料，分析回答下列小题。

(1) 甲公司进口越野车应缴纳消费税税额的计算中，正确的是(　　)万元。

A. (360+90+2.5)÷(1−25%)×25%=150.83

B. (360+2.5)×25%=90.625

C. (360+90)÷(1−25%)×25%=150

D. (360+90+2.5)×25%=150.83

(2) 甲公司进口越野车应按照组成计税价格和规定税率计算增值税，下列各项中，应计入组成计税价格的有(　　)。

A. 关税完税价格　　　B. 通关、商检费用

C. 消费税　　　D. 关税

(3) 甲公司销售小轿车增值税销项税额的计算中，正确的是(　　)万元。

A. [348÷(1+13%)+13.92]×13%

B. [348+13.92÷(1+13%)]×13%

C. (348+13.92)×13%

D. (348+13.92)÷(1+13%)×13%

(4) 甲公司维修汽车增值税销项税额的计算中，正确的是(　　)万元。

A. 20.88÷(1+13%)×13%

B. (20.88−9.28)×13%

C. (20.88−11.6)×13%

D. 20.88×13%

2. 甲公司为增值税一般纳税人，主要从事化妆品生产和销售业务。3 月份，有关经营情况如下。

(1) 进口一批香精，海关审定的货价 210 万元，运抵我国关境内输入地点起卸前的包装费 11 万元、运输费 20 万元、保险费 4 万元。

(2) 接受乙公司委托加工一批口红，不含增值税加工费 35 万元，乙公司提供原材料成本 84 万元，该批口红无同类产品销售价格。

(3) 销售一批香水，取得不含增值税价款 702 万元，另收取包装费 5.8 万元。

已知化妆品消费税税率为 15%，关税税率为 10%，增值税税率为 13%。

要求：根据上述资料，分析回答下列小题。

(1) 甲公司进口香水精的下列各项支出中，应计入进口货物关税完税价格的是(　　)。

A. 包装费 11 万元　　B. 保险费 4 万元

C. 运输费 20 万元　　D. 货价 210 万元

(2) 甲公司进口香水精应缴纳消费税税额的计算中，正确的是(　　)万元。

A. (210+20)×(1+10%)×15%

B. (210+11+4)×(1+10%)×15%

C. (210+11+4+20)×(1+10%)÷(1−15%)×15%

D. (11+20+4)×(1+10%)÷(1−15%)×15%

(3) 甲公司受托加工口红应代收代缴消费税税额的计算中，正确的是(　　)万元。

A. (84+35)×15%　　B. (84+35)÷(1−15%)×15%

C. [84÷(1−15%)+35]×15%　　D. [84+35÷(1−15%)]×15%

(4) 甲公司销售香水应缴纳消费税税额的计算中，正确的是(　　)万元。

A. 702÷(1+13%)×15%　　B. [702+5.8÷(1+13%)]×15%

C. (702+5.8)×15%　　D. 702×15%

第六章　企业所得税法

技能目标：

正确计算企业所得税的应纳税所得额，并规范填写企业所得税的纳税申报表。

知识目标：

- 掌握企业所得税的纳税人、税率及应纳税额的计算。
- 熟悉企业所得税的征收管理。
- 了解企业所得税的税收优惠及账务处理。

第一节　企业所得税法的基本要素

一、企业所得税的概念

所得税是指以所得为征税对象，并由获得所得的主体缴纳的一类税的总称。根据纳税人的不同，所得税可以分为企业所得税和个人所得税。

企业所得税是指国家对企业在一定时间的生产经营所得和其他所得依法征收的一种税。它是国家参与企业利润分配并调节收入的重要手段，也是国家筹集财政收入的重要渠道。

现行企业所得税法的基本规范，是 2007 年 3 月 16 日第十届全国人民代表大会第五次会议通过、自 2008 年 1 月 1 日起实施的《中华人民共和国企业所得税法》(以下简称《企业所得税法》)，以及国务院于 2007 年 11 月 28 日通过、自 2008 年 1 月 1 日起实施的《中华人民共和国企业所得税法实施细则》。

二、企业所得税的纳税人

企业所得税的纳税人是指我国境内依法取得收入的企业和其他组织(以下统称为企业)。企业所得税的纳税人包括各类企业、事业单位、社会团体、民办非企业单位和从事经营活动的其他组织。但是，不包括依照个人所得税法计征个人所得税的个人独资企业和合伙企业。

【思考 6-1】下列各项中，属于企业所得税纳税人的有(　　)。

A. 股份有限公司　　B. 中外合资经营企业

C. 合伙企业　　D. 个人独资企业

【解析】正确答案是 AB。个人独资企业、合伙企业的投资人应缴纳个人所得税。

按照《企业所得税法》的规定，依据企业登记注册地和实际管理机构两个标准，可以将企业所得税的纳税人区分为居民企业和非居民企业，并分别承担不同的纳税义务。

(一)居民企业

居民企业是指依法在中国境内成立，或者依照外国(地区)法律成立但实际管理机构在中国境内的企业。

居民企业应当就其来源于中国境内、境外的所得缴纳企业所得税。

在香港特别行政区、澳门特别行政区和台湾地区成立的企业，参照适用上述规定。

符合下列条件之一的，视为居民企业。

1. 依法在中国境内成立

依法在中国境内成立是指企业登记注册地在中国，如沃尔玛公司、通用汽车公司。

注册地是企业依照国家有关规定登记注册的住所地。

2. 实际管理机构在中国境内

实际管理机构是指对企业的生产经营、人员、账务、财产等实施实质性全面管理和控制的机构。对于实际管理机构的判断，应当遵循实质重于形式的原则。实际管理机构是指同时符合以下三个方面条件的管理机构：一是对企业有实质性管理和控制的机构；二是对企业实行全面管理和控制的机构；三是管理和控制的内容是企业的生产经营、人员、账务、财产等。

【思考 6-2】某跨国公司的亚太区总部位于上海，而亚太区总部同时负责日本、韩国公司的全面实质管理。试分析该公司在日本、韩国的公司是否属于中国居民企业。

【解析】属于中国居民企业，适用中国税法并依法向中国纳税。根据《企业所得税法》规定，依照外国(地区)法律成立但实际管理机构在中国境内的企业，属于中国居民企业。该公司设在日本、韩国的公司，受位于中国境内的亚太区总部的实质性管理，即实际管理机构在中国境内，视为中国居民企业。

境外中资企业，即由中国境内的企业或企业集团作为主要控股投资者，在境外依据外国(地区)法律注册成立的企业。但是，境外中资企业同时符合以下条件的，应判定其为实际管理机构在中国境内的居民企业。

(1) 企业负责实施日常生产经营管理运作的高层管理人员及其高层管理部门履行职责的场所主要位于中国境内。

(2) 企业的财务决策和人事决策由位于中国境内的机构或人员决定，或需要得到位于中国境内的机构或人员批准。

(3) 企业的主要财产、会计账簿、公司印章、董事会和股东会议纪要档案等位于或存放于中国境内。

(4) 企业 1/2(含)以上有投票权的董事或高层管理人员经常居住于中国境内。

【思考 6-3】根据《企业所得税法》规定，判定居民企业的标准有(　　)。

A. 所得来源地标准　　B. 登记注册地标准

C. 实际管理机构所在地标准　　D. 生产经营地标准

【解析】正确答案是 BC。

(二)非居民企业

非居民企业是指依照外国(地区)法律成立且实际管理机构不在中国境内，但在中国境内设立机构、场所的，或者在中国境内未设立机构、场所，但有来源于中国境内所得的企业。

1. 非居民企业的纳税义务

(1) 非居民企业在中国境内设立机构、场所的，应当就其所设机构、场所取得的来源于中国境内的所得，以及发生在中国境外但与其所设机构、场所有实际联系的所得，缴纳企业所得税。

机构、场所包括：管理机构、营业机构、办事机构；工厂、农场、开采自然资源的场所；提供劳务的场所；从事建筑、安装、装配、修理、勘探等工程作业的场所；其他从事生产经营活动的机构、场所。

非居民企业委托营业代理人在中国境内从事生产经营活动的，包括委托单位或者个人经常代其签订合同，或者储存、交付货物等，该营业代理人视为非居民企业在中国境内设立的机构、场所。

(2) 非居民企业在中国境内未设立机构、场所的，或者虽设立机构、场所但取得的所得与其所设机构、场所没有实际联系的，应当就其来源于中国境内的所得来缴纳企业所得税。

实际联系所得是指居民企业在中国境内设立的机构、场所用以取得股权、债权、财产等所得。

2. 所得来源地的确认原则

(1) 销售货物所得，按照交易活动发生地确定。

(2) 提供劳务所得，按照劳务发生地确定。

(3) 转让财产所得，不动产转让所得按照不动产所在地确定，动产转让所得按照转让动产的企业或者机构、场所所在地确定，权益性投资资产转让所得按照被投资企业所在地确定。

(4) 股息、红利等权益性投资所得，按照分配所得的企业所在地确定。

(5) 利息所得、租金所得、特许权使用费所得，按照负担、支付所得的企业或者机构、场所所在地确定，或者按照负担、支付所得的个人的住所地确定。

(6) 其他所得，由国务院财政、税务主管部门确定。

【思考 6-4】根据《企业所得税法》的规定，下列各项中，按照负担、支付所得的企业或者机构、场所所在地确定所得来源地的是(　　)。

A. 销售货物所得　　B. 权益性投资所得

C. 不动产转让所得　　D. 特许权使用费所得

【解析】正确答案是D。

三、企业所得税的征税范围

企业所得税的征税范围是指企业一个纳税年度内取得的生产经营所得和其他所得。

生产经营所得是指企业从事物资生产、商品流通、交通运输、劳务服务，以及经国家

主管税务部门确认的其他盈利活动所取得的合法所得，此外，还包括卫生、物资、供销、城市公用和其他行业的企业，以及一些社团组织、事业单位、民办非企业单位开展多种经营和有偿服务活动，取得的合法经营所得。

其他所得是指股息、利息、租金、特许权使用费、营业外收益等所得，以及企业解散或者破产后的清算所得。

四、企业所得税的税率

企业所得税的税率是指纳税人应纳所得税额占应纳税所得额的比率。根据《企业所得税法》的规定，企业所得税的税率分为基本税率和优惠税率两种。

(一)基本税率

居民企业以及在中国境内设立机构、场所且取得的所得与其所设机构、场所有实际联系的非居民企业，适用税率为25%。

【例6-1】某小型企业2016年亏损40万元，2017年确定的应纳税所得额为90万元，试计算该企业2017年应缴纳的企业所得税税额。

【解析】企业所得税税额=(90−40)×25%=12.5(万元)。

(二)优惠税率

1. 20%的优惠税率

符合条件的小型微利企业，减按20%的税率征收企业所得税。

符合条件的小型微利企业，是指从事国家非限制和禁止行业，并符合下列条件的企业。

(1) 工业企业，年度应纳税所得额不超过30万元，从业人数不超过100人，资产总额不超过3 000万元。

(2) 其他企业，年度应纳税所得额不超过30万元，从业人数不超过80人，资产总额不超过1 000万元。

小型微利企业是指企业的全部经营活动产生的所得均负有我国企业所得税纳税义务的企业，而且具备建账核算自身应纳税所得额条件的企业。因此，仅就来源于中国的所得负有纳税义务的非居民企业，不适用20%的优惠税率。

自2017年1月1日至2019年12月31日，年应纳税所得额低于50万元(含50万元)的小型微利企业，其所得减按50%计入应纳税所得额，按20%的税率缴纳企业所得税。

【例6-2】某小型微利企业经主管税务机关核定，2016年亏损20万元，2017年确定的应纳税所得额为29万元，试计算该企业2017年应缴纳的企业所得税税额。

【解析】企业所得税税额=(29−20)×20%=1.8(万元)。

2. 15%的优惠税率

国家重点扶持的高新技术企业，减按15%的税率征收企业所得税。

国家重点扶持的高新技术企业，是指拥有核心自主知识产权，并同时符合下列条件的

企业。

(1) 产品(服务)属于《国家重点支持的高新技术领域》规定的范围。

(2) 研究开发费用占销售收入的比例不低于规定比例。

(3) 高新技术产品(服务)收入占企业总收入的比例不低于规定比例。

(4) 科技人员占企业职工总数的比例不低于规定比例。

(5) 高新技术企业认定管理办法规定的其他条件。

3. 10%的优惠税率

(1) 在中国境内未设立机构、场所的，或者虽设立机构、场所但取得的所得与该机构、场所没有实际联系的，应当就其来源于中国境内的所得，减按10%的税率征收企业所得税。

(2) 中国居民企业向境外H股非居民企业股东派发2008年及以后年度股息时，统一按10%的税率代扣代缴企业所得税。

(3) 合格境外机构投资者(以下简称QFII)取得来源于中国境内的股息、红利和利息收入，应当按照《企业所得税法》规定缴纳10%的企业所得税。

第二节　企业所得税的计算

一、应纳税所得额的确定

企业所得税的计税依据是应纳税所得额。应纳税所得额是指纳税人每一纳税年度的收入总额，减除不征税收入、免税收入、各项扣除以及允许弥补的以前年度亏损后的余额。其计算公式如下。

应纳税所得额=收入总额-不征税收入-免税收入-各项扣除项目-
允许弥补的以前年度亏损

应纳所得税额=应纳税所得额×税率

这里的应纳税所得额与会计利润是两个不同的概念。企业按照财务会计制度的规定进行核算得出的会计利润，要根据税法规定作相应的调整后，才能作为企业的应纳税所得额。

(一)收入总额的确定

1. 收入总额确定的一般规定

收入总额是指纳税人以货币形式和非货币形式从各种来源取得的收入。其具体包括以下各项收入。

(1) 销售货物收入：是指纳税人销售商品、产品、原材料、包装物、低值易耗品以及其他存货取得的收入。除法律另有规定外，纳税人销售货物收入的确认，必须遵循权责发生制原则和实质重于形式原则。

(2) 提供劳务收入：是指纳税人从事建筑安装、修理修配、交通运输、仓储租赁、金融保险、邮电通信、咨询经纪、文化体育、科学研究、技术服务、教育培训、餐饮住宿、中介代理、卫生保健、社区服务、旅游、娱乐、加工以及其他劳务服务活动取得的收入。

企业在各个纳税期末，提供劳务交易的结果能够可靠估计的，应采用完工进度(完工百分比)法确认提供劳务收入。

(3) 其他收入：是指纳税人取得的股息、利息、租金、特许权使用费、接受捐赠等收入。其中股息、红利等权益性投资收益，除另有规定外，按照被投资方做出利润分配决定的日期确认收入的实现。利息、租金、特许权使用费等收入，应该按照合同规定的应付日期来确定。接受捐赠的收入按照实际收到捐赠资产的日期确认收入的实现。

【思考 6-5】下列各项中，不属于企业所得税收入总额的是(　　)。

A. 存货盘盈　　B. 无法支付的应付款项

C. 教育费附加返还款　　D. 接受股东投入资金

【解析】正确答案是 D。接受股东投入资金属于股本，不计入收入当中。

2. 收入总额确定的特殊规定

(1) 国债利息收入：纳税人购买国债的利息收入，不计入应纳税所得额。

(2) 视同销售行为：纳税人发生非货币性资产互换，以及将货物、财产、劳务用于捐赠、偿债、赞助、集资、广告、样品、职工福利或者利润分配等用途的，应当视同销售货物、转让财产或者提供劳务，但国务院财政、税务主管部门另有规定的除外。

(3) 分期确认的收入：下列生产经营业务的收入纳税人可以分期确定。①以分期收款方式销售货物的，按照合同约定的收款日期确认收入的实现；②企业受托加工制造大型机械设备、船舶、飞机，以及从事建筑、安装、装配工程业务或者提供其他劳务等，持续时间超过 12 个月的，按照纳税年度内完工进度或者完成的工作量确定收入的实现。

【思考 6-6】下列应计入企业应纳税所得额的有(　　)。

A. 国债利息收入　　B. 接受捐赠收入

C. 国家财政性补贴　　D. 以原材料对外投资

【解析】正确答案是 BCD。国债利息收入免税。

【思考 6-7】下列收入的确认不正确的是(　　)。

A. 特许权使用费收入，按照合同约定的特许权使用人应付特许权使用费的日期确认收入的实现

B. 股息、红利等权益性投资收益，按照被投资方做出利润分配决定的日期确认收入的实现

C. 租金收入，按照合同约定的承租人应付租金的日期确认收入的实现

D. 接受捐赠的收入，按照接受捐赠资产的入账日期确认收入的实现

【解析】正确答案是 D。

(二)不征税收入

不征税收入是指从性质和根源上不属于企业营利性活动带来的经济利益、不负有纳税义务，不作为应纳税所得额组成部分的收入。

不征税收入不同于免税收入，免税收入是企业所得税税收优惠，国家可能根据一定时期的宏观经济政策予以征税或者不征税。但是，不征税收入永远不可能列为征税范围的。

不征税收入包括以下三项。

1. 财政拨款

财政拨款是指各级政府对纳入预算管理的事业单位、社会团体等组织拨付的人员经费和事业发展财政资金，但国务院财政、税务主管部门另有规定的除外，不包括财政补贴、税收返还。

2. 依法收取并纳入财政管理的行政事业性收费、政府性基金

行政事业性收费是指依照法律法规等有关规定，依照国务院规定程序批准，在实施社会公共管理，以及在向公民、法人或者其他组织提供特定公共服务的过程中，向特定对象收取并纳入财政管理的费用。

政府性基金是指企业依照法律、行政法规等有关规定，代政府收取的具有专项用途的财政资金。

3. 国务院规定的其他不征税收入

国务院规定的其他不征税收入，是指企业取得的，由国务院财政、税务主管部门规定专项用途并经国务院批准的财政性资金。

(三)免税收入

免税收入是指属于企业的应纳税所得，但是按照《企业所得税法》的规定暂时免予征收企业所得税的收入。企业的免税收入包括以下几个方面。

(1) 国债利息收入。

国债利息收入是指企业持有国务院财政部门发行的国债取得的利息收入。

(2) 符合条件的居民企业之间的股息、红利等权益性投资收益。

① 仅限于居民企业直接投资于其他居民企业取得的投资收益。

② 不包括连续持有居民企业公开发行并上市流通的股票不足12个月取得的投资收益。

(3) 在中国境内设立机构、场所的非居民企业从居民企业取得与该机构、场所有实际联系的股息、红利等权益性投资收益。

(4) 符合规定条件的非营利性组织的收入。

符合规定条件的非营利性组织，是指同时符合下列条件的组织。

① 依法履行非营利性组织登记手续。

② 从事公益性或者非营利性活动。

③ 取得的收入除用于与该组织有关的、合理的支出外，全部用于登记核定或者章程规定的公益性或者非营利性事业。

④ 财产及其孳息不用于分配。

⑤ 按照登记核定或者章程规定，该组织注销后的剩余财产用于公益性或者非营利性目的，或者由登记管理机关转赠给与该组织性质、宗旨相同的组织，并向社会公告。

⑥ 投入人对投入该组织的财产不保留或者享有任何财产权利。

⑦ 工作人员工资福利开支控制在规定的比例内，不变相分配该组织的财产。

⑧ 国务院财政、税务主管部门规定的其他条件。

对非营利性组织从事营利性活动取得的收入则要征税。

【思考 6-8】居民企业取得的下列各项收入中，应征收企业所得税的是(　　)。

A. 国债利息收入

B. 财政拨款

C. 居民企业持有其他居民企业公开发行并上市流通的股票10个月取得的投资收益

D. 居民企业从其他居民企业分得的红利100万元

【解析】正确答案是C。

【思考 6-9】企业下列收入属于不征税收入的有(　　)。

A. 财政拨款　　B. 依法收取并纳入财政管理的政府性基金

C. 符合规定条件的非营利性组织收入　　D. 国债利息收入

【解析】正确答案是AB。选项C、D属于免税收入。

(四)税前扣除项目

在计算应纳税所得额时准予从收入额中扣除的项目，是指纳税人实际发生的与取得收入有关的、合理的支出。

1. 一般扣除项目

一般扣除项目包括成本、费用、税金、损失和其他支出。

(1) 成本：是指纳税人在生产经营活动中发生的销售成本、销货成本、业务支出以及其他耗费。

(2) 费用：是指纳税人在生产经营活动中发生的销售费用、管理费用和财务费用，不包括已计入成本的有关费用。

(3) 税金：是指纳税人发生的除企业所得税和允许抵扣的增值税以外的各项税金及其附加，即纳税人按规定缴纳的消费税、资源税、关税、土地增值税、城市维护建设税和教育费附加，以及发生的房产税、车船使用税、城镇土地使用税和印花税等。企业缴纳的房产税、车船税、土地使用税、印花税等，已经计入管理费用中扣除的，不再作为税金单独扣除。

【思考 6-10】下列企业缴纳的税金中，可以税前扣除的有(　　)。

A. 增值税　　B. 企业所得税

C. 消费税　　D. 土地增值税

【解析】正确答案是CD。

(4) 损失：是指纳税人生产经营过程中发生的固定资产和存货的盘亏、毁损、报废损失，转让财产损失，呆账损失，坏账损失，自然灾害等不可抗力因素造成的损失以及其他损失。

企业发生的损失，减除责任人赔偿和保险赔款后的余额，按照国务院财政、税务主管部门的规定扣除。企业已经作为损失处理的资产，在以后纳税年度又全部收回或者部分收回时，应当计入当期收入。

(5) 其他支出：是指除成本、费用、税金、损失外，企业在生产经营活动中发生的与生产经营活动有关的、合理的支出。

2. 准予扣除项目的特殊规定

1) 借款利息

企业在生产经营活动中发生的合理的不需要资本化的借款费用，准予扣除。

(1) 企业在生产经营活动中发生的下列利息支出，准予扣除。

一是非金融企业向金融企业借款的利息支出、金融企业的各项存款利息支出和同业拆借利息支出、企业经批准发行债券的利息支出。

二是非金融企业向非金融企业借款的利息支出，不超过按照金融企业同期同类贷款利率计算的数额的部分。

【例 6-3】某企业 1 月 1 日向其他企业借入经营性资金 400 万元，借款期为 1 年，支付利息费用 28 万元。假定当年银行同期贷款年利息率为 6%，试计算该企业税前可扣除的利息费用。

【解析】税前可扣除的利息费用=400×6%=24(万元)。企业实际支付利息 28 万元，超支的 4 万元不得在税前扣除。

(2) 凡企业投资者在规定期限内未缴足其应缴资本额的，该企业对外借款所发生的利息，相当于投资者实缴资本与应缴资本额的差额应计付的利息，其不属于企业合理的支出，应由企业投资者负担，不得在计算企业应纳税所得额时扣除。如李某应出资 100 万元投资于甲公司，实际出资 60 万元，甲公司发生借款 200 万元，同期银行贷款利率为 6%，则税前可扣除的利息为：[200−(100−60)]×6% = 9.6(万元)。

(3) 企业向股东或其他与企业有关联关系的自然人借款的利息支出，应按法律规定计算企业所得税扣除额。

(4) 企业向股东或其他与企业有关联关系的自然人以外的内部职工或其他自然人借款的利息支出，同时符合以下条件的，利息支出不超过金融企业同期同类贷款利率的，准予扣除。①企业与个人之间的借贷是真实、合法、有效的，并且不具有非法仿效目的或其他违反法律法规的行为；②企业与个人之间签订了借款合同。

(5) 企业为购置、建造和生产固定资产、无形资产和经过 12 个月以上的建造才能达到预定可销售状态的存货发生借款的，在有关资产购建期间发生的合理的借款费用，应当作为资本性支出计入有关资产的成本。

2) 汇兑损益

企业在货币交易中，以及纳税年度终了时将人民币以外的货币性资产、负债按照期末即期人民币汇率中间价折算为人民币时产生的汇兑损失，除已经计入有关资产成本以及与向所有者进行利润分配相关的部分外，准予扣除。

3) 工资和薪金

企业发生的合理的工资薪金支出，准予扣除。

工资和薪金支出是纳税人每一纳税年度支付给在本企业任职或者受雇的员工的所有现金或非现金形式的劳动报酬，包括基本工资、奖金、津贴、补贴(包括地区津贴和物价补贴)、年终加薪、加班工资，以及与员工任职或者受雇有关的其他支出。

工资薪金总额是指企业按照有关合理工资薪金的有关规定实际发放的工资薪金总和，

不包括企业的职工福利费、职工教育经费、工会经费以及养老保险费、医疗保险费、失业保险费、工伤保险费、生育保险费等社会保险费和住房公积金。属于国有性质的企业，其工资薪金不得超过政府有关部门给予的限定数额；超过部分不得计入企业工资薪金总额，也不得在计算企业应纳税所得额时扣除。

【例 6-4】甲企业 2017 年利润为 56 万元，经查全年工资为 72 万元，其中 12 月份工资为 15 万元，尚未发放(下月 10 号发上月的)。假如没有其他纳税调整事项，试计算该企业应纳税所得额。

【解析】甲企业应纳税所得额=56+15=71(万元)。可以在税前扣除的工资薪金是指企业实际发放的，计提的工资和处于应付工资贷方的工资税前不能扣除。

4) 职工福利费、工会经费和职工教育经费

(1) 企业发生的职工福利费支出，不超过工资薪金总额 14%的部分，准予扣除。

(2) 企业发生的职工教育经费支出，不超过工资薪金总额 8%的部分，准予扣除。超过部分，准予在以后纳税年度结转扣除。 软件生产企业发生的职工教育经费中的职工培训费用，可以全额在企业所得税前扣除。

(3) 企业拨缴的工会经费支出，不超过工资薪金总额 2%的部分，准予扣除。

【例 6-5】甲企业全年实际支出工资为 80 万元，计提职工福利费 11.2 万元，实际支出 6 万元；计提职工教育经费 2 万元，实际支出 1 万元；拨缴工会费 1.6 万元。若无其他纳税调整事项，试计算该企业可以税前扣除的费用。

【解析】甲企业税前扣除费用=80+6+1+1.6=88.6(万元)。

5) 公益性捐赠支出

企业发生的公益性捐赠支出，在年度利润总额 12%以内的部分，准予在计算应纳税所得额时扣除。超过的部分，准予结转以后 3 年内在计算应纳税所得额时扣除。

年度利润总额是指企业依照国家统一会计制度的规定计算的年度会计利润。

公益性捐赠是指企业通过公益性社会团体或者县级以上人民政府及部门，用于《公益事业捐赠法》规定的公益事业的捐赠。其具体包括以下几种情况。

(1) 救助灾害、救济贫困、扶助残疾人等困难的社会群体和个人的活动。

(2) 教育、科学、文化、卫生、体育事业。

(3) 环境保护、社会公共设施建设。

(4) 促进社会发展和进步的其他社会公共和福利事业。

自 2019 年 1 月 1 日至 2022 年 12 月 31 日，企业通过公益性社会组织或者县级(含县级)以上人民政府及其组成部门和直属机构，用于目标脱贫地区的扶贫捐赠支出，准予在计算企业所得税应纳税所得额时据实扣除。企业同时发生扶贫捐赠支出和其他公益性捐赠支出，在计算公益性捐赠支出年度扣除限额时，符合上述条件的扶贫捐赠支出不计算在内。

【思考 6-11】下列各项中，在计算应纳税所得额时准予按一定比例扣除的公益性捐赠的是(　　)。

A. 纳税人直接向某农村小学的捐赠 B. 纳税人通过企业向自然灾害地区的捐赠

C. 纳税人通过电视台向灾区的捐赠 D. 纳税人通过民政部门向贫困地区的捐赠

【解析】正确答案是 D。允许税前扣除的公益性捐赠，是指企业通过公益性社会团体或者县级以上人民政府及其部门的公益性捐赠，即“间接”捐赠。纳税人直接捐赠的税前

不予扣除。

【例 6-6】甲企业 2017 年度利润为 100 万元，经查有两笔营业外支出，一是通过政府捐赠给受灾区 16 万元；另一笔是直接捐赠给某义务教育学校 10 万元。若无其他纳税调整事项，试计算甲企业 2017 年度应纳税所得额。

【解析】甲企业应纳税所得额计算如下。

灾区捐赠的限额为：100×12%=12(万元)，实际捐赠 16 万元，超出的 4 万元不得税前扣除。

直接捐赠的 10 万元不得税前扣除。则甲企业应纳税所得额=100+4+10=114(万元)。

【思考 6-12】承例 6-6，若向灾区的公益性捐款为 6 万元，甲企业应纳税所得额是多少？

【解析】实际捐赠额 6 万元＜捐赠限额 12 万元，可以据实扣除。由于企业计算利润时已扣除了捐赠支出，因此，此项公益性捐赠不需要调整应纳税所得额。此时，企业应纳税所得额=100+10=110(万元)。

6) 业务招待费

企业发生的与经营活动有关的业务招待费支出，按照实际发生额的 60%扣除，但最高不得超过当年销售(营业)收入的 5‰。

企业在筹建期间，发生的与筹办活动有关的业务执行费支出，可按实际发生额的 60%计入企业筹办费，并按有关规定在税前扣除。

对从事股权投资业务的企业(包括集团公司总部、创业投资企业等)，其从被投资企业所分配的股息、红利以及股权转让收入，可以按规定的比例计算业务执行费扣除限额。

销售(营业)收入应包括企业发生非货币性资产交换，以及将货物、财产、劳务用于捐赠、偿债等视同销售的收入，即会计核算中的“主营业务收入”和“其他业务收入”。

【思考 6-13】下列各项中，属于税前列支业务招待费计算基数的有(　　)。

A. 主营业务收入　　B. 其他业务收入

C. 补贴收入　　D. 营业外收入

【解析】正确答案是 AB。补贴收入、营业外收入和投资收益等不是计算税前准予列支的业务招待费的计算基数。

【例 6-7】某大型商场主营业务收入为 3000 万元，其他业务收入为 50 万元，营业外收入为 10 万元，投资收益为 16 万元，招待费支出为 30 万元。试计算该商场税前准予扣除的业务招待费支出。

【解析】30×60%=18(万元)，(3000+50)×5‰=15.25(万元)。由于，18 万元大于最高扣除限额 15.25 万元，所以按最高限额扣除，即 15.25 万元。假如实际支出小于最高扣除限额，则按实际支出扣除，即“选择小数”扣除。

7) 广告费与业务宣传费

企业发生的符合条件的广告费和业务宣传费支出，除国家另有规定外，不超过当年销售(营业)收入 15%的部分，准予扣除。超过部分可以向以后纳税年度结转扣除。烟草企业的烟草广告费和业务宣传费支出，一律不得扣除。

【例 6-8】承例 6-7，试计算该商场税前可以列支的广告费。

【解析】税前可以列支的广告费=(3000+50)×15%=457.5(万元)。

8) 社会保险费

企业依照国家有关规定为职工缴纳的“五险一金”和“补充保险”，准予扣除。五险

一金是指基本养老保险费、基本医疗保险费、失业保险费、工伤保险费、生育保险费等基本社会保险费和住房公积金，按照国务院有关主管部门和省级人民政府的规定范围和标准来扣除。

补充保险是指补充养老保险、补充医疗保险，按照国务院财政税务主管部门规定的范围和标准来扣除。自 2008 年 1 月 1 日起，企业为在本企业任职或者受雇的全体员工支付的补充养老保险费、补充医疗保险费，分别在不超过职工工资总额 5%标准内的部分，准予在税前扣除，超过的部分不得扣除。

按国家规定为特殊工种职工支付的法定人身安全保险费，准予扣除。企业职工因公出差乘坐交通工具发生的人身意外保险费支出，准予企业在计算应纳税所得额时扣除。

企业为其投资者或雇员个人向商业保险机构投保的人寿保险、财产保险等商业保险，不得扣除。

9)　财产保险费

企业参加财产保险，按照规定实际缴纳的保险费用，准予扣除。

【思考 6-14】下列保险费用中，可全额税前列支的有(　　)。

A. 职工养老保险　　　　B. 职工医疗保险

C. 财产保险　　　　D. 特殊工种职工的法定人身安全保险

【解析】正确答案是 ABCD。

10)　固定资产租赁费

企业根据生产经营活动的需要租入固定资产支付的租赁费，按照以下方法扣除。

(1)　以经营租赁方式租入固定资产而发生的租赁费，按租赁年限均匀扣除。

(2)　企业以融资租赁方式租入固定资产发生的租赁费不得直接扣除，按规定构成融资租入固定资产价值的部分应当提取折旧费用，分期扣除。

11)　坏账损失和坏账准备金

金融企业根据法律、行政法规以及国务院的规定提取的准备金，符合国务院财政、税务主管部门规定的条件和标准的，准予扣除。其他行业、企业计提的各项资产减值准备、风险准备等准备金均不得税前扣除。

企业按照国家法律、行政法规有关规定提取的用于环境、生态恢复的弃置费等专项资金，准予扣除；提取资金改变用途的，不得扣除；已经扣除的，应计入当期收入。

12)　企业之间支付的相关费用

企业之间支付的管理费、企业内营业机构之间支付的租金和特许权使用费，以及非银行企业内营业机构之间支付的利息，不得扣除。

13)　环境保护专项资金——准扣

企业依照法律、行政法规有关规定提取的用于环境保护、生态恢复等方面的专项资金，准予扣除。上述专项资金提取后改变用途的，不得扣除。

14)　劳动保护支出

企业实际发生的合理的劳动保护支出，可以扣除。

15)　手续费及佣金

纳税人发生与生产经营有关的手续费及佣金支出，不超过以下规定计算限额以内的部分，准予扣除；超过部分，不得扣除。

(1) 保险企业：2019 年 1 月 1 日起，保险企业发生的与其经营活动有关的手续费和佣金支出，不超过当年全部保费收入扣除退保金等后余额的 18%(含本数)的部分，在计算应纳税所得额时准予扣除；超过部分，允许结转以后年度扣除。

(2) 其他企业：按照与具有合法经营资格中介服务机构或者个人(不含交易双方及其雇员、代理人和代表人等)所签订服务协议或者合同确认的收入金额的 5%计算限额。

除委托个人代理外，企业以现金等非转账方式支付的手续费及佣金不得在税前扣除；企业为发行权益性证券交付给有关证券承销机构的手续费及佣金不得在税前扣除。

【思考 6-15】下列支出在计算应纳税所得额时，可以在税前扣除的有(　　)。

A. 汽车到期报废的损失　　B. 实际发生的合理的劳动保护支出

C. 企业向境内母公司支付的管理费　　D. 非金融企业计提的坏账准备金

【解析】正确答案是 AB。

16) 党组织工作经费

(1) 国有企业(包括国有独资、全资和国有资本绝对控股、相对控股企业)纳入管理费用的党组织工作经费，实际支出不超过职工年度工资薪金总额 1%的部分，可以据实在企业所得税前扣除。

(2) 非公有制企业党组织工作经费纳入企业管理费列支，不超过职工年度工资薪金总额 1%的部分，可以据实在企业所得税前扣除。

17) 其他项目

依照有关法律、行政法规和国家有关税法规定准予扣除的其他项目，如会员费、合理的会议费、差旅费、违约金、诉讼诉费等。

(五)禁止扣除项目

在计算应纳税所得额时，下列支出不得扣除。

1. 向投资者支付股息、红利等权益性投资收益款项

2. 企业所得税税款

3. 罚金、罚款和被没收财物的损失

纳税人的正常生产经营当中因违反国家法律、法规和规章，被行政部门和其他有处罚权的单位处以的罚款，以及被没收财物的损失，不得扣除。

4. 税收滞纳金

纳税人因违反税法规定，被处以的滞纳金和罚金，以及除前述违法经营罚款之外的各项罚款，不得扣除。但纳税人逾期归还银行贷款，银行按规定加收的罚息及因违反合同而支付的违约金，不属于行政性罚款，允许在税前扣除。

5. 赞助支出

赞助支出是指企业发生的与生产经营活动无关的各种非广告性质支出。

6. 未经核定的准备金支出

未经核定的准备金支出是指不符合国务院财政、税务主管部门规定的各项资产减值准

备、风险准备等准备金支出。

7. 自然灾害或意外事故损失有赔偿的部分

纳税人参加财产保险后，因遭受自然灾害或者意外事故而由保险公司给予的赔偿，因有赔偿部分已不构成损失，所以不得扣除。

8. 年度利润总额 12%以外的公益性捐赠支出

超过国家规定扣除标准的公益、救济性捐赠，以及非公益、救济性捐赠，不得扣除。

9. 与取得收入无关的其他各项支出

如担保支出，即纳税人为其他独立纳税人提供与本身应纳税收入无关的贷款担保和其他担保等，因被担保方不能还清贷款而由该担保纳税人承担的本息等造成的损失，不得在税前扣除。

【思考 6-16】下列各项支出中，不得在所得税前扣除的有(　　)。

A. 向投资者支付的股息、红利　　B. 各种赞助支出

C. 各种行政罚款　　D. 合同违约金

【解析】正确答案是 ABC。“合同违约金”“银行罚息”等不是行政处罚，可以税前扣除，所以选项 D 可以扣除。

(六)非居民企业的应纳税所得额

在中国境内未设立机构、场所的，或者虽设立机构、场所但取得的所得与其所设机构、场所没有实际联系的非居民企业，其取得的来源于中国境内的所得，按照下列方法计算其应纳税所得额。

(1) 股息、红利等权益性投资收益和利息、租金、特许权使用费所得，以收入全额为应纳税所得额。

(2) 转让财产所得，以收入全额减去财产净值后的余额为应纳税所得额。

财产净值是指有关资产、财产的计税基础减去已经按照规定扣除的折旧、折耗、摊销、准备金等后的余额。

(3) 其他所得，参照前两项规定的方法计算应纳税所得额。

非居民企业在中国境内设立机构、场所，就其中国境外总机构发生的与该机构、场所生产经营有关的费用，能够提供总机构出具的费用汇集范围、定额、分配依据和方法等证明文件并合理分摊的，准予扣除。

二、亏损弥补

纳税人发生年度亏损的，可以用下一纳税年度的所得额予以弥补；下一纳税年度的所得不足弥补的，可以逐年延续弥补。但是，延续弥补期最长不得超过 5 年。5 年内不论是盈利还是亏损，应连续计算弥补的年限。这里所说的纳税人的亏损，不是企业按会计制度核算所反映的亏损额，而是按税法规定调整后的亏损金额。

企业在汇总计算缴纳企业所得税时，其境外营业机构的亏损不得抵减境内营业机构的

盈利。

自2018年1月1日起，当年具备高新技术或科技型中小企业资格的企业，其具备资格年度之前5个年度发生的尚未弥补完的亏损，准予结转以后年度弥补，最长结转年限由5年延长至10年。

【思考6-17】某企业2017年度发生亏损，该亏损额可以用以后纳税年度的所得逐年弥补，但延续弥补的期限最长不得超过(　　)。

A. 2019年　　B. 2020年　　C. 2022年　　D. 2023年

【解析】正确答案是C。最长不得超过5年。

三、应纳税额的计算

(一)境内所得应纳税额的计算

境内所得应纳税额的计算公式如下。

应纳税额=应纳税所得额×税率−减免税额−抵免税额

公式中的减免税额和抵免税额，是指根据税法或者国务院的税收优惠规定减征、免征和抵免的应纳税额。

由于在实际工作中，纳税人通常是以会计利润为基础，加上纳税调整增加额，减去纳税调整减少额的方法计算应纳税所得额，所以应纳税所得额也可以用下列公式计算。

应纳税所得额=利润总额+纳税调整增加额−纳税调整减少额

【例6-9】某企业2017年度有关会计资料如下：实现利润总额200万元；支付违法经营罚款3万元；通过民政部门向灾区捐款30万元；国债利息收入3万元。假如没有其他纳税调整事项，试计算该企业2017年度应纳所得税税额。

【解析】

准扣捐赠限额=200×12%=24(万元)，而实际捐赠额为30万元，超出的6万元不得在税前扣除。违法经营罚款不得税前扣除；国债利息收入属于免税项目。则：

调整后所得额=200+3+6−3=206(万元)

应纳税额=206×25%=51.5(万元)

【例6-10】某企业2017年度会计报表上的利润总额为50万元，已累计预缴企业所得税为18万元。2018年4月，企业会计部门进行纳税调整，汇算清缴2017年度企业所得税，该企业2017年度其他有关情况如下。

(1) 实发工资总额为100万元，并据此计提了“三费”，均已列入当期费用。当年实际发生福利费9万元，职工教育费2万元，上缴工会经费2万元。

(2) 2月份，新购入设备24万元(预计寿命5年，无残值)，当月投入使用，设备款全部计入当期费用。

(3) 直接向某足球队员捐款15万元，已列入当期费用。

(4) 支付诉讼费3万元，已列入当期费用。

(5) 支付违反交通法规罚款1万元，已列入当期费用。

试计算：(1) 该企业2017年度应纳所得税税额。

(2) 该企业2017年度汇算清缴所得税税额。

【解析】

(1) 职工福利费等按实际发生数额扣除，而企业在计算利润时却按计提数扣除了，因此，“三费”需要调增的数额为：(100×14%−9)+(100×8%−2)=11(万元)。

固定资产从使用的次月起提折旧，当年税前准扣折旧为：24÷5×10÷12=4(万元)。不允许将固定资产支出一次性在税前扣除。因此，需调增的数额为：24−4=20(万元)。

直接捐赠 15 万元、违反交通法规罚款 1 万元，不允许税前扣除。

诉讼费 3 万元允许税前扣除，不用调整。

应纳税所得额=50+11+20+15+1=97(万元)

应纳税额=97×25%=24.25(万元)

(2) 应补税额=24.25−18=6.25(万元)

(二)境外所得应纳税额的计算

为避免国际上对同一所得重复征税，平衡境外投资所得与境内投资所得的税负，在对境外所得征税时，纳税人境外所得已在境外缴纳的所得税款，准予在汇总纳税时，从应纳税额中抵扣。但扣除额不得超过其境外所得依照我国税法规定计算的应纳税额。

扣除限额，应当分国(地区)不分项计算，其计算公式如下。

境外所得税税款扣除限额=境内、境外所得按税法计算的应纳税总额×来源于某国(地区)的所得÷境内、境外所得总额

纳税人在境外实际缴纳的税款与扣除限额之间，选一较小的数额，从应纳税额中扣除。在境外实际缴纳的税款超过扣除限额的部分不得在本年度的应纳税额中扣除，也不得列为费用支出，但可用以后年度税额扣除的余额补扣，补扣期限最长不得超过 5 年。

【例 6-11】某大型企业当年应纳税所得额为 180 万元，适用 25%的企业所得税税率。该企业分别在甲和乙两国设有分支机构，在甲国分支机构的应纳税所得额为 70 万元，甲国税率为 20%；在乙国的分支机构的应纳税所得额为 40 万元，乙国税率为 40%。两个分支机构在甲和乙两国分别缴纳 14 万元和 16 万元的所得税。计算该企业在我国汇总纳税时，应缴纳的企业所得税税额。

【解析】

(1) 计算汇总缴纳的应纳税额如下。

应纳税额=(180+70+40)×25%=72.5(万元)

(2) 甲和乙两国的扣除限额如下。

甲国扣除限额=72.5×[70÷(180+70+40)]=17.5(万元)

或　甲国扣除限额=70×25%=17.5(万元)

乙国扣除限额=72.5×[40÷(180+70+40)]=10(万元)

或　乙国扣除限额=40×25%=10(万元)

(3) 在我国应缴纳的所得税如下。

分国对比扣除限额与实际缴纳税额，选一较小的数额从汇总缴纳的所得税中扣除，则应纳税额=72.5−17.5−10=45(万元)。

居民企业从其直接或者间接控制的外国企业分得的来源于中国境外的股息、红利等权

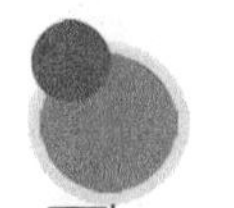

益性投资收益，外国企业在境外实际缴纳的所得税税额中属于该项所得负担的部分，可以作为该居民企业的可抵免境外所得税税额，在规定的抵免限额内抵免。

(三)核定征收应纳税额的计算

1. 核定纳税的情形

纳税人具有下列情形之一的，应采取核定征收方式征收企业所得税。

(1) 依照税收法律、行政法规的规定可以不设账簿的。

(2) 依照税收法律、行政法规的规定应当设置但未设置账簿的。

(3) 擅自销毁账簿或者拒不提供纳税资料的。

(4) 虽设置账簿，但账目混乱或者成本资料、收入凭证、费用凭证残缺不全，难以查账的。

(5) 发生纳税义务，未按照规定的期限办理纳税申报，经税务机关责令限期申报，逾期仍不申报的。

(6) 申报的计税依据明显偏低，又无正当理由的。

2. 核定征收方式

核定征收方式包括核定应税所得率或者核定应纳所得税税额。

1) 核定应税所得率

具有下列情形之一的，核定其应税所得率。

(1) 能正确核算(查实)收入总额，但不能正确核算(查实)成本费用总额的。

(2) 能正确核算(查实)成本费用总额，但不能正确核算(查实)收入总额的。

(3) 通过合理方法，能计算和推定纳税人收入总额或者成本费用总额的。

纳税人不属于上述情形的，核定其应纳所得税税额。

所得税计算公式如下。

$$应纳税额=应纳税所得额\times适用税率$$

$$应纳税所得额=收入总额\times应税所得率$$

或
$$应纳税所得额=成本(费用)支出总额\div(1-应税所得率)\times应税所得率$$

应税所得率按规定的幅度标准确定，如表 6-1 所示。

表 6-1 应税所得率表

经营行业	应税所得率/%
农、林、牧、渔业	3～10
制造业	5～15
批发和零售贸易业	4～15
交通运输业	7～15
建筑业	8～20
饮食业	8～25
娱乐业	15～30
其他行业	10～30

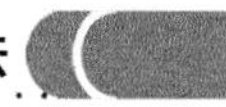

企业经营多业的，无论其经营项目是否单独核算，均应根据其主营项目确定适用的应税所得率。纳税人的生产经营范围、主营业务发生重大变化，或者应纳税所得额或者应纳税额增减变化达到20%的，应及时向税务机关申报调整已确定的应纳税额或者应税所得率。

【例 6-12】某从事娱乐业的公司因只能准确核算成本费用支出，不能准确核算收入总额，被税务机关核定征收企业所得税。2017 年度，该公司的成本费用支出总额为 280 万元，经税务机关核定的应税所得率为 30%，试计算该公司当年应纳所得税税额。

【解析】应纳税所得额=280÷(1−30%)×30%=120(万元)

应纳税额=120×25%=30(万元)

2) 核定应纳所得税税额

纳税人不具备核定应税所得率条件的，由税务机关核定其应纳税额。税务机关采用下列方法核定征收企业所得税。

(1) 参照当地同类行业或者类似行业中经营规模和收入水平相近的纳税人的税负水平核定。

(2) 按照应税收入额或者成本费用支出额定率核定。

(3) 按照耗用的原材料、燃料、动力等推算或者测算核定。

(4) 按照其他合理方法核定。

采取其中一种方法不足以正确核定应纳税所得额或者应纳税额的，可以同时采用两种以上的方法核定。采用两种以上方法测算的应纳税额不一致时，可以按照测算的应纳税额从高核定。

四、资产的税务处理

资产税务处理的目的是通过对资产的分类，区别资本性支出与收益性支出，确定准予扣除的项目和不准扣除的项目，正确计算应纳税所得额。

(一)固定资产

企业按照规定计提的固定资产折旧，准予在税前扣除。

固定资产是指企业为生产产品、提供劳务、出租或者经营管理而持有的、使用年限超过 12 个月的非货币性长期资产，包括房屋、建筑物、机器、机械、运输工具以及其他与生产经营活动有关的设备、器具、工具等。

1. 固定资产的计价

由于固定资产的价值关系到纳税人计提折旧的数额，从而影响应纳税额，因此税法规定对固定资产的计价按以下原则处理。

(1) 外购的固定资产，以购买价款和支付的相关税费，以及直接归属于该资产达到预定用途发生的其他支出为计税基础。

(2) 自行建造的固定资产，以竣工结算前实际发生的支出作为计税基础。

(3) 融资租入的固定资产，以租赁付款总额和承租人在签订合同过程中发生的相关费用为计税基础；租赁合同未约定付款总额的，以该资产的公允价值和承租人在签订租赁合同过程中发生的相关费用为计税基础。

(4) 盘盈的固定资产，以同类固定资产的重置完全价值作为计税基础。

(5) 通过捐赠、投资、非货币性资产交换、债务重组等方式取得的固定资产，以该资产的公允价值和应支付的相关税费作为计税基础。

(6) 改建的固定资产，除法定的支出外，以改建过程中发生的改建支出增加作为计税基础。

【例 6-13】某食品加工厂购进一台生产设备，买价为 15 万元，取得对方开具的增值税专用发票上注明的税金为 2.55 万元，另支付运杂费 0.6 万元、安装费 0.3 万元。试计算该设备的价值。

【解析】该设备价值=15+2.55+0.6+0.3=18.45(万元)。

2. 不得计算折旧扣除的固定资产

税法规定，下列固定资产不得计算折旧扣除。

(1) 房屋、建筑物以外未投入使用的固定资产。

(2) 以经营租赁方式租入的固定资产。

(3) 以融资租赁方式租出的固定资产。

(4) 已足额提取折旧仍继续使用的固定资产。

(5) 与经营活动无关的固定资产。

(6) 单独估价作为固定资产入账的土地。

(7) 其他不得计算折旧扣除的固定资产。

【思考 6-18】下列固定资产应当提取折旧的有(　　)。

A. 不需用的房屋、建筑物　　B. 大修理停用的机器设备

C. 土地　　D. 以经营方式租出的固定资产

【解析】正确答案是 ABD。房屋、建筑物不论是否使用均提折旧，其他固定资产在用时计提，不用不提，但大修理停用视同在用。

3. 提取折旧的依据和方法

固定资产按照直线法计算的折旧，准予扣除。纳税人应当自固定资产投入使用月份的次月起计提折旧；停止使用的固定资产，应当从停止使用月份的次月起，停止计提折旧。企业应当根据固定资产的性质和使用情况，合理确定固定资产的预计净残值。固定资产的预计净残值一经确定，不得变更。

企业的固定资产由于技术进步等原因，确需加速折旧的，可以缩短折旧年限或者采取加速折旧的方法。采取缩短折旧年限或者采取加速折旧方法的固定资产，包括以下方面。

(1) 由于科技进步，产品更新换代较快的固定资产。

(2) 常年处于强震动、高腐蚀状态的固定资产。

采取缩短折旧年限方法的，最低折旧年限不得低于规定折旧年限的 60%；采取加速折旧方法的，只允许采用双倍余额递减法和年数总和法。

2019 年 1 月 1 日起，加速折旧方法扩大到全部制造业领域。

企业在 2018 年 1 月 1 日至 2020 年 12 月 31 日期间新购进(包括自行建造)的设备、器具，单位价值不超过 500 万元的，允许一次性计入当期成本费用在计算应纳税所得额时扣

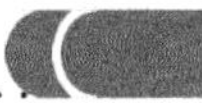

除，不再分年度计算折旧。

4. 折旧年限

除另有规定外，固定资产计提折旧的最低年限如下。

(1) 房屋、建筑物，为 20 年。

(2) 飞机、火车、轮船、机器、机械和其他生产设备，为 10 年。

(3) 与生产经营活动有关的器具、工具、家具等，为 5 年。

(4) 飞机、火车、轮船以外的运输工具，为 4 年。

(5) 电子设备，为 3 年。

(二)生产性生物资产

生产性生物资产是指企业为生产农产品、提供劳务或者出租等而持有的生物资产，包括经济林、薪炭林、产畜和役畜等。

对于消耗性生物资产一般是按照存货来处理，所以没有必要对其进行折旧。对于生产性生物资产采用直线折旧法，计提的折旧准予在税前扣除。

生产性生物资产计算折旧的最低年限为：林木类生产性生物资产，为 10 年；畜类生产性生物资产，为 3 年。

【思考 6-19】下列可以计提折旧的生物资产是(　　)。

A. 经济林　　B. 用材林

C. 存栏待售的牲畜　　D. 防风固沙林

【解析】正确答案是 A。

(三)无形资产

在计算应纳税所得额时，企业按照规定计算的无形资产摊销费用，准予扣除。

1. 无形资产的计价

无形资产是指纳税人为生产产品、提供劳务、出租或者经营管理而持有的、没有实物形态的非货币性长期资产，包括专利权、商标权、著作权、土地使用权、非专利技术和商誉等。无形资产按照下列方法确定计税基础。

(1) 外购的无形资产，以购买价款、相关税费以及直接归属于使该项资产达到预定用途所发生的其他支出作为计税基础。

(2) 自行开发的无形资产，以开发过程中该资产符合资本化条件后至达到预定用途前发生的实际支出作为计税基础。

(3) 通过捐赠、投资、非货币性资产交换、债务重组取得的无形资产，以该资产的公允价值和支付的相关税费作为计税基础。

2. 无形资产的摊销

无形资产按照直线法计算的摊销费用，准予扣除。摊销年限不得少于 10 年。作为投资或者受让的无形资产，在有关法律或协议、合同中规定使用年限的，可依其规定使用年限

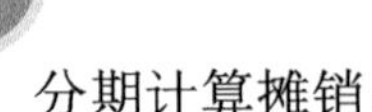

分期计算摊销。

3. 不得计算摊销扣除的无形资产

下列无形资产不得计算摊销费用扣除。

(1) 自行开发的支出已在计算应纳税所得额时扣除的无形资产。

(2) 自创商誉。

(3) 与经营活动无关的无形资产。

(4) 其他不得计算摊销费用扣除的无形资产。

外购商誉的支出，在企业整体转让或清算时，准予扣除。

(四)长期待摊费用

在计算应纳税所得额时，企业发生的下列支出作为长期待摊费用，按照规定摊销的，准予扣除。

1. 固定资产的改建支出

固定资产的改建支出，是指改变房屋或者建筑物结构、延长使用年限等发生的支出。

(1) 已足额提取折旧的固定资产的改建支出，按照固定资产预计尚可使用年限摊销。

(2) 租入固定资产的改建支出，按照合同约定的剩余租赁期摊销。

上述以外固定资产的改建延长固定资产使用年限的，应当适当延长折旧年限，并相应调整计算折旧。

2. 固定资产的大修理支出

固定资产的大修理支出，按照固定资产尚可使用的年限分期摊销。大修理支出是指同时符合下列条件的支出。

(1) 发生的支出达到取得固定资产时的计税基础50%以上。

(2) 修理后固定资产的使用年限延长2年以上。

3. 其他长期待摊费用

从费用发生的次月起，分期摊销，摊销期限不得少于3年。

(五)投资资产

投资资产是指企业对外进行权益性投资和债权性投资所形成的资产。企业对外投资期间，投资资产的成本在计算应纳税所得额时不得扣除。在转让或者处置投资资产时，投资资产的成本可以扣除，按转让所得计算所得税。

投资资产按照以下方法确定成本。

(1) 通过支付现金方式取得的投资资产，以购买价款为成本。

(2) 通过支付现金以外的方式取得的投资资产，以该资产的公允价值和支付的相关税费为成本。

(六)存货

存货是指企业在日常活动中持有以备出售的产成品或商品、处在生产过程中的在产品、在生产过程或提供劳务过程中耗用的材料和物料等。企业领用或者销售存货，按照规定计算的存货成本，可以在计算应纳税所得额时扣除。

存货按照以下方法确定成本。

(1) 通过支付现金方式取得的存货，以购买价款和相关税费为成本。

(2) 通过支付现金以外的方式取得的存货，以该存货的公允价值和支付的相关税费为成本。

(3) 生产性生物资产收获的农产品，按产出或者采收过程中发生的材料费、人工费和应分摊的间接费用等必要支出为成本。

企业使用或者销售的存货的成本计算方法，可以在先进先出法、加权平均法、个别计价法中选用一种。计价方法一经选用，不得随意改变。

第三节 企业所得税的税收优惠

《企业所得税法》明确规定企业所得税实行“产业优惠为主、区域优惠为辅”的税收优惠政策，加大全国范围内的产业倾斜力度。税收优惠类别总体上可以归为三类：减免税优惠政策、税前扣除优惠政策和税收优惠过渡期政策。

一、减免税优惠政策

(一)免税收入

见前述第二节。

(二)减免税优惠政策详述

企业的下列所得，可以免征、减征企业所得税。

1. 从事农、林、牧、渔业项目的所得

(1) 企业从事下列项目的所得，免征企业所得税：①蔬菜、谷物、薯类、油料、豆类、棉花、麻类、糖料、水果、坚果的种植；②农作物新品种的选育；③中药材的种植；④林木的培育和种植；⑤牲畜、家禽的饲养；⑥林产品的采集；⑦灌溉、农产品初加工、兽医、农技推广、农机作业和维修等农、林、牧、渔服务业项目；⑧远洋捕捞。

(2) 企业从事下列项目的所得，减半征收企业所得税：①花卉、茶以及其他饮料作物和香料作物的种植；②海水养殖、内陆养殖。

企业从事国家限制和禁止发展的项目，不得享受本条规定的企业所得税优惠，如野生动植物资源等。

【思考 6-20】企业从事下列项目的所得，免征企业所得税的有(　　)。

A. 花卉、茶的种植　　　　　　B. 林木的培育和种植

C. 农产品初加工　　　　　　　D. 近海捕捞和内陆捕捞

【解析】正确答案是BC。选项A属于减半征收，选项D不属于减免范畴。

2. 从事国家重点扶持的公共基础设施项目投资经营的所得

企业从事《公共基础设施项目税收优惠目录》中规定的港口码头、机场、铁路、公路、城市公共交通、电力、水利等项目的投资经营所得，自项目取得第一笔生产经营收入所属纳税年度起，第1年至第3年免征企业所得税，第4年至第6年减半征收企业所得税，简称“三免三减半”。

企业承包经营、承包建设和内部自建自用以上项目，不得享受企业所得税优惠。

3. 从事符合条件的环境保护、节能节水项目的所得

符合条件的环境保护、节能节水项目，包括公共污水处理、公共垃圾处理、沼气综合开发利用、节能减排技术改造、风力发电、潮汐发电、海水淡化等。

企业从事上述项目的所得，自项目取得第一笔生产经营收入所属纳税年度起，“三免三减半”。

4. 符合条件的技术转让所得

在一个纳税年度内，居民企业技术转让所得不超过500万元的部分，免征企业所得税；超过500万元的部分，减半征收企业所得税。其计算公式如下。

技术转让所得=技术转让收入-技术转让成本-相关税费

【例6-14】某企业2017年技术转让所得800万元，试计算其应缴纳的企业所得税。

【解析】该项技术转让应缴纳的企业所得税=(800−500)×25%×50%=37.5(万元)。

5. 非居民企业的应纳税所得

非居民企业在中国境内未设立机构、场所的，或者虽设立机构、场所但取得的所得与其所设机构、场所没有实际联系的，应当就其来源于中国境内的所得，减按10%税率征收企业所得税。

下列所得可以免征企业所得税。

(1) 国际金融组织向中国政府和居民企业提供优惠贷款取得的利息所得。国际金融组织包括国际货币基金组织、世界银行、亚洲开发银行等。

(2) 外国政府向中国政府提供贷款取得的利息所得。

(3) 经国务院批准的其他所得。

【思考6-21】企业的下列所得，可以减免所得税的有(　　)。

A. 购买国债取得的利息收入　　　B. 从事远洋捕捞所得

C. 投资经营城市房地产所得　　　D. 取得技术转让所得200万元

【解析】正确答案是ABD。

6. 民族地区优惠政策

民族自治地方的自治机关对本民族自治地方的企业应缴纳的企业所得税中属于地方分享的部分，可以决定减征或者免征。自治州、自治县决定减征或者免征的，须报省、自治

区、直辖市人民政府批准。

对民族自治地方内国家限制和禁止行业的企业，不得减征或者免征企业所得税。

二、税前扣除优惠政策

(一)加计扣除

企业的下列支出，可以在计算应纳税所得额时加计扣除。

1. 开发新技术、新产品、新工艺发生的研究开发费用

企业为开发新技术、新产品、新工艺发生的研究开发费用，未形成无形资产计入当期损益的，在按规定据实扣除的基础上，按照研究开发费用的75%加计扣除；形成无形资产的，按无形资产成本的175%进行摊销。

【例 6-15】企业 2017 年度“三新”研发费为 50 万元，会计利润为 74 万元，若无其他纳税调整事项，试计算该企业应纳税所得额。

【解析】应纳税所得额=74−50×75%=36.5(万元)。

2. 安置残疾人员及国家鼓励安置的其他就业人员所支付的工资

企业安排的残疾职工，按实际支付给残疾职工工资的 100%加计扣除。

残疾人员的范围包括：视力残疾、听力残疾、言语残疾、肢体残疾、智力残疾、精神残疾、多重残疾和其他残疾的人。

企业安置国家鼓励安置的其他就业人员所支付的工资的加计扣除办法，由国务院另行规定。

(二)抵扣应纳税所得额

创业投资企业从事国家需要重点扶持和鼓励的创业投资，可以按投资额的一定比例抵扣应纳税所得额。

税法规定，创业投资企业采取股权投资方式投资于未上市的中小高新技术企业两年以上(含两年)，可按照其投资额的 70%在股权持有满两年的当年抵扣该创业投资企业的应纳税所得额。当年不足抵扣的，可以在以后的纳税年度结转抵扣。

中小高新技术企业是指从业人数不超过 500 人，年销售收入、资产总额均不超过两亿元的企业。

【例 6-16】ABC 创业投资公司 2015 年 7 月投资一小型高新技术企业，投资额为 3000 万元，取得企业 60%的股权。2017 年 ABC 公司年度收入总额为 7000 万元，扣除项目 4000 万元。假如没有其他纳税调整事项，试计算该公司 2017 年应纳税所得额。

【解析】应纳税所得额=7000−4000−3000×70%=900(万元)。

(三)加速折旧

见前述第二节。

(四)减计收入

企业综合利用资源，生产符合国家产业政策规定的产品所取得的收入，可以在计算应纳税所得额时减计收入。

减计收入是指企业以《资源综合利用企业所得税优惠目录》规定的资源作为主要原材料，生产非国家限制和禁止并符合国家和行业相关标准的产品所取得的收入，减按 90%计入收入总额。

自 2019 年 6 月 1 日起至 2025 年 12 月 31 日，社区提供养老、托育、家政等服务的机构，提供社区养老、托育、家政服务取得的收入，在计算应纳税所得额时，减按 90%计入收入总额。

(五)抵免税额

企业购置用于环境保护专用、节能节水、安全生产等专用设备的投资额，可以按一定比例实行税额抵免。抵免比例为该设备的投资额的 10%。当年企业所得税不足抵免的，可以在以后 5 个纳税年度结转抵免。

企业享受税额抵免优惠的环境保护、节能节水、安全生产等专用设备，应是企业实际购置并自身实际投入使用的设备，企业购置上述设备在 5 年内转让、出租的，应停止执行相应税收优惠政策并补缴已抵免税款。

企业同时从事所得税优惠项目和非优惠项目的，其优惠项目应单独计算所得，并合理分摊企业的期间费用，计算享受所得税优惠的额度。没有单独计算的，不得享受税收优惠。

第四节　企业所得税的征收管理

一、纳税期限与纳税地点

(一)纳税期限

企业所得税的纳税年度为公历 1 月 1 日至 12 月 31 日。纳税人在一个纳税年度的中间开业，或者由于合并、关闭等原因，使该纳税年度的实际经营期不足 12 个月的，应当以其实际经营期为一个纳税年度。纳税人清算时，应当以清算期间作为一个纳税年度。

企业在纳税年度内，无论是盈利或亏损，均应按规定的期限办理纳税申报。

我国的企业所得税实行按年计算，分月或者分季预缴的方法。纳税人在纳税年度内无论盈亏，均应在月份或者季度终了后 15 日内预缴，年度终了后 5 个月内汇算清缴，多退少补。少缴的所得税税款，应在下一年度内补缴；多预缴的所得税税款，可在下一年度抵缴。

企业在年度中间终止经营活动的，应当自实际经营终止之日起 60 日内，向税务机关办理当期企业所得税汇算清缴。

纳税人预缴所得税时，应当按纳税期限的实际数预缴。按实际数预缴有困难的，可以按上一年度应纳税所得额的 1/12 或 1/4，或者经当地税务机关认可的其他方法分期预缴所得税。预缴方法一经确定，不得随意改变。

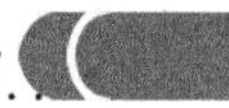

(二)纳税地点

企业所得税对居民企业和非居民分别规定了不同的企业所得税纳税地点。

1. 居民企业的纳税地点

居民企业以企业登记注册地为纳税地点。但登记注册地在境外的，以实际管理机构所在地为纳税地点。

居民企业在境内设立营业机构不具有法人资格的，汇总缴税。除国务院另有规定外，企业之间不得合并缴纳企业所得税。居民企业登记注册地与实际生产经营地不一致的，以实际生产经营地为企业所得税的纳税地点；有多个生产经营地的，以主要管理机构所在地为纳税地点。

2. 非居民企业的纳税地点

非居民企业在中国境内设立机构、场所的，以机构、场所所在地为纳税地点，缴纳企业所得税。非居民企业在中国境内设立两个或者两个以上机构、场所的，经税务机关审核批准，可以选择由其主要机构、场所汇总缴纳企业所得税。

在中国境内未设立机构、场所的，或者虽设立机构、场所但取得的所得与其所设机构、场所没有实际联系的非居民企业，以扣缴义务人所在地为纳税地点。

二、企业所得税的源泉扣缴

在中国境内未设立机构、场所的，或者虽设立机构、场所但取得的所得与其所设机构、场所没有实际联系的非居民企业，就其取得的来源于中国境内的所得应缴纳的所得税，实行源泉扣缴，以支付人为扣缴义务人。税款由扣缴义务人在每次支付或者到期应支付时，从支付或者到期应支付的款项中扣缴企业所得税。

扣缴义务人未依法扣缴或者无法履行扣缴义务的，由纳税人在所得发生地缴纳。纳税人未依法缴纳的，税务机关可以从该纳税人在中国境内其他收入项目的支付人应付的款项中，追缴该纳税人的应纳税款。

扣缴义务人每次代扣的税款，应当自代扣之日起 7 日内缴入国库，并向所在地的税务机关报送扣缴企业所得税报告表。

三、特别纳税调整

《企业所得税法》规定了特别纳税调整制度，从而确立了我国企业所得税的反避税制度。一般来说，避税可以认为是纳税人利用法律上的漏洞或者含糊之处来安排自己的纳税事务，以达到减轻或者解除税负的目的。其具有非违法性、低风险性、高收益性和策划性的特点。

特别纳税调整即反避税调整，同一般纳税调整不同。特别纳税调整是指税务机关处于实施反避税的目的而对纳税人特定纳税事项所做的税务调整，包括针对纳税人转让定价、资本弱化、受控外国公司以及其他避税情况所进行的税务调整。一般纳税调整是指按照税法规定在计算应纳税所得额时，如果企业财务、会计处理办法同税收法规不一致，应当按照税收法规的规定计算纳税所做的税务调整。

(一)转让定价

企业与其关联方之间的业务往来，不符合独立交易原则而减少企业或者其关联方应纳税收入或者所得额的，税务机关有权按照合理方法进行调整。

1. 关联方

关联方是指与企业有下列关系之一的企业、组织或个人。

(1) 在资金、经营、购销等方面存在直接或者间接的控制关系。

(2) 直接或者间接的同为第三者控制。

(3) 在利益上具有相关联的其他关系。

2. 独立交易原则

独立交易原则是指没有关联关系的交易各方，按照公平成交价格和营业常规进行业务往来遵循的原则。

3. 合理的方法

合理的方法一般有 6 种，即可比非受控价格法、再销售价格法、成本加成法、交易净利润法、利润分割法以及其他符合独立交易原则的方法。前三种方法属于传统方法，又称为价格法，国际上一般优先考虑。交易净利润法、利润分割法属于利润法，一般来说，当找不到合理的传统价格方法时，才使用利润法。

(1) 可比非受控价格法：是指按照没有关联关系的交易各方进行相同或者类似业务往来的价格进行定价的方法。

(2) 再销售价格法：是指按照从关联方购进商品再销售给没有关联关系的交易方的价格，减除相同或者类似业务的销售毛利进行定价的方法。

(3) 成本加成法：是指按照成本加合理的费用和利润进行定价的方法。

(4) 交易净利润法：是指按照没有关联关系的交易各方进行相同或者类似业务往来取得的净利润水平确定利润的方法。适用范围较广，主要用于无重大无形资产的企业。

(5) 利润分割法：是指将企业与其关联方合并利润或者亏损在各方之间采用合理标准进行分配的方法。这种方法一般是拥有无形资产、较多技术使用权的企业采用。

(6) 其他符合独立交易原则的方法。

税务机关在进行关联业务调查时，企业及其关联方，以及与关联业务调查有关的其他企业，应当按照规定提供相关资料。

企业不提供与其关联方之间业务往来资料，或者提供虚假、不完整资料，未能真实反映其关联业务往来情况的，税务机关有权依法核定其应纳税所得额。

(二)成本分摊

企业与其关联方共同开发、受让无形资产，或者共同提供、接受劳务发生的成本，在计算应纳税所得额时应当按照独立交易原则与关联方分摊共同发生的成本，达成成本分摊协议。分摊成本时，按照成本与预期收益相配的原则进行分摊，并在税务机关规定的期限内，按照税务的要求报送有关资料。

(三)预约定价

企业可以向税务机关提出与其关联方之间业务往来的定价原则和计算方法。税务机关与企业协商，达成企业需求的预约定价安排。预约定价是转让定价的发展和延伸。

预约定价是指企业就其未来年度关联交易的定价原则和计算方法，向税务机关提出申请，与税务机关按照独立交易原则协商、确认后达成协议。

预约定价使转让定价的“事后调整”转为预约定价的“事先商定”，合理确定纳税人关联交易的利润和税收。对纳税人而言，有利于降低纳税成本，免除转让定价调整的烦琐程序，同时，可以避免转让定价审计风险。对税务机关而言，可以降低税收管理成本，避免税务机关的事后调查调整。

(四)受控外国公司

由居民企业或者由居民企业和中国居民控制的设立在实际税负明显低于我国税率(低于《企业所得税法》规定税率的 50%，即低于 12.5%税率)水平的国家(地区)的企业，并非由于合理的经营需要而对利润不作分配或者减少分配的，上述利润中应归属于该居民企业的部分，应当计入该居民企业的当期收入。

所称的“控制”，是指有下列控制关系之一。

(1) 居民企业或者中国居民直接或者间接单一持有外国企业 10%以上有表决权股份，且由其共同持有该外国企业 50%以上股份。

(2) 居民企业或者居民企业和中国居民持股比例没有达到上述标准，但在股份、资金、经营、购销等方面对该外国企业构成实质控制。

(五)资本弱化

资本弱化企业从其关联方接受的债权性投资与权益性投资的比例超过规定标准而发生的利息支出，不得在计算应纳税所得额时扣除。

一般来说，企业主要通过两种方式来融通资金，一种是股权融资，另一种是债权融资，两种融资方式对企业所得税的影响不尽相同。由于债务人支付给债权人的利息可以在所得税前扣除，而企业支付给股东的股息不可以在所得税前扣除，因此从税收角度看，选择债权融资方式比股权融资方式更具有优势。如果债权人和债务人同属于一个利益集团，就有动机通过操作融资方式，降低集团整体的税收负担，这就是所谓的“资本弱化”避税。

税法规定，企业实际支付给关联方的利息支出，除另有规定外，其接受关联方债权性投资与其权益性投资比例为：金融企业为 5∶1，其他企业为 2∶1。企业如果能够按照税法规定的要求提供资料，并能够证明交易活动符合独立交易原则的；或者该企业的实际税负不高于境内关联方的，其实际支付给境内关系方的利息支出，在计算应纳税所得额时准予扣除。企业同时从事金融业务和非金融业务，其实际支付给关联方的利息支出，应当按照合理的方法分开计算；没有按照合理方法分开计算的，一律按上述有关其他企业的比例计算准予扣除的利息支出。

【例 6-17】乙公司为非金融企业，注册资本为 3000 万元，2017 年按同期金融机构贷

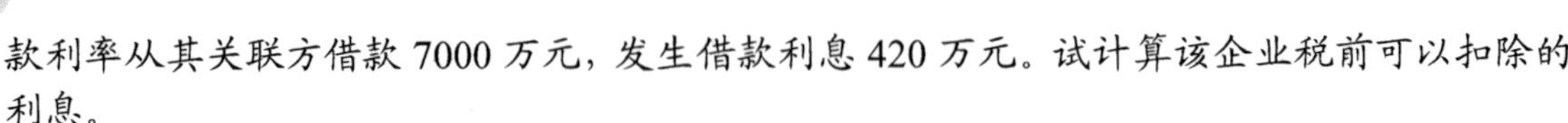
款利率从其关联方借款7000万元，发生借款利息420万元。试计算该企业税前可以扣除的利息。

【解析】税前准予扣除的利息=3000×2×420÷7000=360(万元)。

(六)一般反避税制度

解决避税问题，世界各国在税收立法上采取个别反避税条款和一般反避税条款两种立法办法进行反避税。我国在企业所得税反避税立法上除了设立转让定价、受控外国公司、资本弱化等个别反避税立法条款外，也采取了一般反避税条款立法。

税法规定，企业实施其他不具有合理商业目的的安排而减少其应纳税收入或者所得税额的，税务机关有权按照合理方法调整。“不具有合理商业目的”是指以获得减少、免除或者推迟缴纳税款等税收利益为主要目的。不具有合理商业目的的安排应当满足以下三个条件。

(1) 必须存在一个人为规划的一个或者一系列的行动或交易的安排。

(2) 纳税人必须在这种安排中获得税收利益，即减少应纳税收入或者所得额。

(3) 纳税人获得税收利益是从事这种安排的唯一或者主要目的。

(七)纳税调整加计利息

税务机关依照本章规定做出纳税调整，需要补征税款的，应当补征税款，并按照国务院规定加收利息。对应当补征的税款，自税款所属纳税年度的次年6月1日起至补缴税款之日止的期间，按日加收利息。此项加息不得在所得税前扣除。加收利息率，应当按照税款所属纳税年度中国人民银行公布的与补税期间同期的人民币贷款基准利率加5个百分点计算。对于企业按照规定提供有关资料的，可以只按上述人民币贷款基准利率计算利息。

税务机关按照税法规定对纳税人做出特别纳税调整的，可以向以前年度追溯，但最长不得超过10年。

第五节　纳税申报与账务处理

一、纳税申报

纳税人应当在月份或者季度终了后15日内，向其所在地主管税务机关报送会计报表和预缴所得税申报表，并在规定的期限内缴纳所得税。年度终了后，应在次年5月底前向其所在地主管税务机关报送会计决算报表和所得税申报表及相关附表。

按月或季预交时，有三种方式：一是据实预缴；二是按上年数预缴；三是按税务机关确定的其他方式预缴。预缴申报表分为主表与附表(三个)。企业填写企业所得税预缴申报时，暂不调整应纳税所得额，其附表待年末填写，统一调整。三个附表格式如表6-3～表6-5所示。

【例6-18】创意服装公司纳税人识别号为465000202150186，采取按月预缴企业所得税方法(按当期实际数预缴)。2017年9月份营业收入为80万元，营业成本为60万元，利润总额为20万元。其中，已计入当期损益的部分收支如下：缴纳工商部门罚款3万元，支付合同违约金2万元，当月应发工资总额为14万元，并计提“三费”；实际发放工资为

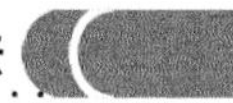

10 万元，支付职工福利费 1 万元、工会经费 0.2 万元、职工教育经费 0.2 万元；取得国库券利息收入 1 万元。试填报该公司 9 月份企业所得税预缴纳税申报表。附表从略。

【解析】9 月份企业所得税预缴纳税申报表的填列如表 6-2 所示。

表 6-2 企业所得税月(季)度预缴纳税申报表(A 类)

税款所属期间：2017 年 09 月 01 日至 2017 年 09 月 30 日

纳税人识别号：465000202150186　　纳税人编码：3400002031691

纳税人名称：创意服装公司　　金额单位：元(列至角分)

<table>
<tr><th>行　次</th><th colspan="2">项　目</th><th>本期金额</th><th>累计金额</th></tr>
<tr><td>1</td><td colspan="4">一、据实预缴</td></tr>
<tr><td>2</td><td colspan="2">营业收入</td><td>800 000</td><td></td></tr>
<tr><td>3</td><td colspan="2">营业成本</td><td>600 000</td><td></td></tr>
<tr><td>4</td><td colspan="2">实际利润额</td><td>200 000</td><td></td></tr>
<tr><td>5</td><td colspan="2">税率</td><td>25%</td><td></td></tr>
<tr><td>6</td><td colspan="2">应纳所得额(4 行×5 行)</td><td>50 000</td><td></td></tr>
<tr><td>7</td><td colspan="2">减免所得额</td><td>2500</td><td></td></tr>
<tr><td>8</td><td colspan="2">实际已缴所得税额</td><td>—</td><td></td></tr>
<tr><td>9</td><td colspan="2">往期多缴的所得税在本期抵缴额</td><td>0.00</td><td></td></tr>
<tr><td>10</td><td colspan="2">应补(退)的所得税额(6 行-7 行-8 行-9 行)</td><td>—</td><td></td></tr>
<tr><td>11</td><td colspan="4">二、按照上一纳税年度应纳税所得额的平均额预缴</td></tr>
<tr><td>12</td><td colspan="2">上一纳税年度应纳税所得额</td><td>—</td><td></td></tr>
<tr><td>13</td><td colspan="2">本月(季)应纳税所得额(12 行÷12 行或 12 行÷4 行)</td><td></td><td></td></tr>
<tr><td>14</td><td colspan="2">税率</td><td>—</td><td>—</td></tr>
<tr><td>15</td><td colspan="2">本月(季)应纳所得税额(13 行×14 行)</td><td></td><td></td></tr>
<tr><td>16</td><td colspan="4">三、按照税务机关确定的其他方法预缴</td></tr>
<tr><td>17</td><td colspan="2">本月(季)确定预缴的所得税额</td><td></td><td></td></tr>
<tr><td>18</td><td colspan="4">总分机构纳税人</td></tr>
<tr><td>19</td><td rowspan="3">总机构</td><td>总机构应分摊的所得税额(10 行或 15 行或 17 行×25%)</td><td></td><td></td></tr>
<tr><td>20</td><td>中央财政集中分配的所得税额(10 行或 15 行或 17 行×25%)</td><td></td><td></td></tr>
<tr><td>21</td><td>分支机构分摊的所得税额(10 行或 15 行或 17 行×50%)</td><td></td><td></td></tr>
<tr><td>22</td><td rowspan="2">分支机构</td><td>分配比例</td><td></td><td></td></tr>
<tr><td>23</td><td>分配的所得税额(21 行×22 行)</td><td></td><td></td></tr>
</table>

谨声明：此纳税申报表是根据《中华人民共和国企业所得税法》《中华人民共和国企业所得税法实施条例》和国家有关税收规定填报的，是真实的、可靠的、完整的。

<table>
<tr><td colspan="3">法定代表人(签字)：　　年　月　日</td></tr>
<tr><td>纳税人公章：</td><td>代理申报中介机构公章：</td><td>主管税务机关受理专用章：</td></tr>
<tr><td rowspan="2">会计主管：</td><td>经办人：</td><td rowspan="2">受理人：</td></tr>
<tr><td>经办人执业证件号码：</td></tr>
<tr><td>填表日期：　年　月　日</td><td>代理申报日期：　年　月　日</td><td>受理日期：　年　月　日</td></tr>
</table>

表 6-3　企业所得税预缴纳税申报表(A 类)附表一

税收优惠明细表

填报时间：　　年　　月　　日　　　　　　　　　　　　　　　　　金额单位：元(列至角分)

行　次	项　　目	金　额
1	一、免税收入(2+3+4+5)	
2	1. 国债利息收入	
3	2. 符合条件的居民企业之间的股息、红利等权益性投资收益	
4	3. 符合条件的非营利性组织的收入	
5	4. 其他	
6	二、减计收入(7+8)	
7	1. 企业综合利用资源，生产符合国家产业政策规定的产品所取得的收入	
8	2. 其他	
9	三、加计扣除额合计(10+11+12+13)	
10	1. 开发新技术、新产品、新工艺发生的研究开发费用	*
11	2. 安置残疾人员所支付的工资	*
12	3. 国家鼓励安置的其他就业人员支付的工资	*
13	4. 其他	*
14	四、减免所得额合计(15+25+29+30+31+32)	
15	(一)免税所得(16+17+…+24)	
16	1. 蔬菜、谷物、薯类、油料、豆类、棉花、麻类、糖料、水果、坚果的种植	
17	2. 农作物新品种的选育	
18	3. 中药材的种植	
19	4. 林木的培育和种植	
20	5. 牲畜、家禽的饲养	
21	6. 林产品的采集	
22	7. 灌溉、农产品初加工、兽医、农技推广、农机作业和维修等农、林、牧、渔服务业项目	
23	8. 远洋捕捞	
24	9. 其他	
25	(二)减税所得(26+27+28)	
26	1. 花卉、茶以及其他饮料作物和香料作物的种植	
27	2. 海水养殖、内陆养殖	
28	3. 其他	
29	(三)从事国家重点扶持的公共基础设施项目投资经营的所得	
30	(四)从事符合条件的环境保护、节能节水项目的所得	
31	(五)符合条件的技术转让所得	*
32	(六)其他	*

续表

行　次	项　目	金　额
33	五、减免税合计(34+35+36+37+38)	
34	(一)符合条件的小型微利企业	
35	(二)国家需要重点扶持的高新技术企业	
36	(三)民族自治地方的企业应缴纳的企业所得税中属于地方分享的部分	
37	(四)过渡期税收优惠	
38	(五)其他	
39	六、创业投资企业抵扣的应纳税所得额	*
40	七、抵免所得税额合计(41+42+43+44)	*
41	(一)企业购置用于环境保护专用设备的投资额抵免的税额	*
42	(二)企业购置用于节能节水专用设备的投资额抵免的税额	*
43	(三)企业购置用于安全生产专用设备的投资额抵免的税额	*
44	(四)其他	*
45	企业从业人数(全年平均人数)	
46	资产总额(全年平均数)	
47	所属行业(工业企业　　其他企业)	
	经办人(签章)：　　　　法定代表人(签章)：	

表 6-4　企业所得税预缴纳税申报表(A 类)附表二

企业所得税其他优惠明细表

填报时间：　　年　　月　　日　　　　　　　　金额单位：元(列至角分)

行　次	项　目	金　额
1	合计	
2	(一)软件生产企业、集成电路企业	
3	(二)转制科研机构	
4	(三)文化事业单位转制	
5	(四)生产和装配伤残人员专门用品企业	
6	(五)下岗失业人员再就业	
7	(六)监狱、劳教企业	
8	(七)享受“两免三减半”的生产性外商投资企业	
9	(八)享受“五免五减半”的港口码头外商投资企业	
10	(九)追加投资单独享受所得税定期减免优惠的外商投资企业	
11	(十)享受延长三年减半征收企业所得税优惠的先进技术外商投资企业	
12	(十一)享受减按 15%税率征收企业所得税的能源、交通、港口、码头外商投资企业	
13	(十二)享受“外商投资在 3000 万美元以上，回收投资时间长的项目”优惠，减按 15%税率征收企业所得税的外商投资企业	

续表

行　次	项　目	金　额
14	(十三)新办文化企业	
15	(十四)经济特区新设立高新技术企业优惠政策	
16	(十五)打捞单位免征企业所得税	
17	(十六)技术先进服务型企业	
18	(十七)CDM 项目实施企业	
	经办人(签章):　　　　法定代表人(签章):	

表 6-5　企业所得税预缴纳税申报表(A 类)附表三

会计利润与预缴申报利润总额差异项目明细表

填报时间：　　年　　月　　日　　　　　　　　　　金额单位：元(列至角分)

行　次	项　目	本期发生金额	本期累计金额
1	本期会计利润		
2	纳税调整增加额		
3	其中：房地产企业按预计计税毛利率计算的预计毛利额		
4	纳税调整减少额		
5	其中：1. 不征税收入(6+7+8)		
6	财政拨款		
7	行政事业性收费、政府性基金		
8	国务院规定的其他不征税收入		
9	2. 免税收入(10+11+12+13)		
10	国债利息收入		
11	权益性投资收益		
12	非营利性组织收入		
13	其他		
14	弥补以前年度亏损		
15	本期申报的应纳税所得额		
16	会计利润与预缴申报利润总额差异额(1-15)		

【例 6-19】创意服装公司纳税人识别号为 465000202150186，已预缴的企业所得税为 102.82 万元。2017 年实现产品销售收入为 3000 万元；营业外收入为 20 万元，销售成本为 2100 万元；准予扣除的税费为 8 万元；发生营业费用为 120 万元；财务费用为 28 万元；管理费用为 235 万元，其中招待费 30 万元，研究开发费 100 万元；另外发生营业外支出 100 万元，其中缴纳税收滞纳金 10 万元，通过民政部门向灾区捐款 30 万元。已计入损益的工资总额为 300 万元(其中 250 万元计入成本，40 万元计入管理费用，10 万元计入营业

费用)，企业据此计提了“三费”，实际发放的工资为 260 万元；实际支付的职工福利费为 30 万元、工会经费为 5 万元，职工教育经费为 5 万元；企业取得直接投资的甲企业分回的投资利润 17 万元(甲企业的税率为 15%)。期初未弥补亏损为 0，试填报该企业 2017 年企业所得税年度纳税申报表(主表)。附表从略。

【解析】该企业所得税年度纳税申报表(主表)填列如表 6-6 所示。

表 6-6　中华人民共和国企业所得税年度纳税申报表(A 类)

税款所属期间：2017 年 01 月 01 日至 2017 年 12 月 31 日

纳税人名称：创意服装公司　　　　纳税人识别号：46500020215018

纳税人编码：300120214010　　　　金额单位：元(列至角分)

类　别	行　次	项　目	金　额
利润总额计算	1	一、营业收入(填附表一)	30 000 000.00
	2	减：营业成本(填附表二)	21 000 000.00
	3	营业税金及附加	80 000.00
	4	销售费用(填附表二)	1 200 000.00
	5	管理费用(填附表二)	2 350 000.00
	6	财务费用(填附表二)	280 000.00
	7	资产减值损失	0.00
	8	加：公允价值变动收益	0.00
	9	投资收益	170 000.00
	10	二、营业利润	5 260 000.00
	11	加：营业外收入(填附表一)	200 000.00
	12	减：营业外支出(填附表二)	1 000 000.00
	13	三、利润总额(10+11−12)	4 460 000.00
应纳税所得额计算	14	加：纳税调整增加额(填附表三)	805 000.00
	15	减：纳税调整减少额(填附表三)	670 000.00
	16	其中：不征税收入	0.00
	17	免税收入	170 000.00
	18	减计收入	0.00
	19	减、免税项目所得	0.00
	20	加计扣除	500 000.00
	21	抵扣应纳税所得额	0.00
	22	加：境外应税所得弥补境内亏损	0.00
	23	纳税调整后所得(13+14−15+22)	4 595 000.00
	24	减：弥补以前年度亏损(填附表四)	0.00
	25	应纳税所得额(23−24)	4 595 000.00
	26	税率(25%)	0.25
	27	应纳所得税额(25×26)	1 148 750.00

续表

类别	行次	项目	金额
应纳税额计算	28	减：减免所得税额(填附表五)	0.00
	29	减：抵免所得税额(填附表五)	0.00
	30	应纳税额(27−28−29)	1 148 750.00
	31	加：境外所得应纳所得税额(填附表六)	0.00
	32	减：境外所得抵免所得税额(填附表六)	0.00
	33	实际应纳所得税额(30+31−32)	1 148 750.00
	34	减：本年累计实际已预缴的所得税额	1 028 200.00
	35	其中：汇总纳税的总机构分摊预缴的税额	0.00
	36	汇总纳税的总机构财政调库预缴的税额	0.00
	37	汇总纳税的总机构所属分支机构分摊的预缴税额	0.00
	38	合并纳税(母子体制)成员企业就地预缴比例	0.00
	39	合并纳税企业就地预缴的所得税额	0.00
	40	本年应补(退)的所得税额(33−34)	120 550.00
附列资料	41	以前年度多缴的所得税额在本年抵减额	0.00
	42	以前年度应缴未缴在本年入库所得税额	0.00
纳税人公章：		代理申报中介机构公章：	主管税务机关受理专用章：
经办人：		经办人及执业证件号码：	受理人：
申报日期：　　年　月　日		代理申报日期：　　年　月　日	受理日期：　　年　月　日

注：① 14 行=10+15+40+15.5=80.5(万元)。其中，税收滞纳金不得扣，调增 10 万元；准扣招待费限额为 3000×5‰=15(万元)，30×60%=18(万元)，准扣 15 万元，调增 30−15=15(万元)；工资调增 300−260=40(万元)；“三费”调增(300×14%−30)+(300×2%−5)+(300×2.5%−5)=15.5(万元)。

② 20 行=100×50%=50(万元)。

二、账务处理

由于税前会计利润与应税所得额之间存在着计算口径和时间上的差异，从而导致会计利润与应纳税所得额的差额，在会计处理中可以采用应付税款法和资产负债表债务法。

企业选择应付税款法时，应设置“所得税”和“应交税费——应交企业所得税”账户。

企业选择资产负债表债务法时，应设置“所得税”“应交税费——应交企业所得税”和“递延所得税资产”“递延所得税负债”账户。

“所得税”是损益类账户，借方反映企业计入当期损益的所得税税额，贷方反映期末转入“本年利润”账户的所得税税额。

“递延所得税资产”账户核算企业由于可抵扣的暂时性差异造成的税前会计利润与纳税所得之间的差异所产生的影响纳税的金额。其借方发生额反映递延所得税资产的增加，

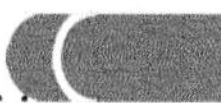

贷方反映递延所得税资产的减少。

“递延所得税负债”账户核算企业由于应纳税的暂时性差异造成的税前会计利润与纳税所得之间的差异所产生的影响纳税的金额。其贷方发生额反映递延所得税负债的增加，借方反映递延所得税负债的减少。

承例 6-18，创意服装公司所得税账务处理的基本方法如下。

(1)　企业计算当月应纳所得税额时，

借：所得税　　　　　　　　　　　　　50 000

　　贷：应交税费——应交企业所得税　　　　50 000

(资产负债表债务法下，借方或贷方可能会有“递延所得税资产”或者“递延所得税负债”。)

(2)　实际缴纳(预缴)所得税时，

借：应交税费——应交企业所得税　　　　50 000

　　贷：银行存款　　　　　　　　　　　　　50 000

(3)　月(年)末将所得税额结转至“本年利润”科目，

借：本年利润　　　　　　　　　　　　50 000

　　贷：所得税　　　　　　　　　　　　　　50 000

(4)　年度终了 5 个月内汇算清缴，多退少补。

实际补缴少缴税款时，

借：应交税费——应交企业所得税　　　120 550

　　贷：银行存款　　　　　　　　　　　　　120 550

多缴的部分，应在下一年度抵缴，不够抵缴的，退还时做相反的会计分录。

复习思考题

1. 简述企业所得税的征收范围。
2. 简述企业所得税的纳税人及税率。
3. 企业所得税税收优惠有哪些？
4. 企业所得税的计税依据是什么？如何确定？
5. 在计算企业应纳税所得额时，准予扣除的项目有哪些？不得扣除的项目有哪些？
6. 什么是特别纳税调整？与一般纳税调整有什么区别？
7. 简述特别纳税调整的范围。

强化训练题

一、单项选择题

1.　根据《企业所得税法》规定，依照外国(地区)法律成立且实际管理机构不在中国境内，但在中国境内设立机构、场所的，或者在中国境内未设立机构、场所，但有来源于中国境内所得的企业，是(　　)。

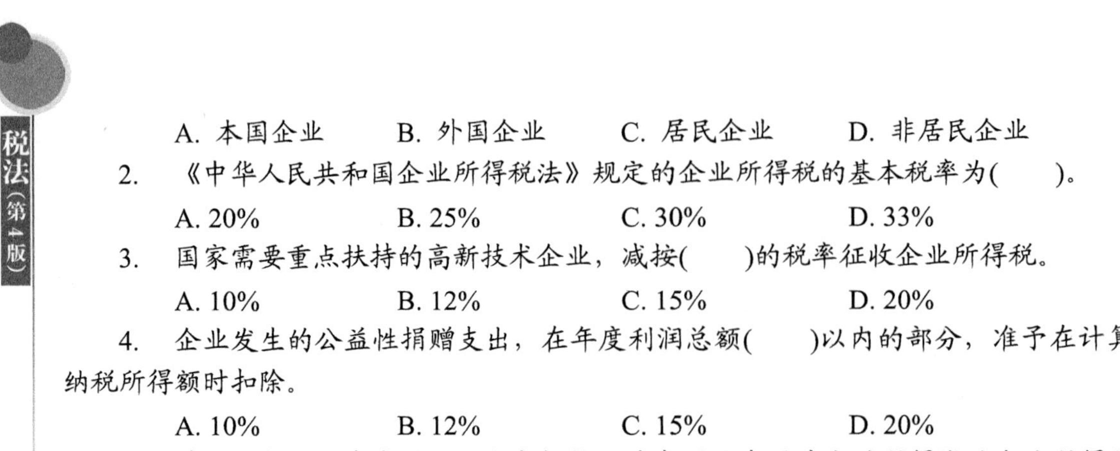

A. 本国企业　　B. 外国企业　　C. 居民企业　　D. 非居民企业

2. 《中华人民共和国企业所得税法》规定的企业所得税的基本税率为(　　)。

A. 20%　　B. 25%　　C. 30%　　D. 33%

3. 国家需要重点扶持的高新技术企业，减按(　　)的税率征收企业所得税。

A. 10%　　B. 12%　　C. 15%　　D. 20%

4. 企业发生的公益性捐赠支出，在年度利润总额(　　)以内的部分，准予在计算应纳税所得额时扣除。

A. 10%　　B. 12%　　C. 15%　　D. 20%

5. 美国微软公司在中国设立分支机构，其来源于中国境内的所得缴纳企业所得税的税率是(　　)。

A. 20%　　B. 25%　　C. 30%　　D. 33%

6. 企业应当自年度终了之日起(　　)个月内，向税务机关报送年度企业所得税纳税申报表，并汇算清缴，结清应缴应退税款。

A. 3　　B. 4　　C. 5　　D. 6

7. 企业的下列收入中，(　　)是应税收入。

A. 国债利息收入

B. 符合条件的居民企业之间的股息、红利等权益性投资收益

C. 符合条件的非营利性组织的收入

D. 银行存款利息收入

8. 甲公司 2017 年度的销售收入为 1000 万元，实际发生的符合条件的广告支出和业务宣传费支出为 200 万元，该公司应按照(　　)万元予以税前扣除。

A. 150　　B. 200　　C. 100　　D. 50

9. 按照《企业所得税法》和实施条例规定，下列表述中不正确的是(　　)。

A. 发生的与生产经营活动有关的业务招待费，不超过销售(营业)收入 5‰的部分准予扣除

B. 发生的职工福利费支出，不超过工资薪金总额 14%的部分准予税前扣除

C. 为投资者或者职工支付的补充养老保险费、补充医疗保险费在规定标准内准予扣除

D. 为投资者或者职工支付的商业保险费不得扣除

10. 按照《企业所得税法》和实施条例规定，下列有关企业所得税税率的说法中，不正确的是(　　)。

A. 居民企业适用的基本税率为 25%

B. 非居民企业取得来源于中国境内的所得适用税率均为 10%

C. 符合条件的小型微利企业适用税率为 20%

D. 未在中国境内设立机构、场所的非居民企业，取得中国境内的所得适用税率为 10%

11. 应纳税所得额为(　　)。

A. 企业每一纳税年度的收入总额，减去不征税收入、免税收入、各项扣除以及允许弥补的以前年度亏损后的余额

B. 企业每一纳税年度的收入总额，减去免税收入、各项扣除以及允许弥补的以前

年度亏损后的余额

C. 企业每一纳税年度的收入总额，减去不征税收入、各项扣除以及允许弥补的以前年度亏损后的余额

D. 企业每一纳税年度的收入总额，减去不征税收入、免税收入、各项扣除的余额

12. 甲公司2017年度直接向某小学捐赠50万元，通过某县民政局向当地贫困人口捐赠100万元。请问2017年度允许扣除的捐赠为(　　)万元。当年会计利润为1000万元(不含公益性捐赠)。

A. 100　　B. 150　　C. 132　　D. 120

13. 下列各项利息收入中，不计入企业所得税应纳税所得额的是(　　)。

A. 金融债券利息收入　　B. 外单位欠款付给的利息收入

C. 购买国债的利息收入　　D. 银行存款利息收入

14. 纳税人的职工福利费、工会经费和职工教育经费，分别按计税工资的(　　)计算扣除。

A. 2%、14%、8%　　B. 14%、2%、8%

C. 8%、14%、2%　　D. 8%、2%、14%

15. 可以在计算企业所得税时依法扣除的是(　　)。

A. 存货跌价准备金　　B. 长期投资跌价准备金

C. 固定资产减值准备金　　D. 环境保护专项资金

16. 下列税种在计算企业应纳税所得额时，不准扣除的税金是(　　)。

A. 增值税　　B. 消费税　　C. 房产税　　D. 土地增值税

17. 某企业2017年度内实际发生招待费30万元，其销售收入净额为5000万元，计算企业应纳税所得额时，准许扣除的业务招待费限额是(　　)万元。

A. 18　　B. 25　　C. 15　　D. 20

18. 下列支出允许在税前扣除的是(　　)。

A. 非广告性赞助支出　　B. 购买固定资产的支出

C. 支付银行的罚息　　D. 企业为其他单位承担的担保支出

19. 下列固定资产中，允许计提折旧的是(　　)。

A. 以融资租赁方式租入的固定资产　B. 以经营方式租入的固定资产

C. 土地　　D. 未使用的机器设备

20. 某纳税人2017年从国外分回利润24万元，在国外已按20%缴纳了企业所得税，则该项所得需要补税(　　)万元。

A. 1.5　　B. 1.2　　C. 1.92　　D. 0

21. 企业所得税的征收办法是(　　)。

A. 按月征收　　B. 按季征收

C. 按年计征，分月或分季预缴　　D. 按季计征，分月预缴

22. 某企业2017年度纳税调整后所得为360万元，上一年度发生亏损280万元，则该企业2017年度应纳企业所得税为(　　)万元。

A. 20　　B. 90　　C. 16　　D. 12

二、多项选择题

1. 在计算纳税人业务招待费税前准许扣除限额时，计算的基数包括(　　)。
A. 主营业务收入　B. 其他业务收入　C. 投资收益　D. 罚没收入

2. 下列可以税前扣除的有(　　)。
A. 直接向灾区的捐赠
B. 企业支付的财产保险费
C. 纳税人为雇员向商业保险机构投保的人寿保险
D. 投资损失

3. 下列固定资产项目中，不得提取折旧的有(　　)。
A. 不需用以及批准封存的机器设备　B. 未使用的房屋、建筑物
C. 已提足折旧继续使用的固定资产　D. 提前报废的固定资产

4. 计算企业所得税应纳税所得额时，允许扣除的保险费用包括(　　)。
A. 按规定为职工上缴的医疗保险　B. 向劳动部门上缴的职工养老保险金
C. 保险公司给予纳税人的赔款优待　D. 为特定职工支付的人身安全保险费

5. 下列收入项目中，应计入企业收入总额计征企业所得税的有(　　)。
A. 固定资产的盘盈收入　B. 财政拨款
C. 接受捐赠的现金收入　D. 无法偿付的应付账款

6. 在计算企业所得税应纳税所得额时，不准扣除的项目有(　　)。
A. 违法经营的罚款和被没收财物的损失　B. 为促销商品发生的广告性支出
C. 遭受自然灾害有赔偿的部分　D. 向投资者分红

7. 下列各项中，应计入企业应纳税所得额的有(　　)。
A. 特许权使用费收入　B. 向客户收取合同违约金
C. 金融债券利息收入　D. 逾期未退包装物押金收入

8. 在中国境内未设立机构、场所的非居民企业从中国境内取得的下列所得，应按收入全额计算征收企业所得税的有(　　)。
A. 股息　B. 转让财产所得
C. 租金　D. 特许权使用费

9. 下列支出中，可以作为工资薪金支出的有(　　)。
A. 地区补贴　B. 独生子女补贴
C. 物价补贴　D. 误餐补贴

10. 下列属于企业所得税纳税人的有(　　)。
A. 外商独资企业　B. 有限责任公司
C. 个人独资企业　D. 股份有限公司

11. 在计算应纳税所得额时，下列(　　)固定资产不得计算折旧扣除。
A. 未使用的房屋、建筑物　B. 接受捐赠的固定资产
C. 以经营租赁方式租入的固定资产　D. 单独估价作为固定资产入账的土地

12. 在计算应纳税所得额时，企业按照规定计算的无形资产摊销费用，准予扣除。但(　　)无形资产不得计算摊销费用扣除。
A. 自行开发的支出已在计算应纳税所得额时扣除的无形资产

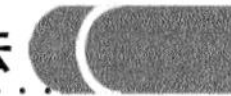

B. 自创商誉

C. 与经营活动无关的无形资产

D. 开发无形资产时未形成资产而发生的费用

13. 企业的(　　)收入为免税收入。

A. 国债利息收入

B. 符合条件的居民企业之间的股息、红利等权益性投资收益

C. 在中国境内设立机构、场所的居民企业从非居民企业取得的与该机构、场所有实际联系的股息、红利等权益性投资收益

D. 符合条件的非营利性组织的收入

14. 企业的下列所得，可以免征、减征企业所得税的有(　　)。

A. 从事农、林、牧、渔业项目的所得

B. 从事国家重点扶持的公共基础设施项目投资经营的所得

C. 从事符合条件的环境保护、节能节水项目的所得

D. 符合条件的技术转让所得

15. 企业的下列研究开发费用支出，可以在计算应纳税所得额时加计扣除的有(　　)。

A. 开发新技术　B. 开发新产品　C. 开发新工艺　D. 受让新技术

16. 下列属于居民企业的有(　　)。

A. 注册地与实际管理机构均在中国

B. 注册地或实际管理机构所在地其一在中国

C. 做出和形成企业的经营管理重大决定和决策的地点在中国

D. 依法在中国境内成立，或者依照外国(地区)法律成立但实际管理机构在中国境内的企业

17. (　　)是非居民企业。

A. 在北京注册的企业在宁德市设立的分公司

B. 在法国注册的企业设在厦门的分公司

C. 在中国北京取得专利权使用费的美国某企业

D. 在日本取得租赁费收入的美国企业

18. 对于《企业所得税法》规定的税收优惠政策，下面说法正确的有(　　)。

A. 采取缩短折旧年限方法加速折旧的，最低折旧年限不得低于实施条例规定折旧年限的60%

B. 安置残疾人员的企业，支付给残疾职工的工资在计算应纳税所得额时按100%加计扣除

C. 创业投资企业从事国家鼓励的创业投资，可以按照投资额的70%在股权持有满两年的当年抵免应纳税额

D. 符合条件的非营利性组织从事营利性活动取得的收入，可作为免税收入，不并入应纳税所得额征税

19. 企业的下列支出，可以在计算应纳税所得额时加计扣除的有(　　)。

A. 开发新技术、新产品、新工艺发生的研究开发费用

B. 安置残疾人员及国家鼓励安置的其他就业人员所支付的工资

C. 购买国产设备

D. 创业投资企业从事国家需要重点扶持和鼓励的创业投资

20. 在计算应纳税所得额时，企业按照规定计算的固定资产折旧，准予扣除，但是下列固定资产不得计算折旧扣除的有(　　)。

A. 房屋、建筑物以外未投入使用的固定资产　B. 以经营租赁方式租入的固定资产

C. 以融资租赁方式租出的固定资产　D. 与经营活动无关的固定资产

三、判断题

1. 企业购置用于环境保护专用、节能节水、安全生产等专用设备的投资额，可以按一定比例实行税额抵免。抵免比例为该设备的投资额的10%。(　　)

2. 纳税人发生非广告性赞助支出可以在所得税前扣除。(　　)

3. 纳税人在产权转让过程中，发生的产权转让净收益或净损失，应计入应纳税所得额，依法缴纳企业所得税。(　　)

4. 无论企业境外业务之间的盈亏还是境内外业务之间的盈亏都可以相互弥补。(　　)

5. 纳税人每一纳税年度发生的广告费支出，超过部分可无限期向以后纳税年度结转。(　　)

6. 固定资产租金可根据受益时间，在计算企业所得税前均匀扣除。(　　)

7. 向关联企业借款，其数额只要不超过其注册资本的50%，其利息均可税前扣除。(　　)

8. 纳税人在计算应纳税所得额时，其财务会计处理办法同国家税收规定有抵触的，应当按照国家有关税收规定计算纳税。(　　)

9. 凡是公益性捐赠，均可从应纳税所得额中据实扣除。(　　)

10. 企业综合利用资源，生产符合国家产业政策规定的产品所取得的收入，减按90%计入收入总额，计算企业所得税。(　　)

四、业务训练题

1. 某企业2017年度会计报表上的利润总额为48万元，已累计预缴企业所得税12万元。2018年3月，企业会计部门进行纳税调整，汇算清缴2017年度企业所得税，该企业2017年度其他有关情况如下。

(1) 应发工资总额为120万元，并据此计提了“三费”，均已列入当期费用。当年实发工资为100万元。实际支付职工福利费、职工教育经费、工会经费分别为10万元、2万元、2万元。

(2) 支付建办公楼工程款20万元，已列入当期费用。

(3) 直接向某小学捐款15万元，已列入当期费用。

(4) 支付违约金3万元，已列入当期费用。

(5) 支付工商罚款1万元，已列入当期费用。

试计算:

(1) 该企业2017年度应纳所得税税额。

(2) 该企业2017度汇算清缴所得税税额。

2. 某外国公司实际管理机构不在中国境内，也未在中国设立机构场所，2017年从中

国境内某企业获得专有技术使用权转让收入200万元，该技术的成本为80万元，从外商投资企业取得税后利润300万元，适用税率为10%，此外转让其在中国境内的房屋一栋，转让收入为3000万元，原值1000万元，已提折旧600万元。

要求：计算该外国公司应当缴纳的企业所得税。

3. 某工业企业，2017年度生产经营情况如下。

(1) 产品销售收入4700万元，其他业务收入300万元。

(2) 产品销售成本3500万元，应缴纳增值税70万元，房产税20万元，城市维护建设税和教育费附加9万元。

(3) 销售费用120万元，财务费用30万元，管理费用180万元，其中业务招待费30万元。

(4) 营业外支出100万元，其中，向主管部门捐款40万元，通过当地民政部门向灾区捐款20万元，向技术监督部门缴纳罚款10万元。

(5) 全年应付职工工资320万元(已计入当期损益)，并据此计提了“三费”。当年实际发放工资为280万元。实际支付职工福利费、职工教育经费、工会经费分别为20万元、5万元、5万元。

试计算该企业2017年度应纳所得税税额。

4. 某工业企业在汇算清缴2017年度企业所得税时，根据会计利润800万元，计算应纳所得税额为200万元。2018年3月，该企业按上述数额汇算清缴了2017年度的企业所得税。2018年6月，税务部门在税务检查时，发现该企业以下几项业务事项。

(1) 2017年3月，该企业通过民政部门向灾区捐款123万元，在营业外支出中列支。在计算应纳税所得额时未作纳税调整。

(2) 2017年6月，该企业为解决职工子女上学问题，直接向某小学捐款50万元，在营业外支出中列支。在计算所得税时未作纳税调整。

(3) 2017年7月，该企业将在建工程应负担的贷款利息10万元计入当年财务费用。在计算所得税时未作纳税调整。

试计算该企业2017年度应补缴的企业所得税税额。

5. 某企业在汇算清缴企业所得税时向税务机关申报：2017年应纳税所得额为1130.8万元，已累计预缴企业所得税179.5万元，应补缴企业所得税103.2万元。在对该企业纳税申报表审核时，税务机关发现如下问题，并要求该企业纠正后重新办理纳税申报。

(1) 税前扣除的工资总额比实际发放工资总额超支59万元。

(2) 缴纳的房产税、城镇土地使用税、车船税、印花税等税金74万元已在管理费用中列支，但在计算应纳税所得额时重复扣除。

(3) 将违法经营罚款25万元、税收滞纳金0.3万元列入营业外支出中，在计算应纳税所得额时予以扣除。

(4) 2017年6月1日以经营租赁方式租入1台机器设备，合同约定租赁期10个月，租赁费15万元，该企业未分期摊销这笔租赁费，而是一次性列入2017年度管理费用中扣除。

(5) 从境外取得税后利润24万元(境外缴纳所得税时适用的税率为20%)，未补缴企业所得税。

要求:

(1) 计算该企业2017年度境内所得的应纳所得税税额。

(2) 计算该企业2017年度境外所得应补缴的所得税税额。

(3) 计算该企业2017年度境内、境外所得应补缴的所得税税额。

6. 某企业2017年发生下列业务。

(1) 销售产品收入2 000万元。

(2) 接受捐赠材料一批，取得对方开具的增值税专用发票，注明价款10万元，增值税1.70万元；该企业委托运输公司将该批材料运回公司，支付运费0.3万元。

(3) 转让一项商标所有权，取得营业外收入60万元。

(4) 出租设备当年收入10万元。

(5) 取得国债利息收入3万元。

(6) 销售成本1000万元，销售税金及附加100万元。

(7) 销售费用500万元(其中包括广告费400万元)，管理费用200万元(其中包括业务招待费80万元、新产品研发费70万元)，财务费用50万元。

(8) 营业外支出40万元(其中包括通过政府部门对贫困地区捐款20万元、直接对某小学捐赠10万元、工商罚款2万元)。

(9) 转让技术所有权取得收入800万元，直接与技术所有权转让有关的成本和费用200万元。

要求：计算该企业2017年度应缴纳的企业所得税税额，并填报企业所得税年度纳税申报表。

五、不定项选择题

1. 甲公司为居民企业，2017年有关经济业务如下。

(1) 销售产品收入2000万元，办公楼租金收入120万元，信息技术服务收入40万元。

(2) 用产品换取原材料，该产品不含增值税售价35万元。

(3) 实发合理薪金、工资总额1000万元，发生职工福利费150万元、职工教育经费30万元、拨缴职工工会经费12万元。

(4) 支付诉讼费2万元、工商部门行政罚款3万元、母公司管理费68万元，直接向农村贫困地区小学捐赠7万元。

(5) 缴纳增值税90万元、消费税25万元、城市维护建设税8.05万元、教育费附加3.45万元。

已知工会经费、职工教育经费、职工福利费的扣除比例分别为2%、2.5%、14%。

要求：根据上述资料，分析回答下列小题。

(1) 计算2017年企业所得税应纳税额时，应计入收入总额的是(　　)。

A. 销售产品收入2000万元　　B. 办公楼租金收入120万元

C. 信息技术服务40万元　　D. 换取原材料产品收入35万元

(2) 在计算2017年度企业所得税应纳税额时，准予扣除的是(　　)。

A. 增值税90万元　　B. 消费税25万元

C. 城市维护建设税8.05万元　　D. 教育费附加3.45万元

(3) 在计算 2017 年度企业所得税应纳税额时，准予全额扣除的是(　　)。

A. 职工教育经费 30 万元　　B. 工会经费 12 万元

C. 工资薪金所得 1000 万元　　D. 职工福利费 150 万元

(4) 在计算 2017 年度企业所得税应纳税额时，不得扣除的是(　　)。

A. 工商部门行政罚款 3 万元　　B. 母公司管理费 68 万元

C. 支付诉讼费 2 万元　　D. 直接向农村贫困地区小学捐赠 7 万元

2. 甲公司为居民企业，2017 年有关收支情况如下。

(1) 产品销售收入 2500 万元，营业外收入 70 万元。

(2) 发生合理的工资薪金 150 万元、职工供暖费补贴 23 万元、防暑降温费 20 万元。

(3) 发生广告费 300 万元、税收滞纳金 6 万元、环保部门罚款 5 万元、非广告性赞助 16 万元，直接向某希望小学捐赠 10 万元。

(4) 缴纳增值税 125 万元、消费税 75 万元、城市维护建设税 14 万元和教育费附加 6 万元。

已知在计算企业所得税应纳税所得额时，职工福利费支出不超过工资薪金总额的 14%，广告费不超过当年销售(营业)收入的 15%。

要求：根据上述资料，分析回答下列小题。

(1) 甲公司在计算 2017 年度企业所得税应纳税所得额时，准予扣除的广告费是(　　)。

A. 375 万元　　B. 385.5 万元　　C. 300 万元　　D. 10.5 万元

(2) 甲公司下列支出中，在计算 2017 年度企业所得税应纳税所得额时，不得扣除的是(　　)。

A. 环保部门罚款 5 万元　　B. 税收滞纳金 6 万元

C. 直接向某希望小学捐赠 10 万元　　D. 非广告性赞助 16 万元

(3) 甲公司在计算 2017 年度企业所得税应纳税所得额时，准予扣除的职工福利费是(　　)。

A. 22.5 万元　　B. 23 万元　　C. 43 万元　　D. 21 万元

(4) 甲公司发生的下列税费中，在计算 2017 年企业所得税应纳税所得额时，准予扣除的是(　　)。

A. 消费税 75 万元　　B. 城市维护建设税 14 万元

C. 教育费附加 6 万元　　D. 增值税 125 万元

3. 甲电子设备公司为居民企业，主要从事电子设备的制造业务。2017 年有关经营情况如下。

(1) 销售货物收入 2000 万元，提供技术服务收入 500 万元，转让股权收入 3000 万元。经税务机关核准上年已作损失处理后又收回的其他应收款 15 万元。

(2) 缴纳增值税 180 万元，城市维护建设税和教育费附加 18 万元，房产税 25 万元，预缴企业所得税税款 43 万元。

(3) 与生产经营有关的业务招待费支出 50 万元。

(4) 支付残疾职工工资 14 万元;新技术研究开发费用未形成无形资产计入当期损益 19 万元；购进专门用于研发的设备一台，价值 35 万元；购置《环境保护专用设备企业所得税优惠目录》规定的环境保护专用设备一台，投资额 60 万元，购置完毕当年即投入使用。

已知业务招待费支出，按照发生额的 60%扣除，但最高不得超过当年销售(营业)收入的 5‰。

要求：根据上述资料，不考虑其他因素，分析回答下列小题。

(1) 甲电子设备公司的下列收入中，应计入收入总额的是(　　)。

A. 销售货物收入 2000 万元

B. 上年已作坏账损失处理后又收回的其他应收款 15 万元

C. 转让股权收入 3000 万元

D. 提供技术服务收入 500 万元

(2) 甲电子设备公司缴纳的下列税款中，在计算 2017 年度企业所得税应纳税所得额时，准予扣除的是(　　)。

A. 增值税 180 万元

B. 预缴企业所得税税款 43 万元

C. 城市维护建设税和教育费附加 18 万元

D. 房产税 25 万元

(3) 甲电子设备公司在计算 2017 年度企业所得税应纳税所得额时，准予扣除的业务招待费支出是(　　)。

A. 27.575 万元　　B. 30 万元　　C. 12.5 万元　　D. 25 万元

(4) 关于甲电子设备公司可以享受当年企业所得税税收优惠的下列表述中，正确的是(　　)。

A. 支付残疾职工的工资，在据实扣除的基础上，按照 14 万元的 200%在计算当年应纳税所得额时加计扣除

B. 购置环境保护专用设备 60 万元投资额的 20%可以从当年的应纳税额中抵免

C. 新技术研究开发费用未形成无形资产计入当期损益的，在据实扣除的基础上，按照 19 万元的 100%在计算当年应纳税所得额时加计扣除

D. 购进专门用于研发的设备金额 35 万元可以一次性在计算当年应纳税所得额时扣除

4. 甲企业为居民企业，2017 年有关经济业务如下。

(1) 产品销售收入 800 万元，销售边角收入 40 万元，国债利息收入 5 万元。

(2) 以产品抵偿债务，该批产品不含增值税售价 60 万元。

(3) 实发合理工资，薪金总额 100 万元，发生职工教育经费 1.5 万元、职工福利费 15 万元、工会经费 1 万元。

(4) 支付法院诉讼费 3 万，税收滞纳金 4 万、合同违约金 5 万、银行罚款利息 6 万。

(5) 因管理不善一批材料被盗，原材料成本 10 万元、增值税进项税 1.7 万，取得保险公司赔款 6 万元，原材料损失已经税务机关核准。

要求：根据上述资料，回答下列问题。

(1) 甲公司下列收益中计算企业所得税时，应纳入收入总额的是(　　)。

A. 国债利息收入 5 万元　　B. 产品销售收入 800 万元

C. 销售边角收入 40 万元　　D. 以产品抵偿债务 60 万元

(2) 甲企业下列支出中，计算企业所得税予以全部扣除的是(　　)。

A. 工资、薪金总额 100 万元　　B. 职工教育经费 1.5 万元

C. 职工福利费 15 万元　　D. 工会经费 1 万元

(3) 甲企业下列支出中，计算企业所得税不准扣除的是(　　)。

A. 税收滞纳金 4 万　　B. 银行罚款利息 6 万

C. 合同违约金 5 万　　D. 支付法院诉讼费 3 万

(4) 甲公司计算企业所得税应纳税所得额时，准予扣除原材料损失金额的是(　　)。

A. 10−1.7−6=2.3(万元)　　B. 10−6=4(万元)

C. 10+1.7=11.7(万元)　　D. 10+1.7−6=5.7(万元)

第七章　个人所得税法

技能目标：

- 正确计算个人所得税。
- 规范填写个人所得税代扣代缴报告表。

知识目标：

- 掌握个人所得税的纳税人、征税范围、税目、计税依据及税额的计算。
- 熟悉个人所得税的纳税申报及税款缴纳。

第一节　个人所得税法的基本要素

一、个人所得税的概念

个人所得税是对个人(自然人)取得的各项应税所得征收的一种税。个人所得税是世界各国普遍征收的一个税种。它对调解收入分配，防止贫富两极分化，增加财政收入有着非常重要的意义。

个人所得税法是指国家制定的用以调整个人所得税征收与缴纳之间权利及义务关系的法律规范。现行个人所得税的基本规范是 1980 年 9 月 10 日通过的《中华人民共和国个人所得税法》(以下简称《个人所得税法》)，并于 2018 年 12 月 18 日进行了第 7 次修订，自 2019 年 1 月 1 日起施行。

二、个人所得税的纳税人

个人所得税的纳税人包括中国公民、个体工商户以及在中国有所得的外籍个人，包括港澳台同胞，以及个人独资企业和合伙企业。

按照税法规定，依据住所和居住时间两个标准，可以将纳税人区分为居民和非居民，并分别承担不同的纳税义务。

(一)居民纳税人

居民纳税人是指在中国境内有住所，或者无住所而在中国境内居住累计满 183 天的个人。居民纳税人承担无限纳税义务，即就其来源于中国境内和境外的全部所得，依法缴纳个人所得税。

“在中国境内有住所”是指因户籍、家庭、经济利益关系，而在中国境内习惯性居住的个人。在中国境内停留的当天满 24 小时的，计入中国境内居住天数，在中国境内停留的当天不足 24 小时的，不计入中国境内居住天数。

(二)非居民纳税人

非居民纳税人是指在中国境内无住所又不居住，或者无住所而一个纳税年度内在中国境内居住累计不满 183 天的个人。非居民纳税人承担有限纳税义务，仅就其从中国境内取得的所得，向中国依法缴纳个人所得税。

在中国境内无住所的个人，在一个纳税年度内在中国境内居住累计不超过 90 天的，其来源于中国境内的所得，由境外雇主支付并且不由该雇主在中国境内的机构、场所负担的部分，免予缴纳个人所得税。

在中国境内无住所的个人，在中国境内居住累计满 183 天的年度连续不满六年的，经向主管税务机关备案，其来源于中国境外且由境外单位或者个人支付的所得，免予缴纳个人所得税；在中国境内居住累计满 183 天的任一年度中有一次离境超过 30 天的，其在中国境内居住累计满 183 天的年度的连续年限重新起算。

在中国境内无住所的个人一个纳税年度在中国境内居住累计居住满 183 天的，如果此前六年在中国境内每年累计居住天数都满 183 天而且没有任何一年单次离境超过 30 天，该纳税年度来源于中国境内、境外所得应当缴纳个人所得税；如果此前六年中的任一年在中国境内累计居住天数不满 183 天或单次离境超过 30 天，该纳税年度来源于中国境外且由境外单位或者个人支付的所得，免予缴纳个人所得税。

此前六年是指该纳税年度的前一年至前六年的连续六个年度，此前六年的起始年度自 2019 年(含)以后年度开始计算。

(三)扣缴义务人

我国个人所得税实行自行申报和源泉扣缴相结合的征收办法。对除个体工商户生产经营所得以外的其他各项应税所得，其应纳的个人所得税，均以支付单位或个人为扣缴义务人。

【思考 7-1】个人所得税的纳税义务人包括(　　)。

A. 在中国境内有住所的个人　　B. 个体工商户

C. 在中国境内有所得的境外人员　　D. 个人独资企业

【解析】正确答案是 ABCD。只要在我国境内有所得的居民和非居民都是个人所得税的纳税人。

(四)所得来源的确定

下列所得，不论支付地点是否在中国境内，均为来源于中国境内的所得。

(1) 因任职、受雇、履约等而在中国境内提供劳务取得的所得。

(2) 因财产出租给承租人在中国境内使用而取得的所得。

(3) 转让中国境内的建筑物、土地使用权等财产或在中国境内转让其他财产取得的所得。

(4) 许可各种特许权在中国境内使用而取得的所得。

(5) 从中国境内的公司、企业以及其他经济组织或个人取得利息、股息、红利所得。

【思考 7-2】下列属于来源于中国境内的所得的有(　　)。

A. 转让境内房产取得的所得

B. 许可专利权在中国境内使用取得的所得

C. 因任职在境内提供劳务取得的所得

D. 将财产出租给承租人在境内使用取得的所得。

【解析】正确答案是ABCD。

三、个人所得税应税所得项目

按应纳税所得的来源划分，现行个人所得税共分为9个应税项目。

(一)工资、薪金所得

工资、薪金所得是指个人因任职或受雇而取得的工资、薪金、奖金、年终加薪、劳动分红、津贴、补贴以及与任职或者受雇有关的其他所得。

对于一些不属于工资、薪金性质的补贴、津贴，不予征收个人所得税。这些项目包括：独生子女补贴；执行公务员工资制度未纳入基本工资总额的补贴、津贴差额和家属成员的副食补贴；托儿补助费；差旅费津贴、误餐补助。误餐补助是指按照财政部规定，个人因公在城区、郊区工作，不能在工作单位或者返回就餐的，根据实际误餐顿数，按规定的标准领取的误餐费。单位以误餐补助名义发给职工的补助、津贴不包括在内。

公司职工取得的用于购买企业国有股权的劳动分红，按“工资、薪金所得”项目计征个人所得税。个人因任职、受雇从上市公司取得的股票增值权所得和限制性股票所得，由上市公司或者其境内机构按照“工资、薪金所得”项目和股票期权所得个人所得税计税方法，依法扣缴其个人所得税。

出租汽车经营单位对出租车驾驶员采取单车承包或者承租方式运营，出租车驾驶员从事客货营运取得的收入，按“工资、薪金所得”项目征税。

【思考7-3】下列各项中，不属于工资、薪金性质的补贴是(　　)。

A. 工龄补贴　　B. 加班补贴　　C. 差旅费津贴　　D. 岗位津贴

【解析】正确答案是C。不属于工资、薪金性质的补贴、津贴包括：独生子女补贴；执行公务员工资制度未纳入基本工资总额的补贴、津贴差额和家属成员的副食补贴；托儿补助费；差旅费津贴、误餐补助。

(二)劳务报酬所得

劳务报酬所得是指个人从事设计、装潢、安装、制图、化验、测试、医疗、法律、会计、咨询、讲学、新闻、广播、翻译、审稿、书画、雕刻、影视、录音、录像、演出、表演、广告、展览、技术服务、介绍服务、经纪服务、代办服务以及其他劳务取得的所得。

个人兼职取得的收入应按照“劳务报酬所得”项目缴纳个人所得税。

律师以个人名义再聘请其他人员为其工作而支付的报酬，应由该律师按“劳务报酬所得”项目负责代扣代缴个人所得税。为了便于操作，税款可由其任职的律师事务所代为缴入国库。

个人担任公司董事、监事，且不在公司任职、受雇的，其担任董事职务所取得的董事费收入，属于劳务报酬所得性质，按劳务报酬所得项目征税。个人在公司(包括关联公司)

任职、受雇，同时兼任董事、监事的，应将董事费、监事费与个人工资收入合并，统一按工资、薪金所得项目缴纳个人所得税。

【思考 7-4】

(1) 劳务报酬所得与工资、薪金所得有什么区别？

(2) 劳务报酬所得与个体工商户生产经营所得有什么区别？

【解析】

(1) 工资、薪金所得属于非独立的个人劳务活动，即在机关、团体、部队、学校、企事业单位以及其他组织中任职、受雇而取得的报酬；劳务报酬所得则是个人独立从事各种技艺、提供各项劳务取得的报酬。两者的主要区别在于：前者存在雇用与被雇用的关系，后者则不存在这种关系。

(2) 如果个人经政府有关部门批准并取得执照举办学习班、培训班的，其取得的办班收入，应按个体工商户的生产、经营所得项目计税。如果个人无须经政府有关部门批准取得执照举办学习班、培训班的，其取得的办班收入，应按劳务报酬所得项目计税。

(三)稿酬所得

稿酬所得是指个人因其作品以图书、报刊形式出版、发表而取得的所得。

“作品”是指包括文字、图片或乐谱等能以图书、报刊方式出版、发表的作品。作者去世后，财产继承人取得的遗作稿酬，也应征收个人所得税。

对报纸、杂志、出版等单位的职员在本单位的刊物上发表作品、出版图书取得所得征税问题，新税法做了如下规定。

(1) 任职、受雇于报纸、杂志等单位的记者、编辑等专业人员，因在本单位的报纸、杂志上发表作品取得的所得，属于因任职、受雇而取得的所得，应与其当月工资收入合并，按“工资、薪金所得”项目征收个人所得税。

除上述专业人员以外，其他人员在本单位的报纸、杂志上发表作品取得的所得，应按“稿酬所得”项目征收个人所得税。

(2) 出版社的专业作者撰写、编写或者翻译的作品，由本社以图书形式出版而取得的稿费收入，应按“稿酬所得”项目征收个人所得税。

【思考 7-5】下列各项属于个人所得税劳务报酬所得的有(　　)。

A. 翻译收入　　　　B. 审稿收入

C. 现场书画收入　　D. 出版图书收入

【解析】正确答案是 ABC。选项 D 属于稿酬收入。

【思考 7-6】下列应按“稿酬所得”税目缴纳个人所得税的是(　　)。

A. 作品参展收入　　B. 出版书画作品收入

C. 学术报告收入　　D. 审稿收入

【解析】正确答案是 B。稿酬所得是指个人因其作品以图书、报刊形式“出版、发表”而取得的所得。选项 A、C、D 与“出版、发表”无关。

(四)特许权使用费所得

特许权使用费所得是指个人提供专利权、著作权、商标权、非专利技术以及其他特许权的使用权取得的所得。提供著作权的使用权取得的所得，不包括稿酬所得。

(1) 作者将自己的文字作品手稿原件或者复印件公开拍卖(竞价)取得的所得，属于提供著作权的使用所得，应按特许权使用费所得项目征收个人所得税。

(2) 个人取得专利赔偿所得，应按“特许权使用费所得”项目缴纳个人所得税。

(3) 对于剧本作者从电影、电视剧的制作单位取得的剧本使用费，统一按特许权使用费所得项目征收个人所得税。

【思考 7-7】下列各项中，不应按特许权使用费所得征收个人所得税的是(　　)。

A. 专利权　　B. 出版作品获得的所得

C. 著作权　　D. 文字作品手稿拍卖所得

【解析】正确答案是 B，应按稿酬征税。

(五)经营所得

经营所得是指：①个体工商户的生产、经营活动取得的所得，个人独资企业、合伙企业的个人合伙人来源于境内注册的个人独资企业、合伙企业生产、经营的所得；依法开业的个体工商户从事工业、手工业、建筑业、交通运输业、商业、饮食业、服务业、修理业以及其他行业的生产、经营取得的所得。②个人依法从事办学、医疗、咨询以及其他有偿服务活动取得的所得。③个人对企业、事业单位承包经营、承租经营以及转包、转租取得的所得。④个人从事其他生产 、经营活动取得的所得。

出租车属于个人所有，但挂靠出租汽车经营单位或者企事业单位，驾驶员向挂靠单位缴纳管理费的，或者出租汽车经营单位将出租车所有权转移给驾驶员的，出租车驾驶员从事客货运营取得的收入，比照个体工商户的生产、经营所得项目征税。

(六)利息、股息和红利所得

利息、股息和红利所得是指个人拥有债权、股权而取得的利息、股息和红利所得。

利息是指个人的存款利息、贷款利息和购买各种债券的利息。

股息也称为股利，是指股票持有人根据股份制公司章程的规定，凭股票定期从股份公司取得的投资盈利。

红利也称为公司(企业)分红，是指股份公司或企业根据应分配的利润按股份分配超过股息部分的利润。股份制企业以股票形式向股东个人支付的股息、红利即派发红股，应以派发红股的股票面额为收入额计税。

(七)财产租赁所得

财产租赁所得是指个人出租不动产、机器设备、车船以及其他财产取得的所得。

(1) 个人取得的房屋转租收入，属于“财产租赁所得”项目。

(2) 房地产开发企业与商店购买者个人签订协议，以优惠价格出售其商店给购买者个人，购买者个人在一定期限内必须将购买的商店无偿提供给房地产开发企业对外出租使用。该行为实质上是购买者个人以所购商店交由房地产开发企业出租而取得的房屋租赁收入支付了部分购房价款。对购买者个人少支出的购房价款，应视同个人财产租赁所得，按照“财产

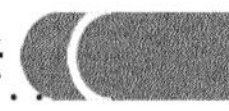

租赁所得”项目征收个人所得税。每次财产租赁所得的收入额，按照少支出的购房价款和协议规定的租赁月份数平均计算确定。

(八)财产转让所得

财产转让所得是指个人转让有价证券、股权、合伙企业中的财产份额、不动产、机器设备、车船以及其他财产而取得的所得。

(1) 个人将投资于在中国境内成立的企业或组织(不包括个人独资企业和合伙企业)的股权或股份，转让给其他个人或法人的行为，按照“财产转让所得税”项目。

(2) 个人因各种原因终止投资、联营、经营合作等行为，从被投资企业或合作项目、被投资企业的其他投资者以及合作项目的经营合作人取得股权转让收入、违约金、补偿金、赔偿金及以其他名目收回的款项等，均属于个人所得税应税收入，应按照“财产转让所得”项目适用的规定计算缴纳个人所得税。

(3) 个人以非货币性资产投资，属于个人转让非货币性资产和投资同时发生。对个人转让非货币性资产的所得，应按照“财产转让所得”项目，依法计算缴纳个人所得税。

(4) 纳税人收回转让的股权征收个人所得税的方法。

① 股权转让合同履行完毕、股权已作变更登记，且所得已经实现的，转让人取得的股权转让收入应当依法缴纳个人所得税。转让行为结束后，当事人双方签订并执行解除原股权转让合同、退回股权的协议，是另一次股权转让行为，对前次转让行为征收的个人所得税款不予退回。

② 股权转让合同未履行完毕，因执行仲裁委员会作出的解除股权转让合同及补充协议的裁决、停止执行原股权转让合同，并原价收回已转让股权的，纳税人不应缴纳个人所得税。

(5) 对个人转让新三板挂牌公司原始股取得的所得，按照“财产转让所得”，适用 20%的比例税率征收个人所得税。“原始股”是指挂牌前取得的股票，以及在公司挂牌前和挂牌后由上述股票孳生的送、转股。

(6) 个人通过招标、竞拍或其他方式购置债权以后，通过相关司法或行政程序主张债权而转让取得的所得，应按照“财产转让所得”项目缴纳个人所得税。

(7) 个人通过网络收购玩家的虚拟货币，加价后向他人出售取得的收入，属于个人所得税应税所得，应按照“财产转让所得”项目计算缴纳个人所得税。

对个人买卖股票取得的所得暂不征税。对个人转让自用 5 年以上并且是家庭唯一生活用房取得的所得，继续免征个人所得税。

【思考 7-8】下列收入中，按照“财产转让”所得项目征收个人所得税(　　)。

A. 取得的剧本使用费收入　　B. 转让设备的收入

C. 转让股权的收入　　D. 转让非专利技术的收入

【解析】正确答案是 B、C。选项 A、D 属于“特许权所得”。

(九)偶然所得

偶然所得是指个人取得的非经常性所得，包括得奖、中奖、中彩以及其他偶然性质的所得。

(1) 企业对累积消费达到一定额度的顾客，给予额外抽奖机会，个人的获奖所得，按照“偶然所得”项目，全额适用20%的税率缴纳个人所得税。

(2) 个人取得单张有奖发票奖金所得超过800元(不含，大于800元)，应全额按照《个人所得税法》规定的“偶然所得”项目征收个人所得税。税务机关或其指定的有奖发票兑奖机构，是有奖发票奖金所得个人所得税的扣缴义务人。

(3) 个人为单位或他人提供担保获得收入，按照“偶然所得”项目计算缴纳个人所得税。

(4) 房屋产权所有人将房屋产权无偿赠与他人的，受赠人因无偿受赠房屋取得的受赠收入，按照“偶然所得”项目计算缴纳个人所得税。

(5) 企业在业务宣传、广告等活动中，随机向本单位以外的个人赠送礼品(包括网络红包，下同)，以及企业在年会、座谈会、庆典以及其他活动中向本单位以外的个人赠送礼品，个人取得的礼品收入，按照“偶然所得”项目计算缴纳个人所得税，但企业赠送的具有价格折扣或折让性质的消费券、代金券、抵用券、优惠券等礼品除外。

个人取得的所得，难以界定应纳税所得项目的，由国务院税务主管部门确定。

居民个人取得上述(1)至(4)项所得(工资、劳务、稿酬、特许权使用费所得)为综合所得，按年度合并计算个人所得税。非居民个人取得上述(1)至(4)项所得，按月或按次分项计算个人所得税。

四、个人所得税税率

(一)综合所得

居民个人每一纳税年度内取得的综合所得包括：工资、薪金所得；劳务报酬所得；稿酬所得；特许权使用费所得。

综合所得适用3%～45%的超额累进税率。税率表如表7-1所示。

表7-1 个人所得税税率表(一)

(适用：综合所得)

级 数	全年应纳税所得额	税率/%	速算扣除数
1	不超过36 000元的	3	0
2	超过36 000～144 000元的部分	10	2520
3	超过144 000～300 000元的部分	20	16 920
4	超过300 000～420 000元的部分	25	31 920
5	超过420 000～660 000元的部分	30	52 920
6	超过660 000～960 000元的部分	30	85 920
7	超过960 000元的部分	45	181 920

注：①本表所称全年应纳税所得额是指依照法律规定，居民个人取得综合所得以每一纳税年度收入额减除费用6万元以及专项扣除、专项附加扣除和依法确定的其他扣除后的余额。②非居民个人取得工资、薪金所得，劳务报酬所得，稿酬所得和特许权使用费所得，依照本表按月换算后计算应纳税额。

(二)经营所得

经营所得适用5%～35%的超额累进税率，税率表如表7-2所示。

表7-2 个人所得税税率表(二)

(适用：经营所得)

级 数	全年应纳税所得额	税率/%	速算扣除数
1	不超过30 000元的	5	0
2	超过30 000～90 000元的部分	10	1 500
3	超过90 000～300 000元的部分	20	10 500
4	超过300 000～500 000元的部分	30	40 500
5	超过500 000元以上的部分	35	65 500

注：本表所称全年应纳税所得额是指依照法律规定，以每一纳税年度收入额减除成本、费用以及损失后的余额。

(三)利息、股息、红利所得，财产租赁所得，财产转让所得和偶然所得

利息、股息、红利所得，财产租赁所得，财产转让所得和偶然所得适用比例税率，税率为20%。

自2001年1月1日起，对个人出租住房取得的所得暂减按10%的税率征收个人所得税。

五、个人所得税应纳税所得额的确定

个人所得税的计税依据是纳税人取得的应纳税所得额。应纳税所得额为个人取得的各项收入减去税法规定的费用扣除金额和减免税收入后的余额。由于个人所得税的应税项目不同，扣除费用标准也各不相同，需要按不同应税项目分项计算。

(一)个人所得形式

个人所得的形式包括现金、实务、有价证券和其他形式的经济利益；所得为实物的，应当按照取得的凭证上所注明的价格计算应纳税所得额，无凭证的实物或者凭证上所注明的价格明显偏低的，参照市场价格核定应纳税所得额；所得为有价证券的，根据票面价格和市场价格核定应纳税所得额；所得为其他形式的经济利益的，参照市场价格核定应纳税所得额。

(二)应纳税所得额确定方式

1. 居民个人的综合所得

居民个人综合所得以每一纳税年度的收入额减除费用6万元以及专项扣除、专项附加扣除和依法确定的其他扣除后的余额，为应纳税所得额。

综合所得包括：工资、薪金所得，劳务报酬所得，稿酬所得，特许权使用费所得四项。

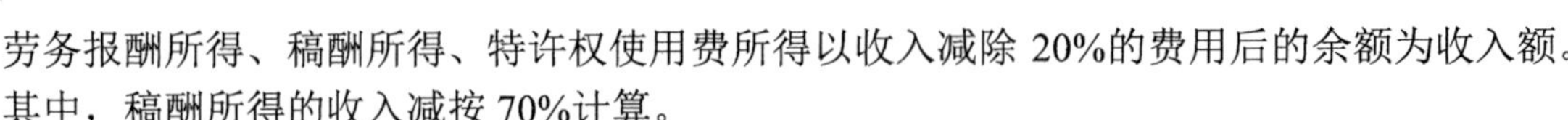

劳务报酬所得、稿酬所得、特许权使用费所得以收入减除20%的费用后的余额为收入额。其中，稿酬所得的收入减按70%计算。

(1) 专项扣除包括居民个人按照国家规定的范围和标准缴纳的基本养老保险、基本医疗保险、失业保险等社会保险费和住房公积金等；

(2) 专项附加扣除包括子女教育、继续教育、大病医疗、住房贷款利息或者住房租金和赡养老人等支出。

① 子女教育。

纳税人的子女接受全日制学历教育的相关支出、年满3岁至小学入学前处于学前教育阶段的子女，按照每个子女每月1000元的标准定额扣除。

学历教育包括义务教育(小学、初中教育)、高中阶段教育(普通高中、中等职业、技工教育)、高等教育(大学专科、大学本科、硕士研究生、博士研究生教育)。

父母可以选择由其中一方按扣除标准的100%扣除，也可以选择由双方分别按扣除标准的50%扣除，具体扣除方式在一个纳税年度内不能变更。

纳税人子女在中国境外接受教育的，纳税人应当留存境外学校录取通知书、留学签证等相关教育的证明资料备查。

② 继续教育。

纳税人在中国境内接受学历(学位)继续教育的支出，在学历(学位)教育期间按照每月400元定额扣除。同一学历(学位)继续教育的扣除期限不能超过48个月。纳税人接受技能人员职业资格继续教育、专业技术人员职业资格继续教育的支出，在取得相关证书的当年，按照3600元定额扣除。

个人接受本科及以下学历(学位)继续教育，符合本办法规定扣除条件的，可以选择由其父母扣除，也可以选择由本人扣除。

纳税人接受技能人员职业资格继续教育、专业技术人员职业资格继续教育的，应当留存相关证书等资料备查。

③ 大病医疗。

在一个纳税年度内，纳税人发生的与基本医保相关的医药费用支出，扣除医保报销后个人负担(指医保目录范围内的自付部分)累计超过15 000元的部分，由纳税人在办理年度汇算清缴时，在80 000元限额内据实扣除。纳税人及其配偶、未成年子女发生的医药费用支出，按上述规定分别计算扣除额。

纳税人发生的医药费用支出可以选择由本人或者其配偶扣除;未成年子女发生的医药费用支出可以选择由其父母一方扣除。

纳税人应当留存医药服务收费及医保报销相关票据原件(或者复印件)等资料备查。医疗保障部门应当向患者提供在医疗保障信息系统记录的本人年度医药费用信息查询服务。

④ 住房贷款利息。

纳税人本人或者配偶单独或者共同使用商业银行或者住房公积金个人住房贷款为本人或者其配偶购买中国境内住房，发生的首套住房贷款利息支出，在实际发生贷款利息的年度，按照每月1000元的标准定额扣除，扣除期限最长不超过240个月。纳税人只能享受一次首套住房贷款的利息扣除。

首套住房贷款是指购买住房享受首套住房贷款利率的住房贷款。

经夫妻双方约定，可以选择由其中一方扣除，具体扣除方式在一个纳税年度内不能变更。

夫妻双方婚前分别购买住房发生的首套住房贷款，其贷款利息支出，婚后可以选择其中一套购买的住房，由购买方按扣除标准的100%扣除，也可以由夫妻双方对各自购买的住房分别按扣除标准的50%扣除，具体扣除方式在一个纳税年度内不能变更。

纳税人应当留存住房贷款合同、贷款还款支出凭证备查。

⑤ 住房租金。

纳税人在主要工作城市没有自有住房而发生的住房租金支出，可以按照以下标准定额扣除：a. 直辖市、省会(首府)城市、计划单列市以及国务院确定的其他城市，扣除标准为每月 1500 元。b. 除上述所列城市以外，市辖区户籍人口超过 100 万的城市，扣除标准为每月 1100 元；市辖区户籍人口不超过 100 万的城市，扣除标准为每月 800 元。

纳税人的配偶在纳税人的主要工作城市有自有住房的，视同纳税人在主要工作城市有自有住房。

市辖区户籍人口，以国家统计局公布的数据为准。

主要工作城市是指纳税人任职受雇的直辖市、计划单列市、副省级城市、地级市(地区、州、盟)全部行政区域范围；纳税人无任职受雇单位的，为受理其综合所得汇算清缴的税务机关所在城市。

夫妻双方主要工作城市相同的，只能由一方扣除住房租金支出。

住房租金支出由签订租赁住房合同的承租人扣除。

纳税人及其配偶在一个纳税年度内不能同时分别享受住房贷款利息和住房租金专项附加扣除。

纳税人应当留存住房租赁合同、协议等有关资料备查。

⑥ 赡养老人。

纳税人赡养一位及以上被赡养人的赡养支出，统一按照以下标准定额扣除：a. 纳税人为独生子女的，按照每月 2000 元的标准定额扣除。b. 纳税人为非独生子女的，由其与兄弟姐妹分摊每月 2000 元的扣除额度，每人分摊的额度不能超过每月 1000 元。可以由赡养人均摊或者约定分摊，也可以由被赡养人指定分摊。约定或者指定分摊的须签订书面分摊协议，指定分摊优先于约定分摊。具体分摊方式和额度在一个纳税年度内不能变更。

被赡养人是指年满 60 岁(含)的父母，以及子女均已去世的年满 60 岁的祖父母、外祖父母。

个人所得税专项附加扣除暂行办法所称父母，是指生父母、继父母、养父母。所称子女，是指婚生子女、非婚生子女、养子女、继子女。父母之外的其他人担任未成年人的监护人的，比照个人所得税专项附加扣除暂行办法规定执行。

(3) 其他扣除。

其他扣除包括个人缴付符合国家规定的企业年金、职业年金，个人购买符合国家规定的商业健康保险、税收递延型商业养老保险的支出，以及国务院规定可以扣除的其他项目。

专项扣除、专项附加扣除和依法确定的其他扣除，以居民个人一年纳税年度的应纳税所得额为限额；一个纳税年度扣除不完的，不结转以后年度扣除。

【思考 7-9】下列项目属于个人所得税专项附加扣除的是(　　)。

A. 子女教育费　　B. 继续教育费

C. 住房租金　　D. 基本养老保险金

【解析】正确答案是 A、B、C。选项 D 属于专项扣除范畴。

2. 非居民个人

非居民个人的工资、薪金所得，以每月收入额减除费用 5000 元后的余额为应纳税所得额。劳务报酬所得、稿酬所得、特许权使用费所得，以每次收入额为应纳税所得额。

3. 经营所得

以每一纳税年度的收入总额减除成本、费用以及损失后的余额，为应纳税所得额。

取得经营所得的个人，没有综合所得的，计算其每一纳税年度的应纳税所得额时，应当减除费用 6 万元、专项扣除、专项附加扣除以及依法确定的其他扣除。专项附加扣除在办理汇算清缴时减除。

从事生产经营活动，未提供完整、准确的纳税资料，不能正确计算应纳税所得额的，由主管税务机关核定应纳税所得额或者应纳税额。

4. 财产租赁所得

每次收入不超过 4000 元的，减除费用 800 元；4000 元以上的，减除 20%的费用，其余额为应纳税所得额。

5. 财产转让所得

以转让财产的收入额减除财产原值和合理费用后的余额，为应纳税所得额。

原值是指购入时的价格与相关税费；合理费用是指出售财产时支付的有关税费。

6. 利息、股息、红利所得和偶然所得

以每次收入额为应纳税所得额，不扣除任何费用。

(三)其他费用扣除规定

(1) 个人公益救济性捐赠支出的扣除。

对个人将其所得通过中国境内非营利的社会团体、国家机关向教育、公益事业和遭受严重自然灾害地区、贫困地区的捐赠，捐赠额不超过应纳税所得额的 30%的部分，可以从其应纳税所得额中扣除。

(2) 下列公益性捐赠全额扣除。

个人通过非营利性的社会团体和国家机关进行的下列公益救济性捐赠支出，在计算缴纳个人所得税时，准予在税前的所得额中全额扣除：①向红十字事业的捐赠；②向农村义务教育的捐赠(乡镇及以下中小学)；③向公益性青少年活动场所(其中包括新建)的捐赠；④向福利性、非营利性老年服务机构的捐赠，以及通过特定基金会用于公益救济性的捐赠。

【思考 7-10】个人发生的下列公益性捐赠支出中，准予税前全额扣除的有(　　)。

A. 通过非营利社会团体向公益性青少年活动场所的捐赠

B. 通过国家机关向贫困地区的捐赠

C. 通过非营利社会团体向农村义务教育的捐赠

D. 通过国家机关向红十字事业的捐赠

【解析】正确答案是 A、C、D。选项 B 属于限额扣除(捐赠额不超过应纳税所得额的 30%)。

(3) 对个人购买符合规定的商业保险产品的支出，允许在当年(月)计算应纳税所得额时予以税前扣除，扣除限额为 2400 元/年(200 元/月)。单位统一为员工购买符合规定的商业健康保险产品的支出，应分别计入员工个人工资薪金，视同个人购买，按上述限额予以扣除。 2400 元/年(200 元/月)的限额扣除为个人所得税法规定减除费用标准之外的扣除。适用商业健康保险税收优惠政策的纳税人，是指取得工资薪金所得、连续性劳务报酬所得的个人，以及取得个体工商户生产经营所得、对企事业单位的承包承租经营所得的个体工商户业主、个人独资企业投资者、合伙企业合伙人和承包承租经营者。

(四)每“次”收入的确定

(1) 财产租赁所得：以一个月内取得的收入为一次。

(2) 利息、股息、红利所得，以支付时取得的收入为一次。

(3) 偶然所得，以每次取得该项收入为一次。

(4) 非居民个人取得的劳务报酬所得 、稿酬所得、特许权使用费所得，属于一次性收入的，以取得该项收入为一次， 属于同一事项连续取得收入的，以一个月内取得的收入为一次。

【思考 7-11】下列关于“每次收入”确定的表述中，不正确的是(　　)。

A. 特许权使用费所得，以一个月内取得的收入为一次

B. 财产租赁所得，以一个月内取得的收入为一次

C. 非居民劳务报酬所得属于同一事项连续取得收入的，以一个月内取得的收入为一次

D. 股息所得，以支付股息时取得的收入为一次

【解析】不正确的是 A。特许权使用费所得，以取得该项收入时为一次。只有财产租赁所得，以一个月内取得的收入为一次。

第二节　个人所得税的计算

一、应纳税额的计算

(一)综合所得应纳税额的计算

综合所得应纳税额的计算公式如下。

应纳税额=应纳税所得额×适用税率−速算扣除数

=(每一纳税年度的收入−费用 6 万元−专项扣除−专项附加扣除−依法确定的其他扣除)×适用税率−速算扣除数

【例 7-1】中国公民陈某为国内某大学教授，2019 年工资所得 19 万元，专项扣除 4 万元；劳务报酬所得 8000 元，稿酬所得 5000 元，个人张某为独生子女，父母均已年满 65 周岁，其独生子就读于某小学。假设无其他事项，计算 2019 年综合所得及应缴纳的个人所得税。

【解析】陈某 2019 年综合所得应纳税所得额为：

190 000+8000×80%+5000×80%×70%−60 000−40 000−24 000−12 000=63 200(元)

查税率表可见，对应税率为 10%、速算扣除数为 2520，则陈某 2019 年应缴纳的个人所得税为：63 200×10%−2520=3800(元)。

(二)扣缴义务人对居民个人综合所得预扣预缴个人所得税的计算

(1) 扣缴义务人向居民个人支付工资、薪金所得时，应当按照累计预扣法计算预扣税款，并按月办理全员全额扣缴申报。累计预扣法是指扣缴义务人在一个纳税年度内预扣预缴税款时，以纳税人在本单位截至当前月份工资、薪金所得累计收入减除累计免税收入、累计减除费用、累计专项扣除、累计专项附加扣除和累计依法确定的其他扣除后的余额为累计预扣预缴应纳税所得额，计算累计应预扣预缴税额，再减除累计减免税额和累计已预扣预缴税额，其余额为本期应预扣预缴税额。余额为负值时，暂不退税。纳税年度终了后余额仍为负值时，由纳税人通过办理综合所得年度汇算清缴，税款多退少补。

具体计算公式如下。

本期应预扣预缴税额=(累计预扣预缴应纳税所得额×预扣率−速算扣除数)−累计减免税额−累计已预扣预缴税额

累计预扣预缴应纳税所得额=累计收入−累计免税收入−累计减除费用−累计专项扣除−累计专项附加扣除−累计依法确定的其他扣除

其中：累计减除费用，按照 5000 元/月乘以纳税人当年截至本月在本单位的任职受雇月份数计算。

上述公式中，计算居民个人工资、薪金所得预扣预缴税额的预扣率、速算扣除数，按综合所得适用的个人所得税税率表执行(见表 7-1)。

【例 7-2】我国公民张先生自 2019 年 1 月 1 日起，公司每月支付工资 20 000 元(税前)。张先生的专项扣除标准为 1000 元/月，专项附加扣除标准为 1000 元/月，试计算自 2019 年 1 月至 3 月，A 公司作为扣缴义务人每个月应预扣预缴张先生具体税额。

【解析】

1 月份预扣预缴税额计算如下。

应纳税所得额=20 000−5000−1000−1000=13 000，对应税率 3%，扣除数 0。

预扣预缴税额=13 000×3%=390(元)

2 月份预扣预缴税额计算如下。

应纳税所得额=20 000×2−5000×2−1000×2−1000×2=26 000(元)

对应税率 3%，扣除数 0。

预扣预缴税额=26 000×3%−390=390(元)

3月份预扣预缴税额计算如下。

应纳税所得额=20 000×3-5000×3-1000×3-1000×3=39 000(元)

对应税率10%，扣除数2520。

预扣预缴税额=39 000×10%-2520-390-390=600(元)

(2) 扣缴义务人向居民个人支付劳务报酬所得、稿酬所得、特许权使用费所得，按次或者按月预扣预缴税款。

劳务报酬所得、稿酬所得、特许权使用费所得，属于一次性收入的，以取得该项收入为一次；属于同一项目连续收入的，以一个月内取得的收入为一次。具体预扣预缴方法如下。

① 劳务报酬所得、稿酬所得、特许权使用费所得以收入减除费用后的余额为收入额。其中，稿酬所得的收入额减按70%计算。

② 减除费用：劳务报酬所得、稿酬所得、特许权使用费所得每次收入不超过4000元的，减除费用按800元计算；每次收入4000元以上的，减除费用按收入的20%计算。

③ 劳务报酬所得适用20%至40%的超额累进预扣率(见表7-3)，稿酬所得、特许权使用费所得适用20%的比例预扣率。

劳务报酬所得应预扣预缴税额=预扣预缴应纳税所得额×预扣率-速算扣除数

稿酬所得、特许权使用费所得应预扣预缴税额=预扣预缴应纳税所得额×20%

居民个人工资、薪金所得，劳务报酬所得，稿酬所得，特许权使用费所得年度预扣预缴税额与年度应纳税额不一致的，由居民个人于次年3月1日至6月30日向主管税务机关办理综合所得年度汇算清缴，税款多退少补。

表7-3 个人所得税预扣率表(三)

(适用：居民个人劳务报酬所得预扣预缴)

级 数	预扣预缴应纳税所得额	预扣率%	速算扣除数
1	不超过20 000元的	20	0
2	超过20 000～50 000元的部分	30	2000
3	超过50 000元以上的部分	40	7000

【例7-3】 李源2019年分别从A、B、C三个公司取得劳务收入3000元、4500元和30 000元。A公司、B公司、C公司应如何预扣预缴李源的个人所得税？

【解析】 A公司预扣预缴税额=(3000-800)×20%=440(元)

B公司预扣预缴税额= 4500×(1-20%)×20%=720(元)

C公司预扣预缴税额=30 000×(1-20%)×30%-2000=5200(元)

承上例，如果李源上述所得是稿酬，预扣率一律为20%，收入减按70%计税，则：

A公司预扣预缴税额=(3000-800)×70%×20%=308(元)

B公司预扣预缴税额= 4500×(1-20%)×70%×20%=504(元)

C公司预扣预缴税额=30 000×(1-20%)×70%×20%=3360(元)

(三)扣缴义务人对非居民个人工资、薪金所得，劳务报酬所得，稿酬所得，特许权使用费所得扣缴个人所得税的计算

扣缴义务人向非居民个人支付工资、薪金所得，劳务报酬所得，稿酬所得和特许权使用费所得时，应当按以下方法按月或者按次代扣代缴个人所得税。

(1) 非居民个人的工资、薪金所得，每月减除费用5000元后的余额为应纳税所得额。

(2) 非居民劳务报酬所得、稿酬所得、特许权使用费所得，以每次收入额为应纳税所得额，适用按月换算后的非居民个人月度税率表(见表7-4)计算应纳税额。其中劳务、稿酬、特许权使用费所得以收入减除20%的费用后的余额为收入额。稿酬所得的收入额减按70%计算。

非居民个人工资、薪金所得，劳务报酬所得，稿酬所得，特许权使用费所得应纳税额=应纳税所得额×税率−速算扣除数

【例7-4】非居民张先生自2019年1月1日起，公司每月支付工资20 000元(税前)。张先生个人所得税的专项扣除标准为1000元/月，专项附加扣除标准为1000元/月；试计算自2019年1月至3月，A公司作为扣缴义务人每个月应预扣预缴的具体税额。

【解析】每月应扣个人所得税税额=(20 000−5000)×20%−1410=1590元。非居民个人的工资、薪金所得，每月减除费用5000元后的余额为应纳税所得额。

表7-4　个人所得税税率表(四)

(适用：非居民个人工资薪金、劳务报酬、稿酬、特许权使用费所得)

级　数	全月应纳税所得额	税率/%	速算扣除数
1	不超过3000元的	3	0
2	超过3000～12 000元的部分	10	210
3	超过12 000～25 000元的部分	20	1410
4	超过25 000～35 000元的部分	25	2660
5	超过35 000～55 000元的部分	30	4410
6	超过55 000～80 000元的部分	35	7160
7	超过80 000元的部分	45	15 160

(四)经营所得应纳税额的计算

个体工商户的生产、经营所得应纳税额的计算公式如下。

应纳税额=应纳税所得额×适用税率−速算扣除数

应纳税所得额=全年收入总额−成本、费用、税金、损失、其他支出及以前年度亏损

(五)利息、股息、红利所得应纳税额的计算

利息、股息、红利所得应纳税额的计算公式如下。

应纳税额=应纳税所得额×适用税率

　　　　=每次收入额×适用税率

(六)财产租赁所得应纳税额的计算

财产租赁所得应纳税额的计算公式如下。

(1) 每次(月)收入不足 4000 元的：

应纳税额=[每次(月)收入额-税费-修缮费用(800 元为限)-800]×20%

(2) 每次(月)收入在 4000 元以上的：

应纳税额=[每次(月)收入额-税费-修缮费用(800 元为限)]×(1-20%)×20%

个人出租房屋的个人所得税应税收入不含增值税，计算房屋出租所得可扣除的税费不包括本次出租缴纳的增值税。个人转租房屋的，其向房屋出租方支付的租金及增值税税额，在计算转租所得时予以扣除。

【思考 7-12】2017 年 9 月，王某出租自有住房取得租金收入 6000 元(不含增值税)，房屋租赁过程中缴纳的可以税前扣除的税费 240 元，支付该房屋的修缮费 1000 元。税率 10%，计算王某当月出租住房应缴纳的个人所得税税额的下列算式中正确的是(　　)。

A. (6000-240-800)×10%=496(元)

B. (6000-240-1000)×10%=476(元)

C. (6000-240-1000)×(1-20%)×10%=380.8(元)

D. (6000-240-800)×(1-20%)×10%=396.8(元)

【解析】正确答案是 D。每月扣除的修缮费用以 800 元为限。

(七)财产转让所得应纳税额计算

财产转让所得应按照一次转让财产的收入额减除财产原值和合理费用后的余额计算纳税。

财产转让所得应纳税额的计算公式如下。

应纳税额=应纳税所得额×20%

=(收入总额-财产原值-合理费用)×20%

受赠人转让受赠房屋的，以其转让受赠房屋的收入减除原捐赠人取得该房屋的实际购置成本以及赠与和转让过程中受赠人支付的相关税费后的余额，为受赠人的所得额计税。

受赠人转让受赠房屋价格明显偏低且无正当理由的，税务机关可以按市场评估价或其他合理方式确定的价格核定其转让收入。

(八)偶然所得应纳税额计算

偶然所得应纳税额的计算公式如下。

应纳税额=应纳税所得额×20%

=每次收入额×20%

【思考 7-13】2018 年 1 月周某在商场举办的有奖销售活动中获得奖金 4000 元，周某领奖时支付交通费 30 元、餐费 70 元。计算周某中奖奖金的所得税税额的下列算式中，正确的是(　　)元。

A. (4000-70) ×20%=786　　　　B. (4000-30-70)×20%=780

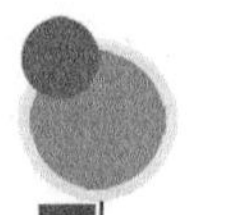

C. (4000−30) ×20%=794　　　　　D. 4000×20%=800

【解析】正确答案是D。偶然所得以每次收入额为应纳税所得额。

二、应纳税额计算的其他规定

(1) 全年一次性奖金的征税规定。

居民个人取得全年一次性奖金，符合相关规定的，在2021年12月31日前，不并入当年综合所得，以全年一次性资金收入除以12个月得到的数额，按照按月换算后的综合所得税率表，确定适用税率和速算扣除数，单独计算纳税。计算公式如下。

应纳税额=全年一次性资金收入×适用税率−速算扣除数

居民个人取得全年一次性奖金，也可以选择并入当年综合所得计算纳税。

自2022年1月1日起，居民个人取得全年一次性奖金，应并入当年综合所得计算缴纳个人所得税。

(2) 上市公司股权激励的征税规定。

居民个人取得股票期权、股票增值权、限制性股票、股权奖励等股权激励，符合规定的相关条件的，在2021年12月31日前，不并入当年综合所得，全额单独适用综合所得税率表，计算纳税。计算公式如下。

应纳税额=股权激励收入×适用税率−速算扣除数

居民个人一个纳税年度内取得两次以上(含两次)股权激励的，应合并计算纳税。

(3) 个人领取企业年金、职业年金的征税规定。

个人达到国家规定的退休年龄，领取的企业年金、职业年金，符合相关规定的，不并入综合所得，全额单独计算应纳税款。按月领取的，适用月度税率表；按季领取的，平均分摊计入各月，适用月度税率表；按年领取的，适用综合所得税率表计算纳税。

个人因出境定居而一次性领取年金个人账户资金，或个人死亡后，其指定的受益人或法定继承人一次性领取的年金个人账户余额，适用综合所得税率表。除上述原因外一次性领取个人账户资金或余额的，适用月度税率表计算纳税。

(4) 解除劳动关系一次性补偿收入的征税规定。

个人与用人单位解除劳动关系而取得的一次性补偿收入(包括用人单位发放的经济补偿金、生活补助费和其他补助费)，在当地上年职工平均工资3倍数额以内的部分，免征个人所得税；超过3倍数额的部分，不并入当年综合所得，单独适用综合所得税率表，计算纳税。

(5) 提前退休一次性补贴收入的征税规定。

个人办理提前退休手续而取得的一次性补贴收入，应按照办理提前退休手续至法定离退休年龄之间实际年度数平均分摊，确定适用税率和速算扣除数，单独适用综合所得税率表计税。计算公式如下。

应纳税额={[(一次性补贴收入÷提前退休至法定退休年龄的实际年度数)−费用扣除标准]×适用税率−速算扣除数}×办理提前退休手续至法定退休年龄的实际年度数

(6) 内部退养一次性补贴收入的征税规定。

实行内部退养的个人在办理内部退养手续后至法定离退休年龄之间从原任职单位取得

的工资、薪金，不属于离退休工资，应按“工资薪金所得”计税。

个人在办理内部退养手续后从原任职单位取得的一次性收入，应按办理内部退养手续后至法定离退休年龄之间的所属月份进行平均，并与领取当月的“工资、薪金”所得合并后减除当月费用扣除标准，以余额为基数确定适用税率，再将当月工资、薪金加上取得的一次性收入，减去费用扣除标准，按适用税率计征个人所得税。

个人在办理内部退养手续后至法定离退休年龄之间重新就业取得的工资、薪金所得，应与其从原任职单位取得的同一月份的工资、薪金所得合并，并依法自行向主管税务机关申报缴纳个人所得税。

(7) 单位低价向职工售房的征税规定。

单位按低于购置或建造成本价格出售住房给职工，职工因此而少支出的差价部分，符合相关规定的，不并入当年综合所得，以差价收入除以 12 个月得到的数额，按月度税率表，单独计税。计算公式如下。

应纳税额=少支出的差价×适用税率−速算扣除数

(8) 个人取得公务交通、通讯补贴收入的征税规定。

个人因公务用车和通讯制度改革而取得的公务用车、通讯补贴收入，扣除一定标准的公务费用后，按照 “工资、薪金所得”项目计征个人所得税。

(9) 退休人员再任职取得收入的征税规定。

退休人员再任职取得的收入，在减除按个人所得税法规定的费用扣除标准后，按“工资、薪金所得”应税项目缴纳个人所得税。

(10) 离退休人员从原任职单位取得各类补贴、奖金、实物的征税规定。

离退休人员除按规定领取离退休工资或养老金外，另从原单位取得的各类补贴、奖金、实物，不属于免税的退休工资、离休工资、离休生活补助费，应在减除费用扣除标准后，按“工资、薪金所得”应税项目缴纳个人所得税。

(11) 基本养老保险费、基本医疗保险费、失业保险费、住房公积金的征税规定。

企事业单位和个人超过规定的比例和标准缴付的基本养老保险费、基本医疗保险费和失业保险费，应将超过部分并入个人当期的工资、薪金收入，计征个人所得税。

单位和个人分别在不超过职工本人上一年度月平均工资 12%的幅度内，其实际缴存的住房公积金，允许在个人应纳税所得额中扣除。单位和职工个人缴存住房公积金的月平均工资不得超过职工工作所在设区城市上一年度职工月平均工资的 3 倍，具体标准按照各地有关规定执行。单位和个人超过规定比例和标准缴付的住房公称金，应将超过部分并入个人当期的工资、薪金收入，计征个人所得税。

(12) 企业为员工支付保险金的征税规定。

对企业为员工支付各项免税之外的保险金，应在企业向保险公司缴付时并入员工当期的工资收入，按“工资、薪金所得”项目计征个人所得税，税款由企业负责代扣代缴。

(13) 兼职律师从律师事务所取得工资、薪金性质所得的征税规定。

兼职律师从律师事务所取得工资、薪金性质的所得，律师事务所在代扣、代缴其个人所得税时，不再减除个人所得税法规定的费用扣除标准，以收入全额(取得分成收入的为扣除办理案件支出费用后的余额)直接确定适用税率，计算扣缴个人所得税。兼职律师应自行向主管税务机关申报两处或两处以上取得的工资、薪金所得，合并计算缴纳个人所得税。

兼职律师是指取得律师资格和律师执业证书，不脱离本职工作从事律师职业的人员。

(14) 从职务科技成果转化收入中给予科技人员的现金奖励的征税规定。

依法批准设立的非营利性研究开发机构和高等学校根据《中华人民共和国促进科技成果转化法》的规定，从职务科技成果转化收入中给予科技人员的现金奖励，可减按50%计入科技人员当月“工资、薪金所得”，依法缴纳个人所得税。

非营利性科研机构和高校包括国家设立的科研机构和高校、民办非营利性科研机构和高校。

(15) 保险营销员、证券经纪人取得的佣金收入，属于“劳务报酬所得”，以不含增值税的收入减除20%的费用后的余额为收入额，收入额减去展业成本以及附加税费后，并入当年综合所得，计算缴纳个人所得税。保险营销员、证券经纪人展业成本按照收入额的25%计算。

扣缴义务人向保险营销员、证券经纪人支付佣金收入时，应按照规定的累计预扣法计算预扣税款。

(16) 个人从公开发行和转让市场取得的上市公司股票，持股期限在1个月以内(含)的，其股息红利所得全额计入应纳税所得额；持股期限在1个月以上至1年(含1年)的，暂减按50%计入应纳税所得额。上述所得统一适用20%的税率计征个人所得税。持股期限在1年以上的，其股息红利免税。

【例7-5】中国某公司职员王某2019年1—3月每月取得工资薪金收入均为10 000元。当地规定的社会保险和住房公积金个人缴存比例为：基本养老保险比例为8%，基本医疗保险为2%，失业保险为0.5%，住房公积金为12%。社保核定的王某2019年社会保险费的缴费工资基数为8000元。王某1—2月累计已预扣预缴个人所得税税额为192元。计算王某3月应预扣预缴的个人所得税。

【解析】

3月份累计收入=10 000×3=30 000(元)

累计减除费用=5000×3=15 000(元)

累计专项扣除=8000×(8%+2%+0.5%+12%)×3=5400(元)

累计预扣预缴应纳税所得额=30 000−15 000−5400=9600(元)

对应税率3%，则：

应预扣预缴个税=9600×3%−192=96(元)

【例7-6】假设甲公司职员李某2019年全年工资收入180 000元，当地社保比例为：基本养老保险比例为8%，基本医疗保险为2%，失业保险为0.5%，住房公积金为12%。李某缴纳社保核定的工资基数为10 000元。李某正在偿还首套住房贷款及利息；李某为独生女，其独生子正在上大三，李某父母均过60岁。李某夫妻约定由李某扣子女教育费和住房贷款利息。试计算李某当月应缴纳的个税。

【解析】

(1) 全年减除费用=60 000元

(2) 专项扣除=10 000×(8%+2%+0.5%+12%)×12=27 000(元)

(3) 专项附加扣除

子女教育费=12 000元；

贷款利息=12 000元；

赡养老人支出=24 000元；

小计：12 000+12 000+24 000=48 000(元)

(4) 扣除项目合计。

60 000+27 000+48 000=135 000(元)

应纳税所得额=180 000−135 000=45 000(元)，对应的税率为10%，速算扣除数为2520。

应纳税额=45 000×10%−2520=1980(元)

三、境外所得税额扣除

居民个人从中国境内和境外取得的综合所得、经营所得，应当分别合并计算应纳税额；从中国境内和境外取得的其他所得，应当分别单独计算应纳税额。

居民个人从中国境外取得的所得，可以从其应纳税额中抵免已在境外缴纳的个人所得税税额，但抵免额不得超过该纳税人境外所得依照个人所得税法规定计算的应纳税额。

已在境外缴纳的个人所得税税额，是指居民个人来源于中国境外的所得，依照该所得来源国家(地区)的法律应当缴纳并且实际已经缴纳的所得税税额。

纳税人境外所得依法个人所得税法规定计算的应纳税额，是居民个人抵免已在境外缴纳的综合所得、经营所得以及其他所得的所得税税额的限额(以下简称“抵免限额”)。除国务院财政部、税务主管部门另有规定外，来源于中国境外一个国家(地区)的综合所得抵免限额、经营所得抵免限额以及其他所得抵免限额之和，为来源于该国家(地区)所得的抵免限额。

居民个人在中国境外一个国家(地区)实际已经缴纳的个人所得税税额，低于依照前款规定计算出的来源于该国家(地区)所得的抵免限额的，应当在中国缴纳差额部分的税款；超过来源于该国家(地区)所得的抵免限额的，其超过部分不得在本纳税年度的应纳税额中抵免，但是可以在以后纳税年度来源于该国家(地区)所得的抵免限额的余额中补扣。补扣期限最长不得超过五年。

居民个人中请抵免已在境外缴纳的个人所得税税额，应当提供境外税务机关出具的税款所属年度的有关纳税凭证。

【例7-7】中国公民王某11月份从A国取得特许权使用费收入8000元，按A国税法缴纳个人所得税1400元；从B国取得股息收入3000元，按B国税法缴纳个人所得税500元。试计算王某这两项收入在国内应缴纳的个人所得税税额。

【解析】

(1) A国收入按我国税法规定计算的扣除限额如下。

扣除限额=8000×(1−20%)×20%=1280(元)

由于王某在A国实际缴纳的税款1400元超过了扣除限额，因此此项收入王某不需要补缴税款。

(2) B国收入按我国税法规定计算的扣除限额如下。

扣除限额=3000×20%=600(元)

由于王某在B国实际缴纳的税款500元小于扣除限额，因此应补缴税款100元。

第三节　个人所得税的征收管理

一、个人所得税的征收

我国个人所得税采取源泉扣缴和自行申报两种纳税方法。

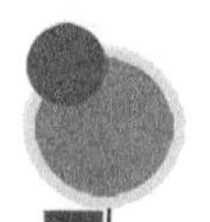

(一)源泉扣缴

源泉扣缴是指按照税法规定负有扣缴税款义务的单位或者个人，在向个人支付应税款项时，应计算其应纳个人所得税税额，并从其所得中代扣应纳税额、按时缴库的一种缴纳个人所得税的办法。

扣缴义务人依照法律、行政法规的规定履行代扣、代收税款的义务，纳税人不得拒绝。税务机关应根据扣缴义务所扣缴的税款，付给2%的手续费，由扣缴义务人用于代扣代缴费用开支和奖励代扣代缴工作做得较好的办税人员。

扣缴义务人在向个人支付应税款项时，应当依照税法规定代扣税款，按时缴库，并专项记载备查。

(二)自行申报

凡有下列情形之一的，纳税人应当依法办理纳税申报。

(1) 取得综合所得需要办理汇算清缴的。

① 两处以上取得综合所得，且综合所得年收入额减去专项扣除的余额超过6万元。

② 取得劳务报酬所得、稿酬所得、特许权使用费所得中一项或者多项，且综合所得年收入额减去专项扣除的余额超过6万元。

③ 纳税年度内预缴税额低于应纳税额的。

④ 纳税人申请退税。提供境内银行账户并在汇算清缴地办理税款退库。

(2) 取得应税所得，没有扣缴义务人的。

(3) 取得应税所得，扣缴义务人未扣缴纳税款。

(4) 取得境外所得。

(5) 因移居境外注销中国户籍。

(6) 非居民个人在中国境内从两处以上取得工资薪金所得。

(7) 国务院规定的其他情形。

二、个人所得税的缴纳

扣缴义务人每月代扣代缴的税款，自行申报纳税人每月应纳的税款，都应当在次月15日内缴入国库，并向税务机关报送纳税申报表。

(1) 居民个人取得综合所得，按年计算个人所得税；有扣缴义务人的，由其按月或按次预扣税款；需要办理汇算清缴的，应当在取得所得的次年3月1日至6月30日内办理汇算清缴。

(2) 非居民个人取得工资、薪金所得，劳务报酬所得，稿酬所得和特许权使用费所得，有扣缴义务人，由其按月或按次代扣， 不办理汇算清缴。

(3) 纳税人取得经营所得，按年计算个人所得税，由纳税人在月度或季度终了后15日内向税务机关报送纳税申报表，并预缴税款；在取得所得的次年3月31日前办理汇算清缴。

(4) 纳税人取得利息、股息、红利所得，财产租赁所得，财产转让所得和偶然所得，按月或次计算个人所得税，有扣缴义务人的，由扣缴义务人按月或按次代扣代缴税款。

(5) 纳税人取得应税所得没有扣缴义务人的，应当在取得所得的次月15日内向税务机

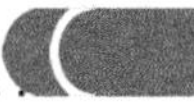

关 报送纳税申报表，并缴纳税款。

(6) 纳税人取得应税所得，扣缴义务人未扣缴税款的，纳税人应当在取得所得的次年6月30日前，缴纳税款；税务机关通知限期缴纳的，纳税人应当按照期限缴纳税款。

(7) 居民个人从中国境外取得所得的，应当在取得所得的次年3月1日至6月30日内申报纳税。

(8) 非居民个人在中国境内从两处以上取得工资、薪金所得的，应当在取得所得的次月15日内申报纳税。

(9) 纳税人因移居境外注销中国户籍的，应当在注销中国户籍前办理税款清算。

(10) 扣缴义务人每月或每次预扣、代扣的税款，应当在次月15日内缴入国库，并向税务机关报送扣缴个人所得税申报表。

各项所得的计算，以人民币为单位。所得为人民币以外货币的，按照办理纳税申报或扣缴申报的上一月最后一日人民币汇率中间价，折合成人民币计算应纳税所得额。年度终了后办理汇算清缴的，对已按月、按季或按次预缴税款的人民币以外货币所得，不再重新折算；对应当补缴税款的所得部分，按照上一纳税年度最后一日人民币汇率中间价，折合成人民币计算应纳税所得额。

三、纳税地点

自行申报纳税人，其申报地点一般应为收入来源地的主管税务机关。纳税人从中国境外取得所得的，应在户籍所在地或经常居住地税务机关申报纳税。在两处以上取得收入的，可选择并固定在其中一地税务机关申报纳税。

四、税收优惠

(一)免税项目

根据《个人所得税法》及其实施条例，个人的下列各项所得，免予缴纳个人所得税。

(1) 省级人民政府、国务院部委和中国人民解放军军以上单位，以及外国组织、国际组织颁发的科学、教育、技术、文化、卫生、体育和环境保护等方面的奖金。

(2) 国债利息和国务院批准发行的金融债券利息。

(3) 按照国务院规定统一发放的补贴、津贴。

(4) 福利费、抚恤金和救济金。

(5) 保险赔款。

(6) 军人的转业费、复员费。

(7) 按照国家统一规定发给干部、职工的安家费、退职费、退休工资、离休工资和离休生活补助费。

离退休人员按规定领取离退休工资或养老金外，另从原任单位取得的各类补贴、奖金、实物，不属于免税的退休工资、离休工资、离休生活补助费，应按“工资、薪金所得”应税项目的规定缴纳个人所得税。

(8) 依照我国有关法律规定应予免税的各国驻华使馆、领馆的外交代表、领事官员和

其他人员的所得。

(9) 中国政府参加的国际公约、签订的协议中规定免税的所得。

(10) 按照国家规定，单位为个人缴付和个人缴付的住房公积金、基本医疗保险金、基本养老金和失业保险金，从纳税义务人的应纳税所得额中扣除。个人领取原提存的住房公积金、医疗保险金和基本养老金时，免征个人所得税。

(11) 按照国家有关城镇房屋拆迁管理办法规定的标准，被拆迁人取得的拆迁补偿款，免征个人所得税。

(12) 经国务院财政部门批准免税的其他所得。

【思考 7-14】下列各项中，免予缴纳个人所得税的有(　　)。

A. 编剧的剧本使用费　　B. 职工的保险赔款

C. 业余模特的时装表演费　　D. 军人的转业费

【解析】正确答案是 BD。选项 A、C 应当缴纳个人所得税。

(二)减税项目

有下列情形之一的，经批准可以减征个人所得税。

(1) 残疾、孤老人员和烈属的所得。

(2) 因严重自然灾害而遭受重大损失。

(3) 其他经国务院财政部门批准减税的情况。

(三)暂免征收项目

下列各项个人所得，暂免征收个人所得税。

(1) 个人举报、协查各种违法和犯罪行为而获得的奖金。

(2) 个人办理代扣代缴税款手续，按规定取得的扣缴手续费。

(3) 个人转让自用达 5 年以上，并且是唯一的家庭生活用房取得的所得。

(4) 对按《国务院关于高级专家离休退休若干问题的暂行规定》和《国务院办公厅关于杰出高级专家暂缓离退休审批问题的通知》精神，达到离休和退休年龄，但确因工作需要，适当延长离休、退休年龄的高级专家(指享受国家发放的政府特殊津贴的专家和学者)，其在延长离休退休期间的工资、薪金所得，视同退休工资、离休工资免征个人所得税。

(5) 个人购买福利彩票、体育彩票，一次中奖收入在 1 万元以下的(含 1 万元)暂免征收个人所得税，超过 1 万元的全额征收个人所得税。

(6) 企业依照国家有关法律规定宣告破产，企业职工从该破产企业取得的一次性安置费收入，免征个人所得税。

(7) 职工与用人单位解除劳动关系取得的一次性补偿收入(包括用人单位发放的经济补偿金、生活补助费和其他补助费用)，在当地上年职工平均工资 3 倍数额以内的部分，可以免征个人所得税。超过该标准的一次性补偿收入，应按照国家有关规定征收个人所得税。

(8) 自 2009 年 5 月 25 日(含)起，以下情形的房屋产权无偿赠与，对当事双方不征收个人所得税：①房屋产权所有人将房屋产权无偿赠与配偶、父母、子女、祖父母、外祖父母、孙子女、外孙子女、兄弟姐妹；②房屋产权所有人将房屋产权无偿赠与对其承担直接

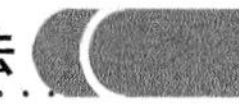

抚养或者赡养义务的抚养人或者赡养人；③房屋产权所有人死亡，依法取得房屋产权的法定继承人、遗嘱继承人或者受遗赠人。

(9) 个人取得单张有奖发票奖金所得不超过 800 元(含)的暂免征收个人所得税。超过 800 元的，应全额按照“偶然所得”项目征收个人所得税。

(10) 外籍个人从外商投资企业取得的股息、红利所得。

(11) 对工伤职工及其近亲属按照《工伤保险条例》规定取得的工伤保险待遇，免征个人所得税。

(12) 企业和事业单位根据国家有关政策规定的办法和标准，为本单位任职或者受雇的全体职工缴付的企业年金或职业年金单位缴费部分，在计入个人账户时，个人暂不缴纳个人所得税。

个人根据国家有关政策规定缴付的年金个人缴费部分，在不超过本人缴费工资计税基数的 4%标准内的部分，暂从个人当期的应纳税所得额中扣除。

年金基金投资运营收益分配计入个人账户时，个人暂不缴纳个人所得税。

对个人实际领取的企业年金或职业年金按规定征收个人所得税。

(13) 个体工商户、个人独资企业和合伙企业或个人从事种植业、养殖业、饲养业、捕捞业取得的所得，暂不征收个人所得税。

(14) 企业在销售商品(产品)和提供服务的过程中向个人赠送礼品，属于下列情形之一的，不征收个人所得税：①企业通过价格折扣、折让方式向个人销售商品(产品)和提供服务；②企业在向个人销售商品(产品)和提供服务的同时给予赠品，如通信企业对个人购买手机赠话费、入网费，或者购话费赠手机等；③企业对累积消费达到一定额度的个人按消费积分反馈礼品。

【思考 7-15】下列各项所得中，应纳个人所得税的有(　　)。

A. 劳务报酬所得　　B. 稿酬所得　　C. 保险赔款　　D. 股息

【解析】正确答案是 ABD。保险赔款免税。

五、纳税申报与账务处理

(一)纳税申报

个人所得税纳税申报的方法主要分为自行申报纳税和代扣代缴纳税两种。实务操作中，大量的个人所得税是采取源泉控制即代扣代缴方式缴纳的，所以此处重点介绍代扣代缴报告表的填写。负有代扣代缴税款义务的单位和个人向纳税人支付除个体工商户所得项目以外的各项应税所得项目，均应代扣代缴税款。每月所扣的税款，应当在次月 15 日内缴入国库，并向主管税务机关报送《扣缴个人所得税报告表》(见表 7-5)，代扣代收税款凭证和包括每一个纳税人的姓名、单位、职务、收入、税款等内容的支付个人收入明细表，以及税务机关要求报送的其他有关资料。

表 7-5　扣缴个人所得税报告表

扣缴义务人编码：460280304020139

扣缴义务人名称(公章)：　红星实业有限责任公司　　　　填表日期：2019 年 02 月 05 日　　　　金额单位：元(列至角分)

序号	纳税人姓名	身份证照类型	身份证照号码	国籍	所得项目	所得期间	收入额	免税收入额	允许扣除的税费	费用扣除标准	准予扣除的捐赠额	应纳税所得额	税率	速算扣除数	应扣税额	已扣税额	备注
1	2	3	4	5	6	7	8	9	10	11	12	13	14	15	16	17	18
合　计							94 600.00			—	—	—	—	—	8728.00		
1	张玉新	身份证	652301720304035	中国	工资所得	2019-01	14 700.00			5000.00		9700.00	3%	0.00	291.00		
2	赵军强	身份证	652301680314126	中国	工资所得	2019-01	32 900.00			5000.00		27 900.00	3%	0.00	837.00		
3	唐志斌	身份证	652301691203129	中国	劳务所得	2019-01	5000.00			1000.00		4000.00	20%	0.00	800.00		
4	赵奇	身份证	652301701102068	中国	偶然所得	2019-01	2000.00					2000.00	20%	0.00	400.00		
5	冯小龙	身份证	652301710502069	中国	特许权所得	2019-01	40 000.00			8000.00		32 000.00	20%	0.00	6400.00		
扣缴义务人声明	我声明：此扣缴报告表是根据国家税收法律、法规的规定填报的，我确定它是真实的、可靠的和完整的。　声明人签字：																
会计主管签字：				负责人签字：						扣缴单位(或法定代表人)(签章)：							
受理人(签章)：				受理日期：　年　月　日						受理税务机关(章)：							

注：① 张玉新：工资、薪金应纳税额=(8700+6000−5 000)×3%= 291(元)。

② 赵军强：工资、薪金应纳税额=(8900+24 000−3500)×3%= 837(元)。

③ 唐志斌：劳务所得应预扣预缴的个人所得税税额= 5000×(1−20%)×20%= 800 (元)。

④ 赵奇：偶然所得应预扣预缴的个人所得税税额= 2000×20%= 400 (元)。

⑤ 冯小龙：特许权使用费所得应预扣预缴的个人所得税税额= 40 000×(1−20%)×20%= 6400 (元)。

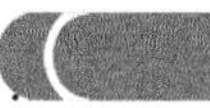

【例 7-8】红星实业有限责任公司的扣缴义务人编码为 460280304020139，2019 年 1 月支付人工费用如下：①支付张玉新工资 8700 元，月奖金 6000 元；②支付赵军强工资 8900 元，月奖金 24 000 元；③支付唐志斌广告设计费 5000 元；④因有奖销售支付赵奇奖金 2000 元；⑤支付冯小龙某项专利权使用许可费 40 000 元。试填报该公司扣缴个人所得税报告表(见表 7-5)。

(二)账务处理

扣缴义务人应设立代扣代缴税款账簿，正确反映个人所得税的扣缴情况。企业代扣、代缴个人所得税款，应通过“应交税费——应交代扣个人所得税”明细账户进行账务处理。其他单位可以通过往来账户“其他应付款”来核算。

个人所得税由于应税项目不同，有不同的列支途径，如对工资、薪金的个人所得税，应借记“应付职工薪酬”科目；对劳务报酬的个人所得税，应借记“管理费用”“营业费用”或“其他应付款”科目；对分配红利等个人所得税，应借记“应付股利”科目等。实际缴纳时，借记“应交税费——应交代扣个人所得税或代扣个人所得税”科目，贷记“银行存款”科目。

承例 7-8，红星实业有限责任公司代扣个人所得税的账务处理如下。

(1) 代扣工资、薪金及奖金所得应纳税额时，

借：应付职工薪酬　　1128

　　贷：应交税费——应交代扣个人所得税　　1128

(2) 代扣劳务费所得应纳税额时，

借：其他应付款　　800

　　贷：应交税费——应交代扣个人所得税　　800

费用列支时，

借：营业费用　　800

　　贷：其他应付款　　800

(3) 代扣偶然所得应纳税额时，

借：其他应付款　　400

　　贷：应交税费——应交代扣个人所得税　　400

(4) 代扣特许权使用费所得应纳税额时，

借：其他应付款　　6400

　　贷：应交税费——应交代扣个人所得税　　6400

(5) 实际缴纳个人所得税时，根据实际代缴金额作如下会计分录。

借：应交税费——应交代扣个人所得税　　10 135

　　贷：银行存款　　10 135

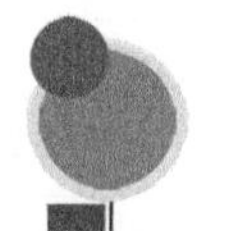

复习思考题

1. 简述居民纳税人与非居民纳税人的划分标准及其征税范围。
2. 简述个人所得税的征税范围。
3. 简述个人所得税的申报办法。
4. 简述个人综合所得计算中应注意的事项。

强化训练题

一、单项选择题

1. 下列关于居民纳税义务的表述中，正确的是(　　)。

   A. 有限纳税义务　　B. 无限纳税义务

   C. 仅就来源于中国的所得征税　　D. 仅就来自国外的收入征税

2. 下列各项中，不属于个人所得税纳税人的是(　　)。

   A. 合伙企业中的自然人合伙人　　B. 一人有限责任公司

   C. 个体工商户　　D. 个人独资企业的投资者个人

3. 对购买体育彩票取得的中奖收入不超过(　　)元暂免征收个人所得税。

   A. 1000　　B. 800　　C. 10 000　　D. 5000

4. 张某年初取得单位集资款的利息收入 800 元，应缴纳(　　)元个人所得税。

   A. 160　　B. 100　　C. 75　　D. 0

5. 综合所得适用(　　)。

   A. 比例税率　　B. 七级超额累进税率

   C. 七级全额累进税率　　D. 七级超率累进税率

6. 一次取得劳务报酬 30 000 元，应预扣预缴个人所得税 (　　)元。

   A. 6000　　B. 5200　　C. 5840　　D. 4800

7. 下列个人所得，在计算个人所得税时，允许依法扣减费用的是(　　)。

   A. 利息、红利所得　　B. 股息所得

   C. 偶然所得　　D. 综合所得

8. 下列所得中，应缴纳个人所得税的是(　　)。

   A. 加班工资　　B. 独生子女费

   C. 差旅费　　D. 国债利息收入

9. 中国公民李某 1 月份取得综合所得 4500 元，则李某 1 月份应缴纳个人所得税为(　　)元。

   A. 7.5　　B. 0　　C. 30　　D. 190

10. 下列各项中，免予缴纳个人所得税的是(　　)。

    A. 县级政府颁发的科学进步奖金　　B. 省级人民政府颁发的环境保护奖

    C. 李某将房屋赠送给朋友　　D. 个人抽奖所得奖金

11. 赵某一次演出收入 20 000 元，则应预扣预缴劳务报酬个人所得税为(　　)元。

A. 3200　　B. 4000　　C. 2800　　D. 2400

12. 作家马某 12 月从某电视剧制作中心取得剧本使用费 50 000 元。关于马某该项收入计缴个人所得税的下列表述中，正确的是(　　)。

A. 应按“稿酬所得”计缴个人所得税

B. 应按“工资、薪金所得”计缴个人所得税

C. 应按“劳务报酬所得”计缴个人所得税

D. 应按“特许权使用费所得”计缴个人所得税

13. 李某 6 月份出版专著一部，获得稿酬收入 5 万元，则应预扣预缴稿费的个人所得税为(　　)元。

A. 5600　　B. 10 000　　C. 8000　　D. 6400

14. 张某将自有住房对外出租(居住用)，月租金收入 1200 元，则每月应缴纳的个人所得税为(　　)元。

A. 80　　B. 40　　C. 0　　D. 240

15. 某球星 4 月份取得比赛收入 5 万元，通过县政府向灾区捐赠 2 万元，则应预扣预缴的个人所得税为(　　)元。

A. 4800　　B. 5200　　C. 6400　　D. 6000

二、多项选择题

1. 划分居民纳税义务人和非居民纳税义务人的标准是(　　)。

A. 境内有无住所　　B. 境内居住时间

C. 取得收入的工作地　　D. 境内工作时间

2. 下列各项中，属于个人所得税居民纳税人的有(　　)。

A. 在中国境内无住所，但在一个纳税年度中在中国境内居住满 183 天的个人

B. 在中国境内无住所且不居住的个人

C. 在中国境内无住所，而在境内居住 9 个月的个人

D. 在中国境内有住所的个人

3. 下列所得中，属于偶然所得的有(　　)。

A. 存款利息所得　　B. 参加有奖销售所得奖金

C. 转让股票所得　　D. 购买福利彩票所得奖金

4. 个人取得的下列收入中，应按照“劳务报酬所得”计缴个人所得税的有(　　)。

A 某职员取得的本单位优秀员工奖金

B 某高校教从任职学校领取的工资

C 某工程师从非雇佣企业取得的咨询收入

D 某经济学家从非雇佣企业取得的讲学收入

5. 下列所得中，在不超过 4000 元时，费用扣除为 800 元的有(　　)。

A. 特许权使用费所得　　B. 财产租赁所得

C. 财产转让所得　　D. 个体工商户生产经营所得

6. 下列属于综合所得的有(　　)。

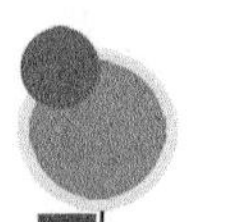

A. 工资薪金所得　　B. 财产租赁所得
C. 劳务报酬所得　　D. 财产转让所得

7. 下列所得中，属于劳务报酬所得的有(　　)。
A. 在报纸上发表文章取得的收入　　B. 取得技术咨询费
C. 讲课费　　D. 转让专利技术使用权的收入

8. 下列所得中，属于稿酬所得的有(　　)。
A. 个人图书被出版取得的收入　　B. 翻译资料取得的收入
C. 在刊物上发表论文取得的收入　　D. 个人作品在杂志上连载取得的收入

9. 对所得征收个人所得税时，以每次收入额为应纳税所得额的有(　　)。
A. 利息、股息和红利所得　　B. 稿酬所得
C. 工资、薪金所得　　D. 偶然所得

10. 下列各项中，免予缴纳个人所得税的有(　　)。
A. 军人的转业费 8 万元　　B. 保险赔款 3 万元
C. 退休工资 3000 元　　D. 取得国债利息收入 2000 元

11. 下列各项中，属于专项附加扣除的有(　　)。
A. 继续教育　　B. 子女抚养
C. 赡养老人　　D. 子女教育

12. 个人通过中国境内非营利性的社会团体、国家机关向(　　)的捐赠，在计算个人所得税时准予全额扣除。
A. 教育、公益事业　　B. 遭受严重自然灾害地区
C. 红十字事业　　D. 青少年活动场所

13. 下列属于来源于中国境内的所得的有(　　)。
A. 中国境内的出租人将财产出租给承租人在境外使用而取得的所得
B. 从中国境内的公司、企业以及其他经济组织或者个人取得的利息、股息、红利所得
C. 许可各种特许权在中国境内使用而取得的所得
D. 因任职、受雇、履约等而在中国境内提供劳务取得的所得。

14. 下列个人所得中，应按照“劳务报酬所得”税目征收个人所得税的有(　　)。
A. 某大学教授从甲公司取得咨询费
B. 某公司高管从乙大学取得的讲课费
C. 某设计院设计师从丙公司取得的设计费
D. 某编剧从丁电视剧制作单位取得的剧本使用费

15. 根据个人所得税法律制度的规定，下列个人所得中，免征个人所得税的有(　　)。
A. 军人领取的转业费　　B. 教师工资所得
C. 作家拍卖手稿所得　　D. 工人取得的保险赔款

三、判断题

1. 财产租赁所得，以一个月内的收入为一次。　　(　　)
2. 个人取得的教育存款利息和保险赔款要纳个人所得税。　　(　　)

3. 在中国境内有住所，或者无住所而一个纳税年度内在境内居住累计满183天的个人，属于我国个人所得税的居民纳税人。 ( )

4. 刘某出售自用6年的家庭唯一住房取得的净收入，免征个人所得税。 ( )

5. 杨某5月份按市场价格出租个人住房，取得租金收入850元，如不考虑其他税费，则杨某5月份应缴纳个人所得税为10元。 ( )

四、业务训练题

1. 某中国公民于2019年8月份获得稿酬收入20 000元，他通过民政局向受洪涝灾害的地区捐赠10 000元，试计算该公民8月份应预扣预缴的个人所得税。

2. 王某取得1月份工资薪金收入6200元，其中，各项补贴200元、养老保险和住房公积金等300元(按规定比例提取)，试计算王某应缴纳的个人所得税税额。

3. 2019年8月王某为某公司提供设计服务，取得劳务报酬所得5000元。计算王某当月该笔劳务报酬所得应预扣预缴的个人所得税税额。

4. 2019年10月，张某所写的一部小说出版，取得稿酬所得30 000元。计算张某该笔稿酬所得应预扣预缴的个人所得税税额。

5. 2019年3月张某购买福利彩票取得一次中奖收入20 000元，将其中5000元通过国家机关向农村义务教育捐赠。已知偶然所得个人所得税税率为20%，计算张某中奖收入应缴纳个人所得税税额。

6.吕先生自2020年1月1日起，公司每月支付工资20 000元(税前)。张先生个税的专项扣除标准为1500元/月，专项附加扣除标准为2000元/月，试计算自2020年1月至4月，A公司作为扣缴义务人每个月应预扣预缴张先生具体税额。

7. 某中国公民陆某2019年1月份有以下几笔收入。

(1) 取得该月工资收入6400元。

(2) 取得持有上市公司股票1个月内的股息收入360元。

(3) 取得当月奖金收入24 000元。

(4) 取得对外讲座收入2000元。

(5) 为某单位进行管理咨询服务取得收入30 000元。

(6) 出版专著取得收入40 000元，通过民政局向灾区捐赠10 000元。

试计算陆某1月份的各项收入分别应缴纳的个人所得税税额。

8. 某高级工程师(中国公民)2019年1月取得收入的情况如下。

(1) 每月工资5900元，12月份取得年终奖金20 000元。

(2) 与其同事合作出版业务书一本，稿酬共计9000元，工程师分得3000元。

(3) 取得股息5000元。

(4) 将自有住房出租，每月租金收入2000元。

(5) 私有财产受损，取得保险公司赔款4000元。

试计算该工程师各项收入应缴纳的个人所得税税额。

9. 光华实业有限责任公司的扣缴义务人编码为460280304030189，2019年1月支付人工费用如下。

(1) 支付张小兵工资4400元，年底一次性奖金4800元。

(2) 支付石军工资5700元，当月奖金6000元。

(3) 支付陆明工程设计费5000元。

(4) 因有奖销售支付白刚奖金3000元。

(5) 支付胡斌专利权使用许可费40 000元。

试填报该公司扣缴个人所得税报告表。

五、不定项选择题

1. 中国公民叶某任职国内甲企业，2019年除工资薪金以外，境内所得如下。

(1) 为乙公司设计营销方案，取得一次性设计费10 000元。

(2) 出版著作一部，取得稿酬收入20 000元，当年添加印数而追加稿酬3000元。

(3) 购买福利彩票支出500元，一次性中奖5000元。

(4) 转让2011年12月购入家庭唯一住房一套，取得转让所得100万元。

(5) 获甲公司突出贡献奖，奖金10 000元。

(6) 车被盗，取得保险赔款50 000元。

(7) 再次购房领取原提存住房公积金56 000元。

已知稿酬个税率为20%，每次收入不超过4000元扣除费用800，超过4000元扣除费用20%。

要求：根据上述资料，分析回答下列小题。

(1) 免予征收个税的有(　　)。

A. 转让住房所得100万元　　B. 突出贡献奖10 000元

C. 提取住房公积金56 000元　　D. 保险赔款50 000元

(2) 设计营销方案的设计费10 000元适用税目是(　　)。

A. 偶然所得　　B. 工资薪金　　C. 劳务报酬所得　　D. 特许权使用费所得

(3) 一次性中奖5000元应纳个税税额，计算正确的是(　　)。

A. 应缴个税800元　　B. 应缴个税1 000元

C. 应缴个税840元　　D. 免予缴个税

(4) 关于稿酬应预扣预缴个税计算正确的是(　　)。

A. [20 000×(1−20%)+(3000−800)]×20%×70%

B. (20 000+3000)×(1−20%)×20%×70%

C. 20 000×(1−20%)×20%×70%

D. (20 000+3000)×(1−20%)×30%−2000

2. 中国公司张某为境内甲公司高级管理人员，2019年11月有关收支情况如下：(1)取得基本工资6000元，全勤奖200元，季度效益奖3600元，加班补贴500元。(2)出租住房取得租金收入5000元(不含增值税)，房屋租赁过程中缴纳的可以税前扣除的相关税费200元。(3)取得境内A上市公司非限售股股息2000元，该股票于当月转让取得所得20 000元，该股票持有期限为10个月。(4)取得国债利息6000元、保险赔款7000元。已知：当地规定的社会保险和住房公积金个人缴存比例为基本养老8%、基本医疗2%、失业0.5%、住房公积金12%；张某缴纳社会保险费核定的工资基数为5000元。对个人出租住房取得的所得暂减按10%的税率征收个人所得税，每次收入4000元以上的，减除20%的费用。

要求：根据上述资料，不考虑其他因素，分析回答下列小题。

(1) 张某当月取得的下列收入中，应按“工资薪金所得”计缴个税的有(　　)。

A. 季度效益奖 3600 元　　B. 基本工资 6000 元

C. 全勤奖 200 元　　D. 加班补贴 500 元

(2) 专项扣除项目包括(　　)。

A. 基本养老保险　　B. 基本医疗保险

C. 住房公积金　　D. 失业保险

(3) 张某当月出租住房租金收入应缴纳个人所得税税额的计算列式中，正确的是(　　)。

A. (5000−200)×(1−20%)×10%=384(元)

B. 5000×10%=500(元)

C. (5000−200) ×10%=480(元)

D. 5000×(1−20%)×10%=400(元)

(4) 张某的下列收入中，免于或暂不征收个人所得税的是(　　)。

A. 取得境内 A 上市公司非限售股股息 2000 元

B. 转让境内 A 上市公司非限售股所得 20 000 元

C. 取得国债利息 6000 元

D. 保险赔款 7000 元

3. 张某系中国公民，就职于中国境内甲公司，2018 年 10 月从境内取得如下收入：

(1) 基本工资 3800 元，岗位津贴 300 元，交通补贴 900 元，差旅费津贴 400 元。

(2) 3 年期银行存款利息收入 800 元，在二级市场买卖上市公司股票(非限售股)取得转让所得 2000 元。

(3) 为乙公司授课收入 3000 元。

(4) 接受丙公司委托进行软件设计，取得设计费 2000 元。

(5) 稿费收入 820 元。

(6) 将其 2012 年 1 月购置的一套商品房出售给周某，转让收入为 600 万元(不含增值税)。

要求：根据上述资料，不考虑其他因素，分析回答下列小题。

(1) 张某的下列收入中，应计入“工资、薪金所得”计征个人所得税的是(　　)。

A. 基本工资 3800 元　　B. 岗位津贴 300 元

C. 交通补贴 900 元　　D. 差旅费津贴 400 元

(2) 张某的下列收入中，无须缴纳个人所得税的是(　　)。

A. 银行存款利息收入 800 元　　B. 股票买卖所得 2000 元

C. 授课收入 3000 元　　D. 稿费收入 820 元

(3) 下列税种中，属于张某出售商品房应缴纳的是(　　)。

A. 契税　　B. 增值税　　C. 房产税　　D. 个人所得税

(4) 张某受托进行软件设计所取得的收入，在计缴个人所得税时适用的税目是(　　)。

A. 稿酬所得　　B. 特许权使用费所得

C. 劳务报酬所得　　D. 偶然所得

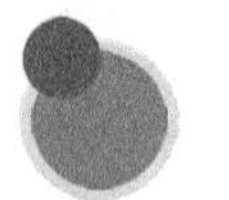

4. 中国公民陈某为国内某大学教授，2019 年 1~4 月有关收支情况如下：

(1) 1 月转让一套住房，取得含增值税销售收入 945 000 元。该套住房原值 840 000 元，系陈某 2018 年 8 月购入，本次转让过程中，发生合理费用 5000 元。

(2) 2 获得当地教育部门颁发的区(县)级教育方面的奖金 10 000 元。

(3) 3 月转让从公开发行市场购入的上市公司股票 6000 股，取得股票转让所得 120 000 元。

(4) 4 月在甲电信公司购话费获赠价值 390 元的手机一部；获得乙保险公司给付的保险赔款 30 000 元。

假设陈某 2019 年其他收入及相关情况如下：①工资、薪金所得 190 000 元，专项扣除 40 000 元。②劳务报所得 8000 元，稿酬所得 5000 元。

已知：财产转让所得个人所得税税率为 20%，个人将购买不足两年住房对外销售的，按照 5%的征收率全额缴纳增值税。综合所得，每一纳税年度减除费用 60 000 元；劳务报酬所得、稿酬所得以收入减除 20%的费用后的余额为收入额；稿酬所得的收入减按 70%计算。

(1) 计算陈某 1 月转让住房应缴纳个人所得税税额的下列算式中，正确的是(　　)。

A. (945 000−840 000)×20%=21 000(元)

B.[945 000÷(1+5%)−840 000−5 000]×20%=11 000(元)

C.(945 000−840 000−5000)×20%=20 000(元)

D.[945 000÷(1+5%)−840 000]×20%=12 000(元)

(2) 计算陈某 1 月转让住房应纳增值税税额的下列式中，正确的是(　　)。

A. [945 000−840 000÷(1+5%)]×5%=5000(元)

B. 945 000×5%=47 250(元)

C. 945 000÷(1+5%) ×5%=45 000(元)

D. (945 000−840 000)×5%=5250(元)

(3) 陈某的下列所得中，不纳个人所得税的是(　　)。

A. 股票转让所得 120 000 元

B. 获赠价值 390 元的手机

C. 区(县)级教育方面的奖金 10 000 元

D. 获得的保险款 30 000 元

(4) 计算陈某 2019 年综合所得应缴纳个人所得税的下列算式中，正确的是(　　)。

A. (190 000−60 000−40 000)×10%−2520+8000×(1−20%)×3%+5000×(1−20%)×70%×3% =6756(元)

B. (190 000−60 000−40 000)×10%−2520+8000×(1−20%)×3% +5000×70%×3%= 6756(元)

C. [(190 000+8000×(1−20%)+5000×(1−20%)×70%−60 000−4000]×10%−2520=7400(元)

D. (190 000+8000+5000×70%−60 000−40 000)×10%−2520=7630(元)

5. 中国公民杨某 2019 年的有关收支情况如下。

(1) 1 月购买体育彩票，取得中奖收入 20 000 元，购买体育彩票支出 700 元。

(2) 2 月获赠父母名下的住房一套。

(3) 3 月取得储蓄存款利息 1500 元；在乙商场购买空调，获赠价值 280 元的电饭锅一个；在丙公司累积消费达到规定额度，取得按消费积分反馈的价值 100 元的礼品。

(4) 4月将一套商铺出租，取得当月租金6000元，缴纳相关税费720元。

(5) 其他相关情况：2019年总计取得工资收入105 600元，专项扣除20 250元。杨某夫妇 有一个在上小学的孩子，子女教育专项附加扣除由杨某夫妇分别按扣除标准的 50%扣除。

已知：财产租赁所得个人所得税税率为20%，财产租赁所得每次(月)收入在4 000元以上的，减除20%的费用。综合所得，每一纳税年度减除费用60 000元；子女教育专项附加扣除，按照每个子女每年12 000元的标准定额扣除。

要求：根据上述资料，不考虑其他因素，分析回答下列小题。

(1) 计算杨某 1 月体育彩票中奖收入应纳个人所得税税额的下列算式中，正确的是(　　)。

A. (20 000−700) × 20 %= 3860(元)

B. 20 000 ÷ (1−20 %) × 20%= 5000(元)

C. (20 000−700) ÷ (1−20%) × 20%=4825(元)

D.20 000 × 20 %= 4000 (元)

(2) 杨某的下列所得中，不缴纳个人所得税的是(　　)。

A. 获赠父母名下住房一套　　B. 取得储蓄存款利息1500元

C. 获赠乙商场价值280元的电饭锅　　D. 获赠丙公司价值100元的礼品

(3) 计算杨某4月出租商铺应缴纳个人所得税税额的下列算式中，正确的是(　　)。

A. (6000−720) × 20%= 1056 (元)

B. (6000−720) × (1−20%) × 20 %= 844.8 (元)

C. 6000 × (1−20%) × 20%= 960 (元)

D. 6000 × 20%= 1200 (元)

(4) 计算杨某 2019年综合所得应纳个人所得税税额的下列算式中，正确的是(　　)。

A. (105 600−60 000−12 000×2)×3%=648(元)

B. (105 600−60 000−20 250−12 000)×3%=400.5(元)

C. (105 600−60 000−20 250−12 000×50%)×3%=580.5(元)

D. (105 600−60 000−12 000)×3%=1008(元)

第八章　财产和行为税法

技能目标：

识别房产税、车船税、印花税和契税的纳税人，正确计算应纳税额并规范填写纳税申报表。

知识目标：

- 掌握房产税、车船税、印花税和契税的纳税人、计税依据及应纳税额的计算。
- 熟悉房产税、车船税、印花税和契税的征收管理规定。
- 了解房产税、车船税、印花税和契税的概念、特征及账务处理。

第一节　房 产 税 法

一、房产税的概念

房产税是以房产为征税对象，依据房产的计税价值或租金收入，向房产所有人或经营管理人等征收的一种税。房产税法是指国家制定的调整房产税征收与缴纳之间权利及义务关系的法律规范。现行房产税的基本规范，是 1986 年 9 月 15 日国务院颁布并于当年 10 月 1 日开始实施的《中华人民共和国房产税暂行条例》(以下简称《房产税暂行条例》)。

征收房产税的目的是运用税收杠杆，加强对房产的管理，提高房产使用效率，控制固定资产投资规模和配合国家房产政策的调整，合理调节房产所有人和经营人的收入。此外，房产税税源稳定，易于控制管理，是地方财政收入的重要来源之一。

二、房产税的基本要素

(一)房产税的纳税人

房产税以在征税范围内的房屋产权所有人为纳税人，具体包括以下几类纳税人。

(1) 产权所有人。产权属集体和个人所有的，由集体单位和个人纳税。

(2) 经营管理单位。产权属于国家所有的，由经营管理单位纳税。

(3) 承典人。产权出典的，由承典人纳税。所谓产权出典，是指产权所有人将房屋的产权，在一定期限内典当给他人使用，而取得资金的一种融资行为。

(4) 房产代管人或使用人。产权所有人、承典人不在房屋所在地的，或者产权未确定及租典纠纷未解决的，由房产代管人或使用人纳税。

(5) 无租房产使用人。纳税单位或者个人无租使用房产管理部门、免税单位以及纳税单位的房产，应由房产使用人代为缴纳房产税。

房地产开发企业建造的商品房，在出售前，不征收房产税，但对出售前房地产开发企业已使用或者出租、出借的商品房应按规定征收房产税。

【思考 8-1】下列有关房产税纳税人的表述中，正确的有(　　)。

A. 产权属于集体的房屋，该集体单位为纳税人

B. 产权出典的房屋，出典人为纳税人

C. 产权属于国家所有的房屋，其经营管理单位为纳税人

D. 产权纠纷未解决的房屋，暂不缴纳房产税

【解析】正确答案是AC。产权纠纷未解决的，由房产代管人或使用人纳税；房屋产权出典的由承典人纳税。

(二)房产税的征税对象及范围

1. 征税对象

房产税的征税对象是房屋。所谓房屋，是指有屋面和其他防护结构，能遮风避雨，可供人们生产、工作、生活、学习、娱乐、居住或储藏物资的场所。与房屋不可分割的各种附属设施或不单独计价的配套设施，也属于房屋，应一并征收房产税，但独立于房屋之外的建筑物(如水塔、围墙等)不属于房屋，不征收房产税。

【思考 8-2】下列属于房产税征税范围的房产有(　　)。

A. 仓库　　B. 水塔　　C. 办公楼　　D. 生产车间

【解析】正确答案是ACD。水塔不具备房产形态。

2. 征税范围

房产税征税范围为城市、县城、建制镇和工矿区。

“城市”是指国务院批准设立的市，包括市区、郊区和市辖县的县城。“县城”是指县人民政府所在地。“建制镇”是指经省、自治区、直辖市人民政府批准设立的建制镇，但是不包括所辖的行政村。“工矿区”是指工商业比较发达、人口比较集中、符合国务院规定的建制镇标准，但尚未设立建制镇的大中型工矿企业所在地。开征房产税的工矿区须经省、自治区、直辖市人民政府批准。

需要强调的是，房产税的征税范围不包括农村。农村的农民居住用房和农副业生产用房，均不属于房产税的征税范围。

【思考 8-3】农民王某在乡政府所在地购买了一套价值10万元的商品房，由于王某是房屋产权所有人，所以王某应缴纳房产税。这种说法有无法律依据？为什么？

【解析】没有法律依据。房产税征税范围不包括乡政府所在地的房屋。

(三)房产税的税率

我国现行房产税采用比例税率。根据计税依据的不同，税率有以下两种。

(1) 按房产计税价值计征房产税的，税率为1.2%。

(2) 按房产租金计征的，税率为12%。对个人出租住房，不区分用途，按4%的税率

征收房产税；对企事业单位、社会团体以及其他组织按市场价格向个人出租用于居住的住房，减按4%的税率征收房产税。

三、房产税的计税依据及计算

房产税的计税依据有两种，即从价计征与从租计征。

(一)从价计征

从价计征是依照房产原值一次减除 10%～30%后的余值为计税依据，乘以适用税率计算缴纳房产税。其计算公式如下。

应纳税额=应税房产原值×(1−扣除比例)×1.2%

具体应用中应注意以下几点。

(1) 房产原值是指纳税人按照会计制度的规定，在账簿“固定资产”科目中记载的房屋原价，包括与房屋不可分割的各种附属设施或一般不单独计价的配套设施。如果纳税人对原有房屋进行改建、扩建的，要相应增加房屋的原值。如纳税人未按国家会计制度核算并记载的，应按规定予以调整或重新评估。

(2) 对于投资联营的房产，在征房产税时应予以区别对待：①以房产投资联营，共担经营风险的，按房产余值计征房产税；②以房产投资联营，不承担经营风险，只收取固定收入的，实际是以联营名义取得房产租金，应由出租方按租金收入计征房产税。

(3) 对于融资租赁的房屋，由于其实际上是分期付款购买固定资产的一种形式，不同于一般的房屋出租，应以房产余值计征房产税。

(4) 居民住宅区内业主共有的经营性房产的计税。从 2007 年 1 月 1 日起，对居民住宅区业主共有的经营性房产，由实际经营(自营或出租)的代管人或使用人缴纳房产税。其中自营的依照房产原值减除 10%～30%后的余值计征，没有房产原值或者不能将业主共有房产与其他房产的原值准确划分开的，由房产所在地地方税务机关参照同类房产核定房产原值；出租房产的，按照租金收入计征。

【例 8-1】某企业 2017 年经营用房产原值 5000 万元，当地政府规定的扣除比例为 20%，试计算该企业 2017 年应纳房产税税额。

【解析】应纳房产税=5000×(1−20%)×1.2% =48(万元)。

(二)从租计征

房产出租的，以房产租金收入为房产税的计税依据，乘以适用税率计算应缴纳的房产税。其计算公式如下。

应纳税额=租金收入×12%(或 4%)

【例 8-2】甲企业有一处房产原值 1000 万元，2017 年 7 月 1 日用于投资联营(收取固定收入，不承担联营风险)，投资期 5 年。已知该企业当年取得固定收入 50 万元，当地政府规定的扣除比例为 20%，试计算甲企业就此项房产应缴纳的房产税。

【解析】以房产联营投资，不担风险，只收取固定收入，应从租计征房产税。由于该企业是下半年才对外投资的，所以上半年仍应从价计征房产税，具体计算如下。

应纳税额=1000×(1−20%)×1.2%÷2+50×12%=4.8+6=10.8(万元)。

【思考 8-4】乙单位拥有一栋房产原值 3000 万元，全部对外出租，每年收取租金收入 200 万元，当地政府规定的扣除比例为 20%，试分析应从价计征还是从租计征。

【解析】一般来说租金是市场公允价格的体现，除特殊情况外，租金优先。

应纳税额=200×12%=24(万元)。

四、房产税的征收管理

(一)税收优惠

(1) 国家机关、人民团体、军队自用的房产免税，但若出租房产以及非自身业务使用的生产、营业用房，不属于免税范围。

(2) 由国家财政部门拨付事业经费的单位所有的、本身业务范围内使用的房产免税，如学校、医疗卫生单位等。

(3) 宗教寺庙、公园、名胜古迹自用的房产免税。附设的营业单位，如影剧院、饮食部等所使用的房产及出租的房产，不属于免税范围，应照章纳税。

(4) 个人所有非营业用的房产免税，但对个人拥有的营业用房或者出租的房产，应照章纳税。

(5) 经财政部批准免税的其他房产，如损坏不堪使用的房屋和危险房屋、房产大修停用半年以上的房产、在基建工地为基建工地服务的各种临时性房屋、高校后勤实体、老年服务机构的自用房产等。

【思考 8-5】下列各项中，属于房产税免税范围的有(　　)。

A. 个人自用住房　　B. 某中学出租用房

C. 宗教寺庙　　D. 政府办公用大楼

【解析】正确答案是 ACD。免税单位自用房产免税，若出租或营业用则应纳税。

(二)纳税义务发生时间

(1) 纳税人将原有房产用于生产经营的，从生产经营之月起，缴纳房产税。

(2) 纳税人自行新建房屋用于生产经营的，从建成之次月起，缴纳房产税。

(3) 纳税人委托施工企业建设的房屋，从办理验收手续之次月起，缴纳房产税。纳税人在办理手续前，已使用或出租、出借的新建房屋，应按规定缴纳房产税，即应当自使用或出租、出借的当月起，缴纳房产税。

(4) 纳税人购置新建商品房的，自房屋交付使用之次月起，缴纳房产税。

(5) 纳税人购置存量房的，自办理房屋权属转移、变更登记手续，房地产权属登记机关签发房屋权属证书之次月起，缴纳房产税。

(6) 纳税人出租、出借房产的，自交付出租、出借房产之次月起，缴纳房产税。

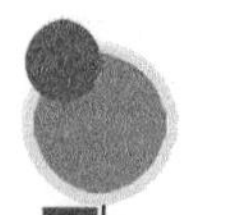

(7) 房地产开发企业自用、出租和出借本企业建造的商品房，自房屋使用或交付之次月起，缴纳房产税。

(8) 自2009年1月1日起，纳税人因房产的实物或权利状态发生变化而依法终止房产税纳税义务的，其应纳税款的计算截至房产的实物或权利状态发生变化的当月末。

【例8-3】某企业自建办公大楼于2017年7月15日竣工，总造价3000万元，当地扣除标准为30%，试计算该新建办公大楼2017年度应缴纳的房产税。

【解析】自行新建房屋用于生产经营，从建成之次月起，缴纳房产税。因此，应从2017年8月起计税，共5个月。

应纳税额=3 000×(1−30%)×1.2%×5÷12=10.5(万元)

(三)纳税期限

房产税实行按年计算、分期缴纳的征收方法，具体纳税期限由省、自治区、直辖市人民政府确定。各地一般规定按季或按半年预缴一次。

(四)纳税地点

房产税在房产所在地缴纳。房产不在同一地方的纳税人，应按房产的坐落地点分别向房产所在地的税务机关纳税。房产税由地方税务机关负责征收。

五、房产税的纳税申报与账务处理

(一)房产税的纳税申报

企业应当在规定的时间，将现有房屋的坐落地点、结构、面积、原值、出租收入等情况，据实向房屋所在地税务机关办理纳税申报。如果纳税人住址变更、产权转移，以及因出现新建、改建、扩建、拆除房屋等情况，而引起房产原值发生变化或者租金收入变化，都要按规定及时向主管税务机关办理变更登记，并如实填制房产税纳税申报表(见表8-1)。

【例8-4】金星实业有限责任公司纳税人识别号为465280104013124，2017年上半年共有房产原值为5000万元，当年7月1日企业将50%的房产对外出租，租期1年，每月收取租金收入4万元。当地规定的扣除比例为30%，每半年申报缴纳一次房产税。试计算该公司2017年7月1日至12月31日的应纳房产税税额，并填制房产税纳税申报表。

【解析】房屋出租的按租金收入计征房产税，自用的从价计征房产税。

从价计征的税额=(5000−2500)×(1−30%)×1.2%÷2=10.5(万元);

从租计征的税额=4×6×12%=2.88(万元);

下半年共计应缴纳房产税=10.5+2.88=13.38(万元)。

纳税申报表填写如表8-1所示。

表 8-1　房产税纳税申报表

填表日期：2017 年 12 月 31 日

纳税人识别号：465280104013124

金额单位：元(列至角分)

纳税人名称	金星实业有限责任公司	税款所属时期		2017 年 07 月 01 日至 2017 年 12 月 31 日	
房产坐落地点	解放北路 34 号	建筑面积(m²)	1 400	房屋结构	砖混

上期申报房产原值(评估值)	本期增减	本期实际房产原值	其中			扣除率	以房产余值计征房产税			以租金收入计征房产税			全年应纳税额	缴纳次数	本期		
			从价计税的房产原值	从租计税的房产原值	规定的免税房产原值		房产余值	适用税率	应纳税额	租金收入	税率	应纳税额			应纳税额	已纳税额	应补(退)税额
1	2	3=1+2	4	5	6	7%	8=4-4×7	9	10=8×9	11	12	13=11×12	14	15	16=14/15	17	18=16-17
50 000 000	0	50 000 000	50 000 000		0	30%	35 000 000	1.2%	420 000				420 000	2	210 000	0	210 000
			-25 000 000		0	30%	-17 500 000	0.6%	-105 000				-105 000	1	-105 000	0	-105 000
				25 000 000	0					240 000	12%	28 800	288 000	1	288 000	0	288 000
合　计		50 000 000	25 000 000	25 000 000	0				210 000	240 000		28 800	603 000		133 800	0	393 000

如纳税人填报，由纳税人填写以下各栏		如委托代理人填报，由代理人填写以下各栏			备　注
会计主管(签章)	纳税人(公章)	代理人名称		代理人(公章)	
		代理人地址			
		经办人名称			
		电　　话			
以下由税务机关填写					
收到申报表日期	2017 年 12 月 31 日		接收人		

注：① 9 行：适用税率=当期纳税月数÷12 个月×1.2%。

② 16 行：本期应纳税额=全年应纳税额÷缴纳次数=420 000÷2=210 000(元)。

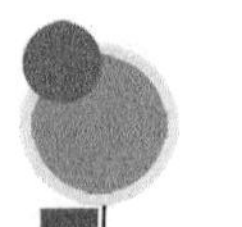

(二)房产税的账务处理

企业缴纳的房产税应该在“管理费用”账户中列支。

承例 8-4，金星实业有限责任公司计算及缴纳房产税时的账务处理如下。

(1) 企业计算出按规定应缴纳的房产税税额，

借：管理费用　　　　　　　　　　39 300

　　贷：应交税费——应交房产税　　　　　39 300

(2) 企业按照规定的纳税期限缴纳房产税时，

借：应交税费——应交房产税　　　39 300

　　贷：银行存款　　　　　　　　　　　39 300

第二节　车 船 税 法

一、车船税的概念

车船税是依照法律规定对在中华人民共和国境内的车辆、船舶，按照规定的税目和税额计算征收的一种税。车船税法是指国家制定的用以调整车船税征收与缴纳之间权利及义务关系的法律规范。现行车船税的基本规范，是 2011 年 2 月 25 日通过的《中华人民共和国车船税法》。2011 年 12 月 5 日国务院发布、2019 年 3 月 2 日修订《中华人民共和国车船税实施条例》。

征收车船税，有利于加强对车船的管理和使用，减少盲目购置车船；有利于调节收入；有利于促使纳税人提高车船使用效益，督促纳税人合理利用车船；同时，也可以通过税收手段开辟财源、集中财力，缓解发展交通运输事业资金短缺的矛盾。

二、车船税的基本要素

(一)车船税的纳税人

车船税的纳税人，是指在中华人民共和国境内属于车船税法所规定的车辆和船舶的所有人或管理人。

从事机动车第三责任强制保险业务的保险机构为机动车车船税的扣缴义务人。

【思考 8-6】下列纳税主体中，属于车船税纳税人的有(　　)。

A. 在中国境内拥有并使用船舶的国有企业

B. 在中国境内拥有并使用车辆的外籍个人

C. 在中国境内拥有并使用船舶的内地居民

D. 在中国境内拥有并使用车辆的外国企业

【解析】正确答案是 ABCD。车船税的纳税人是指在中华人民共和国境内属于车船税法所规定的车辆和船舶的所有人或管理人。

(二)车船税的征税范围

车船税的征税范围包括依法应当在车船登记管理部门登记的机动车辆和船舶，以及不需要在车船登记管理部门登记的在单位内部场所行驶或者作业的机动车辆和船舶。

1. 机动车辆

机动车辆包括乘用车、商用车、其他车辆和摩托车。乘用车为核定载客人数 9 人(含)以下的车辆；商用车包括客车和货车，其中客车为核定载客人数 9 人(含)以上的车辆(包括电车)，货车包括半挂牵引车、挂车、客货两用汽车、三轮汽车和低速汽车等；其他车辆包括专用作业车和轮式专用机械车等(不包括拖拉机)。

2. 船舶

船舶包括机动船舶和非机动驳船、拖船和游艇。

(三)车船税的税率

车船税实行定额税率。《车船税法》对应税车辆实行有幅度的定额税率，即对各类车辆分别规定一个从最低到最高限度的年税额，同时授权各省、自治区、直辖市人民政府在规定的税额幅度内，根据当地的实际情况，对同一计税标准的车辆，具体确定适用税额。车船税税目税额如表 8-2 所示。

表 8-2　车船税税目税额表

税　目	计税单位	每年税额	备　注
乘用车	每辆	60～5400 元	
商用客车	每辆	480～1440 元	包括电车
货车	整备质量每吨	16～120 元	包括半挂牵引车、挂车(挂车按 50%计算)
其他车辆	整备质量每吨	16～120 元	不包括拖拉机
船舶游艇	艇身长度每米	600～2000 元	
摩托车	每辆	36～180 元	非机动驳船分别按船舶税额的 50%计算
船舶	净吨位每吨	3～6 元	

拖船按照发动机功率每 1 千瓦折合净吨位 0.67 吨计算征收车船税。

【例 8-5】某货运公司 2019 年拥有载货汽车 25 辆、挂车 10 辆，整备质量均为 2 吨；小轿车 2 辆。当地的货车单位税额为 30 元，载客汽车单位税额为 120 元。试计算该公司 2019 年应缴纳的车船税税额。

【解析】该公司 2019 年应缴纳的车船税计算如下。

载货汽车应纳税额=25×2×30=1500(元)

挂车应纳税额=10×2×30×50%=300(元)

小轿车应纳税额=2×120=240(元)

全年应纳车船税共计=1500+300+240=2040(元)

三、车船税的计算

(一)计税依据

车船税的计税依据，按车船的种类和性能，分别确定为每辆、整备质量每吨、净吨位每吨和艇身长度每米。

(1) 乘用车、商用客车和摩托车，以“每辆”为计税依据。

(2) 商用货车、专用作业车和轮式专用机械车，以“整备质量吨位”为计税依据。

(3) 机动船舶、非机动船舶、拖船，以“净吨位”为计税依据，其中游艇以艇身长度“米”为计税依据。

【例 8-6】以整备质量吨位为计税依据的是(　　)。

A. 机动船　　B. 非机动船　　C. 乘用汽车　　D. 载货汽车

【解析】正确答案是D。载货汽车以“整备质量吨位”为计税依据。

(二)车船税的具体计算

车船税的计算具体分为以下几种类型。

(1) 乘用车、客车和摩托车的应纳税额=辆数×适用的单位税额。

(2) 货车、专用作业车和轮式专用机械车的应纳税额=整备质量吨位数×适用的单位税额。

(3) 机动船舶的应纳税额=净吨位数(或游艇艇身长度)×适用的单位税额。

(4) 拖船和非机动驳船的应纳税额=净吨位数×适用的单位税额×50%。

【例 8-7】某企业有 2 辆为顾客送货的载货货车，一辆整备质量吨位为 1 吨，一辆整备质量为 2 吨，当地政府规定单位税额为 40 元，试计算该企业当年应纳的车船税税额。

【解析】计税吨位为 1+2=3(吨)，年应纳税额=3×40 =120(元)。

【例 8-8】张某 2019 年 4 月 12 日购买 1 辆发动机汽缸容量为 1.6 升的乘用车，已知适用年基准税额 480 元，试计算张某 2019 年应缴纳的车船税税额。

【解析】购置的新车船，购置当年的应纳税额自纳税义务发生的当月起按月计算。

应纳税额=480×9÷12=360(元)。

四、车船税的征收管理

(一)税收优惠

1. 下列车船免征车船税

(1) 捕捞、养殖渔船。捕捞、养殖渔船是指在渔业船舶管理部门登记为捕捞船或者养殖船的渔业船舶。不包括在渔业船舶管理部门登记为捕捞船或者养殖船以外类型的渔业船舶。

(2) 军队、武警专用的车船。军队、武警专用的车船是指按照规定在军队、武装警察部队车船登记管理部门登记，并领取军队、武警牌照的车船。

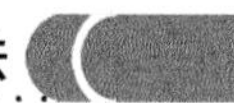

(3) 警用车船。警用车船是指公安机关、国家安全机关、监狱、劳动教养管理机关和人民法院、人民检察院领取警用牌照的车辆和执行警务的专用船舶。

(4) 悬挂应急救援专用号牌的国家综合性消防救援车辆和国家综合性消防救援船舶。

(5) 依照法律规定应当予以免税的外国驻华使领馆、国际组织驻华机构及其有关人员的车船

(6) 对使用新能源车船，免征车船税。免征车船税的使用新能源汽车是指纯电动商用车、插电式(含增程式)混合动力汽车、燃料电池商用车。纯电动乘用车和燃料电池乘用车不属于车船税征税范围，对其不征车船税。

免征车船税的使用新能源汽车(不含纯电动乘用车和燃料电池乘用车)，必须符合国家有关标准。

【思考 8-7】根据车船税法律制度的规定，下列车船中，免征车船税的有(　　)。

A. 家庭自用的纯电动乘用车　　B. 国有企业的公用汽油动力乘用车

C. 外国驻华使领馆自用商务车　　D. 个体工商户自用摩托车

【解析】正确答案是 C。选项 A 不属于车船税征税范围，选项 B、D 应征车船税。

(7) 临时入境的外国车船和香港特别行政区、澳门特别行政区、台湾地区的车船，不征收车船税。

2. 车船税其他税收优惠

(1) 对节约能源车船，减半征收车船税。包括乘用车和商用车。

就乘用车而言，应同时符合以下标准：一是获得许可在中国境内销售的排气量为 1.6 升以下(含)的燃用汽油、柴油的乘用车(含非插电式混合动力、双燃料和两用燃料乘用车)；二是综合工况燃料消耗量应符合标准。

就商用车而言：应同时符合以下标准：一是获得许可在中国境内销售燃用天然气、汽油、柴油的轻型和重型商用车(含非插电式混合动力、双燃料和两用燃料轻型和重型商用车)；二是燃用汽油、柴油的轻型和重型商用车综合工况燃料消耗量应符合标准。

(2) 对受地震、洪涝等严重自然灾害影响纳税困难以及其他特殊原因确需减免税的车船，可以在一定期限内减征或免征车船税。具体减免期限和数额由省、自治区、直辖市人民政府确定，报国务院备案。

(3) 省、自治区、直辖市人民政府根据当地实际情况，可以对公共交通车船、农村居民拥有并主要在农村地区使用的摩托车、三轮汽车和低速载货汽车定期减征或免征车船税。

(二)纳税义务发生时间

车船税纳税义务发生时间，为取得车船所有权或者管理权的当月。以购买车船的发票或其他证明文件所载日期的当月为准。

【例 8-9】甲公司于 6 月 25 日购入小轿车一辆，到当年 12 月 31 日未到车辆管理部门登记。已知当地小轿车年单位税额为 360 元，试计算该公司当年应缴纳的车船税税额。

【解析】纳税人未按照规定到车船管理部门办理应税车船登记手续的，以车辆购置发票所载开具日期的当月作为车船税的纳税义务发生时间。

应缴纳车船税税额=360×7÷12=210(元)。

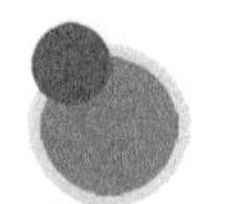

从事机动车第三者责任强制保险业务的保险机构为机动车车船税的扣缴义务人，应当在收取保险费时依法代收车船税，并出具代收税款凭证。

已缴纳车船税的车船在同一纳税年度内办理转让过户的，不另纳税，也不退税。

在一个纳税年度内，已完税的车船被盗抢、报废、灭失的，纳税人可以凭有关管理机关出具的证明和完税凭证，向纳税所在地的主管税务机关申请退还自被盗抢、报废、灭失月份起至该纳税年度终了期间的税款。已办理退税的被盗抢车船失而复得的，纳税人应当从公安机关出具相关证明的当月起计算缴纳车船税。

(三)纳税期限

车船税采取按年征收，分期缴纳的办法，具体纳税期限由省、自治区和直辖市人民政府规定。

(四)纳税地点

车船税的纳税地点为车船的登记地或者车船税扣缴义务人所在地。依法不需要办理登记的车船，车船税的纳税地点为车船的所有人或者管理人所在地。

五、车船税的纳税申报与账务处理

(一)车船税的纳税申报

车船税由纳税人所在地的地方税务局征收管理。车船税的纳税人应根据规定，将现有车船的数量、种类、吨位和用途等情况，据实向当地税务机关办理纳税申报，并如实填写纳税申报表(见表8-3)。

【例8-10】ABC运输公司的纳税人识别号为310101235064009，2017年拥有载货汽车30辆，整备质量吨位为2吨；拥有大客车15辆，小汽车6辆。当地规定载货汽车年纳税额每吨60元，大客车年纳税额每辆500元，小汽车每辆400元。试计算该公司2017年7月1日至12月31日应纳车船税税额，并填制纳税申报表。

表8-3　车船税纳税申报表

填表日期：2017年12月31日

纳税人识别号：310101235064009　　　　金额单位：元(列至角分)

纳税人名称	ABC运输公司		税款所属时期		2017年07月01日至2017年12月31日		
车船类别	计税标准	数量	单位税额	全年应缴税额	缴纳次数	本期		
						应纳税额	已纳税额	应补(退)税额
载货汽车	整备质量每吨	60	60.00	3600.00	2	1800.00	0	1800.00
大客车	每辆	15	500.00	7500.00	2	3750.00	0	3750.00
小汽车	每辆	6	400.00	2400.00	2	1200.00	0	1200.00

合　计				13 500.00		6750.00		6750.00
如纳税人填报，由纳税人填写以下各栏				如委托代理人填报，由代理人填写以下各栏				
会计主管 (签章)		纳税人 (公章)		代理人名称			代理人(公章)	
				代理人地址				
				经办人姓名			电话	
以下由税务机关填写								
收到申报表日期					接收人			

注：本期应纳税额=年应纳税额÷缴纳次数。

【解析】 载货汽车年应纳税额=30×2×60=3600(元)，下半年应缴=3600÷2=1800(元)；
大客车年应纳税额=15×500=7500(元)，下半年应缴=7500÷2=3750(元)；
小汽车年应纳税额=6×400=2400 (元)，下半年应缴=2400÷2=1200(元)；
下半年应纳税额合计=1800+3750+1200=6750(元)。

(二)车船税的账务处理

企业缴纳的车船税应在“管理费用”账户中列支。

承例 8-10，ABC 运输公司计算及缴纳车船税时的财务处理如下。

(1) 计算应缴纳的车船税税额时，

借：管理费用　　6750

　　贷：应交税费——应交车船税　　6750

(2) 企业实际缴纳税款时，

借：应交税费——应交车船税　　6750

　　贷：银行存款　　6750

第三节　印 花 税 法

一、印花税的概念

印花税是对经济活动和经济交往中书立、领受和使用税法规定应税凭证的单位和个人所征收的一种行为税。凡发生书立、领受和使用应税凭证行为的，都应按照规定缴纳印花税。印花税法是指国家制定的调整印花税征收与缴纳之间权利及义务关系的法律规范。现行印花税的基本规范，是 1988 年 8 月 6 日国务院正式发布并于同年 10 月 1 日实施的《中华人民共和国印花税暂行条例》(以下简称《印花税暂行条例》)。

印花税具有征税范围广、税率低、纳税人自行完税和征收简便的特点。印花税的开征有利于增加地方财政收入、加强经济合同的管理和监督、增强人们依法纳税的观念和意识。

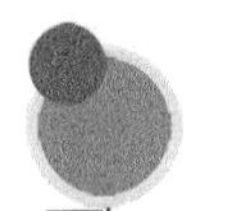

二、印花税的基本要素

(一)印花税的纳税人

印花税的纳税人是在中国境内书立、领受和使用应税凭证的单位和个人。

所谓“单位和个人”，既包括国内各类企业、事业单位、机关、团体、部队和个人，又包括外商投资企业、外国企业和外籍人员。印花税纳税人的具体规定如下。

1. 立合同人

立合同人是指合同的当事人，即对合同有直接权利义务关系的单位和个人，不包括合同的担保人、证人和鉴定人。如果一份合同由两方或两方以上的当事人共同签订，那么签订合同的各方都是纳税人，应就其所持凭证的计税金额履行纳税义务。

2. 立账簿人

立账簿人是指开立并使用营业账簿的单位和个人。营业账簿是指单位或者个人记载生产经营活动的财务会计核算账簿。

3. 立据人

立据人是指书立产权转移书据的单位和个人。产权转移书据是指单位和个人产权的买卖、继承、赠与、交换和分割等所立的书据。如果书据是由两方或两方以上的当事人共同书立的，则各方都是纳税人。

4. 领受人

领受人是指领取或接受并持有权利、许可证照的单位和个人。

5. 使用人

使用人是指在国外书立、领受，但在国内使用的应税凭证的当事人。

6. 电子应税凭证的签订人

电子应税凭证的签订人是指以电子形式签订各类应税凭证的当事人。

【思考 8-8】下列属于印花税纳税人的有(　　)。

A. 购货合同的保证人　　B. 在国外签订、国内生产加工的合同

C. 购销合同的当事人　　D. 领取营业执照的个体工商户

【解析】正确答案是 BCD。立合同人是指合同的当事人，不包括担保人、证人和鉴定人。

(二)印花税的征税范围及税目

印花税的征税范围采用列举法，按列举税目征税。只要现实经济往来中的凭证性质属于列举征税的范围，均依法纳税。其具体分为四大类 13 个税目(见表 8-4)。

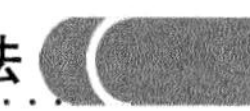

表 8-4　印花税税目、税率表

<table>
<tr><th>应税凭证类别</th><th>税　目</th><th>税率形式</th><th>纳 税 人</th></tr>
<tr><td rowspan="10">一、合同或具有合同性质的凭证</td><td>1. 购销合同(动产买卖合同)</td><td>按购销金额 0.3‰</td><td rowspan="10">订合同人</td></tr>
<tr><td>2. 加工承揽合同</td><td>按加工费或承揽收入 0.3‰，含代垫辅助材料费，不含原材料费</td></tr>
<tr><td>3. 建设工程勘察设计合同</td><td>按收取费用 0.3‰</td></tr>
<tr><td>4. 建筑安装工程承包合同</td><td>按承包金额 0.3‰</td></tr>
<tr><td>5. 财产租赁合同</td><td>按租赁金额 1‰</td></tr>
<tr><td>6. 货物运输合同</td><td>按收取的运费收入 0.3‰，不包括装卸费和保险费等</td></tr>
<tr><td>7. 仓储保管合同</td><td>按仓储收取的保管费用 1‰</td></tr>
<tr><td>8. 借款合同(包括融资租赁合同)，不包括银行同业拆借</td><td>按借款金额 0.05‰</td></tr>
<tr><td>9. 财产保险合同 (不包括再保险合同)</td><td>按收取的保险费收入 1‰，不包括所保财产的金额</td></tr>
<tr><td>10. 技术合同</td><td>按支付价款、报酬或使用费金额 0.3‰</td></tr>
<tr><td>二、书据</td><td>11. 产权转移书据 (不包括上市和挂牌公司股票)</td><td>按支付价款 0.5‰</td><td>立据人</td></tr>
<tr><td>三、账簿</td><td>12. 营业账簿</td><td>实收资本(股本)和资本公积的合计 0.25‰</td><td>立账簿人</td></tr>
<tr><td>四、证照</td><td>13. 权利、许可证照</td><td>按件贴花 5 元</td><td>领受人</td></tr>
<tr><td>五、其他</td><td>14. 证券交易</td><td>成交金额的 1‰</td><td></td></tr>
</table>

1. 合同或具有合同性质的凭证

合同或具有合同性质的凭证用于购销、加工承揽、建设工程承包、财产租赁、货物运输、仓储保管、借款、财产保险和技术合同等。具有合同性质的凭证是指具有合同效力的协议、契约、合约、单据、确认书及其他各种名称的凭证。

2. 书据

书据包括财产所有权和著作权、商标专用权、专利权、专有技术使用权等转移时书立的书据，包括商品房销售合同。

3. 账簿

账簿包括单位和个人从事生产经营活动所设立的各种财务会计账簿。营业账簿按其内容不同，可分为记载资金的账簿和其他账簿。

4. 证照

证照包括政府部门颁发的不动产权证书、工商营业执照、商标注册证、专利证和土地使用证等。

【思考 8-9】下列各项中，应当征收印花税的项目有(　　)。

A. 产品加工合同　　B. 融资租赁合同

C. 领取不动产权证书　　D. 领取大学毕业证书

【解析】正确答案是 ABC。大学毕业证书不属于权利许可证照范围。

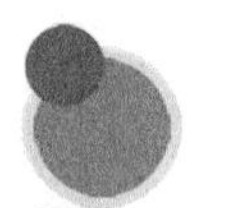

(三)印花税的税率

印花税的税率有两种形式，即比例税率和定额税率，详见如表 8-4 所示。

1. 比例税率

比例税率适用于记载有金额的应税凭证，如各类合同、产权转移书据和营业账簿中记载资金的账簿，适用比例税率。现行印花税比例税率共分 4 档，即 0.05‰、0.3‰、0.5‰和 1‰。

2. 定额税率

定额税率适用于无法记载金额或虽有金额，但作为计税依据明显不合理的应税凭证，如权利许可证照和营业账簿中除记载资金的账簿以外的其他账簿。印花税单位税额为每件 5 元。

三、印花税的计算

(一)计算公式

(1) 实行比例税率的凭证，印花税应纳税额计算公式如下。

应纳税额=计税依据×比例税率

(2) 实行定额税率的凭证，印花税应纳税额的计算公式如下。

应纳税额=计税件数×固定税额

(3) 应税营业账簿印花税应纳税额的计算公式如下。

应纳税额=(实收资本+资本公积)×0.25‰

记载资金的账簿，以后每年只就资金增加的部分贴印花。

【例 8-11】某公司 2017 年 8 月开业，领取不动产权证书、工商营业执照、商标注册证和土地使用证各一件；与其他企业签订加工承揽合同一份，合同载明该公司提供的原材料金额 300 万元，需支付的加工费 20 万元，另支付加工方代垫的辅助材料费 5 万元；另订立财产保险合同一份，保险金额为 1000 万元，支付保险费为 15 万元。试计算该公司应缴纳的印花税税额。

【解析】应区分不同凭证，分别计算印花税。

有关权利证照应纳税额=4×5=20(元)

加工承揽合同应纳税额=(200 000+50 000)×0.3‰=75(元)

财产保险合同应纳税额=150 000×1‰=150(元)

该公司实际应纳印花税总额=20+75+150=245(元)

(二)计算中应注意的事项

(1) 应税凭证以“金额”“收入”或“费用”作为计税依据的，应当全额计税，不得做任何扣除。

(2) 同一凭证载有两个或两个以上经济事项而适用不同税目税率，如分别记载金额的，应分别计算应纳税额，相加后按合计税贴花；如未分别记载金额的，按税率高的计税贴花。

(3) 按金额比例贴花的应税凭证，未标明金额的，应按照凭证所载数量及国家牌价计算金额；没有国家牌价的，按市场价格计算金额，然后按规定税率计算应纳税额。

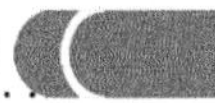

(4) 应纳税额不足 1 角，免印花税；1 角以上的，其税额尾数不满 5 分的不计，满 5 分的按 1 角计算。

(5) 有些合同，在签订时无法确定计税金额，如技术转让合同中的转让收入，是按销售收入的一定比例或是按实现利润分成；财产租赁合同，只是规定了月(天)租金标准而无租赁期限。对这类合同，可以在签订时先按定额 5 元贴印花，以后结算时再按实际金额计税，补贴印花。

【例 8-12】 甲企业与乙企业签订技术转让合同，转让收入由甲企业按年实现利润的 10%支付，试计算该技术转让合同应缴纳的印花税。

【解析】 对签订时无法确定计税金额的合同，先按 5 元贴印花，待以后结算时再按实际金额补贴印花税。

(6) 应税合同不论是否兑现或是否按期兑现，均应贴花。已粘贴印花不能揭下重用，已纳印花税税款不能退税，也不能做任何抵扣。已贴印花的凭证，修改后所载金额增加的，其增加部分应补贴印花税票。

(7) 采用以货换货方式进行商品交易签订的合同，应按合同所载的购销合计金额计税贴花。

(8) 对买卖、继承、赠与所书立的 A 股、B 股股权转让书据，由出让方按 1‰的税率缴纳印花税。

四、印花税的征收管理

(一)税收优惠

1. 法定凭证免税

下列凭证，免征印花税。

(1) 已缴纳印花税的凭证的副本或者抄本。

(2) 财产所有人将财产赠给政府、社会福利单位、学校所立的书据。

(3) 经财政部批准免税的其他凭证。

2. 免税额

应纳税额不足 1 角的，免征印花税。

3. 特定凭证免税

下列凭证，免征印花税。

(1) 国家指定的收购部门与村委会、农民个人书立的农副产品收购合同。

(2) 无息、贴息贷款合同。

(3) 外国政府或者国际金融组织向中国政府及国家金融机构提供优惠贷款所书立的合同。

4. 特定情形免税

(1) 对商店、门市部的零星加工修理业务开具的修理单，不贴印花。

(2) 对房管部门与个人订立的租房合同，凡用于生活居住的，暂免贴花；用于生产经

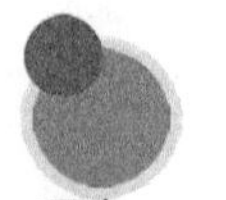

营的，按规定贴花。

(3) 对铁路、公路等承运快件行李、包裹开具的托运单据，暂免贴花。

5. 单据免税

对货物运输、仓储保管、财产保险、银行借款等办理一项业务，既书立合同，又开立单据的，只就合同贴花；所开立的各类单据，不再贴花。

6. 企业兼并并入资金免税

对企业兼并的并入资金，凡已按资金总额贴花的，接收单位对并入的资金，不再补贴印花。

7. 租赁承包经营合同免税

企业与主管部门等签订的租赁承包经营合同，不属于财产租赁合同，不征收印花税。

8. 其他免税

(1) 农林作物、牧业畜类保险合同，免征印花税。

(2) 书、报、刊合同免税。发行单位之间、发行单位与订阅单位或者个人之间书立的凭证，免征印花税。

(3) 出版合同免征印花税。

(4) 同业拆借合同免税。

(5) 外国运输企业免税。

(6) 借款展期合同免税。

(7) 军事物资运输结算凭证、抢险救灾物资运输结算凭证、为新建铁路运输施工所属物料，使用工程临管线专用运费结算凭证。

(8) 物资调拨单免税。对工业、商业、物资、外贸等部门调拨商品物资，作为内部执行计划使用的调拨单，不作为结算凭证，不属于合同性质的凭证，不征收印花税。

(9) 国库业务账簿免税。

(10) 委托代理合同免税

(11) 电话和联网购货免税。

(12) 股权转让免税。国有企业改组过程中发生的国有股权无偿转让划转行为，暂不征收证券交易印花税。对上市公司国有股权无偿转让，需要免征的，须由企业提出申请，报证券交易所所在地国家税务局审批，并报国家税务总局备案。

(二)纳税方法

依据税额大小、贴花次数多少和税收征管的需要，分别采用以下三种纳税方法。

1. 自行贴花办法

自行贴花办法是指纳税人根据规定自行计算应纳税额，购买并一次贴足印花税票的缴纳办法，简称“四自”，即自行计算、自行购买、自行贴花和自行注销税票。应纳税凭证应当于书立、领受时贴花。该纳税方法适用于应税凭证较少或者贴花次数较少的纳税人。

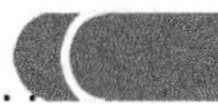

2. 汇贴或汇缴办法

为简化贴花手续，应纳税额较大或者贴花次数频繁的纳税人，可向税务机关提出申请，采取以缴款书代替贴花或者按期汇总缴纳的办法。一份凭证应纳税额超过500元的，应向当地税务机关申请填写缴款书或者完税凭证。同一类应纳税凭证，需频繁贴花的，应向当地税务机关申请按期汇总缴纳印花税，税务机关对核准汇总缴纳印花税的单位，应发给汇总缴纳许可证。汇总缴纳的限期由当地税务机关确定，但最长期限不得超过一个月。

3. 委托代征办法

税务机关可以委托发放或者办理应纳税凭证的单位代为征收印花税税款，如委托工商管理机关、公证机关和房产交易中心等代征印花税。

(三)纳税环节

印花税应当在书立或者领受时贴花，具体是指在合同签订时、账簿启用时和证照领受时贴花。如果合同是在国外签订，且不便在国外贴花的，应在将合同带入境时办理贴花纳税手续。

(四)纳税地点

印花税一般实行就地纳税。对于全国性商品物资订货会(包括展销会、交易会等)上所签订合同应纳的印花税，由纳税人回其所在地后及时办理贴花完税手续；对地方主办、不涉及省际关系的订货会、展销会上所签订合同的印花税，其纳税地点由各省、自治区和直辖市人民政府自行确定。

五、印花税的纳税申报与账务处理

(一)印花税的纳税申报

印花税的纳税人应按照规定，在书立、领受和使用时办理纳税申报，并如实填制《印花税纳税申报表》(见表8-5)。

表8-5 印花税纳税申报表

填表日期：2017年 3 月 31 日

纳税人识别号：46522301040131　　　　金额单位：元(列至角分)

单位名称	迅捷运输公司		税款所属时期	2017年 03月01日至 2017年03月31日	
应税凭证名称		件数	计税金额	税率	已纳税额
购销合同				0.3‰	
加工承揽合同				0.3‰	
建设工程勘察设计合同				0.3‰	
建筑安装工程承包合同				0.3‰	

续表

财产租赁合同				1‰	
货物运输合同		300	10 000 000.00	0.3‰	3 000.00
仓储保管合同				1‰	
借款合同				0.05‰	
财产保险合同		1	100 000.00	1‰	100.00
技术合同				0.3‰	
产权转移书据				0.5‰	
账 簿	资金账簿			0.5‰	
	其他账簿	件		5 元	
权利许可证照		件		5 元	
其他					
合 计		301	10 100 000.00		3100.00
贴花情况					
上期结存		本期购进	本期贴花	本期结存	
0		3100.00	3100.00	0.00	
如纳税人填报，由纳税人填写以下各栏		如委托代理人填报，由代理人填写以下各栏			
会计主管(盖章)	纳税人(公章)	代理人名称		代理人(公章)	
		代理人地址			
		经办人姓名		电话	
以下由税务机关填写					
收到申报表日期		接收人			

【例 8-13】迅捷运输公司的纳税人识别号为 46522301040131，2017 年 3 月开具运输结算单据 300 份，结算运费总金额 1000 万元；与保险公司签订运输保险合同一份，投保金额 3000 万元，缴纳保险费 10 万元。试计算运输公司应纳印花税税额，并填写该公司印花税纳税申报表。

【解析】

(1) 运输单据视同合同应纳印花税=10 000 000×0.3‰=3000(元)；

保险合同应纳印花税=100 000×1‰=100(元)；

应纳印花税合计=3000+100=3100(元)。

(2) 印花税纳税申报表如表 8-5 所示。

(二)印花税的账务处理

印花税属于一次性缴纳的税种，不存在与税务机关清算和结算的问题，因此印花税可以不通过“应交税费”科目核算。企业可设置“管理费用——印花税”科目核算印花税的上缴情况。

承例 8-13，迅捷运输公司计算及缴纳印花税时的财务处理如下。

借：管理费用 5100
　　贷：银行存款 5100

第四节 契 税 法

一、契税的概念

契税是国家在土地、房屋权属转移时，向产权承受人一次性征收的一种税。契税法是指国家制定的调整契税征收与缴纳之间权利及义务关系的法律规范。现行契税的基本规范，是1997年7月7日国务院正式发布并于同年10月1日开始实施的《中华人民共和国契税暂行条例》(以下简称《契税暂行条例》)。2020年8月11日中华人民共和国第十三届全国人民代表大会常务委员会第二十一次会议于通过《中华人民共和国契税法》，自2021年9月1日起施行。

征收契税对公平税负、规范房地产市场、促进房地产经济的发展和建立良好的房地产市场秩序，以及增加财政收入等有着十分重要的意义。

二、契税的基本要素

(一)契税的纳税人

在中华人民共和国境内承受土地、房屋权属转移的单位和个人为契税的纳税义务人。“承受”是指以受让、购买、受赠和互换等方式取得土地、房屋权属的行为；“单位”包括内外资企业、事业单位、国家机关、军事单位和社会团体；“个人”包括中国公民和外籍人员。

【思考 8-10】转让房地产时应缴纳增值税、城市维护建设税、印花税和契税等。这一说法是否正确，为什么？

【解析】这一说法不正确。契税的纳税人是转移土地、房屋权属的承受方，转让方不缴纳契税。

(二)契税的征税对象

契税的征税对象是在中华人民共和国境内转移土地、房屋权属的行为。其具体包括如下几种情况。

(1) 国有土地使用权的出让(国家将土地使用权在一定年限内让与土地使用者)。

(2) 土地使用权转让，包括出售、赠与和互换，但不包括土地承包经营权和土地经营权的转移。

(3) 房屋买卖。

(4) 房屋赠与。

(5) 房屋互换。

此外，下列几种特殊情况视同土地、房屋权属转移，应缴纳契税。

(1) 以土地、房屋抵债。

(2) 以土地、房产作价投资、入股。

(3) 买房拆料或翻建新房。

(4) 以预购方式或者预付集资建房款方式承受土地、房屋权属。

(5) 以获奖方式承受土地、房屋权属。

土地、房屋权属的典当、继承、分析(分割)、出租或抵押等，不属于契税征税范围，不缴纳契税。

【思考 8-11】下列各项中，应当征收契税的有(　　)。

A. 以房产抵债　　B. 将房产赠与他人　　C. 以房产抵押　　D. 子女继承房产

【解析】正确答案是 AB。房产继承、抵押不属于契税征收范围。

(三)契税的税率

契税实行 3%～5%的幅度税率。契税的具体适用税率，由省、自治区、直辖市人民政府在前款规定的税率幅度内提出，报同级人民代表大会常务委员会决定，并报全国人民代表大会常务委员会和国务院备案。省、自治区、直辖市可以依照上述规定的程序对不同主体、不同地区、不同类型的住房的权属转移确定差别税率。

三、契税的计算

(一)计税依据

契税的计税依据是不动产的价格。具体分为以下几种情况。

(1) 国有土地使用权出让、土地使用权出售、房屋买卖，以成交价格为计税依据。成交价是指土地、房屋权属转移合同确定的价格，包括承受者应交付的货币、实物、无形资产和其他经济利益。

(2) 土地使用权赠与、房屋赠与，由征收机关参照土地使用权出售、房屋买卖的市场价格核定。

(3) 土地使用权互换、房屋互换，以所互换的土地使用权、房屋的价格差额为计税依据。互换价格相等时，免征契税，互换价格不等时由多交付的一方缴纳契税。

(4) 以划拨方式取得土地使用权，经批准转让房地产时，房地产转让者应补交契税。计税依据为补交的土地使用权出让费用或者土地收益。

为防止纳税人隐瞒、虚报成交价格以偷逃税款，对成交价格明显低于市场价格且无正当理由的，或者所互换土地使用权、房屋价格的差额明显不合理并且无正当理由的，征收机关可以参照市场价格核定计税依据。

(二)契税的具体计算

契税采用幅度比例税率，从价计征，其基本计算公式如下。

$$契税应纳税额=计税依据\times税率$$

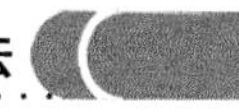

【例 8-14】某公司 2017 年发生两笔互换房产业务，并已办理了相关手续。第一笔业务换出的房产价值 500 万元，换进的房产价值 600 万元；第二笔业务换出的房产价值 600 万元，换进的房产价值 400 万元。房产互换价格差额均已支付，当地政府规定的契税税率为 3%，试计算公司应缴纳的契税。

【解析】房屋或土地使用权相互互换，互换价格相等，免征契税；互换价格不等，由多交付货币、实物、无形资产或其他利益的一方按差价缴纳契税。则该公司应纳契税计算如下。

应纳契税=(600−500)×3%=3(万元)。

四、契税的征收管理

(一)税收优惠

(1) 国家机关、事业单位、社会团体和军事单位承受土地、房屋用于办公、教学、医疗、科研和军事设施的，免征契税。

(2) 非营利性的学校、医疗机构、社会福利机构承受土地、房屋权属用于办公、教学、医疗、科研、养老、救助。

(3) 承受荒山、荒地、荒滩土地使用权用于农、林、牧、渔业生产。

(4) 婚姻关系存续期间夫妻之间变更土地、房屋权属。

(5) 法定继承人通过继承承受土地、房屋权属。

(6) 依照法律规定应当予以免税的外国驻华使馆、领事馆和国际组织驻华代表机构承受土地、房屋权属。

根据国民经济和社会发展的需要，国务院对居民住房需求保障、企业改制重组、灾后重建等情形可以规定免征或者减征契税，报全国人民代表大会常务委员会备案。

(7) 依省、自治区、直辖市可以决定对下列情形免征或者减征契税。

① 因土地、房屋被县级以上人民政府征收、征用，重新承受土地、房屋权属。

② 因不可抗力灭失住房，重新承受住房权属。

免征或者减征契税的具体办法，由省、自治区、直辖市人民政府提出，报同级人民代表大会常务委员会决定，并报全国人民代表大会常务委员会和国务院备案。

纳税人改变有关土地、房屋的用途，或者有其他不再属于免征、减征契税情形的，应当缴纳已经免征、减征的税款。

(二)纳税义务发生时间

契税的纳税义务发生时间是纳税人签订土地、房屋权属转移合同的当天，或者纳税人取得其他具有土地、房屋权属转移合同性质凭证的当天。

(三)纳税期限与地点

纳税人应当在依法办理土地、房屋权属登记手续前申报缴纳契税。纳税人办理纳税事宜后，税务机关应当开具契税完税凭证。纳税人办理土地、房屋权属登记，不动产登记机构应当查验契税完税、减免税凭证或者有关信息。未按照规定缴纳契税的，不动产登记机构不予办理土地、房屋权属登记。

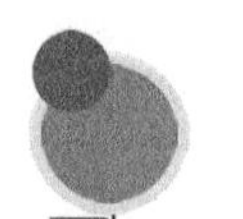

在依法办理土地、房屋权属登记前，权属转移合同、权属转移合同性质凭证不生效、无效、被撤销或者被解除的，纳税人可以向税务机关申请退还已缴纳的税款，税务机关应当依法办理。

税务机关应当与相关部门建立契税涉税信息共享和工作配合机制。自然资源、住房城乡建设、民政、公安等相关部门应当及时向税务机关提供与转移土地、房屋权属有关的信息，协助税务机关加强契税征收管理。

税务机关及其工作人员对税收征收管理过程中知悉的纳税人的个人信息，应当依法予以保密，不得泄露或者非法向他人提供。

五、契税的纳税申报与账务处理

(一)契税的纳税申报

凡发生土地使用权、房屋使用权权属转移行为时，承受土地使用权、房屋所有权的单位和个人，应当在依法办理土地、房屋权属登记手续前向土地、房屋所在地的契税征收机关申报纳税，并如实填写契税纳税申报表，如表8-6所示。

表8-6 契税纳税申报表

面积单位：平方米

填表日期：2019年03月20日　　金额单位：元

承受方	名　称	王五	识 别 号	652301690308045	
	地　址	新疆昌吉北京北路36号	联系电话	0994-2336038	
转让方	名　称	李蕾	识 别 号	652301720312056	
	地　址	新疆昌吉延安南路48号	联系电话	0994-2829661	
土地、房屋权属转移	合同签订时间	2019年03月15日			
	土地、房屋地址	新疆昌吉市上海花园28号			
	权属转移类别	买卖			
	权属转移面积	100平方米			
	成交价格	300 000.00元			
适用税率	3%				
计征税额	9000.00元				
减免税额	4500.00元				
应纳税额	4500.00元				
纳税人员签章		经办人员签章			
以下部分由征收机关负责填写					
征收机关收到日期		接收人		审核日期	
审核记录					
审核人员签章		征收机关签章			

注：① 承受方、转让方识别号：承受方、转让方是单位的，填写税务登记号，没有税务登记号的，填写组织机构代码；承受方、转让方是个人的，填写个人身份证号或护照号。

② 权属转移类别：(土地)出让、买卖、赠与、互换、作价入股等行为。

③ 计征税额=计税价格×税率，应纳税额=计征税额-减免税额。

【例 8-15】李蕾于 2019 年 3 月 15 日将其自有的一套 100 平方米砖混结构的商品住房出售给王五(居住用)，成交价格 30 万元，当地适用的契税税率为 3%，试计算王五应纳契税税额并填列契税纳税申报表。该房屋地处新疆昌吉市上海花园 28 号，当地规定减半征收契税。

【解析】

(1) 王五应纳契税税额=30×3%=0.9(万元)。按国家规定可减半征收，所以王五实际缴纳契税=0.9÷2=0.45(万元)。

(2) 契税纳税申报表如表 8-6 所示。

(二)契税的账务处理

发生契税的企业一般设置“应交税费——应交契税”科目，以便对契税的计算与缴纳进行核算。企业缴纳的契税应计入所取得的土地使用权和房屋的成本。计算按规定应缴纳的契税时，借方记入“固定资产”或“无形资产”科目，贷方记入“应交税费——应交契税”科目。实际缴纳时，借记“应交税费——应交契税”科目，贷记“银行存款”科目。承例 8-15，该公司计算缴纳契税时的账务处理如下。

(1) 计算应缴纳的契税时，

借：固定资产　　　　　　　　4500

　　贷：应交税费——应交契税　　　　　4500

(2) 实际缴纳时，

借：应交税费——应交契税　　　　4500

　　贷：银行存款　　　　　　　　　　4500

复习思考题

1. 简述印花税的纳税人与税目。
2. 简述房产税的征税范围及纳税人。
3. 简述车船税的纳税人与征税对象。
4. 简述契税的纳税人与征税范围。

强化训练题

一、单项选择题

1. 我国房产税的征收范围不包括(　　)。

A. 城市　　B. 县城　　C. 农村　　D. 建制镇

2. 纳税人自行新建的房屋用于生产的，应从(　　)起缴纳房产税。

A. 验收完成之次月　　B. 生产经营之月

C. 建成之次月　　D. 生产经营之次月

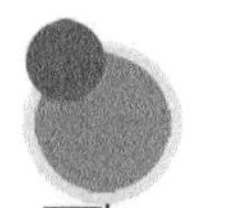

3. 下列各项中，符合房产税纳税人规定的是(　　)。

A. 产权属于集体的，由集体单位缴纳房产税

B. 房屋产权出典的，由出典人缴纳

C. 产权属于国家的，不缴纳房产税

D. 产权纠纷未解决的，暂不缴纳

4. 房产税的从价计征是按房产原值减除(　　)后的余值计算的。

A. 10%～20%　　B. 5%～20%　　C. 10%～30%　　D. 5%～30%

5. 甲公司有一房屋系融资租赁方式购入，该房屋应按(　　)计征房产税。

A. 租金支出　　B. 房产余值　　C. 房产净值　　D. 房产原值

6. 下列车船需缴纳车船税的是(　　)。

A. 纯电动乘用车　　B. 警用车船

C. 捕捞渔船　　D. 三轮汽车

7. 下列各项中，不符合车船税有关规定的是(　　)。

A. 载客汽车，以“辆”为计税依据

B. 载货汽车，以“整备质量吨位”为计税依据

C. 机动船，以“艘”为计税依据

D. 摩托车，以“辆”为计税依据

8. A企业与李某签订了为期一年的租赁合同，将企业的一辆货车租赁给李某，当年A企业未缴纳该货车的车船税。此时车船税的纳税人应为(　　)。

A. A企业　　B. 李某代A企业缴纳

C. 李某　　D. 税务机关指定A企业或者李某

9. 下列车辆中，不应缴纳车船税的是(　　)。

A. 摩托车　　B. 挂车　　C. 机动船　　D. 自行车

10. 某建筑公司与甲企业签订一份建筑承包合同，合同金额5 000万元。该建筑公司又将其中价值100万元的安装工程承包给乙企业，并签订转包合同。该建筑工程共应缴纳印花税(　　)万元。

A. 1.53　　B. 1.80　　C. 2.025　　D. 1.785

11. 以划拨方式取得土地使用权的，后经批准改为出让方式取得土地使用权的，由房地产转让者以(　　)为计税依据补交契税。

A. 补交的土地使用权出让费用或土地收益

B. 转让房地产的评估价格

C. 双方协议的价格

D. 土地市场价

12. 甲乙双方互换房屋权属，甲的房屋价值12.5万元，乙的房屋价值20.5万元，已知契税的税率为3%，下列回答正确的是(　　)。

A. 甲是纳税人，应纳契税0.615万元

B. 甲是纳税人，应纳契税0.24万元

C. 乙是纳税人，应纳契税0.375万元

D. 乙是纳税人，应纳契税0.99万元

13. 根据契税法律制度的规定，下列各项中，不属于契税纳税人的是(　　)。

A. 出售房屋的个人　　B. 受赠土地使用权的企业

C. 购买房屋的个人　　D. 受让土地使用权的企业

14. 某企业 2017 年将原值 50 万元的房屋出租 50%，取得租金 5 万元，当地政府规定房产原值扣除率为 20%，则应纳房产税税额为(　　)万元。

A. 0.96　　B. 0.48　　C. 0.6　　D. 1.08

15. 甲与乙签订一份技术开发合同，记载金额共计 800 万元，其中研究开发费用为 300 万元，则甲应缴纳的印花税税额为(　　)万元。

A. 0.15　　B. 0.24　　C. 0.25　　D. 0.4

二、多项选择题

1. 下列属于征收范围内的房产税纳税义务人的有(　　)。

A. 房屋产权所有人　　B. 房屋使用人

C. 房屋承典人　　D. 房屋代管人

2. 下列与房屋不可分割的附属设备中，应计入房产原值计缴房产税的有(　　)。

A. 中央空调　　B. 电梯　　C. 暖气设备　　D. 给水排水管道

3. 下列关于房产投资的房产税的说法中，正确的有(　　)。

A. 以房产投资成立的有限公司，投资方按房产余值为计税依据计征房产税

B. 房产联营投资，不承担经营风险，只收取固定收入的，投资方按房产余值为计税依据计征房产税

C. 以房产联营投资，共承担风险的，被投资方按房产余值为计税依据计征房产税

D. 以房产联营投资，共承担风险的，投资方不再计征房产税

4. 车船税的计税依据形式包括(　　)。

A. 辆　　B. 马力　　C. 净吨位　　D. 整备质量吨位

5. 印花税的征税对象包括(　　)。

A. 合同或具有合同性质的凭证　　B. 产权转移书据

C. 专利证书　　D. 权利许可证照

6. 发生下列活动的单位和个人，应纳契税的有(　　)。

A. 销售不动产的房地产公司　　B. 以房屋权属作投资的某企业集团

C. 房产互换中的支付补价方　　D. 购买商品房的外籍人员

7. 关于契税计税价格表述中，合法的有(　　)。

A 受让国有土地使用权的，以成交价格为计税依据

B 受赠房屋的，由征收机关参照房屋买卖的市场价格核定计税依据

C 购入土地使用权的，以评估价格为计税依据

D 互换土地使用权的，以互换土地使用权的价格差额为计税依据

8. 下列属于印花税的纳税人的有(　　)。

A. 购销合同的保证人　　B. 在国外签订合同，在境内生产的企业

C. 购销合同的当事人　　D. 借款合同的双方当事人

9. 下列不属于契税征收范围的有(　　)。

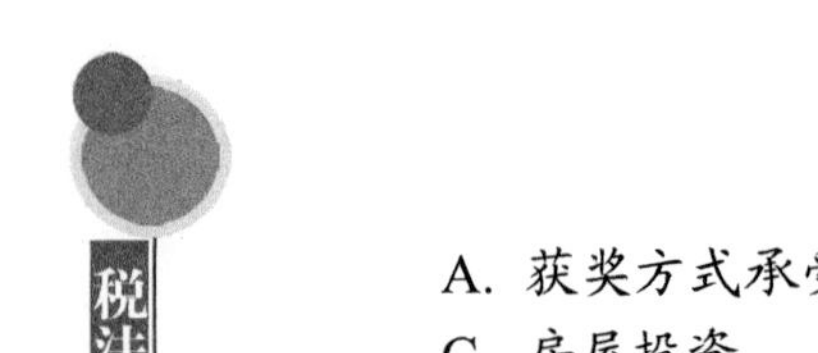

A. 获奖方式承受房地产　　B. 农村土地承包经营权转让
C. 房屋投资　　D. 房屋抵押

10. 房产税纳税义务时间的表述中，正确的有(　　)。
A. 原有房产用于生产经营，从生产经营之当月起缴纳房产税
B. 自行新建房产用于生产经营，从建成之次月起缴纳房产税
C. 出租房产，自交付出租房产之月起缴纳房产税
D. 购置新建商品房，自房屋交付使用之月起缴纳房产税

11. 下列各项中，免于征收房产税的有(　　)。
A. 企业内行政管理部门办公用房产
B. 个人所有非营业用的房产
C. 施工期间施工企业在基建工地搭建的临时办公用房屋
D. 公园内供公共参观游览的房屋

12. 下列免征契税的有(　　)。
A. 军事单位承受土地用于军事设施
B. 国家机关承受土地用于办公
C. 纳税人承受荒山土地使用权用于农业生产
D. 城镇居民购买商品房用于居住

13. 下列车船中，免征车船税的有(　　)。
A. 在渔业船舶部门登记的捕捞船　　B. 无轨电车
C. 武警专用车辆　　D. 远洋货船

14. 下列车船中，不征收车船税的有(　　)。
A. 捕捞渔船　　B. 符合国家有关标准的纯电动商用车
C. 军队专用车船　　D. 观光游艇

15. 下列合同和凭证中，免征印花税的有(　　)。
A. 农林作物保险合同　　B. 仓储保管合同
C. 军事物资运输结算凭证　　D. 财产租赁合同

三、判断题

1. 房产税以在征收范围内的房屋产权所有人为纳税人，产权未定的暂不缴纳。(　　)

2. 独立于房屋之外的建筑物不缴纳房产税。(　　)

3. 对经营自用的房屋，以房产的原值作为计税依据。(　　)

4. 拖船和非机动驳船比照机动船舶计征车船税。(　　)

5. 凡在我国境内行驶的车船，均缴纳车船税。(　　)

6. 一份购销合同中所记载购销金额为120万元，实际执行结果为130万元，签订合同时已按120万元计算缴纳印花税，因未修改合同，所以不再补交印花税。(　　)

7. 境内承受转移土地、房屋权属的单位和个人为契税的纳税人，但不包括外商投资企业和外国企业。(　　)

8. 继承人承受房屋、土地使用权的，免征契税。(　　)

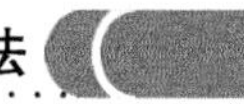

9. 农民赵某将其在乡上的一套房子出租，取得租金收入 3 000 元。按照房产税从租计征的规定计算，王某应缴纳房产税 360 元。　（　）

10. 房地产出租的，由承租人缴纳房产税。　（　）

四、业务训练题

1. 王某在市区购买一处房产出租给柳某用于居住，取得租金 3 万元，该房产原值 40 万元，房产税的扣除比例为 10%。试计算王某应缴纳的房产税税额。

2. 某企业拥有房产原值 1200 万元，2017 年 6 月 1 日将其中的 40%用于对外投资，不承担投资风险，投资期限为 3 年，当年取得固定利润分红 24 万元。已知当地政府规定的扣除比例为 20%。另外，该企业拥有整备质量吨位为 5 吨的载重汽车 20 辆，4 吨的挂车 10 辆，同型号载客汽车 2 辆，该企业所在地载货汽车年税额 50 元/吨，该型号载客汽车年税额为 200 元/辆。试计算该企业应缴纳的房产税税额和车船税税额，并填写房产税纳税申报表和车船税纳税申报表。

3. 某企业 2017 年度有关资料如下。

(1) 实收资本比 2016 年增加 100 万元。

(2) 与银行签订一年借款合同，借款金额 300 万元，年利率 5%。

(3) 与乙公司签订受托加工合同，乙公司提供价值为 80 万元的原材料，本企业提供价值 15 万元的辅助材料并收加工费 20 万元。

(4) 与运输公司签订运输合同一份，合同金额为 8 万元(含装卸费用 0.5 万元)。

(5) 与某公司签订租赁合同 1 份，将公司闲置的价值 30 万元的设备出租，租期一年，租金合计 6 万元。

试计算该企业 2017 年度应缴纳的印花税税额，并填写印花税纳税申报表。

4. 张某 2017 年拥有和使用的房产情况是：将 2017 年 2 月购入并居住的一套房(购入价格 40 万元)以 48 万元的价格转让给他人；将一套三居室的住房出租，月租金 2000 元，2017 年共取得租金 2.4 万元；将一套已居住两年的两居室住房(市场价格为 20 万元)与他人互换一套四居室住房(市场价格 45 万元)，支付差价 25 万元；参加一项有奖竞赛活动，获得奖励商品房一套(市场价格为 15 万元)。试计算张某在 2017 年应缴纳的契税税额，并填写契税纳税申报表。当地契税税率为 3%。

5. 某企业于 2016 年 8 月 18 日开业，领取工商执照、不动产权证书和商标注册证各一件；注册资本 400 万元，其中实收资本 200 万元，资本公积 20 万元。开业当年签订财产保险合同一份，投保金额 200 万元，缴纳保险费 3 万元；购销合同 6 份，所载金额总计 100 万元。2017 年，该企业与某公司签订技术转让合同一份，金额为 50 万元；与其他企业签订购销合同 8 份，所载金额总计 150 万元；与货运公司签订运输合同 2 份，支付运输费 5 万元，其中装卸费 0.5 万元。营业账簿册数没变，只是记载资金的“实收资本”数额增加到 260 万元。用价值 20 万元的货物换得另一企业价值 30 万元的原材料，并签订了换货合同。试分别计算该企业 2016 年度和 2017 年度应缴纳的印花税税额。

第九章　其他相关税法

技能目标：

掌握资源税、土地增值税、城镇土地使用税、车辆购置税的计算及纳税申报表的填写。

知识目标：

- 掌握资源税、土地增值税、城镇土地使用税、车辆购置税的纳税人、征税对象、计算及纳税申报表的填写。
- 熟悉资源税、土地增值税、城镇土地使用税、车辆购置税征收管理规定。
- 了解资源税、土地增值税、城镇土地使用税、车辆购置税的账务处理。

第一节　资 源 税 法

一、资源税的概念

资源税是对在我国境内从事应税矿产品开采或生产盐的单位和个人征收的一种税。我国现行资源税的基本规范，是1993年12月25日国务院颁布的，2011年9月21日进行修订的《中华人民共和国资源税暂行条例》(以下简称《资源税暂行条例》)。随后，陆续对资源税税率和计税依据进行了调整。2019年8月26日第十三届全国人民代表大会常务委员会第十二次会议通过了《中华人民共和国资源税法》，自2020年9月1日实施，是我国首部资源税法。

资源税具有征税范围有限(矿产品和盐)、纳税环节单一(开采环节)和计算简便的特点。国家开征资源税，有利于合理调节资源级差收入水平，促进国有资源的合理开采、节约使用和有效配置，同时也有利于增加财政收入。

二、资源税的基本要素

(一)资源税的纳税人

在中华人民共和国领域及管辖海域开采应税矿产品或者生产盐的单位和个人。

“单位”包括国有企业、集体企业、私有企业、股份企业、其他企业和行政事业单位、军事单位、社会团体等；“个人”是指个体经营者和其他个人。资源税仅对在中国境内及管辖海域开采应税矿产品或生产盐的单位和个人征收，进口矿产品或者盐以及经营已税矿产品或者盐的单位和个人，均不属于资源税的纳税人。

收购未税矿产品的单位为资源税的扣缴义务人，具体包括独立矿山、联合企业及其他收购未税矿产品的单位。

【思考9-1】下列属于资源税纳税人的有(　　)。

A. 冶炼企业进口铁矿石　　B. 加碘盐生产厂

C. 军事单位开采石油　　D. 中外合作开采天然气

【解析】正确答案是 CD。资源税仅在开采应税矿产品或生产盐的环节征收。

【思考 9-2】资源税与增值税有什么关系?

【解析】资源税实际上是在普遍征收增值税的基础上,对应税矿产品和生产盐的单位和个人开征的一种税,即缴纳资源税,必然还要缴纳增值税。增值税是“道道”征税,资源税只选择在开采或生产环节征收一次。

(二)资源税的征税范围

我国目前资源税的征税范围仅包括矿产品和盐类,具体包括以下六大类。

(1) 原油。对开采的天然原油征税,不包括人造石油。

(2) 天然气。对专门开采和与原油同时开采的天然气征税。煤矿生产的天然气暂不征税。

(3) 煤炭。是指“原煤”和以未税原煤加工的洗选煤,不包括已税原煤加工的洗煤、选煤及其他煤炭制品。

(4) 其他非金属矿原矿。它包括:石墨、硅藻土、高岭土地、萤石、石灰石、硫铁矿、磷矿、氯化钾、硫酸钾、井矿盐、湖盐、提取地下卤水晒制盐、煤层(成)气。

(5) 金属矿原矿。它包括铁矿、金矿、铜矿、铝土矿、铅锌矿、镍矿、锡矿及其他金属矿产品等。

(6) 海盐。它包括固体盐、液体盐。固体盐是指海盐原盐、湖盐原盐和井矿盐;液体盐是指卤水。

【思考 9-3】下列应征资源税的有(　　)。

A. 天然气　　B. 盐　　C. 土地资源　　D. 森林资源

【解析】正确答案是 AB。土地资源和森林资源不属于资源税的征收范围。

【思考 9-4】下列各项中,属于资源税征税范围的是(　　)。

A. 人造石油　　B. 已税原煤加工的洗煤、选煤

C. 井矿盐　　D. 煤层气

【解析】正确答案是 CD。人造石油和已税原煤加工的洗煤、选煤不征收资源税,而井矿盐和煤层气均属于资源税征收范围。

(三)资源税的税率

采用固定税率和幅度税率两类税率,对实行幅度税率的资源,将决定权限下放到省级人大常委会,具体适用税率由省级人民政府在《税目税率表》规定的幅度税率内提出,报同级人大常委会决定。资源税具体税目税额如表 9-1 所示。

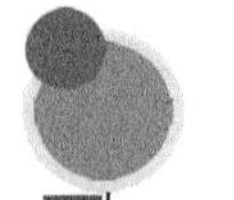

表 9-1　资源税税目税额表

税目			征税对象	税率
能源矿产	原油		原矿	6%
	天然气、页岩气、天然气水合物		原矿	6%
	煤		原矿或者选矿	2%～10%
	煤成(层)气		原矿	1%～2%
	铀、钍		原矿	4%
	油页岩、油砂、天然沥青、石煤		原矿或者选矿	1%～4%
	地热		原矿	1%～20%或者每立方米 1～30 元
金属矿产	黑色金属(铁、锰、铬、钒、钛)		原矿或者选矿	1%～9%
	有色金属	(铜、铅、锌、锡、镍、锑、镁、钴、铋、汞，铝土矿、钨、钼等)	原矿或者选矿	2%～12%
		其中：钨、钼征、轻稀土和中重稀土	选矿	6.5%～20%
非金属矿	矿物类	高岭土、石灰岩、磷等 其中石灰岩 其他粘土	原矿或者选矿	1%～12% 1%～6%或者每吨(或者每立方米)1～10 元 1%～5%或者每吨(或者每立方米)0.1～5 元
	岩石类	大理岩、花岗岩、砂石等 其中：砂石	原矿或者选矿	1%～10% 1%～5%或每吨或每立方米 0.1～5 元
	宝石类	宝石、玉石、玛瑙等	原矿或者选矿	4%～20%
水气矿产	二氧化碳气、硫化氢气、氦气、氡气 矿泉水		原矿	2%～5% 1%～20%或每立方米 1～30 元
盐	钠盐、钾盐、镁盐、锂盐		选矿	3%～15%
	天然卤水		原矿	3%～15%，或者每吨(或每立方米)1～10 元
	海盐			2%～5%

纳税人开采或者生产不同税目应税产品的，应当分别核算不同税目应税产品的销售额；未分别核算或者不能准确提供不同税目应税产品的销售额的，从高适用税率。纳税人在开采主矿产品的过程中伴采的其他应税矿产品，凡未单独规定税率的，一律按主矿产品或者视同主矿产品税目征收资源税。

独立矿山、联合企业收购未税矿产品的单位，按照本单位应税产品税额标准，依据收购的数量代扣代缴资源税。其他收购单位收购的未税矿产品，按照税务机关核定的应税产品税额标准，依据收购的数量代扣代缴资源税。

三、资源税应纳税额的计算

资源税的计税依据为应税产品的销售额或销售量，各税目的征税对象包括原矿、选矿，具体按照《资源税税目税率表》相关规定执行。对未列举名称的其他矿产品，省级人民政府

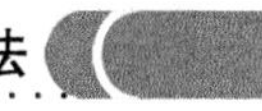

可对本地区主要矿产品按矿种设定税目，对其余矿产品按类别设定税目，并按其销售的主要形态(如原矿、选矿)确定征税对象。

有关资源税计税依据的具体规定如下。

(一)实行从价定率计算办法的应税产品，计算依据是销售额

应纳税额=应税产品的销售额×适用的比例税率

1. 一般情况下销售额的确定(同增值税的销售额)

销售额是指销售应税产品向购买方收取的全部价款和价外费用，但不包括收取的增值税销项税款和运杂费用。

运杂费用是指应税产品从坑口或洗选(加工)地到车站、码头或购买方指定地点的运输费用、建设基金以及随运销产生的装卸、仓储、港杂费用。运杂费用应与销售额分别核算，凡未取得相应凭据或不能与销售额分别核算的，应当一并计征资源税。

如甲企业主要从事铝土矿开采与销售，11 月份，向乙企业销售自采铝土矿原矿，向乙企业收取含增值税价款 113 万元、优质费 5.65 万元、代乙企业将铝土矿原矿从开采地运至货运站的运费 2.26 万元(可提供相应凭据)。已知该产品资源税税率为 3%，增值税税率为 13%。则甲企业应缴纳的资源税=(113+5.65)/(1+13%)×3%=3.15(万元)。将应税产品从开采地运至货运站的运费 2.26 万元不计入销售额中。

2. 洗选煤销售额的确定

纳税人将其开采的原煤，自用于连续生产洗选煤的，在原煤移送使用环节不缴纳资源税；将开采的原煤加工为洗选煤销售的，以洗选煤销售额乘以折算率作为应税煤炭销售额，计算缴纳资源税。

煤炭销售额=洗选煤销售额×折算率

洗选煤销售额包括洗选副产品的销售额，不包括洗选煤从洗选煤厂到车站、码头等运输费用。

纳税人同时以自采未税原煤和外购已税原煤加工洗选煤的，应当分别核算；未分别核算的，全部视为以自采未税原煤加工的洗选煤征税。

纳税人将其开采的原煤加工为洗选煤自用的，视同销售洗选煤，按照规定核定其销售额。

【例 9-1】某煤矿 1 月共开采原煤 6500 吨，对外销售 2000 吨，取得不含税销售额 20 万元，剩余 4500 吨全部移送生产洗选煤，本月销售洗选煤 1500 吨，取得不含税销售额 25 万元。已知该企业开采煤炭适用的资源税税率为 4%，当地政府规定的折算率为 80%，试计算该煤矿当月应缴纳的资源税。

【解析】将开采的原煤加工为洗选煤销售的，以洗选煤销售额乘以折算率作为应税煤炭销售额。

应缴纳的资源税=20×4%+25×80%×4%=1.6(万元)

3. 按征税对象从价计税

征税对象为选矿的，纳税人销售原矿时，应将原矿销售额换算为选矿销售额缴纳资源税；征税对象为原矿的，纳税人销售自产选矿，应将选矿销售额折算为原矿销售额缴纳资源税。换算比或折算率原则上应通过原矿售价、选矿售价和选矿比计算，也可通过原矿销售额、选矿环节平均成本和利润计算。

【例 9-2】甲企业主要从事铝土矿开采与销售，11 月份，将自采铝土矿选矿后向丙企业销售，向丙企业收取含税价 113 万元。铝土矿以原矿为征税对象，资源税税率为 3%、折算率为 70%，试计算甲企业应缴纳的资源税。

【解析】征税对象为原矿的，纳税人销售选矿的，应将选矿销售折算为原矿销售额缴纳资源税。即：

应缴纳的资源税=113÷(1+13%)×70%×3%=2.1(万元)

【例 9-3】甲钨矿 11 月份销售自采原矿 1 万吨，每吨含税价 1130 元。销售自采钨连续加工的选矿 2 万吨，每吨含税价 2034 元。钨矿以选矿为征税对象，资源税税率为 6.5%、换算比 1.13，试计算甲钨矿应缴纳的资源税。

【解析】征税对象为选矿的，纳税人销售原矿时，应将原矿销售额换算为选矿销售额缴纳资源税，即：

应缴纳的资源税=1130÷(1+13%)×1.13×6.5%+2×2034÷(1+13%)×6.5%=307.45(万元)

4. 核定销售额

纳税人申报的应税产品销售额明显偏低并且无正当理由的，或者有视同销售应税产品行为而无销售额的，除财政部、国家税务总局另有规定外，按下列顺序确定销售额。

(1) 按纳税人最近时期同类产品的平均销售价格确定。

(2) 按其他纳税人最近时期同类产品的平均销售价格确定。

(3) 按组成计税价格确定。

组成计税价格=成本×(1+成本利润率)÷(1−税率)

5. 海盐销售额的确定

纳税人以自产的液体盐加工固体盐，按固体盐税额征税，以加工的固体盐销售额为计税依据。纳税人以外购的液体盐加工固体盐，其加工固体盐所耗用液体盐的已纳税额准予抵扣。

6. 扣缴义务人代扣代缴资源税，以收购未税矿产品的收购金额或数量为计税依据

纳税人开采或者生产不同税目应税产品的，应当分别核算不同税目应税产品的销售额或者销售数量；未分别核算或者不能准确提供不同税目应税产品的销售额或者销售数量的，从高适用税额。

(二)实行从量计征的应税产品，计算依据是销售数量

1. 纳税人开采或者生产应税产品销售的，以实际销售数量为销售数量

【思考 9-5】甲砂石厂本月计划开采 6500 吨，实际开采 5500 吨，本月计划销售 6000

吨，实际销售 5000 吨，以下属于资源税的计税依据的是(　　)。

A. 6500 吨　　B. 5500 吨　　C. 6000 吨　　D. 5000 吨

【解析】正确答案是 D。从量计征，以实际销售数量为计税依据。

2. 纳税人开采或者生产应税产品自用的，以移送时的自用数量为销售数量

自产自用包括生产自用和非生产自用。自产自用于连续生产应税产品的，不缴纳资源税；用于其他方面的，视同销售，缴纳资源税。

3. 纳税人不能准确提供应税产品销售数量或者移送数量的，以应税产品的产量或按主管税务机关确定折算比换算成的数量计征资源税的销售数量

纳税人将其开采的矿产品原矿自用于连续生产选矿，无法提供移送使用原矿数量的，可将其选矿按选矿比折算成原矿数量，以此作为销售数量。

4. 纳税人的减税、免税项目，应当单独核算课税数量；未单独核算或者不能准确提供课税数量的，不予减税或者免税

【思考 9-6】下列关于资源税应税产品销售数量的表述中，正确的有(　　)。

A. 纳税人不能准确提供应税产品销售数量或移送数量的，以应税产品的产量或按主管税务机关确定折算比换算成的数量计征资源税的销售数量

B. 纳税人兼有减税、免税项目且未单独核算的，以实际销售数量的 50%为销售数量

C. 纳税人开采应税产品自用的，以开采数量为销售数量

D. 纳税人开采应税产品销售的，以实际销售数量为销售数量

【解析】正确答案是 AD。纳税人的减税、免税项目，未单独核算的，不予减税或者免税。纳税人开采或者生产应税产品自用的，以移送时的“自用数量”为销售数量。

四、资源税的征收管理

(一)税收优惠

(1) 纳税人有下列情形之一的，免征资源税。

① 开采原油以及在油田范围内运输原油过程中用于加热的原油、天然气。

② 煤炭开采企业因安全生产需要抽采的煤成(层)气。

(2) 纳税人有下列情形之一的，减征资源税。

① 从低丰度油气田开采的原油、天然气，减征 20%资源税。

② 高含硫天然气、三次采油和从深水油气田开采的原油、天然气，减征 30%资源税。

③ 稠油、高凝油减征 40%资源税。

④ 从衰竭期矿山开采的矿产品，减征 30%资源税。

根据国民经济和社会发展需要，国务院对有利于促进资源节约集约利用、保护环境等情形可以规定免征或者减征资源税，报全国人民代表大会常务委员会备案。

(3) 纳税人有下列情形之一的，省、自治区、直辖市可以决定免征或者减征资源税。

① 纳税人开采或者生产应税产品过程中，因意外事故或者自然灾害等原因遭受重大

损失。

② 纳税人开采共伴生矿、低品位矿、尾矿。

上述免征或者减征资源税的具体办法，由省、自治区、直辖市人民政府提出，报同级人民代表大会常务委员会决定，并报全国人民代表大会常务委员会和国务院备案。

纳税人的免税、减税项目，应当单独核算销售额或者销售数量；未单独核算或者不能准确提供销售额或者销售数量的，不予免税或者减税。

【思考 9-7】下列各项中，免征资源税的有(　　)。

A. 开采原油过程中用于修井的原油　B. 开采原油过程中用于加热的原油

C. 开采后出口的原油　　　　　　　D. 开采后销售的原油

【解析】正确答案是 AB。原油出口、销售要依法缴纳资源税。

(二)纳税义务发生时间及纳税期限

纳税人销售应税产品，纳税义务发生时间为收讫销售款或者取得索取销售款凭据的当日；自用应税产品的，纳税义务发生时间为移送应税产品的当日。

纳税人开采或者生产应税产品自用的，应当依法缴纳资源税；但是，自用于连续生产应税产品的，不缴纳资源税。

纳税人销售应税产品，其纳税义务发生时间如下。

(1) 纳税人采取分期收款结算方式的，其纳税义务发生时间为销售合同规定的收款日期的当天。

(2) 纳税人采取预收货款结算方式的，其纳税义务发生时间为发出应税产品的当天。

(3) 纳税人采取其他结算方式的，其纳税义务发生时间为收讫销售款或取得索取销售款凭据的当天。

(4) 扣缴义务人代扣代缴税款的纳税义务发生时间，为支付首笔货款或者开具应支付货款凭据的当天。

(5) 纳税人自产自用应税产品的纳税义务发生时间，为移送使用应税产品的当天。

资源税按月或者按季申报缴纳；不能按固定期限计算缴纳的，可以按次申报缴纳。

纳税人按月或者按季申报缴纳的，应当自月度或者季度终了之日起 15 日内，向税务机关办理纳税申报并缴纳税款；按次申报缴纳的，应当自纳税义务发生之日起 15 日内，向税务机关办理纳税申报并缴纳税款。

【思考 9-8】关于资源税纳税义务发生时间的下列表述中，正确的有(　　)。

A. 采用分期收款结算方式销售应税产品的，为发出应税产品的当天

B. 采用预收货款结算方式销售应税产品的，为收到货款的当天

C. 自产自用应税产品的，为移送使用应税产品的当天

D. 扣缴义务人代扣代缴税款的纳税义务发生时间，为支付首笔货款的当天

【解析】正确答案是 CD。纳税人采取分期收款结算方式的，其纳税义务发生时间为销售“合同规定”的收款日期的当天；采取预收货款结算方式的，为“发出”应税产品的当天。

(三)纳税地点

(1) 纳税人应纳的资源税，应当向应税产品的开采或者盐的生产所在地主管税务机关缴纳。

(2) 纳税人跨省、自治区和直辖市开采资源税应税产品，其下属生产单位与核算单位

不在同一省、自治区和直辖市的，对其开采的矿产品一律在开采地纳税。

(3) 纳税人在本省、自治区和直辖市范围内开采或者生产应税产品，纳税地点的调整由省、自治区和直辖市税务机关确定。

(4) 扣缴义务人代扣代缴资源税的，向收购地主管税务机关缴纳。

五、资源税的纳税申报与账务处理

(一)资源税的纳税申报

资源税的纳税人，应按规定的纳税期限进行纳税申报，并如实填写资源税纳税申报表，如表 9-2 所示。

【例 9-4】天源油田公司纳税人识别号为 390100105832156。2019 年 11 月开采原油 50 万吨，伴采天然气 100 万立方米，当月销售原油 40 万吨，开采过程中用于加热使用原油 5 万吨，非生产用原油 5 万吨，销售天然气 80 万立方米，已知该油田原油、天然气税率为 6%，原油每吨销售额为 9 000 元，天然气每立方米为 1.2 元。试计算并填报资源税纳税申报表。

【解析】天源油田公司 11 月份资源税纳税申报表填写如表 9-2 所示。

表 9-2 资源税纳税申报表

填表日期：2019年 12 月05日

纳税人识别号：390100105832156 金额单位：元(列至角分)

纳税人名称		天源油田公司		税款所属时期	2019 年 11 月 01 日至 2019 年 11 月 30 日			
产品名称		课税单位	计税依据	税率	应纳税额	已纳税额	应补(退)税额	备注
应纳税项目	原油	吨	4 050 000 000.00	6%	243 000 000.00	0.00	243 000 000.00	
	天然气	m^3	960 000.00	6%	57 600.00	0.00	57 600.00	
减免税项目	原油	吨	0.00	0.00	0.00	0.00	0.00	
如纳税人填报，由纳税人填写以下各栏				如委托代理人填报，由代理人填写以下各栏				备注
会计主管(签章)	纳税人(公章)			代理人名称		代理人(公章)		
				代理人地址				
				经办人		电话		
以下由税务机关填写								
收到申报表日期				接收人				

(二)资源税的账务处理

承例 9-4，资源税的账务处理如下。

1. 销售应税产品的账务处理

(1) 企业计算销售应税产品应纳资源税时，

借：营业税金及附加　　　　　　　　　　243 057 600

　　贷：应交税费——应交资源税　　　　　　　243 057 600

(2) 实际缴纳资源税时，

借：应交税费——应交资源税　　　　　　243 057 600

　　贷：银行存款　　　　　　　　　　　　　243 057 600

2. 企业自产自用应税产品的账务处理

对企业自产自用应税产品，自用于连续生产应税产品的，不缴纳资源税；自用于其他方面的，视同销售，缴纳资源税，本例中，该公司非生产用原油 5 万吨，视同销售，应纳资源税为：50 000×90 000×6%=27 000 000 元。账务处理如下。

借：生产成本/营业外支出/其他业务成本等　　27 000 000

　　贷：应交税费——应交资源税　　　　　　　27 000 000

第二节　城镇土地使用税法

一、城镇土地使用税的概述

城镇土地使用税是对在城市、县城、建制镇和工矿区范围内使用土地的单位和个人，就其实际占用的土地面积按规定征收的一种税，通常简称为“土地使用税”。现行城镇土地使用税的基本规范，是 1988 年 9 月 27 日国务院颁布的并于同年 11 月 1 日起开始实施的《中华人民共和国城镇土地使用税暂行条例》(以下简称《城镇土地使用税暂行条例》)。2006 年 12 月进行修订，并于 2007 年 1 月 1 日起施行。

城镇土地使用税的开征，有利于国家用经济手段加强对土地的控制和管理，调节不同地区、不同地段之间的土地级差收入，鼓励平等竞争；促使土地使用者节约用地，提高土地使用效益；同时，可增加地方财政收入，保证城市建设资金的来源。

二、城镇土地使用税的基本要素

(一)城镇土地使用税的纳税人

城镇土地使用税的纳税人，是指在税法规定的征税范围内使用土地的单位和个人。城镇土地使用税的纳税义务人具体包括如下几种。

(1) 拥有土地使用权的单位和个人。

(2) 代管人。当拥有土地使用权的单位和个人不在土地所在地的，其土地的实际使用人和代管人为纳税义务人。

(3) 实际使用人。土地使用权未确定或权属纠纷未解决的，其实际使用人为纳税义务人。

(4) 共有人。土地使用权共有的，共有各方都是纳税义务人，由共有各方分别纳税。

【思考 9-9】凡在中国境内的单位和个人，均应依法缴纳城镇土地使用税。这一说法正确吗？为什么？

【解析】不正确。在城市、县城、建制镇和工矿区范围内使用土地的单位和个人，才缴纳城镇土地使用税。

【思考 9-10】下列关于城镇土地使用税纳税人的表述中，正确的有(　　)。

A. 土地使用权未确定或权属纠纷未解决的，由实际使用人纳税

B. 土地使用权共有的，共有各方均为纳税人，由共有各方分别纳税

C. 拥有土地使用权的纳税人不在土地所在地的，由代管人或实际使用人纳税

D. 城镇土地使用税由拥有土地使用权的单位或个人缴纳

【解析】正确答案是 ABCD。

(二)城镇土地使用税的征税范围

城镇土地使用税的征税范围，包括在城市、县城、建制镇和工矿区内的国家所有和集体所有的土地。

【思考 9-11】下列各项中，属于城镇土地使用税征税范围的有(　　)。

A. 集体所有的位于农村的土地　　B. 集体所有的位于建制镇的土地

C. 国家所有的位于工矿区的土地　　D. 集体所有的位于城市的土地

【解析】正确答案是 BCD。城镇土地使用税的征税范围不包括农村。

(三)城镇土地使用税的税率

城镇土地使用税实行差别幅度定额税率。其具体规定如下。

(1) 大城市：每平方米税额为 1.5～30 元。

(2) 中等城市：每平方米税额为 1.2～24 元。

(3) 小城市：每平方米税额为 0.9～18 元。

(4) 县城、建制镇、工矿区：每平方米税额为 0.6～12 元。

三、城镇土地使用税的计算

城镇土地使用税以纳税义务人实际占用的土地面积为计税依据，按规定的适用税额计算征收，其计算公式如下。

全年应纳税额=实际占用应税土地面积(平方米)×适用税额

纳税人实际占用土地面积按下列方法确定。

(1) 凡由省、自治区和直辖市人民政府确定的单位组织测定土地面积的，以测定的土地面积为准。

(2) 尚未组织测量，但纳税人持有政府部门核发的土地使用证书的，以证书确认的土地面积为准。

(3) 尚未核发土地使用证书的，应由纳税人申报土地面积，据实纳税，等到核发土地使用证以后再作调整。

【思考 9-12】纳税人尚未领取土地使用证书的，可暂不申报缴纳城镇土地使用税，待土地证书核发后再据实申报纳税。这一说法是否正确？为什么？

【解析】不正确，尚未领取土地证书的，先据实申报，等土地证书核发下来以后再多退少补。

【思考 9-13】下列属于城镇土地使用税计税依据的是(　　)。

A. 建筑面积　　B. 使用面积　　C. 实际占用的土地面积　　D. 居住面积

【解析】正确答案是 C。

【例 9-5】设在 A 市的甲企业实际占用的土地面积为 2 万元/平方米，当地每平方米年税额为 2 元，试计算其全年应纳的土地使用税税额。

【解析】年应纳税额=20 000×2=40 000(元)。

四、城镇土地使用税的征收管理

(一)税收优惠

下列土地免缴土地使用税。

(1) 国家机关、人民团体和军队自用的土地。它是指这些单位本身的办公用地和公务用地。

(2) 由国家财政部门拨付事业经费的单位自用的土地。

(3) 宗教寺庙、公园和名胜古迹自用的土地。

(4) 市政街道、广场和绿化地带等公用设施。

(5) 直接用于农、林、牧业和渔业的生产用地。

(6) 经批准开山填海整治的土地和改造的废弃土地，从使用的月份起免缴土地使用税 5～10 年。具体免税期限由各省、自治区和直辖市地方税务局在规定的期限内自行确定。

(7) 老年服务机构自用土地。

(8) 供热企业自用土地。

(9) 由财政部另行规定免税的能源、交通、水利设施用地和其他用地。

【思考 9-14】下列城市土地中，应缴纳城镇土地使用税的是(　　)。

A. 企业生活区用地　　B. 国家机关自用的土地

C. 名胜古迹自用的土地　　D. 市政街道公共用地

【解析】正确答案是 A。

【例 9-6】2017 年，昌吉市大唐公司提供的政府部门核发的土地使用证书显示：公司实际占地面积 50 000 平方米，其中，农业生产用地 2 000 平方米，其余土地均为生产经营用地。每平方米土地年税额为 2 元，试计算大唐公司 2017 年度应纳城镇土地使用税税额。

【解析】应纳税额=(50 000−2000)×2=96 000(元)。

(二)纳税义务发生时间

(1) 纳税人新征用的耕地，自批准征用之日起满一年时开始计征城镇土地使用税；纳税人新征用的非耕地，自批准征用次月起计征城镇土地使用税。

(2) 纳税人出租、出借房产，自交付出租、出借房产之次月起计征城镇土地使用税。

(3) 纳税人购置新建商品房，自房屋交付使用之次月起计征城镇土地使用税。

(4) 纳税人购置存量房，自办理房屋权属转移、变更登记手续，房地产权属登记机构签发房屋权属证书之次月起计征城镇土地使用税。

(5) 房地产开发企业自用、出租或出借本企业建造的商品房，自房屋使用或交付之次月起计征城镇土地使用税。

【思考 9-15】关于城镇土地使用税纳税义务发生时间的下列表述中，正确的有(　　)。

A. 纳税人新征用的耕地，自批准征用之日起缴纳

B. 纳税人新征用的非耕地，自批准征用次月缴纳

C. 纳税人以出让方式有偿取得土地使用权，合同约定交付土地时间的，自合同约定交付土地时间的次月起缴纳

D. 纳税人以出让方式有偿获取土地使用权，合同未约定交付土地时间的，自合同签订的次月起缴纳

【解析】正确答案是 BCD。纳税人新征用的耕地，自批准征用之日起“满一年”时开始计征城镇土地使用税。

(三)纳税期限与纳税地点

(1) 城镇土地使用税实行按年计算，分期缴纳的征收办法，具体纳税期限由省、自治区、直辖市人民政府确定。

(2) 城镇土地使用税在土地所在地缴纳，由土地所在地的税务机关负责征收。纳税人使用的土地不属于同一省、自治区和直辖市管辖范围内的，由纳税人分别向土地所在地的税务机关申报缴纳；在同一省、自治区、直辖市管辖范围内，纳税人跨地区使用的土地，由省、自治区和直辖市地方税务局确定纳税地点。

五、城镇土地使用税的纳税申报和账务处理

(一)城镇土地使用税的纳税申报

纳税人应依照当地税务机关规定的期限，填写城镇土地使用税纳税申报表(见表 9-3)，据实向当地税务机关办理纳税申报，并提供有关的证明文件资料。

承例 9-6，大唐公司纳税人识别号为 110105178365189，当地规定城镇土地使用税每半年预缴一次，试填报该公司 2017 年下半年的纳税申报表。

(二)城镇土地使用税的账务处理

企业按规定计算出应缴纳的城镇土地使用税时，借记“管理费用——城镇土地使用税”科目，贷记“应交税费——应交城镇土地使用税”科目。实际缴纳时，借记“应交税费——应交城镇土地使用税”科目，贷记“银行存款”科目。

表 9-3　城镇土地使用税纳税申报表

填表日期：2017年12月31日

纳税人识别号：110105178365189　　　　金额单位：元(列至角分)

<table>
<tr><td colspan="3">纳税人名称</td><td colspan="3">大唐公司</td><td colspan="4">税款所属时期</td><td colspan="5">2017 年 07 月 1 日至 2017 年 12 月 31 日</td></tr>
<tr><td colspan="3">房产坐落地点</td><td colspan="12">昌吉市建国西路 48 号</td></tr>
<tr><td rowspan="2">坐落地点</td><td rowspan="2">上期占地面积</td><td rowspan="2">本期增减</td><td rowspan="2">本期实际占地面积</td><td rowspan="2">法定免税面积</td><td rowspan="2">应税面积</td><td rowspan="2" colspan="2">土地等级</td><td rowspan="2" colspan="2">适用税额</td><td rowspan="2">年应缴税额</td><td rowspan="2">缴纳次数</td><td colspan="3">本　期</td></tr>
<tr><td>应纳税额</td><td>已纳税额</td><td>应补(退)税额</td></tr>
<tr><td>1</td><td>2</td><td>3</td><td>4=2+3</td><td>5</td><td>6=4−5</td><td>7</td><td>8</td><td>9</td><td>10</td><td>11=7×9+8×10</td><td>12</td><td>13=11 ÷ 12</td><td>14</td><td>15=13−14</td></tr>
<tr><td>昌吉市</td><td>50 000.00</td><td></td><td>50 000.00</td><td>2000.00</td><td>48 000.00</td><td></td><td></td><td>2</td><td></td><td>96 000.00</td><td>2</td><td>48 000.00</td><td>0</td><td>48 000.00</td></tr>
<tr><td></td><td></td><td></td><td></td><td></td><td></td><td></td><td></td><td></td><td></td><td></td><td></td><td></td><td></td><td></td></tr>
<tr><td>合计</td><td>50 000.00</td><td></td><td>50 000.00</td><td>2000.00</td><td>48 000.00</td><td></td><td></td><td></td><td></td><td>96 000.00</td><td>2</td><td>48 000.00</td><td>0</td><td>48 000.00</td></tr>
<tr><td></td><td></td><td></td><td></td><td></td><td></td><td></td><td></td><td></td><td></td><td></td><td></td><td></td><td></td><td></td></tr>
<tr><td colspan="6">如纳税人填报，由纳税人填写以下各栏</td><td colspan="8">如委托代理人填报，由代理人填写以下各栏</td><td>备注</td></tr>
<tr><td colspan="3" rowspan="3">会计主管(签章)</td><td colspan="3" rowspan="3">纳税人(公章)</td><td colspan="2">代理人名称</td><td colspan="3"></td><td colspan="3" rowspan="2">代理人(公章)</td><td rowspan="3"></td></tr>
<tr><td colspan="2">代理人地址</td><td colspan="3"></td></tr>
<tr><td colspan="2">经办人姓名</td><td colspan="3"></td><td colspan="2">电话</td><td></td></tr>
<tr><td colspan="15">以下由税务机关填写</td></tr>
<tr><td colspan="10">收到申报表日期</td><td>接收人</td><td colspan="4"></td></tr>
</table>

承例 9-6，其账务处理如下。

(1) 企业按规定计算应纳城镇土地使用税时，

借：管理费用——城镇土地使用税　　96 000

　　贷：应交税费——应交城镇土地使用税　　96 000

(2) 实际缴纳时，

借：应交税费——应交城镇土地使用税　　96 000

　　贷：银行存款　　96 000

第三节　土地增值税法

一、土地增值税的概念

土地增值税是对转让国有土地使用权及地上建筑物和其他附着物产权并取得收入的单位和个人，就其转让房地产所取得的增值额征收的一种税。土地增值税的基本规范，是国务院于 1993 年 12 月 13 日发布的，并于 1994 年 1 月 1 日起开始实施的《中华人民共和国土地增值税暂行条例》(以下简称《土地增值税暂行条例》)。

我国开征土地增值税的主要目的在于加强国家对房地产开发、交易行为的宏观调控，抑制土地炒买炒卖的投机行为，保障国家的土地权益，同时增加财政收入。

二、土地增值税的基本要素

(一)土地增值税的纳税人

转让国有土地使用权、地上建筑物及其附着物(以下简称转让房地产)并取得收入的单位和个人，为土地增值税的纳税义务人，包括外商投资企业、外国企业及外籍个人。即只要有偿转让房地产，无论是内资企业还是外资企业，无论是中国公民还是外籍个人，均为土地增值税的纳税人。

(二)土地增值税的征税范围

土地增值税的征税范围如下。

(1) 转让国有土地使用权。

(2) 地上的建筑物及其附着物连同国有土地一并转让。

地上建筑物是指建于土地上的一切建筑物，包括地上、地下的各种附属设施。附着物是指附着于土地上的不能移动或一经移动即遭损坏的物品。

界定土地增值税的征税标准有三条：①转让的土地使用权必须是国家所有；②土地使用权、地上的建筑物及其附着物的产权必须发生转让；③必须取得转让收入。

因此，以继承、赠与等方式无偿转让的房地产，以房地产进行投资、联营的，个人之间互换自有居住用房地产，以房地产出租、抵押等未转让房产产权、土地使用权的行为，不属于土地增值税的征税范围。

但是，对于以土地(房地产)作价入股进行投资或者联营的，凡所投资、联营的企业从事房地产开发的，或者房地产开发企业以其建造的商品房进行投资和联营的，应当缴纳土地增值税。

【思考 9-16】下列属于土地增值税征税范围的是(　　)。

A. 国有土地使用权的转让并取得收入　　B. 国有土地使用权的抵押

C. 集体土地使用权的转让　　D. 城市房地产的继承、赠与

【解析】正确答案是A。判定是否属于土地增值税的征税范围的标准有三个：①转让土地使用权是否为国家所有；②产权是否发生转让；③是否取得收入。

【思考 9-17】某房地产公司出售一栋商用写字楼，获得2000万元，则该公司就此项售楼业务应缴纳的税种有(　　)。

A. 契税　　B. 增值税　　C. 土地增值税　　D. 印花税

【解析】正确答案是BCD。契税应由承受方缴纳，销售方不缴纳。

(三)土地增值税的税率

土地增值税税率实行四级超率累进税率，具体如表9-4所示。

表 9-4　土地增值税四级超率累进税率表

级　数	增值额与扣除项目金额的比率	税率/%	速算扣除系数/%
1	不超过50%的部分	30	0
2	超过50%～100%的部分	40	5
3	超过100%～200%的部分	50	15
4	超过200%的部分	60	35

注：以上每级“增值额未超过扣除项目金额”的比例，均包括本比例数。

三、土地增值税的计算

土地增值税以纳税人转让房地产取得的增值额和规定的税率计算征收。其计算公式如下。

$$应纳税额=\sum(每级距的土地增值额\times适用税率)$$

在实际工作中，一般采取速算扣除法计算。其计算公式如下。

$$应纳土地增值税=土地增值额\times适用税率-扣除项目金额\times速算扣除率$$

(一)应税收入的确定

纳税人转让房地产取得的应税收入，是指转让房地产取得的全部价款及有关的经济收益。从收入的形式看，包括货币收入、实物收入和其他收入。

(二)扣除项目金额的确定

1. 转让新开发房地产扣除项目金额的确定

(1) 取得土地使用权所支付的金额：包括所支付的地价款和纳税人在取得土地使用权时按国家统一规定缴纳的有关费用。

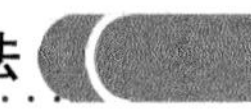

(2) 房地产开发成本：包括土地的征用及拆迁补偿费、前期工程费、建筑安装费、基础设施费、公共配套设施费和开发间接费用等。

(3) 房地产开发费用：是指与房地产开发项目有关的销售费用、管理费用和财务费用。

财务费用中的利息支出，凡能够按转让房地产项目计算分摊并提供金融机构证明的，允许据实扣除，但最高不能超过按商业银行同类同期贷款利率计算的金额。其他房地产开发费用，则按取得土地使用权所支付的金额和房地产开发成本的金额之和的5%以内计算扣除。凡不能按转让房地产项目计算分摊利息支出或不能提供金融机构证明的，房地产开发费用则按取得土地使用权所支付的金额和房地产开发成本的金额之和的10%以内计算扣除。计算扣除的具体比例，由各省、自治区和直辖市人民政府规定。

此外，财政部、国家税务总局还对扣除项目金额中利息支出的计算问题做了两点专门规定：①利息的上浮幅度按国家的有关规定执行，超过上浮幅度的部分不允许扣除；②对于超过贷款期限的利息部分和加罚的利息不允许扣除。

(4) 与转让房地产有关的税金：是指在转让房地产时缴纳的城市维护建设税、印花税及教育费附加。涉及的增值税进项税额，允许在销项税额中计算抵扣的，不允许计入扣除项目，不允许在销项税额中计算抵扣的，可以计入扣除项目。

房地产开发企业按照有关规定，在转让时缴纳的印花税因列入管理费用中，故不允许扣除。其他纳税人缴纳的印花税允许扣除。

(5) 加计扣除：对从事房地产开发的纳税人可按取得土地使用权所支付的金额与房地产开发成本金额之和的20%加计扣除。

加计扣除费用=(取得土地使用权支付的金额+房地产开发成本)×20%

【思考9-18】土地增值税纳税人(房地产开发企业)在确定扣除项目金额时，可以扣除的与房地产转让有关的税金有(　　)。

A. 不允许抵扣的增值税　　B. 城市维护建设税

C. 印花税　　D. 企业所得税

【解析】正确答案是AB。因房地产开发企业印花税已列入管理费用中，故不允许扣除。

2. 转让旧房及建筑物扣除项目金额的确定

(1) 房屋及建筑物的评估价格：是指在转让已使用的房屋及建筑物时，由政府批准设立的房地产评估机构评定的重置成本乘以成新度折扣率后的价格。评估价格须经当地税务机关确认。

(2) 取得土地使用权所支付的地价款和按国家统一规定缴纳的有关费用。

(3) 转让环节缴纳的税金：包括城建税、教育费附加和印花税。

【思考9-19】房地产开发企业和非房地产开发企业在转让房地产时，扣除项目的确定有何不同?

【解析】房地产开发企业在转让房地产时，准许扣除的项目多了一项即“加计扣除”，而非房地产企业不得加计扣除；房地产开发企业不允许扣除印花税，而非房地产开发企业允许扣除印花税。

(三)土地增值额的确定

土地增值额的计算公式如下。

土地增值额=应税收入-扣除项目金额

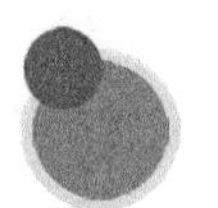

纳税人有下列情形之一的，按照房地产评估价格计算征收土地增值税。

(1) 隐瞒、虚报房地产成交价格的。

(2) 提供扣除项目金额不实的。

(3) 转让房地产的成交价格低于房地产评估价格，又无正当理由的。

【例 9-7】某房地产公司 2017 年转让房地产所取得的收入为 200 万元，其扣除项目金额为 50 万元。试计算该公司应纳的土地增值税税额。

【解析】增值额=200−50=150(万元)。

增值税与扣除项目金额之比=150/50=300%，所对应的税率为第四级，即税率为 60%，速算扣除系数为 35%，则土地增值税的计算如下。

应纳税额=土地增值额×适用税率−扣除项目金额×速算扣除率=150×60%−50×35%=72.5(万元)。

【例 9-8】花洋有限责任公司将位于市中心的某栋房屋(该房屋已使用 5 年，八成新)出售，于 2017 年 11 月 5 日与购买方签订了转让合同，确定转让金额为 1 200 万元，缴纳城建税及教育费附加 6 万元，印花税 0.6 万元。该房屋经政府批准设立的房地产评估机构评定的重置成本价为 1 200 万元，取得土地使用权所支付的金额为 50 万元。试计算该公司此项业务应当缴纳的土地增值税。

【解析】

(1) 确定收入总额为 1200 万元。

(2) 确定扣除项目金额如下。

旧房评估价格=1200×80%(成新度)=960(万元)；

取得土地使用权支付的金额 50 万元；

城建税及教育费附加 6 万元，印花税 0.6 万元；

扣除项目金额共计=960+50+6+0.6=1016.6(万元)。

(3) 转让房地产增值额=1200−1016.6=183.4(万元)

(4) 增值额占扣除项目金额比例=183.4÷1076.6=17.04%。对应税率为 30%。

(5) 应纳土地增值税=183.4×30%=55.02(万元)

【例 9-9】2018 年某国有商业企业利用库房空地进行住宅商品房开发，按照国家有关规定补交土地出让金 2840 万元，缴纳相关税费 160 万元；住宅开发成本 2800 万元，其中含装修费用 500 万元；房地产开发费用中的利息支出为 300 万元(不能提供金融机构证明)；当年住宅全部销售完毕，取得销售收入共计 12 000 万元；缴纳城市维护建设税和教育费附加 45 万元；缴纳印花税 4.5 万元。已知该公司所在省人民政府规定的房地产开发费用的计算扣除比例为 10%。计算该企业销售住宅应缴纳的土地增值税税额。

【解析】非房地产开发企业缴纳的印花税允许扣除。

(1) 住宅销售收入为 12 000 万元。

(2) 确定转让房地产的扣除项目金额如下。

① 取得土地使用权所支付的金额=2840+160=3000(万元)；

② 住宅开发成本为 2800 万元；

③ 房地产开发费用=(3000+2800)×10%=580(万元)；

④ 与转让房地产有关的税金=45+4.5=49.5(万元)；

⑤ 转让房地产的扣除项目金额=3000+2800+580+49.5=6429.5(万元)。

(3) 计算转让房地产的增值额=12 000−6429.5=5570.5(万元)。

(4) 计算增值比率=5570.5÷6429.5≈86.6%，对应的土地增值税税率为 40%，扣除率为

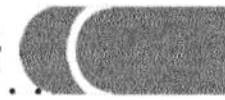

5%。

(5) 计算应缴纳的土地增值税税额如下。

应纳土地增值税税额=5570.5×40%−6429.5×5%

=2228.2−321.475=1906.725(万元)

四、土地增值税的征收管理

(一)税收优惠

(1) 纳税人建造普通标准住宅出售，增值额未超过扣除项目金额20%的，免征土地增值税。增值额超过扣除项目金额之和20%的，应就其全部增值额按规定计税。高级公寓、别墅和度假村等不属于普通标准住宅。普通标准住宅和其他住宅的具体划分界限由各省、自治区和直辖市人民政府规定。

(2) 企事业单位、社会团体以及其他组织转让旧房作为廉租住房、经济适用住房房源且增值额未超过扣除项目金额20%的，免征土地增值税。

(3) 国家建设需要依法征用、收回的房地产，免征土地增值税。

(4) 自2008年11月1日起，对居民个人转让住房的一律免征土地增值税。

【思考9-20】下列情形中，免于缴纳土地增值税的有(　　)。

A. 因城市实施规划、国家建设的需要而搬迁，由纳税人自行转让原房地产

B. 纳税人建造高级公寓出售，增值额未超过扣除项目金额20%

C. 企事业单位转让旧房作为经济适用住房来源，且增值额超过扣除项目金额20%

D. 因国家建设需要依法征用、收回的房地产

【解析】正确答案是ACD。纳税人建造“普通标准”住宅出售，增值额未超过扣除项目金额20%的，免征土地增值税。

(二)纳税期限与纳税地点

纳税人应当自转让房地产合同签订之日起7日内，向房地产所在地主管税务机关办理纳税申报，并在税务机关核定的期限内缴纳土地增值税。房产所在地是指房地产的坐落地。纳税人因经常发生房地产转让而难以在每次转让后申报的，经税务机关审核同意后，可以定期进行纳税申报，具体期限由税务机关确定。

五、土地增值税的纳税申报和账务处理

(一)土地增值税的纳税申报

纳税人必须按照税法的有关规定，向房地产所在地的主管税务机关如实申报纳税，并按期缴纳税款。对从事房地产开发的纳税人必须填列土地增值税纳税申报表(A)，如表9-5所示；对非从事房地产开发的纳税人，必须填列土地增值税纳税申报表(B)，如表9-6所示。

1. 房地产开发企业纳税申报

【例9-10】环宇房地产开发公司纳税人识别号为456008725390123，2017年10月转让办公楼一栋，共取得转让收入8000万元，公司依照国家法律规定缴纳了增值税、城建税、

教育费附加、印花税；税率分别为：增值税税率 5%(不允许抵扣)，城建税税率 7%，教育费附加 3%，印花税税率 0.5‰。已知该单位为取得土地使用权而支付的地价款和有关费用为 1000 万元，投入房地产开发成本为 2000 万元(其中土地征用费 50 万元，前期工程费 200 万元，建筑安装工程费 500 万元，基础设施费 800 万元，公共配套设施费 200 万元，开发间接费用 250 万元)，房地产开发费用中的利息支出为 300 万元(能够按转让房地产项目分摊且有金融机构的证明)，但其中 50 万元的利息属于加罚利息。试填写该公司土地增值税纳税申报表。

【解析】纳税申报表的填写如表 9-5 所示。

表 9-5　土地增值税纳税申报表(A)

(从事房地产开发的纳税人适用)

纳税人识别号：456008725390123　　　　税务管理代码：660231012

填表日期：2017 年 11 月 05 日　　　　金额单位：元(列至角分)

纳税人名称	环宇房地产开发公司	税款所属时期	2017 年 10 月 01 日至 2017 年 10 月 31 日		
地址	淮海东路 32 号	开户银行	中国工商银行	账号	4596784325238621

项　目		行　次	金　额
一、转让房地产收入总额 1=2+3		1	80 000 000
其中	货币收入	2	80 000 000
	实物收入及其他收入	3	
二、扣除项目金额合计 4=5+6+7+14+17+22		4	44 440 000
1. 取得土地使用权所支付的金额		5	10 000 000
2. 旧房及建筑物的评估价格		6	
3. 房地产开发成本 7=8+9+10+11+12+13		7	20 000 000
其中	土地征用及拆迁补偿费	8	500 000
	前期工程费	9	2 000 000
	建筑安装工程费	10	5 000 000
	基础设施费	11	8 000 000
	公共配套设施费	12	2 000 000
	开发间接费用	13	2 500 000
4. 房地产开发费用 14=15+16		14	4 000 000
其中	利息支出	15	2 500 000
	其他房地产开发费用	16	1 500 000
5. 与转让房地产有关的税金等 17=18+19+20+21		17	4 440 000
其中	增值税(不允许抵扣的)	18	4 000 000
	城市维护建设税	19	280 000
	教育费附加	20	120 000
	印花税	21	40 000
6.财政部规定的其他扣除项目		22	6 000 000
三、增值额 23=1−4		23	35 560 000
四、增值额与扣除项目金额之比(%)(23÷4)		24	80%
五、适用税率(%)		25	40%
六、速算扣除系数(%)		26	5%
七、应缴土地增值税税额(23×25−4×26)		27	12 002 000
八、已缴土地增值税税额		28	0
九、应补(退)土地增值税税额(27−28)		29	12 002 000

如纳税人填报，由纳税人填写以下各栏		如委托代理人填报，由代理人填写以下各栏				备注
会计主管(签章)	纳税人(签章)	代理人名称		代理人(签章)		
		代理人地址				
		经办人		电话		
以下由税务机关填写						
收到申报表日期		接收人				

注：① 15 行：可扣除的利息支出为 300−50=250(万元)。

② 16 行：因利息支出有证明且能够按房地产项目分摊，所以其他房地产开发费用的扣除比例为 5%，可扣开发费用=(1000+2000)×5%=150(万元)。

③ 22 行：加计扣除额=(1000+2000) ×20%=600(万元)。

2. 非房地产开发企业纳税申报

承例 9-8，花洋有限责任公司纳税人识别号为 456200230189086，其土地增值税纳税申报表的填写如表 9-6 所示。

表 9-6　土地增值税纳税申报表(B)

(非从事房地产开发的纳税人适用)

纳税人识别号：456200230189086

填表日期：2017 年 11 月 08 日　　　　金额单位：元(列至角分)

<table>
<tr><td>纳税人名称</td><td>华洋有限责任公司</td><td>税款所属时期</td><td colspan="3">2017 年 11 月 08 日</td></tr>
<tr><td colspan="2">项　目</td><td>行　次</td><td colspan="3">金　额</td></tr>
<tr><td colspan="2">一、转让房地产收入总额 1=2+3</td><td>1</td><td colspan="3">12 000 000</td></tr>
<tr><td rowspan="2">其中</td><td>货币收入</td><td>2</td><td colspan="3">12 000 000</td></tr>
<tr><td>实物收入及其他收入</td><td>3</td><td colspan="3"></td></tr>
<tr><td colspan="2">二、扣除项目金额合计 4=5+6+9</td><td>4</td><td colspan="3">10 766 000</td></tr>
<tr><td colspan="2">1. 取得土地使用权所支付的金额</td><td>5</td><td colspan="3">500 000</td></tr>
<tr><td colspan="2">2. 旧房及建筑物的评估价格 6=7×8</td><td>6</td><td colspan="3">9 600 000</td></tr>
<tr><td rowspan="2">其中</td><td>旧房及建筑物的重置成本价</td><td>7</td><td colspan="3">12 000 000</td></tr>
<tr><td>成新度折扣率</td><td>8</td><td colspan="3">80%</td></tr>
<tr><td colspan="2">3. 与转让房地产有关的税金等 9=10+11+12+13</td><td>9</td><td colspan="3">666 000</td></tr>
<tr><td rowspan="4">其中</td><td>增值税(不允许抵扣的)</td><td>10</td><td colspan="3">600 000</td></tr>
<tr><td>城市维护建设税</td><td>11</td><td colspan="3">42 000</td></tr>
<tr><td>印花税</td><td>12</td><td colspan="3">6000</td></tr>
<tr><td>教育费附加</td><td>13</td><td colspan="3">18 000</td></tr>
<tr><td colspan="2">三、增值额 14=1−4</td><td>14</td><td colspan="3">1 234 000</td></tr>
<tr><td colspan="2">四、增值额与扣除项目金额之比 15=14÷4</td><td>15</td><td colspan="3">11.46%</td></tr>
<tr><td colspan="2">五、适用税率</td><td>16</td><td colspan="3">30%</td></tr>
<tr><td>六、速算扣除系数(%)</td><td></td><td>17</td><td colspan="3">0</td></tr>
<tr><td colspan="2">七、应缴土地增值税税额 18=14×16−4×17</td><td>18</td><td colspan="3">370 200</td></tr>
<tr><td colspan="2">如纳税人填报，由纳税人填写以下各栏</td><td colspan="3">如委托代理人填报，由代理人填写以下各栏</td><td>备注</td></tr>
<tr><td rowspan="3">会计主管(签章)</td><td rowspan="3">纳税人(签章)</td><td>代理人名称</td><td></td><td rowspan="2" colspan="1">代理人(签章)</td><td rowspan="3"></td></tr>
<tr><td>代理人地址</td><td></td></tr>
<tr><td>经办人</td><td></td><td>电话</td></tr>
<tr><td colspan="6">以下由税务机关填写</td></tr>
<tr><td>收到申报表日期</td><td></td><td>接收人</td><td colspan="3"></td></tr>
</table>

(二)土地增值税的账务处理

1. 主营房地产业务的企业的账务处理

承例 9-10，环宇房地产开发公司的账务处理如下。

(1) 计算应纳土地增值税时，

借：营业税金及附加　　　　12 020 000

　　贷：应交税费——应交土地增值税　　　　12 020 000

(2) 实际缴纳时，

借：应交税费——应交土地增值税　　　　　12 020 000

　　贷：银行存款　　　　　　　　　　　　　　12 020 000

2. 兼营房地产业务的企业的账务处理

借记“其他业务支出”“固定资产清理”“在建工程”等科目，贷记“应交税费——应交土地增值税”科目。企业缴纳土地增值税时，借记“应交税费——应交土地增值税”科目，贷记“银行存款”科目。承例 9-8，花洋有限责任公司的账务处理如下。

(1) 计算应纳土地增值税时，

借：固定资产清理　　　　　　　　　　370 200

　　贷：应交税费——应交土地增值税　　　　370 200

(2) 企业实际缴纳土地增值税时，

借：应交税费——应交土地增值税　　　370 200

　　贷：银行存款　　　　　　　　　　　　　370 200

第四节　车辆购置税法

一、车辆购置税的概念

车辆购置税是对在中国境内购置应税车辆的单位和个人征收的一种税。它由车辆购置附加费演变而来。2000 年 10 月 22 日国务院颁布《中华人民共和国车辆购置税暂行条例》，2001 年 1 月 1 日起开征车辆购置税。2018 年 12 月 29 日在中华人民共和国第十三届全国人大常务委员会第七次会议通过了《中华人民共和国车辆购置税法》，自 2019 年 7 月 1 日起施行。《中华人民共和国车辆购置税暂行条例》同时废止。

二、车辆购置税的基本要素

(一)车辆购置税的纳税人

在中国购置应税车辆的单位和个人，均为车辆购置税的纳税人。“购置”包括购买、进口、自产、受赠、获奖或者以其他方式取得并自用应税车辆的行为。购置已征车辆购置税的车辆，不再征收车辆购置税。“单位”包括国有企业、集体企业、私营企业、股份制企业、外商投资企业、外国企业以及其他企业和事业单位、社会团体、国家机关、部队以及其他单位。“个人”包括个体工商户及其他个人。

【思考 9-21】根据车辆购置税法律制度的规定，下列各项中，属于车辆购置税纳税人的有(　　)。

A. 购买私家车自用的个人　　　　B. 进口车辆并对外出售的单位

C. 将自产汽车自用的单位　　　　D. 获奖取得汽车并自用的个人

【解析】正确答案是 ACD。车辆购置税的纳税人是指购置应税车辆并“自用”的单位和个人。

(二)车辆购置税的征税范围

车辆购置税的征税范围如下。

(1) 汽车：包括各类汽车。

(2) 摩托车：排气量超过 150 毫升的摩托车，包括轻便摩托车、二轮摩托车和三轮摩托车。

(3) 有轨电车。

(4) 汽车挂车。

【思考 9-22】在中国境内购置下列车辆应缴纳车辆购置税的有(　　)。

A. 火车　　　　B. 无轨电车

C. 排气量超过 150 毫升的三轮摩托车　　　　D. 汽车

【解析】正确答案是 CD。火车及无轨电车不征收车辆购置税。

(三)车辆购置税的税率

车辆购置税实行单一比例税率，税率为 10%。

三、车辆购置税的计算

(一)计税依据

车辆购置税的计税依据是车辆的计税价格，具体规定如下。

(1) 纳税人购买自用车辆的计税价格，为纳税人购买自用应税车辆的计税价格，为纳税人实际支付给销售者的全部价款，不包括增值税税款。

(2) 纳税人进口自用车辆以组成计税价格为计税依据，其计算公式如下。

计税价格=关税完税价格+关税+消费税

或　　计税价格=(关税完税价格+关税)÷(1−消费税税率)

(3) 纳税人自产自用应税车辆的计税价格，按照纳税人生产的同类应税车辆的销售价格确定，不包括增值税税款。

(4) 纳税人以受赠、获奖或者其他方式取得自用应税车辆的计税价格，按照购置应税车辆时相关凭证载明的价格确定，不包括增值税税款。

(5) 纳税人申报的应税车辆计税价格明显偏低，又无正当理由的，由税务机关依照《中华人民共和国税收征收管理法》的规定核定其应纳税额。

(二)车辆购置税的计算

车辆购置税实行从价定率的办法计算应纳税额。其应纳税额的计算公式如下。

应纳税额=计税价格×税率

纳税人以外汇结算应税车辆价款的，按照申报纳税之日的人民币汇率中间价折合成人民币计算缴纳税款。

纳税人将已征车辆购置税的车辆退回车辆生产企业或者销售企业的，可以向主管税务机关申请退还车辆购置税。退税额以已缴税款为基准，自缴纳税款之日至申请退税之日，每满一年扣减10%。

【例9-11】张某11月8日，从上海大众汽车有限公司购买一辆厂牌型号为桑塔纳330K8BLOLTD2的轿车供自己使用，支付含增值税车价款101 700元，另支付代收临时牌照费150元，代收保险费258元，支付购买工具件和零配件价款1106元，车辆装饰费250元。支付的各项价款均由上海大众汽车有限公司开具“机动车销售统一发票”和有关票据。试计算张某应纳的车辆购置税。

【解析】计税价格为按照纳税人生产的同类应税车辆的销售价格确定，不包括增值税税款。

计税价格=101 700÷(1+13%)=90 000(元)

应纳车辆购置税=90 000×10%=9000(元)

【例9-12】华兴有限公司3月份从国外进口一辆小轿车自用。该小轿车的关税完税价格为25万元，适用的关税税率为52%、消费税税率为5%。同时，该公司还在国内某汽车厂购24座大客车一辆，支付的全部价款为12万元(不含税)，另支付价外费用0.565万元。试计算该公司应纳的车辆购置税。

【解析】

(1) 小轿车的计税价格=(25+25×52%)÷(1−5%)=40(万元)

小轿车应纳车辆购置税=40×10%=4(万元)

(2) 大客车的计税价格=12+0.565÷(1+13%) =12.5(万元)

大客车应纳车辆购置税=12.5×10%=1.25(万元)

该公司应缴纳的车辆购置税=4+1.25=5.25(万元)

四、车辆购置税的征收管理

(一)税收优惠

(1) 依照法律规定应当予以免税的外国驻华使馆、领事馆和国际组织驻华机构及其有关人员自用的车辆。

(2) 中国人民解放军和中国人民武装警察部队列入装备订货计划的车辆。

(3) 悬挂应急救援专用号牌的国家综合性消防救援车辆。

(4) 设有固定装置的非运输车辆免税。

(5) 城市公交企业购置的公共汽电车辆。

【思考9-23】下列各项车辆中，不免征车辆购置税的是(　　)。

A. 外国驻华使馆的自用小汽车

B. 设有固定装置的非运输专用作业车辆

C. 城市公交企业购置的公共汽电车辆

D. 个人购买的经营用小汽车

【解析】正确答案是D。

(二)纳税期限

纳税人购买的自用应税车辆，应当自购买之日起60日内申报纳税；进口自用应税车辆的，应当自进口之日起60日内申报纳税；自产、受赠、获奖或者以其他方式取得并自用应

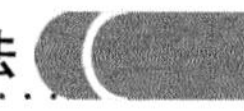

税车辆的，应当自取得之日起60日内申报纳税。免税、减税车辆因转让、改变用途等原因不再属于免税、减税范围的，纳税人应当在办理车辆转移登记或者变更登记前缴纳车辆购置税。计税价格以免税、减税车辆初次办理纳税申报时确定的计税价格为基准，每满一年扣减10%。

公安机关交通管理部门办理车辆注册登记，应当根据税务机关提供的应税车辆完税或者免税电子信息对纳税人申请登记的车辆信息进行核对，核对无误后依法办理车辆注册登记。

税务机关和公安、商务、海关、工业和信息化等部门应当建立应税车辆信息共享和工作配合机制，及时交换应税车辆和纳税信息资料。

(三)纳税地点

纳税人购置应税车辆，应当向车辆注册地的主管税务机关申报纳税；购置不需要办理车辆登记注册手续的应税车辆(如民航机场的专用车辆、矿山专用车辆等)，应当向纳税人所在地的主管税务机关申报纳税。车辆购置税由各地税务局负责征收。

五、车辆购置税的纳税申报与账务处理

(一)车辆购置税的纳税申报

车辆购置税的征收管理，依照本法和《中华人民共和国税收征收管理法》的规定执行。纳税人应当按照规定依法办理纳税申报，如实填写车辆购置税纳税申报表(见表9-7)。

表9-7 车辆购置税纳税申报表

纳税人识别号：46522301040243　　填表日期：2017年11月20日
税款所属时期：2017 年 11 月　　注册类型代码：872312
纳税人名称：南苑股份公司　　金额单位：元(列至角分)

纳税人证件名称	组织机构代码证书		证件号码	652301197	
联系电话	2452780	邮政编码	831100	地址	文化东路29号
车辆基本情况					
车辆类别	1. 汽车 2. 摩托车 3. 电车 4. 挂车 5. 农用运输车				
生产企业名称	韩国现代汽车制造集团公司		机动车销售统一发票(或有效凭证)价格	437 680.00	
厂牌型号	BMW318I		关税完税价格	198 000.00	
发动机号码	2579055		关税	217 800.00	
车辆识别代号(车架号码)	675432		消费税	21 880.00	
购置日期	2017年11月12日		免(减)税条件		
申报计税价格	计税价格	税率	免税、减税额	应纳税额	
437 680.00	437 680.00	10%		43 768.00	
申报人声明			授权声明		
此纳税申报表是根据《中华人民共和国车辆购置税暂行条例》的规定填报的，我相信它是真实的、可靠的和完整的。 声明人签字：			如果你已委托代理人申报，请填写以下资料： 为代理一切税务事宜，现授权(　　)，地址(　　)为本纳税人的代理申报人，任何与本申报表有关的往来文件，都可寄于此人。 授权人签字：		

续表

<table>
<tr><td rowspan="5">纳税人签名或盖章</td><td colspan="3">如委托代理人的，代理人应填写以下各栏</td></tr>
<tr><td>代理人名称</td><td></td><td rowspan="4">代理人(签章)</td></tr>
<tr><td>地　址</td><td></td></tr>
<tr><td>经办人</td><td></td></tr>
<tr><td>电　话</td><td></td></tr>
<tr><td colspan="2">接收人：
接收日期：</td><td colspan="2">主管税务机关(签章)：</td></tr>
</table>

注：① 组成计税价格=198 000+217 800+21 880=437 680(元)。

② 应纳税额=437 680×10%=43 768(元)。

③ “机动车销售统一发票(或有效凭证)价格”栏，填写机动车销售统一发票(或有效凭证)上注明的价费合计金额。

④ “申报计税价格”栏：境内购置车辆，按机动车销售统一发票注明的价费合计金额÷(1+13%)填写；进口自用车辆，填写计税价格。计税价格=关税完税价格+关税+消费税；自产、受赠、获奖或者以其他方式取得并自用的车辆，按机动车销售统一发票(或有效凭证)注明的价费合计金额÷(1+13%)填写。

【例 9-13】南苑股份公司 2017 年 11 月 12 日从国外进口一辆型号为 BMW318I 现代小轿车，汽缸容量为 1 800 毫升。该公司进口报关经海关对有关资料审查，确定关税完税价格为 198 000 元/辆，海关规定课征的关税为 217 800 元/辆，海关代征进口增值税为 74 406 元/辆，消费税为 21 880 元/辆。小轿车为该公司自用。试计算该公司应纳的车辆购置税，并填写纳税申报表。

【解析】该公司于 2017 年 11 月 20 日办理纳税申报。纳税申报表填写如表 9-7 所示。

(二)车辆购置税的账务处理

企业缴纳的车辆购置税应当作为所购置车辆的成本。企业购置(包括购买、进口、自产、受赠、获奖或者以其他方式取得并自用)应税车辆，按规定缴纳的车辆购置税，借记“固定资产”等科目，贷记“应交税费——应交车辆购置税”科目。

承例 9-13，南苑股份公司按规定缴纳车辆购置税的财务处理如下。

借：固定资产　　　　　　　　　　　　43 768

　　贷：应交税费——应交车辆购置税　　　　　43 768

第五节　其他相关税种

一、环境保护税

(一)环境保护税的概念

环境保护税是为了保护和改善环境，减少污染物排放，推进生态文明建设而征收的一种税。环境保护税法律规范是于 2016 年 12 月 25 日第十二届全国人民代表大会常务委员会第二十五次会议通过的《中华人民共和国环境保护税法》(简称环境保护税法)，2018 年 1 月 1 日施行。

(二)纳税人

环境保护税法的纳税人为在中华人民共和国领域和中华人民共和国管辖的其他海域，

直接向环境排放应税污染物的企业事业单位和其他生产经营者(不包括个人)。按照规定征收环境保护税，不再征收排污费。

【思考 9-24】环境保护税的纳税人为在中华人民共和国领域和中华人民共和国管辖的其他海域，直接向环境排放应税污染物的单位和个人。这一说法正确吗？

【解析】不正确。环境保护税法的纳税人不包括个人。

(三)征税范围

环境保护税的征收范围是指环境保护法所附《环境保护税税目税额表》《应税污染物和当量值表》规定的大气污染物、水污染物、固体废物和噪声。

有下列情形之一的，不属于直接向环境排放污染物，不缴纳相应污染物的环境保护税。

(1) 企业事业单位和其他生产经营者向依法设立的污水集中处理、生活垃圾集中处理场所排放应税污染物的。

(2) 企业事业单位和其他生产经营者在符合国家和地方环境保护标准的设施、场所储存或者处置固体废物的。

依法设立的城乡污水集中处理、生活垃圾集中处理场所超过国家和地方规定的排放标准向环境排放应税污染物的，应当缴纳环境保护税。

企业事业单位和其他生产经营者储存或者处置固体废物不符合国家和地方环境保护标准的，应当缴纳环境保护税。

(四)税率

环境保护税实行定额税率。税目、税额依照环境保护税税目税额表执行，如表 9-8 所示。

表 9-8　环境保护税税目税额表

<table>
<tr><th colspan="2">税　目</th><th>计税单位</th><th>税　额</th><th>备　注</th></tr>
<tr><td colspan="2">大气污染物</td><td>每污染当量</td><td>1.2～12 元</td><td rowspan="12">1. 一个单位边界上有多处噪声超标，根据最高一处超标声级计算应纳税额；当延边界长度超过 100 米有两处以上噪声超标，按照两个单位计算应纳税额
2. 一个单位有不同地点作业场所的，应当分别计算应纳税额，合并计征
3. 昼、夜均超标的环境噪声，昼、夜分别计算应纳税额，累计计征
4. 声源一个月内超标不足 15 天的，减半计算应纳税额
5. 夜间频繁突发和夜间偶然突发厂界超标噪声，按等效声级和峰值噪声两种指标中超标分贝值高的一项计算应纳税额</td></tr>
<tr><td colspan="2">水污染物</td><td>每污染当量</td><td>1.1~14 元</td></tr>
<tr><td rowspan="4">固体废物</td><td>煤矸石</td><td>每吨</td><td>5 元</td></tr>
<tr><td>尾矿</td><td>每吨</td><td>15 元</td></tr>
<tr><td>危险废物</td><td>每吨</td><td>1000 元</td></tr>
<tr><td>冶炼渣、粉煤灰、炉渣、其他固体废物(含半固态、液态废物)</td><td>每吨</td><td>25 元</td></tr>
<tr><td rowspan="6">看噪声</td><td rowspan="6">工业噪声</td><td>超标 1~3 分贝</td><td>每月 350 元</td></tr>
<tr><td>超标 4~6 分贝</td><td>每月 700 元</td></tr>
<tr><td>超标 7~9 分贝</td><td>每月 1400 元</td></tr>
<tr><td>超标 10~12 分贝</td><td>每月 2800 元</td></tr>
<tr><td>超标 13~15 分贝</td><td>每月 5600 元</td></tr>
<tr><td>超标 16 分贝以上</td><td>每月 11 200 元</td></tr>
</table>

应税大气污染物和水污染物的具体适用税额的确定和调整，由省、自治区、直辖市人民政府统筹考虑本地区环境承载能力、污染物排放现状和经济社会生态发展目标要求，在规定的税额幅度内提出，报同级人民代表大会常务委员会决定，并报全国人民代表大会常务委员会和国务院备案。

(五)计税依据

应税污染物的计税依据，按照下列方法确定。

(1) 应税大气污染物按照污染物排放量折合的污染当量数确定。

(2) 应税水污染物按照污染物排放量折合的污染当量数确定。

(3) 应税固体废物按照固体废物的排放量确定。

(4) 应税噪声按照超过国家规定标准的分贝数确定。

(六)应纳税额的计算

应税污染物的计税依据，按照下列方法确定。

(1) 应税大气污染物的应纳税额=污染当量数×具体适用税额。

(2) 应税水污染物的应纳税额=污染当量数×具体适用税额。

(3) 应税固体废物的应纳税额=固体废物排放量×具体适用税额。

(4) 应税噪声的应纳税额=超过国家规定标准的分贝数对应的具体适用税额。

计税依据按照下列方法和顺序计算。

(1) 纳税人安装使用符合国家规定和监测规范的污染物自动监测设备的，按照污染物自动监测数据计算。

(2) 纳税人未安装使用污染物自动监测设备的，按照监测机构出具的符合国家有关规定和监测规范的监测数据计算。

(3) 因排放污染物种类多等原因不具备监测条件的，按照国务院环境保护主管部门规定的排污系数、物料衡算方法计算。

(4) 不能按照本条第 1 项至第 3 项规定的方法计算的，按照省、自治区、直辖市人民政府环境保护主管部门规定的抽样测算的方法核定计算。

【例 9-14】工业生产企业甲常年向大气排放污染物，2018 年 1 月甲企业安装使用的符合规定的污染物自动监测仪显示，本月甲企业排放的大气污染物折合 1000 污染当量。税额为 3.2 元/污染当量，试计算甲企业应缴纳的环境保护税。

【解析】应缴纳的环境保护税=1000×3.2=3200(元)。

【思考 9-25】甲建筑施工企业 2018 年 1 月份经依法监测，噪声超标 11 分贝，已知噪声超标 10～12 分贝的，税额为每月 2800 元，则甲 1 月份应缴纳的环境保护税为(　　)。

A. 0　　B. 2800　　C. 28 000　　D. 336

【解析】正确答案是 B。噪声的应纳税额为超过国家规定标准的分贝数“对应的”具体适用税额。

(七)税收优惠

下列情形，暂予免征环境保护税。

(1) 农业生产(不包括规模化养殖)排放应税污染物的。

(2) 机动车、铁路机车、非道路移动机械、船舶和航空器等流动污染源排放应税污染物的。

(3) 依法设立的城乡污水集中处理、生活垃圾集中处理场所排放相应应税污染物，不超过国家和地方规定的排放标准的。

(4) 纳税人综合利用的固体废物，符合国家和地方环境保护标准的。

(5) 国务院批准免税的其他情形。

纳税人排放应税大气污染物或者水污染物的浓度值低于国家和地方规定的污染物排放标准30%的，减按75%征收环境保护税。

纳税人排放应税大气污染物或者水污染物的浓度值低于国家和地方规定的污染物排放标准50%的，减按50%征收环境保护税。

【思考9-26】下列各项中，暂予免征环境保护税的有(　　)。

A. 农业生产(不包括规模化养殖)排放应税污染物的

B. 机动车等流动污染源排放应税污染物的

C. 依法设立的城乡污水集中处理、生活垃圾集中处理场所排放应税污染物的

D. 纳税人综合利用的固体废物，符合国家和地方环境保护标准的

【解析】正确答案是ABD。依法设立的城乡污水集中处理、生活垃圾集中处理场所排放的应税污染物，“不超过”国家和地方规定的排放标准的，暂予免征环境保护税。

(八)征收管理

(1) 环境保护税由税务机关依照《中华人民共和国税收征收管理法》和本法的有关规定征收管理。

环境保护主管部门和税务机关应当建立涉税信息共享平台和工作配合机制。环境保护主管部门应当将排污单位的环境保护相关信息，定期交送税务机关。税务机关应当将纳税人环境保护税涉税信息，定期交送环境保护主管部门。

(2) 纳税义务发生时间为纳税人排放应税污染物的当日。

(3) 纳税地点。

纳税人应当向应税污染物排放地的税务机关申报缴纳环境保护税。

(4) 纳税期限。

环境保护税按月计算，按季申报缴纳。不能按固定期限计算缴纳的，可以按次申报缴纳。

纳税人按季申报缴纳的，应当自季度终了之日起15日内，向税务机关办理纳税申报并缴纳税款。纳税人按次申报缴纳的，应当自纳税义务发生之日起15日内，向税务机关办理纳税申报并缴纳税款。

【思考9-27】下列有关环境保护税的表述中，正确的有(　　)。

A. 环境保护税实行定额税率

B. 环境保护税应当向应税污染物排放地环境保护主管部门申报缴纳

C. 环境保护税应当按月向企业住所地税务机关申报缴纳

D. 环境保护税的纳税义务发生时间为纳税人排放应税污染物的当日

【解析】正确答案是 AD。环境保护税应当"按季"向应税污染物"排放地的税务机关"申报缴纳。

二、耕地占用税

(一)耕地占用税的概念

耕地占用税是为了合理利用土地资源，加强土地管理，保护耕地，对占用耕地建设建筑物、构筑物或者从事非农业建设的单位和个人征收的一种税。

1987 年 4 月 1 日，国务院颁布《中华人民共和国耕地占用税暂行条例》。2018 年 12 月 29 日，《中华人民共和国耕地占用税法》由中华人民共和国第十三届全国人民代表大会常务委员会第七次会议通过了《中华人民共和国耕地占用税法》。自 2019 年 9 月 1 日起施行。

(二)纳税人

耕地占用税的纳税人为在我国境内占用耕地建设建筑物、构筑物或者从事非农业建设的单位或个人。

(三)征税范围

耕地占用税的征税范围包括纳税人为建设建筑物、构筑物或从事其他非农业建设而占用的国家所有和集体所有的耕地。

(1) 耕地：是指用于种植农作物的土地。占用园地、林地、草地、农田水利用地、养殖水面、渔业水域滩涂以及其他农用地建设建筑物、构筑物或者从事非农业建设的，按规定缴纳耕地占用税。

(2) 园地：包括果园、茶园、橡胶园以及种植桑树、可可、咖啡、油棕、胡椒、药材等其他多年生作物的园地。

(3) 林地：包括乔木林地、竹林地、红树林地、森林沼泽、灌木林地、灌丛沼泽以及疏林地、未成林地、迹地、苗圃等林地。不包括城镇村庄范围内的绿化林木用地，铁路、公路征地范围内的林木用地，以及河流、沟渠的护堤林用地。

(4) 草地：包括天然牧草地、沼泽草地、人工牧草地，以及用于农业生产并已由相关行政主管部门发放使用权证的草地。

(5) 农田水利用地，包括农田排灌沟渠及相应附属设施用地。

(6) 养殖水面，包括人工开挖或者天然形成的用于水产养殖的河流水面、湖泊水面、水库水面 、坑塘水面及相应附属设施用地。

(7) 渔业水域滩涂，包括专门用于种植或养殖水生动植物的海水潮浸地带和滩地，以

及用于种植芦苇并定期进行人工养护管理的苇田。

建设直接为农业生产服务的生产设施占用上述农用地的，不缴纳耕地占用税。直接为农业生产服务的生产设施，是指直接为农业生产服务而建设的建筑物和构筑物。具体包括：储存农用机具和种子、苗木、木材等农业产品的仓储设施；培育、生产种子、种苗的设施；畜禽养殖设施；木材集材道、运材道；农业科研、试验、示范基地；野生动植物保护、护林、森林病虫防治、森林防火、木材检疫的设施；专为农业生产服务的灌溉排水、供水、供电、供热、供气、通信基础设施；农业生产者从事农业生产必需的食宿和管理设施；其他直接为农业生产服务的生产设施。

【思考 9-28】根据耕地占用税法有关规定，下列各项土地中属于耕地的有(　　)。

A. 果园　　B. 花圃　　C. 茶园　　D. 菜地

【解析】正确答案是 ABCD。

(四)税率

耕地占用税实行定额税率。根据不同地区的人均耕地面积和经济发展情况实行有地区差别的幅度税额标准，税率标准如下。

(1) 人均耕地不超过 1 亩的地区(以县级行政区域为单位，下同)，每平方米为 10～50 元。

(2) 人均耕地超过 1 亩但不超过 2 亩的地区，每平方米为 8～40 元。

(3) 人均耕地超过 2 亩但不超过 3 亩的地区，每平方米为 6～30 元。

(4) 人均耕地超过 3 亩的地区，每平方米为 5～25 元。

各地区耕地占用税的适用税额，由省、自治区、直辖市人民政府根据人均耕地面积和经济发展等情况，在法定的税额幅度内提出，报同级人民代表大会常务委员会决定，并报全国人民代表大会常务委员会和国务院备案。各省、自治区、直辖市耕地占用税适用税额的平均水平，不得低于《各省、自治区、直辖市耕地占用税平均税额表》(见表 9-9)规定的平均税额。

表 9-9　各省、自治区、直辖市耕地占用税平均税额表

省、自治区、直辖市	平均税额(元/平方米)
上海	45
北京	40
天津	35
江苏、浙江、福建、广东	30
辽宁、湖北、湖南	25
河北、安徽、江西、山东、河南、重庆、四川	22.5
广西、海南、贵州、云南、陕西	20
山西、吉林、黑龙江	17.5
内蒙古、西藏、甘肃、青海、宁夏、新疆	12.5

在人均耕地低于 0.5 亩的地区，省级在规定税率基础上适当提高，但提高的部分不得超过法定的当地适用税额的 50%。

占用基本农田的，应当按照法定的当地适用税额，加按 150%征收。

占用园地、林地、草地、农田水利用地、养殖水面以及渔业水域滩涂以及其他农用地

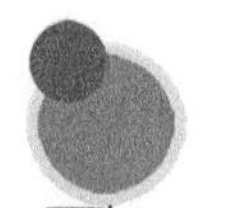

建设建筑物、构筑物或从事非农业建设的，应当依法缴纳耕地占用税，适用税额可以适当低于当地的适用税额，但降低的部分不得超过 50%。具体适用税额由省、自治区、直辖市人民政府提出，报同级人民代表大会常务委员会决定，并报全国人民代表大会常务委员会和国务院备案。

(五)计税依据与应纳税额

耕地占用税以纳税人实际占用的耕地面积为计税依据，按照适用的税额标准计算应纳税额，一次性缴纳。

应纳税额=实际占用的耕地面积(平方米)×适用定额税率

纳税人实际占用耕地面积，包括经批准占用的耕地面积和未经批准占用的耕地面积。

纳税人实际占用耕地面积的核定以农用地转用审批文件为主要依据，必要的时候应当实地勘测。

(六)税收优惠

(1) 军事设施、学校、幼儿园、社会福利机构、医疗机构占用耕地，免征耕地占用税。

① 免税的军事设施，具体范围为《中华人民共和国军事设施保护法》规定的军事设施。

② 免税的学校，具体范围包括县级以上人民政府教育行政部门批准成立的大学、中学、小学、学历性职业教育学校以及特殊教育学校，以及经省级人民政府或其人力资源社会保障行政部门批准成立的技工学校。

学校内经营性场所和教职工住房占用耕地的，按照当地适用税额缴纳耕地占用税。

③ 免税幼儿园，具体范围限于县级以上人民政府教育行政部门批准成立的幼儿园内专门用于幼儿保育、教育的场所。

④ 免税的社会福利机构，具体范围限于依法登记的养老服务机构、残疾人服务机构、儿童福利机构、救助管理机构、未成年人救助保护机构内专门为老年人、残疾人、未成年人、生活无着落的流浪乞讨人员提供养护、康复、托管等服务的场所。

⑤ 免税的医疗机构，具体范围限于县级以上人民政府卫生健康行政部门批准设立的医疗机构内专门从事疾病诊断、治疗活动的场所及其配套设施。

医疗机构内职工住房占用耕地的，按照当地适用税额缴纳耕地占用税。

(2) 农村居民在规定用地标准以内占用耕地新建自用住宅，按照当地适用税额减半征收耕地占用税；其中农村居民经批准搬迁，新建自用住宅占用耕地不超过原宅基地面积的部分，免征耕地占用税。

(3) 农村烈士遗属、因公牺牲军人遗属、残疾军人以及符合农村最低生活保障条件的农村居民，在规定用地标准以内新建自用住宅，免征耕地占用税。

(4) 铁路线路、公路线路、飞机场跑道、停机坪、港口、航道、水利工程占用耕地，减按每平方米二元的税额征收耕地占用税。

① 减税的铁路线路：包括铁路路基、桥梁、涵洞、隧道及其按照规定两侧留地、防火隔离带。但是，专用铁路和铁路专用线占用耕地的，应当依法缴纳耕地占用税。

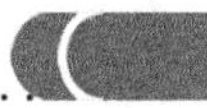

② 减税的公路线路：包括经批准建设的国道、省道、县道、乡道和属于农村公路的村道的主体工程以及两侧边沟、截水沟。但是专用公路和城区内机动车道占用耕地的，应当依法缴纳耕地占用税。

③ 减税的飞机场跑道、停机坪，包括经批准建设的民用机构专门用于民用航空器起降、滑行和停放的场所。

④ 减税的港口，包括经批准建设的港口供船舶进出、依靠和旅客上下、货物装卸的场所。

⑤ 减税的航道，包括在江、河、湖泊、港湾等水域供船舶安全航行的航道。

⑥ 减税的水利工程，具体范围限于经县级以上人民政府水行政主管部门批准建设的防洪、排涝、灌溉、引(供)水、滩涂治理、水土保持、水资源保护等各类工程及其配套和附属工程的建筑物、构筑物占压地和经批准的管理范围用地。

在农用地转用环节，用地申请人能举证建设用地人使用耕地用途符合上述规定的免税情形的，免征用地申请人的耕地占用税；在供地环节，建设用地人使用耕地用途符合上述规定的免税情形的，由用地申请人和建设用地人共同申请，按退税管理的规定退还用地申请人已经缴纳的耕地占用税。

(5) 根据国民经济和社会发展的需要，国务院可以规定免征或减征耕地占用税的其他情形，报全国人民代表大会常务委员会备案。

按规定免征或减免耕地占用税后，纳税人改变原占地用途，不再属于免征或者减征耕地占用税情形的，应当按照当地适用税额补缴耕地占用税。

【思考 9-29】下列可以免征耕地占用税的有(　　)。

A. 军用机场占用的耕地

B. 学校内教职工住房占用的耕地

C. 养老院为老人提供生活照顾场所占用的耕地

D. 幼儿园用于幼儿保育、教育场所占用的耕地

【解析】正确答案是 ACD。学校内教职工住房占用的耕地不属于免税范围。

【思考 9-30】7 月份，甲公司开发住宅区，经批准占用耕地 150 000 平方米，其中 800 平方米兴建幼儿园，5 000 平方米修建学校。税率 30 元/平方米，下列算式中正确的是(　　)。

A. 150 000×30=4 500 000(元)

B. (150 000−800−5000)×30=4 326 000(元)

C. (150 000−5000)×30=43 500 000(元)

D. (150 000−800)×30=4 476 000(元)

【解析】正确答案是 B。学校、幼儿园、养老院、医院占用耕地可以免税。

(七)征收管理

1. 纳税义务发生时间

经批准占用耕地的，耕地占用税纳税义务发生时间为纳税人收到自然资源管理部门办理占用耕地手续通知的当日。纳税人应当自纳税义务发生之日起 30 天内申报缴纳耕地占用税。

自然资源主管部门凭耕地占用税完税凭证或者免税凭证和其他有关文件发放建设用地批准书。

未经批准占用耕地的，耕地占用税纳税义务发生时间为自然资源管理部门认定的纳税人实际占用耕地的当天。

因挖损、采矿塌陷、压占、污染等损毁耕地的纳税义务发生时间为自然资源、农业农村等相关部门认定损毁耕地的当日。

2. 纳税地点和征收机构

纳税人占用耕地或者其他农用地，应当在耕地或者其他农用地所在地申报纳税。

耕地占用税由税务机关负责征收。税务机关应当与相关部门建立耕地占用税涉税信息共享机制和工作配合机制。县级以上地方人民政府自然资源、农业农村、水利等相关部门应当定期向税务机关提供农用地转用、临时占地等信息，协助税务机关加强耕地占用税征收管理。

税务机关发现纳税人的纳税申报数据资料异常或者纳税人未按照规定期限申报纳税的，可以提请相关部门进行复核，相关部门应当自收到税务机关复核申请之日起30日内向税务机关出具复核意见。

纳税人因建设项目施工或者地质勘查临时占用耕地，应当依照本法的规定缴纳耕地占用税。纳税人在批准临时占用耕地期满之日起一年内依法复垦，恢复种植条件的，全额退还已经缴纳的耕地占用税。

三、烟叶税

(一)烟叶税的概念

烟叶税是向收购烟叶的单位征收的一种税。烟叶税的法律规范是2006年4月28日国务院令第464号发布的《中华人民共和国烟叶税暂行条例》和财政部、国家税务总局于2006年5月18日印发的《关于烟叶税若干具体问题的规定》。2017年12月27日第十二届全国人民代表大会常务委员会第三十一次会议通过了《中华人民共和国烟叶税法》，自2018年7月1日起施行。

(二)纳税人

烟叶税的纳税人为在中华人民共和国境内收购烟叶的单位。因为我国实行烟草专卖，因此烟叶税的纳税人具有特定性，一般是有权收购烟叶的烟草公司或者受其委托收购烟叶的单位。即烟叶税由烟草公司负担，不会增加烟叶种植者的负担。

【思考9-31】下列选项中，属于烟叶税纳税人的是(　　)。

A. 种植烟叶的农民　　B. 收购烟叶的烟草公司

C. 零售卷烟的超市　　D. 抽烟的烟民

【解析】正确答案是B。

(三)征税范围

烟叶税的征税范围包括晾晒烟叶、烤烟叶。晾晒烟叶包括列入名晾晒烟名录的晾晒烟叶和未列入名晾晒烟名录的其他晾晒烟叶。

(四)税率

烟叶税实行比例税率，税率为20%。

(五)计税依据

烟叶税的计税依据是纳税人收购烟叶实际支付的价款总额，具体包括纳税人支付给烟叶生产销售单位和个人的烟叶收购价款和价外补贴。价外补贴统一暂按烟叶收购价款的10%计入收购金额。

收购金额的计算公式如下。

收购金额=收购价款×(1+10%)

应纳税额=收购金额×税率

=收购价款×(1+10%)×税率

【例9-15】某卷烟厂为一般纳税人，10月份收购烟叶生产卷烟，取得合法收购凭证上注明买价50万元，并支付了价外补贴。试计算该厂应缴纳的烟叶税及可抵扣的增值税进项税额。

【解析】应缴纳的烟叶税=50×(1+10%)×20%=11(万元)。

购进农产品，可以按收购凭证上注明的买价(含烟叶税)和12%的扣除率计算进项税额。则可抵扣的增值税进项税额=(50+50×9%+11)×12%=5.94(万元)。

(六)征收管理

烟叶税的纳税义务发生时间为纳税人收购烟叶的当日，具体是指纳税人向烟叶销售者付讫收购烟叶款项或者开具收购烟叶凭证的当天。烟叶税在烟叶收购环节征收。纳税人收购即发生纳税义务。

烟叶税按月计征，纳税人应当于纳税义务发生月终了之日起15日内申报并缴纳税款。

纳税人收购烟叶，应当向烟叶收购地的主管税务机关申报纳税。

【思考9-32】有关我国烟叶税的特点，下列说法中正确的有(　　)。

A. 烟叶税实行比例税率

B. 烟叶税在烟叶收购环节征收

C. 纳税人应当自烟叶验收入库之日起15日内申报缴纳烟叶税

D. 烟叶税由收购地税务机关征收

【解析】正确答案是ABD。纳税人应当自纳税义务发生月终了之日起，30日内申报纳税。

复习思考题

1. 简述资源税的征税范围及纳税义务人。
2. 简述城镇土地使用税的征税范围及纳税义务人。
3. 简述土地增值税的征税范围及纳税义务人。
4. 简述土地增值税的扣除项目及计算。
5. 简述车辆购置税的纳税义务人、征税范围及计算。
6. 简述环境保护税的纳税义务人、征税范围及计算。
7. 简述耕地占用税的纳税义务人、征税范围及计算。

强化训练题

一、单项选择题

1. 某煤矿，当期销售煤50吨，每吨不含税售价为400元，税率为5%，则应纳资源税为(　　)元。

A. 750　　B. 1000　　C. 7500　　D. 2500

2. 下列项目中，属于资源税征税范围的是(　　)。

A. 草原资源　　B. 已税洗煤　　C. 人造石油　　D. 盐

3. 某矿业公司开采销售应税矿产品，资源税实行从量计征，则该公司计征资源税的课税数量是(　　)。

A. 实际产量　　B. 发货数量　　C. 计划产量　　D. 销售数量

4.下列应同时征收增值税和资源税的是(　　)。

A. 生产销售人造石油　　B. 销售煤矿生产的天然气

C. 自产的液体盐连续生产固体盐　　D. 开采的天然气用于职工食堂

5. 甲房地产开发企业开发一住宅项目，实际占地面积12 000平方米，建筑面积24 000平方米，容积率为2.0，甲城镇土地使用税计税依据为(　　)。

A. 24 000平方米　　B. 12 000平方米

C. 36 000平方米　　D. 18 000平方米

6. 甲企业2月经批准新占用一块耕地建造办公楼，另占用一块非耕地建造企业仓库。下列表述正确的是(　　)。

A. 甲企业建造办公楼占地，应征收耕地占用税，并自批准征用之次月起征收城镇土地使用税

B. 甲企业建造办公楼占地，应征收耕地占用税，应自批准征用之日起满1年时征收城镇土地使用税

C. 甲企业建造仓库用地，不征收耕地占用税，应自批准征用之月起征收土地使用税

D. 甲企业建造仓库用地，不征收耕地占用税，应自批准征用之日起满1年时征收城镇土地使用税。

7. 下列不属于城镇土地使用税征税范围的是(　　)。

A. 农村　　B. 县城　　C. 城市　　D. 工矿区

8. 下列各项中，不属于土地增值税纳税人的是(　　)。

A. 出租住房的孙某　　B. 转让国有土地使用权的甲公司

C. 出售商铺的潘某　　D. 出售写字楼的乙公司

9. 甲房地产公司 11 月销售自行开发的商业房地产项目，取得不含增值税收入 20 000 万元，准予扣除项目金额为 12 000 万元。税率 40%，速算扣除率 5%，则下列算式中正确的是(　　)。

A. (20 000−12 000)×40%−20 000×5%=2200(万元)

B. (20 000−12 000)×40%−12 000×5%=2600(万元)

C. 20 000×40%−12 000×5%=7400(万元)

D. 20 000 ×40%−(20 000−12 000)×5%=7600(万元)

10. 土地增值税纳税人应当自转让房地产合同签订之日起(　　)日内，向房地产所在地的税务机关办理纳税申报。

A. 30　　B. 20　　C. 7　　D. 10

11. 土地增值税按照纳税人转让房地产所取得的(　　)和规定的税率计算征收。

A. 所得额　　B. 收入额　　C. 增值额　　D. 利润额

12. 下列单位和个人属于土地增值税纳税人的是(　　)。

A. 出租闲置房屋的事业单位

B. 出售商品房的某房地产公司

C. 因国家征用土地而出售厂房的某制药厂

D. 从直系亲属处继承房地产的个人

13. 纳税人开采或者生产资源税产品销售的，以(　　)为计税依据。

A. 开采数量　　B. 计划产量　　C. 销售额或销售数量　　D. 生产数量

14. 甲汽车专卖店购入小汽车 12 辆，下列行为中，应由甲汽车专卖店作为纳税人缴纳车辆购置税的是(　　)。

A. 将其中 6 辆销售给客户

B. 将其中 1 辆赠送给乙企业

C. 将其中 2 辆作为董事长、总经理的专用轿车

D. 库存 3 辆尚未出售

15. 下列各项中，不属于车辆购置税征税范围的是(　　)。

A. 挂车　　B. 摩托车　　C. 汽车　　D. 火车

16. 购置下列交通工具应缴纳车辆购置税的是(　　)。

A. 小轿车　　B. 轮船　　C. 火车　　D. 自行车

17. 现行土地增值税实行的税率属于(　　)。

A. 比例税率　　B. 超额累进税率

C. 超率累进税率　　D. 定额税率

18. 我国现行车辆购置税的税率为(　　)。

A. 20%　　B. 30%　　C. 10%　　D. 15%

19. 根据我国税收法律制度的规定，下列税种中，实行从量计征的是(　　)。

A. 契税　　B. 土地增值税

C. 房产税　　D. 城镇土地使用税

20. 不缴纳耕地占用税的是(　　)。

A. 占用市区公用土地建设商品房　　B. 占用市郊菜地建设公路

C. 占用牧草地建设厂房　　D. 占用果园建设旅游度假村

二、多项选择题

1. 下列各项中，应缴纳城镇土地使用税的有(　　)。

A. 用于水产养殖业的生产用地　　B. 政府办公用地

C. 企业占用的土地　　D. 学校出租的土地

2. 根据城镇土地使用税法律制度的规定，在城市、县城、建制镇和工矿区范围内，下列单位中，属于城镇土地使用税纳税人的有(　　)。

A. 镇政府所在地所辖行政村的集体土地

B. 县政府所在地的国有土地

C. 位于市区由私营企业占用的国有土地

D. 位于工矿区内的国有土地

3. 甲、乙两家共有一项土地使用权，土地面积为 1500 平方米，甲、乙实际占地比例为 3∶2，当地税率为 5 元/平方米。下列计算正确的有(　　)。

A. 甲企业应缴纳土地使用税=1500×3/5×5=4500(元)

B. 甲企业应缴纳土地使用税=1500×5=7500(元)

C. 乙企业应缴纳土地使用税=1500×2/5×5=3000(元)

D. 乙企业应缴纳土地使用税=1500×5=7500(元)

4. 下列关于城镇土地使用税纳税义务发生时间的表述中，正确的有(　　)。

A. 纳税人购置新建商品房，自房屋交付使用之次月起缴纳城镇土地使用税

B. 纳税人以出让方式有偿取得土地使用权，应从合同约定交付土地时间的次月起缴纳城镇土地使用税

C. 纳税人新征用的耕地，自批准征用之日起满 1 年时开始缴纳城镇土地使用税

D. 纳税人新征用的非耕地，自批准征用次月起缴纳城镇土地使用税

5. 根据我国《土地增值税暂行条例》及其实施细则的规定，下列各项中，在计算土地增值税税额时可以从转让房地产取得的收入中扣除的项目有(　　)。

A. 取得土地使用权所支付的金额　　B. 房地产开发成本

C. 转让房地产缴纳的增值税　　D. 转让房地产缴纳的企业所得税

6. 现有旧房转让时，计算土地增值额的扣除项目包括(　　)。

A. 取得土地使用权支付的地价款　　B. 按国家规定缴纳的有关费用

C. 房屋及建筑物的评估价格　　D. 转让环节缴纳的税金

7. 下列各项中，不属于土地增值税征税范围的有(　　)。

A. 房地产评估增值　　B. 房地产的出租

C. 房地产的继承　　D. 房地产的互换

8. 城镇土地使用税的纳税人包括( )。
A. 土地的实际使用人　B. 土地的代管人
C. 拥有土地使用权的单位和个人　D. 土地使用权共有的各方

9. 根据资源税条例规定，资源税的计税依据为应税资源产品的( )。
A. 自用数量　B. 实际产量
C. 实际销售数量或者销售额　D. 生产数量

10. 资源税的纳税环节应是( )。
A. 移送自用时　B. 最终消费时　C. 开采或生产时　D. 销售时

11. 外商投资企业和外国企业征收的税种包括( )。
A. 土地增值税　B. 城镇土地使用税　C. 车船使用税　D. 车辆购置税

12. 下列各项中，应征收城镇土地使用税的有( )。
A. 某市证券公司所用地　B. 某建制镇所辖村村委会办公用地
C. 某大型钢铁厂生产车间用地　D. 某市一大型商场用地

13. 在计算土地增值税时，房地产开发企业加扣 20%费用的计算基数是( )。
A. 房地产开发成本　B. 地价
C. 房地产开发费用　D. 相关税金

14. 资源税纳税人销售应税资源税产品时，应缴纳的税金有( )。
A. 增值税　B. 消费税　C. 城市维护建设税　D. 资源税

15. 下列各项中，属于车辆购置税纳税人的有( )。
A. 购买应税货车并自用的某外商投资企业
B. 进口应税小轿车并自用的某外贸公司
C. 获得奖励应税轿车并自用的李某
D. 受赠应税小型客车并自用的某学校

16. 在中国境内购置下列车辆应缴纳车辆购置税的有( )。
A. 乘用车　B. 汽车　C. 有轨电车　D. 游艇

17. 下列关于资源税计税依据的说法中，正确的有( )。
A. 某油田自产自用的天然气，视同销售，按同类销售额计征资源税
B. 某煤矿对外销售的原煤，以销售额为征税依据
C. 某金矿对外销售的金原矿，以金原矿销售额为计税依据
D. 某铁矿山自产自用的铁矿石，以实际移送使用数量为课税数量

18. 根据耕地占用税法律制度的规定，下列占用耕地的行为不征或免征耕地占用税的有( )。
A. 占用耕地建设直接为农业生产服务的生产设施
B. 占用耕地建设军事设施
C. 占用耕地建设养老院
D. 农村居民占用耕地建设自用住宅

19. 下列各项中不属于资源税征税范围的有( )。
A. 人造石油　B. 固体盐
C. 已税原煤加工的洗煤、选煤　D. 煤矿生产的天然气

20. 下列各项中属于资源税征税范围的有(　　)。

A. 经济林木　　B. 玉石原矿

C. 海盐原盐　　D. 稀土矿原矿

三、判断题

1. 纳税单位无偿使用免税单位的土地免征城镇土地使用税。　　(　　)

2. 两个单位互换房产，双方都应缴纳土地增值税。　　(　　)

3. A房产公司以建造的商品房作价入股投资到B企业时，A企业不缴纳土地增值税；B企业将此房产转让时，应缴纳土地增值税。　　(　　)

4. 某人转让已居住3年7个月的住房，按规定免征收土地增值税。　　(　　)

5. 凡在中华人民共和国境内拥有土地使用权的单位和个人，均应依法缴纳城镇土地使用税。　　(　　)

6. 单位或个人只要有偿转让房地产，均为土地增值税的纳税人。　　(　　)

7. 在中国购置应税车辆的单位和个人，均为车辆购置税的纳税人。　　(　　)

8. 纳税人自产、受赠、获奖或者以其他方式取得并自用车辆，免征车辆购置税。

(　　)

9. 纳税人购买的自用应税车辆，应当自购买之日起30日内申报纳税。　　(　　)

10. 纳税人建造普通标准住宅出售，增值额未超过扣除项目金额20%的，免征土地增值税。增值额超过扣除项目金额20%的，应就其超过的部分按规定计税。　　(　　)

11. 甲企业向大气排放污染物，但未安装使用污染物自动监测设备的，其环境保护税的计税依据应当按照省、自治区、直辖市人民政府环境保护主管部门规定的抽样测算的方法核定计算。　　(　　)

12. 企业事业单位和其他生产经营者向依法设立的污水集中处理、生活垃圾集中处理场所排放应税污染物，应当缴纳环境保护税。　　(　　)

13. 在中华人民共和国境内收购烟叶的单位应当代扣代缴烟叶税。　　(　　)

14. 按规定免征或减征耕地占用税后，纳税人改变原占地用途，不再属于免税减征耕地占用税情形的，应当补缴耕地占用税。　　(　　)

15. 纳税人新征用的耕地，自批准征用之次月起开始缴纳城镇土地使用税。　　(　　)

四、业务训练题

1. 某油田的一油厂10月份生产原油15万吨(税率5%)，其中销售14万吨，用于加热、修井的原油1万吨，当月在采油过程中还销售伴产天然气30万立方米。试计算该油田10月份应纳的资源税税额并填报资源税纳税申报表。(已知原油单价9300元，天然气单价1.3元，税率为5%)

2. 某铜矿8月份销售当月产铜矿石原矿取得销售收入600万元，销售选矿取得收入1200万元。铜矿按选矿计算缴纳资源税，其换算比20%，资源税税率6%。试计算8月该矿应缴纳的资源税。

3. A市某企业2017年实际占用土地面积5000平方米，该土地每平方米税额为4元，当地的城镇土地使用税按每半年征收一次。试计算该企业每次应缴纳的城镇土地使用税税

额并填写纳税申报表。

4. 某房地产开发公司建造一栋普通标准住宅出售，取得销售收入600万元，该公司为建此住宅而支付的地价款及有关费用为80万元，开发成本270万元；转让过程中发生的增值税66万元(允许抵扣)，城市建设维护税和教育费附加为6.6万元，印花税为0.6万元；建此住宅的利息不能合理分摊，当地政府规定房地产开发费用可按最高10%的限额扣除。请问该公司此项行为是否应缴纳土地增值税？为什么？缴多少？

5. 4月份，某房地产开发公司出售商业楼一栋，取得收入2400万元，该公司为取得土地使用权而支付的地价款为150万元；投入的房地产开发成本为850万元；房地产开发过程中共发生利息支出55万元(能够按转让房地产项目计算分摊并提供金融机构证明)，比按银行同类同期贷款利率计算的利息多出5万元，该公司按当地政府规定的其他房地产开发费用的计算扣除比例为5%。试计算该公司应纳的土地增值税税额并填报土地增值税纳税申报表。(已知增值税税率为9%，城建税税率为7%，教育费附加税率为3%，印花税税率为0.5‰)

6. 李某2017年10月5日，从上海大众汽车有限公司购买一辆厂牌型号为桑塔纳330K8BLOLTD8的轿车供自己使用，支付含增值税车价款146 900元，另支付代收临时牌照费149元，代收保险费352元，支付购买工具件和零配件价款1200元，车辆装饰费352元。支付的各项价款均由上海大众汽车有限公司开具“机动车销售统一发票”和有关票据。试计算车辆购置税应纳税额并填写纳税申报表。

五、不定项选择题

甲煤矿为增值税一般纳税人，主要从事煤炭开采和销售业务，10月份有关经营情况如下。

(1) 购进井下用原木一批，取得增值税专用发票注明税额26 000元。

(2) 购进井下挖煤机一台，取得增值税专用发票注明税额93 500元。

(3) 接受洗煤设备维修劳务，取得增值税专用发票注明税额6 800元。

(4) 销售自产原煤2000吨，职工食堂领用自产原煤50吨，职工宿舍供暖领用自产原煤100吨，向乙煤矿无偿赠送自产原煤10吨，原煤不含增值税单价500元/吨。已知，原煤增值税税率为13%，资源税适用税率为8%。

要求：根据资料，回答以下小题。

(1) 计算甲煤矿当月允许抵扣增值税进项税额的下列算式中，正确的是(　　)。

A. 26 000+6800=32 800(元)　　B. 26 000+93 500+6800=126 300(元)

C. 93 500+6800=100 300(元)　　D. 26 000+93 500=119 500(元)

(2) 甲煤矿发生的下列业务中，应计算增值税销项税额的是(　　)。

A. 销售自产原煤2000吨　　B. 向乙煤矿无偿赠送自产原煤10吨

C. 职工食堂领用自产原煤50吨　　D. 职工宿舍供暖领用自产原煤100吨

(3) 计算甲煤矿当月应缴纳增值税税额的下列算式中，正确的是(　　)。

A. (50+100+10)×500×13%−32800

B. (2000+100)×500×13%−100300

C. (2000+50+100+10)×500×13%−126 300

D. (2000+50+10)×500×13%−119500

(4) 计算甲煤矿当月应缴纳资源税税额的下列算式中，正确的是(　　)。

A. (2000+50+10)×500×8%=82 400(元)

B. (2000+50+100)×500×8%=86 000(元)

C. (2000+100+10)×500×8%=84 400(元)

D. (2000+50+100+10)×500×8%=86 400(元)

第十章　税收征收管理法

技能目标：

- 区分不同的税款征收措施。
- 识别违反税法的行为，明确其相应的法律责任。

知识目标：

- 掌握纳税申报、税款征收措施。
- 熟悉税务管理内容、违反税法的法律责任及税务争议的解决途径。
- 了解税务检查。

第一节　税收征收管理法概述

一、税收征收管理的概念

税收征收管理是指税务机关代表国家行使征税权，指导纳税人履行纳税义务，对日常税收活动依法进行组织、管理、监督和检查的活动。税收征收管理是实现税收职能的必要手段。

为了加强税收征收管理，规范税收征收和缴纳行为，保障国家税收收入，保护纳税人的合法权益，促进经济和社会发展，1992 年 9 月 4 日第七届全国人民代表大会常务委员会第 27 次会议通过了《中华人民共和国税收征收管理法》(以下简称《征管法》)，并于 1993 年 1 月 1 日起施行。现已历经一次修订、三次修正，是中华人民共和国成立后的第一部税收程序法，也是我国税收征收管理的基本法。此外，还有国务院发布的《中华人民共和国税收征收管理法实施细则》，财政部发布的《中华人民共和国发票管理办法》，国家税务总局发布的《税务登记管理办法》《中华人民共和国发票管理办法实施细则》和《税务行政复议规则》等。

二、税收征收管理机关及其职权

(一)税收征收管理机关

凡依法由税务机关征收的各种税收的征收管理，均适用《征管法》。

税收征收管理机关是指法律、法规规定负责税款征收和管理工作的职能机构。我国目前税收征收管理机关有税务机关和海关。

由海关负责征收的关税以及海关代征的进口环节的增值税、消费税，依照法律、行政法规的有关规定执行。

我国同外国缔结的有关税收的条约、协定同《征管法》有不同规定的，依照条约、

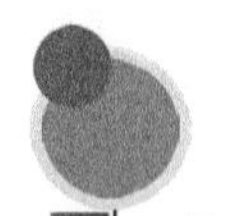

协定的规定办理。

【思考 10-1】下列税收的征收管理，适用《税收征管法》规定的包括(　　)。

A. 增值税　　B. 消费税　　C. 关税　　D. 房产税

【解析】正确答案是 ABD。《税收征管法》适用于依法由税务机关征收的各种税收的征收管理。

(二)税收征收管理机关的职权

税收征收管理机关具有以下职权。

(1) 税务管理：包括办理税务登记；受理纳税申报；对纳税人账簿、凭证进行管理。

(2) 税款征收：税务机关依照法律、行政法规的规定征收税款，并可行使一系列权力，如核定纳税人的税额、实施税收保全措施和采取强制执行等。

(3) 税务检查：税务机关有权对纳税的财务资料进行检查；到纳税人的生产、经营场所和货物存放地对纳税人的应纳税商品、货物或其他财产进行检查；询问纳税人和扣缴义务人有关纳税情况等。

(4) 税务处罚：税务机关有权依法对违法者实施税务行政处罚，如罚款、加收滞纳金等。

第二节　税 务 管 理

税务管理，是指税收征收管理机关为了贯彻执行国家税收法律制度，加强税收工作，协调征税关系而对纳税人和扣缴义务人实施的基础性的管理制度和管理行为。税务管理是税款征收的前提和基础。税务管理主要包括税务登记管理、账簿和凭证管理、发票管理、纳税申报管理和涉税专业服务管理等内容。

一、税务登记

税务登记是税务机关依据税法规定，对纳税人的生产、经营活动进行登记管理的一项法定制度，也是纳税人依法履行纳税义务的法定手续。税务登记是整个税收征收管理的起点。

(一)税务登记申请人

企业、企业在外地设立的分支机构和从事生产、经营的场所，个体工商户和从事生产、经营的事业单位，都应当办理税务登记(统称从事生产、经营的纳税人)。

前述规定以外的纳税人，除国家机关、个人和无固定生产经营场所的流动性农村小商贩外，也应当办理税务登记。

负有扣缴税款义务的扣缴义务人(国家机关除外)，应当办理扣缴税款登记。

【思考 10-2】下岗职工赵某开办的商品经销部，享受一定期限的免税，不用办理税务登记。这一说法正确吗？

【解析】不正确。除国家机关、个人和无固定生产经营场所的流动性农村小商贩外，

凡有法律、法规规定的应税收入、应税财产或应税行为的各类纳税人，均应当办理税务登记。

【思考 10-3】根据《税收征管法》的规定，下列需要办理开业税务登记的纳税人有( )。

A. 领取营业执照从事生产经营活动的纳税人

B. 不从事生产经营活动，法律、法规规定负有纳税义务的单位和个人

C. 只缴纳个人所得税的自然人

D. 企业在外地设立分支机构

【解析】正确答案是 ABD。凡有法律、法规规定的应税收入、应税财产或应税行为的各类纳税人，均应当办理税务登记，“国家机关”“个人”和“无固定生产、经营场所”的流动性农村小商贩除外。

(二)税务登记主管机关

县以上(含县级)税务局(分局)是税务登记的主管机关，负责税务登记的设立登记、变更登记、注销登记以及非正常户处理、报验登记等有关事项。

(三)“多证合一”制度改革

为提升政府行政服务效率，降低市场主体创设的制度性交易成本，激发市场活力和社会创新力，自 2015 年 10 月 1 日起，登记制度改革在全国推行。登记制度改革从“三证合一”推进为“五证合一”，又进一步推进为“多证合一，一照一码”。即在全面实施企业、农民专业合作社工商营业执照、组织机构代码证、税务登记证、社会保险登记证、统计登记证“五证合一，一照一码”登记制度改革和个体工商户工商营业执照、税务登记证“两证整合”的基础上，将涉及企业、个体工商户和农民专业合作社(以下统称企业)登记、备案等有关事项和各类证照进一步整合到营业执照上，实现“多证合一、一照一码”。使“一照一码”营业执照成为企业唯一“身份证”，使统一社会信用代码成为企业唯一身份代码，实现企业“一照一码”走天下。

二、账簿和凭证管理

(一)账簿的设置

纳税人、扣缴义务人应按照有关法律、行政法规和国务院财政、税务主管部门的规定设置账簿，根据合法、有效凭证记账，进行核算。

(1) 从事生产、经营的纳税人应当自领取营业执照或者发生纳税义务之日起 15 日内，按照国家有关规定设置账簿。

(2) 生产、经营规模小又确无建账能力的纳税人，可以聘请经批准从事会计代理记账业务的专业机构或者财会人员代为建账和办理账务。聘请上述机构或者人员确有实际困难的，经县以上税务机关批准，可以按照税务机关的规定，建立收支凭证粘贴簿、进货销货登记簿或者使用税控装置。

(3) 扣缴义务人应当自税收法律、行政法规规定的扣缴义务发生之日起 10 日内，按照所代扣、代收的税种，分别设置代扣代缴、代收代缴税款账簿。

纳税人、扣缴义务人会计制度健全，能够通过计算机正确、完整计算其收入和所得或代扣代缴、代收代缴税款情况的，其计算机输出的完整的书面会计记录，可视同会计账簿。否则，应当建立总账及与纳税或代扣代缴、代收代缴有关的其他账簿。

【思考 10-4】根纳税人应当在一定期限内，按国家规定设置账簿，该期限是(　　)。

A. 10 日　　B. 15 日　　C. 7 日　　D. 30 日

【解析】正确答案是 B。

【思考 10-5】扣缴义务人应当在法定扣缴义务发生之日起(　　)内，按所代扣、代收的税种，分别设置代扣代缴、代收代缴税款账簿。

A. 15 日　　B. 10 日　　C. 30 日　　D. 60 日

【解析】正确答案是 B。

(二)纳税人财务会计制度及其处理办法

(1) 纳税人使用计算机记账的，纳税人建立的会计电算化系统应当符合国家有关规定，并能正确、完整核算其收入或者所得。

(2) 纳税人、扣缴义务人的财务、会计制度或者财务、会计处理办法与国务院或者国务院财政、税务主管部门有关税收的规定抵触的，依照税收的规定计算应纳税款、代扣代缴和代收代缴税款，即“会计从税”。

(3) 账簿、会计凭证和报表，应当使用中文，民族自治地方可以同时使用当地通用的一种民族文字。外商投资企业和外国企业可以同时使用一种外国文字。

(三)账簿、凭证等涉税资料的保存

从事生产、经营的纳税人、扣缴义务人必须按照国务院财政、税务主管部门规定的保管期限保管账簿、记账凭证、完税凭证及其他有关资料。账簿、记账凭证、报表、完税凭证、发票、出口凭证以及其他涉税资料应当保存 10 年；但是法律、行政法规另有规定的除外。

三、发票管理

发票是指在购销商品、提供或者接受服务以及从事其他经营活动中，开具、收取的收付款凭证。

(一)发票的类型和适用范围

1. 发票的类型

全国范围内全面推行“营改增”试点后，发票的类型主要是增值税专用发票和增值税普通发票，还有特定范围继续使用的其他发票。

(1) 增值税专用发票：包括增值税专用发票和机动车销售统一发票。

(2) 增值税普通发票：包括增值税普通发票、增值税电子普通发票和增值税普通发票(卷票，生活性服务业中常用)。

(3) 其他发票：包括农产品收购发票、农产品销售发票、门票、过路(过桥)费发票、定额发票、客运发票和二手车销售统一发票等。

2. 发票适用的范围

(1) 增值税一般纳税人发生应税销售行为，使用增值税发票管理系统开具增值税专用发票、增值税普通发票、机动车统一销售发票、增值税电子普通发票、收费公路通行增值税电子普通发票、机动车销售统一发票、二手车销售统一发票。

(2) 增值税小规模纳税人发生应税销售行为，开具增值税普通发票，一般不使用增值税专用发票，可以到税务机关代开增值税专用发票。为持续推进放管服改革，小规模纳税人(其他个人除外)发生增值税应税行为，需要开展增值税专用发票的，可以自原使用增值税发票管理系统自行开具。选择自行开具增值税专用发票的小规模纳税人，税务机关不再为其代开增值税专用发票。

(3) 2017 年 1 月 1 日起启用增值税普通发票(卷票)，由纳税人自愿选择使用，重点在生活性服务业纳税人中推广。纳税人可依法书面向国税机关要求使用印有本单位名称的增值税普通发票(卷票)。

(4) 门票、过路(过桥)费发票、定额发票、客运发票和二手车销售统一发票继续使用。

(5) 餐饮行业增值税一般纳税人购进农业生产者自产农产品，可以使用国税机关监制的收购发票，按照现行规定计算抵扣进项税额。

【思考 10-6】下列各项中，可以使用普通发票的有(　　)。

A. 增值税一般纳税人　　B. 事业单位

C. 增值税小规模纳税人　　D. 个体工商户

【解析】正确答案是 ABCD。普通发票的使用人一般没有限制。增值税一般纳税人在不能开具专用发票的情形下(如向消费者销售商品)，可以使用普通发票。

(二)发票领购管理

依法办理“多证合一”营业执照的单位和个人，可以领购发票；依法不需办理营业执照但需要使用发票的单位和个人，可以按规定程序向主管税务机关申请领购；临时到本省以外地区从事经营活动的单位或个人，应当凭所在地税务机关的证明，向经营地税务机关申请领购经营地的发票。

申请领购发票的单位和个人应当提出购票申请，提供经办人身份证明、营业执照或其他有关证明，以及财务印章或者发票专用章的印模，经主管税务机关审核后，发给发票领购簿。领购发票的单位和个人应当凭发票领购簿核准的种类、数量以及购票方式，向主管税务机关领购发票。

【思考 10-7】甲公司营销部经理到外省洽谈业务，准备推销本公司的产品，他带着公司的发票，准备销售产品时开具。销售完毕返回时，他认为发票没什么用了，于是将使用过的发票和部分未使用的空白发票扔掉了。试分析该经理的做法有无不妥之处。

【解析】有两处不妥。一是发票不得跨省、直辖市和自治区使用；二是已经使用或未使用的发票必须上缴税务机关。

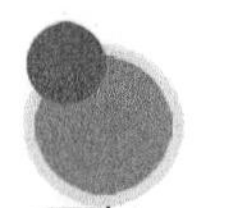

(三)发票的开具和使用

单位、个人在销售商品、提供服务以及从事其他经营活动时，对外发生经营业务收取款项，收款方应向付款方开具发票；特殊情况下(如向农户收购农产品)，由付款方向收款方开具发票。

任何单位和个人应当按照发票管理规定使用发票，不得有下列行为。

(1) 转借、转让、介绍他人转让发票、发票监制章和发票防伪专用品。

(2) 知道或者应当知道是私自印制、伪造、变造、非法取得或废止的发票而受让、开具、存放、携带、邮寄、运输。即明知违法还要参与。

(3) 拆本使用发票。

(4) 扩大发票使用范围。

(5) 以其他凭证代替发票使用。

单位和个人应建立发票使用登记制度，设置发票登记簿，并定期向税务机关报告。妥善存放和保管发票，不得擅自销毁。已开具的发票存根联和发票登记簿应当保存 5 年。保存期满，报经税务机关查验后销毁。

一般纳税人在开具专用发票当月，发生销货退回，发票有误等情形，收到退回的发票联、抵扣联符合作废条件的，按作废处理；开具时发现有误的，可即时作废。作废专用发票须在防伪税控系统中将相应的数据电文按“作废”处理，在纸质专用发票(含未打印的专用发票)各联次上注明“作废”字样，全联次留存。

一般纳税人取得专用发票后，发生销货退回、开票有误等情形但不符合作废条件的，或者因销货部分退回及发生销售折让的，购买方应向主管税务机关填报《开具红字增值税专用发票申请单》。主管税务机关对一般纳税人填报的《申请单》进行审核后，出具《开具红字增值税专用发票通知单》(以下简称《通知单》)。购买方必须按照《通知单》所列税额当期进项税额中转出，未抵扣进项税额的可列入当期进项税额，待取得销售方开具的红字专用发票后，与留存的《通知单》作为记账凭证。

【思考 10-8】纳税人使用发票，不得有(　　)行为。

A. 扩大发票使用范围　　B. 拆本使用

C. 转借、转让发票　　D. 以其他凭证代替发票使用

【解析】正确答案是 ABCD。

【思考 10-9】下列表述中，正确的有(　　)。

A. 销售货物开具发票时，可按付款方要求变更品名和金额

B. 经单位财务负责人批准后，可拆本使用发票

C. 已经开具的发票存根联保存期满后，开具发票的单位可直接销毁

D. 收购单位人支付了购货款项时，由付款方向收购方开具发票

【解析】正确答案是 D。

【思考 10-10】下列说法中，错误的有(　　)。

A. 母公司为子公司代开发票

B. 乙公司将未用完的发票转让给了丙公司

C. 未经税务机关批准，拆本使用发票

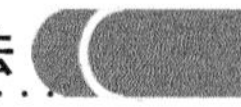

D. 甲公司将未使用的发票借给丁公司使用

【解析】正确答案是ABCD。发票不得转借、转让、代开发票。“未经税务机关批准”，不得拆本使用发票。

(四)发票的检查

税务机关在发票管理中有权进行下列检查。

(1) 检查印制、领购、开具、取得和保管发票的情况。

(2) 调出发票查验。税务机关需要将已开具的发票调出检查时，应当向被查验的单位和个人开具发票换票证。发票换票证与被调出的发票有同等的效力，纳税人不得拒绝。税务机关需要将空白发票调出检验时，应当开具收据；经查无问题的，应当及时返还。

(3) 查阅、复制与发票有关的凭证、资料。

(4) 向当事各方询问与发票有关的问题和情况。

(5) 在查处发票案件时，对与案件有关的情况和资料，可以记录、录音、录像、照相和复制。

税务人员进行检查时，应当出示税务检查证。印制和使用发票的单位和个人，必须接受税务机关依法检查，如实反映情况，不得拒绝、隐瞒。

【思考 10-11】根据税收征收管理法律制度的规定，税务机关在对纳税人进行发票检查中有权采取的措施有(　　)。

A. 调出发票查验

B. 查阅、复制与发票有关的凭证、资料

C. 向当事人各方询问与发票有关的问题和情况

D. 检查领购、开具和保管发票的情况

【解析】正确答案是ABCD。

四、纳税申报管理

纳税申报是指纳税人、扣缴义务人按照法律、行政法规规定，在申报期内就纳税事项向税务机关提出书面申报的一种法定手续。

(一)纳税申报的对象

纳税义务人必须在法律、行政法规规定或税务机关依法确定的申报期限内办理纳税申报。纳税人在纳税期内没有应纳税款的，也应当按照规定办理纳税申报。纳税人享受减税、免税待遇的，在减税、免税期间应当按照规定办理纳税申报。纳税义务人在规定期限内办理纳税申报确有困难，需要延期的，应在规定的期限内向税务机关提出书面延期申请，经税务机关核准后，在核准的期限内办理纳税申报。

凡已办理税务登记的纳税人，无正当理由连续三个月未向税务机关进行纳税申报的，税务机关应当派人进行实地检查，查无下落并且无法强制其履行纳税义务的，税务机关应当发出公告，责令限期改正；逾期不改正的，可以暂停其税务登记证件、发票领购簿和发票的使用；同时制作非正常户认定书，存入纳税人档案。纳税人被列为非正常户超过一年

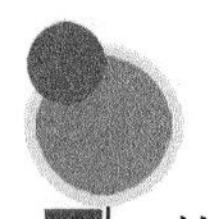

的，税务机关可以注销其税务登记。

【思考 10-12】甲公司本月适逢生产经营淡季，销售收入远远低于支出，大量产品积压，企业严重亏损，由于应纳税额为零，所以企业做出不进行纳税申报的决定。甲公司这样做妥否？为什么？

【解析】不妥。企业无论盈亏，均需要按期申报纳税。

(二)纳税申报的内容

纳税申报表的主要内容包括：税种、税目、税率或单位税额、计税依据、扣除项目及标准、应纳税额和税款所属期限等。

纳税人办理纳税申报时，应如实填写纳税申报表，并根据不同情况报送下列有关证件、资料。

(1) 财务会计报表及其说明材料。

(2) 与纳税有关的合同、协议书及凭证。

(3) 税控装置的电子报税资料。

(4) 外出经营活动税收管理证明和异地完税凭证。

(5) 境内或者境外公证机构出具的有关证明。

(6) 税务机关要求应当报送的其他有关证件、资料。

(三)纳税申报的方式

纳税人、扣缴义务人可以直接到税务机关办理纳税申报或者报送代扣代缴、代收代缴税款报告表，也可以按照规定采取邮寄、数据电文或者其他方式办理上述申报、报送事项。

第三节　税 款 征 收

一、税款征收方式

税款征收是税收征收管理工作的中心环节，在整个税收工作中占据着极其重要的地位。

税款征收方式是指税务机关根据各税种的不同特点、纳税人的生产经营和财务情况而确定的计算征收税款的方法和形式。税款征收主要有以下几种方式。

1. 查账征收

查账征收是指税务机关按照纳税人提供的账表所反映的经营情况，依照适用税率计算缴纳税款的方式。这种方式一般适用于财务会计制度较为健全，能够认真履行纳税义务的纳税单位。

2. 查定征收

查定征收是指税务机关根据纳税人的从业人员、生产设备及采用原材料等因素，对其生产的应税产品查实核定产量、销售额并据以征收税款的方式。这种方式一般适用于生产经营规模较小、产品零星、税源分散、会计账册不够健全，但是能够控制原材料或进销货

的小型厂矿和作坊。

3. 查验征收

查验征收是指由税务机关对纳税人申报的应税产品进行查验后征税，并贴上完税证、查验证或盖查验戳，并据以征税的一种税款征收方式。这种方式一般适用于纳税人财务制度不健全，生产经营不固定，零星分散、流动性大的税源。

4. 定期定额征收

定期定额征收是指对小型个体工商户在一定经营地点、一定经营时期、一定经营范围内的应纳税经营额(包括经营数量)或者所得额(简称定额)进行核定，并以此为计税依据，确定其应纳税额的一种征收方式。这种方式一般适用于生产经营规模小，达不到《个体工商户建账管理暂行办法》规定设置账簿标准，难以查账征收，不能准确计算计税依据的个体工商户(包括个人独资企业，简称定期定额户)。

5. 代扣、代收代缴征收

代扣、代收代缴征收分为代扣代缴征收和代收代缴征收两类。

(1) 代扣代缴征收是指单位和个人从持有的纳税人收入中扣缴其应纳税款并向税务机关解缴的行为。

(2) 代收代缴征收是指与纳税人有经济往来关系的单位和个人向纳税人收取其应纳税款并向税务机关解缴的行为。例如，委托加工应税消费品，由受托方代收代缴消费税。

这两种征收方式适用于税源零星分散、不易控制管理的纳税人。

6. 委托代征

委托代征是指受托单位按照税务机关核发的代征证书的要求，以税务机关的名义向纳税人征收一些零散税款的一种税款征收方式。例如，税务机关委托车辆经销商代征车辆购置税等。这种方法一般适用于小额、零散税源的征收。

7. 其他方式

其他方式如利用网络申报、用IC卡纳税或邮寄申报纳税等。

【思考 10-13】对于生产经营规模较小，又确无建账能力，经主管税务机关审核批准可以不设置账簿的小型纳税人，应采用(　　)征收方式。

A. 查账征收　　B. 查定征收　　C. 定期定额征收　　D. 查验征收

【解析】正确答案是C。

二、税款征收措施

税务机关在税款征收中可以采取下列措施。

(一)加收滞纳金

纳税人未按照规定期限缴纳税款的，扣缴义务人未按照规定期限解缴税款的，税务机

关除责令限期缴纳外，从缴纳期限届满次日起至纳税人实际缴纳或解缴税款之日止，按日加收滞纳税款万分之五的滞纳金。

【思考 10-14】A 公司将税务机关确定的应于 4 月 10 日缴纳的税款 20 万元拖至 4 月 27 日缴纳，税务机关依法加收该公司滞纳税款的滞纳金为(　　)元。

A. 1700　　B. 1800　　C. 17 000　　D. 1000

【解析】正确答案是 A，滞纳天数为 17 天，滞纳金=200 000×0.5‰×17=1700(元)。

《税收征管法》规定，纳税人确有特殊困难，不能按期缴纳税款的，经省、自治区或直辖市国家税务局、地方税务局批准，可以延期缴纳税款，但最长不得超过三个月。纳税人经批准延期缴纳税款的，在批准期限内，不加收滞纳金。

(二)核定应纳税额

有下列情形之一的，税务机关有权核定其应纳税额。

(1) 依照法律、行政法规的规定可以不设置账簿的。

(2) 依照法律、行政法规的规定应当设置但未设置账簿的。

(3) 擅自销毁账簿或者拒不提供纳税资料的。

(4) 虽设置账簿，但账目混乱或者账簿资料、收入凭证或费用凭证残缺不全，难以查账的。

(5) 发生纳税义务，未按照规定的期限办理纳税申报，经税务机关责令限期申报，逾期仍不申报的。

(6) 纳税人申报的计税依据明显偏低，又无正当理由的。

(7) 未按照规定办理税务登记的从事生产经营的纳税人以及临时经营的纳税人。

(三)税收保全措施

税收保全措施是指税务机关为确保税款的征收，所采取的限制纳税人处理或转移商品、货物或其他财产的控制管理措施。

税务机关有根据认为从事生产、经营的纳税人有逃避纳税义务行为的，可以在规定的纳税期限之前，责令限期缴纳应纳税款；在限期内发现纳税人有明显的转移、隐匿其应纳税的商品、货物以及其他财产或应纳税收入迹象的，税务机关可以责成纳税人提供纳税担保。如果纳税人不能提供纳税担保，经县级以上税务局(分局)局长批准，税务机关可以采取下列税收保全措施。

(1) 书面通知纳税人开户银行或者其他金融机构冻结纳税人的金额相当于应纳税款的存款。

(2) 扣押、查封纳税人的价值相当于应纳税款的商品、货物或者其他财产。

个人及其所抚养家属维持生活必需的住房和用品，不在税收保全措施的范围之内。

纳税人在规定的期限内缴纳税款的，税务机关必须立即解除税收保全措施；限期期满仍未缴纳税款的，经县级以上税务局(分局)局长批准，税务机关可以采取强制执行措施。

【思考 10-15】甲企业负债累累，为逃避债务 1 月 18 日开始变卖厂房、设备等，被税务人员发现，为确保 1 月份的税款足额征收，税务人员立即查封了甲企业价值相当于税款

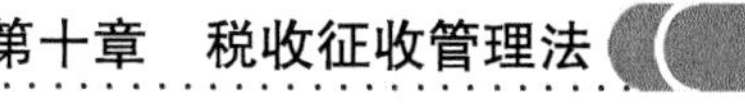

的设备。税务人员的做法是否合法？为什么？

【解析】不合法。税务机关有根据认为纳税人逃避纳税义务的，应给“两次”机会，即先责令其限期缴纳税款；若限期内仍不缴，再责成其提供纳税担保，不能提供纳税担保的，经县级以上税务局局长批准，方可采取保全措施。本案中，税务人员直接采取了保全措施，所以不合法。

(四)税收强制执行措施

对经税务机关责令限期缴纳而逾期仍不缴纳税款的纳税人、扣缴义务人，税务机关可以采取下列强制执行措施。

(1) 书面通知其开户银行或者其他金融机构从其存款中扣缴税款。

(2) 扣押、查封、依法拍卖或者变卖其价值相当于应纳税款的商品、货物或者其他财产，以拍卖或者变卖所得抵缴税款。

对个人及其抚养家属维持生活所必需的住房和用品，不在强制执行的范围之内。

【思考 10-16】下列各项中，属于税收强制执行措施的有(　　)。

A. 书面通知纳税人开户银行冻结纳税人价值相当于应纳税款的存款

B. 书面通知纳税人开户银行从其存款中扣缴税款

C. 扣押、查封纳税人的价值相当于应纳税款的商品、货物或其他财产

D. 依法拍卖、变卖纳税人的价值相当于应纳税款的商品、货物或其他财产

【解析】正确答案是 BD。AC 属于保全措施。

【思考 10-17】某酒店 12 月份取得餐饮收入 5 万元，客房出租收入 10 万元，该酒店未在规定期限内进行纳税申报，经税务机关责令限期申报，逾期仍不申报。根据税收征收管理法律制度的规定，税务机关有权对其采取的税款征收措施是(　　)。

A. 采取税收保全措施　　B. 责令提供纳税担保

C. 税务人员到酒店直接征收税款　　D. 核定其应纳税额

【解析】正确答案是 D。根据《税收征管法》的规定，发生纳税义务，未按照规定的期限办理纳税申报，经税务机关责令限期申报，逾期仍不申报的，税务机关有权核定其应纳税额。

(五)阻止出境

欠缴税款的纳税人及其企业法人代表需要出境的，应当在出境前向税务机关缴纳税款、滞纳金或提供担保。未结清税款、滞纳金，又不提供担保的，税务机关可通知出境管理机关阻止其出境。

(六)税款优先

(1) 税收优先于无担保债权，法律另有规定的除外；纳税人欠缴的税款发生在纳税人以其财产设定抵押、质押或者纳税人的财产被留置之前的，税收应当先于抵押权、质押权和留置权执行。

(2) 纳税人欠缴税款，同时又被行政机关决定处以罚款、没收违法所得的，税收优先

于罚款、没收违法所得。

(3) 税务机关可以依照《中华人民共和国合同法》的有关规定，行使代位权和撤销权。税务机关依法行使代位权、撤销权的，不免除欠缴税款的纳税人尚未履行的纳税义务和应承担的法律责任。

(七)税款的退还和追征

1. 税款的退还

纳税人超过应纳税额缴纳的税款，税务机关发现后(不受时间限制)应当立即退还；纳税人自结算缴纳税款之日起3年内发现的，可以向税务机关要求退还多缴的税款并加算银行同期存款利息。

2. 税款的追征

因税务机关的责任，使纳税人、扣缴义务人未缴或少缴税款的，税务机关在3年内可以要求补缴税款，但是不得加收滞纳金。

因纳税人、扣缴义务人计算错误等失误，未缴或少缴税款的，税务机关在3年内可以追征税款和滞纳金。特殊情况下，可延长至5年。特殊情况是指未缴或少缴税款在10万元以上的。

对于偷税、骗税和抗税的，税务机关追征其未缴或少缴的税款、滞纳金或所骗取的税款，不受此时效限制，可无限期地追征。

【思考10-18】下列属于税收征收措施的有(　　)。

A. 吊销营业执照　　B. 加收滞纳金

C. 强制执行　　D. 核定应纳税额

【解析】正确答案是BCD。A属于工商行政管理机关的行政处罚措施。

三、税务争议的解决

税务争议是指税务机关与纳税人之间因确认或实施税收法律关系而产生的纠纷。解决税务争议的方式主要有税务行政复议和税务行政诉讼，并且一般要以税务管理相对人缴纳税款为前提。在税务争议期间，税务机关的决定一般不停止执行。

税法规定，当事人对税务机关的处罚决定、强制执行措施或者税收保全措施不服的，可以依法申请行政复议，也可以依法向人民法院起诉。但当事人对税务机关的处罚决定逾期不申请行政复议，也不向人民法院起诉，又不履行的，做出处罚决定的税务机关可以采取强制执行措施，或者申请人民法院强制执行。

纳税人、扣缴义务人及纳税担保人对税务机关做出的征税行为(包括确认纳税主体，征税对象，征税范围，减税，免税及退税，抵扣税款，适用税率，计税依据，纳税环节，纳税期限，纳税地点以及税款征收方式等具体行政行为和征税税款，加收滞纳金及扣缴义务人，受税务机关委托征收的单位做出的代扣代缴、代收代缴行为)不服的，应当先向复议机关申请行政复议。对行政复议决定不服的，可以再向人民法院提起行政诉讼。

申请人按前述规定申请行政复议的，必须先依照税务机关根据法律、行政法规确定的

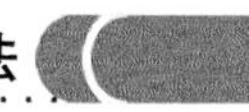

税额、期限，缴纳或者解缴税款及滞纳金或者提供相应的担保，方可在实际缴清税款和滞纳金后或者所提供的担保得到做出具体行政行为的行政机关确认之日起 60 天内提出行政复议申请(必经复议)。对行政复议不服的，可以依法向人民法院起诉。

【思考 10-19】 ABC 公司是 6 月份新开业的农副产品生产公司，认为应适用 9%的税率，可是税务机关确定其适用 13%的税率，为此发生争议，拒不缴纳 6 月份的税款，并准备向法院起诉。试分析若你是 ABC 公司的负责人，应该怎么做？

【解析】 税率适用争议属于纳税上的争议，因此应先纳税，然后再向上级税务机关申请行政复议，对行政复议不服方可再向人民法院起诉。如果是对税务机关的处罚决定、强制执行措施或税收保全措施等不服，既可选择复议，也可选择向人民法院起诉。

【思考 10-20】 纳税人对下列行为不服时，应先复议，不服行政复议才能再提起行政诉讼的是(　　)。

A. 行政审批　　B. 确认纳税地点

C. 纳税信用等级评定　　D. 税收强制执行措施

【解析】 正确答案是 B。对税务机关做出的“征税行为”不服的，应当先向复议机关申请行政复议。对行政复议决定不服的，可以再向人民法院提起行政诉讼。

第四节　税 务 检 查

一、税务机关检查的形式

通常，税务机关检查形式有以下 5 种。

1. 重点检查

重点检查是指对公民举报、上级机关交办或有关部门转来的有关偷税行为或偷税嫌疑的，纳税申报与实际生产经营情况不符的纳税人及有普遍逃税行为的行业的检查。

2. 专项检查

专项检查是指税务机关根据税收工作实际，对某一税种或税收征收管理某一环节进行的检查，如关税中专项检查、漏征漏管户专项检查等。

3. 临时检查

临时检查是指税务机关可以根据不同的经济形势、偷逃税趋势及税收任务完成情况等综合因素，在正常的检查计划之外安排的检查，如行业性解剖、典型调查性的检查等。

4. 分类检查

分类检查是指根据纳税人历来纳税情况、纳税人的纳税规模及税务检查时间间隔长短等综合因素，按事先确定的纳税人分类、计划检查时间和检查频率而进行的检查。

5. 集中检查

集中检查是指税务机关在一定时间、一定范围内，统一安排、统一组织的税务检查，这种检查一般规模比较大。

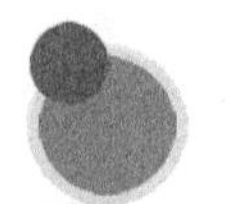

二、税务机关在税务检查中的职权与义务

(一)税务机关在税务检查中的职权

(1) 检查纳税人的账簿、记账凭证、报表和有关资料，检查扣缴义务人代扣代缴、代收代缴税款账簿、记账凭证和有关资料。

(2) 到纳税人的生产、经营场所和货物存放地检查纳税人应纳税的商品、货物或者其他财产，检查扣缴义务人与代扣代缴、代收代缴税款有关的经营情况。

(3) 责成纳税人、扣缴义务人提供与纳税或者代扣代缴、代收代缴税款有关的文件、证明材料和有关资料。

(4) 询问纳税人、扣缴义务人与纳税或者代扣代缴、代收代缴税款有关的问题和情况。

(5) 到车站、码头、机场、邮政企业及其分支机构检查纳税人托运、邮寄应纳税商品、货物或者其他财产的有关单据凭证和资料。

(6) 经县以上税务局(分局)局长批准，凭全国统一格式的检查存款账户许可证明，查询从事生产、经营的纳税人、扣缴义务人在银行或者其他金融机构的存款账户。税务机关在调查税收违法案件时，经设区的市、自治州以上税务局(分局)局长批准，可以查询案件涉嫌人员的储蓄存款。

税务机关在调查税收违法案件时，对与案件有关的情况和资料，可以记录、录音、录像、照相和复制。

(二)税务人员的义务

税务检查人员应同时出示两项证件，即《税务检查证》和《税务检查通知书》，并为被检查人保密。如果缺少其中任何一个证件，纳税人都有权拒绝检查。

纳税人、扣缴义务人必须接受税务机关依法进行的检查，如实反映情况，提供有关证明资料，不得拒绝、隐瞒。

【思考 10-21】11 月份，税务机关组织检查组对甲公司进行税务检查。检查中，存货管理员 A 以存货管理无违法行为为由，拒绝接受检查；银行负责人 B 以检查人员未出示检查存款账户许可证明为由拒绝提供资料。A、B 两人的行为是否合法？为什么？

【解析】A 的行为不合法，纳税人必须接受税务机关依法进行的检查。

B 的行为合法，查询存款账户必须出示全国统一格式的检查存款账户许可证明。

第五节　法 律 责 任

一、违反税务管理

纳税人有下列行为之一的，由税务机关责令限期改正，可以处 2000 元以下的罚款；情节严重的，处 2000 元以上 1 万元以下的罚款。

(1) 未按规定设置、保管账簿或者保管记账凭证和有关资料的。

(2) 未按规定将财务会计制度或者财务会计处理办法和会计核算软件报送税务机关备案的。

(3) 未按规定将其全部银行账号向税务机关报告的。

(4) 未按规定安装、使用或者损毁、擅自改动税控装置的。

二、违反纳税申报

纳税人未按照税法规定的期限办理纳税申报和报送纳税资料的，由税务机关责令限期改正，可以处 2000 元以下的罚款；情节严重的，可处 2000 元以上 1 万元以下的罚款。

三、偷税

纳税人伪造、变造、隐匿、擅自销毁账簿、记账凭证，或者在账簿上多列支出，或者不列、少列收入，或者经税务机关通知申报而拒不申报，或者进行虚假的纳税申报，不缴或少缴应纳税款的，就是偷税。

对于纳税人的偷税行为，由税务机关追缴其不缴或少缴的税款、滞纳金，并处不缴或少缴的税款 50%以上 5 倍以下的罚款。构成犯罪的，依法追究刑事责任。

根据《刑法》规定，偷税数额在 1 万元以上，且偷税数额占应纳税额 10%以上的，或者因偷税被税务机关给予两次行政处罚又偷税的，处 3 年以下有期徒刑或者拘役，并处偷税数额 1 倍以上 5 倍以下的罚金。

偷税数额在 10 万元以上且占应纳税额 30%以上的，处 3 年以上 7 年以下有期徒刑，并处偷税数额 1 倍以上 5 倍以下的罚金。

【思考 10-22】某歌星一次外出演出被查出偷税 27 万元，其应纳税额为 302 万元，该歌星偷税行为是否构成犯罪，为什么？

【解析】不构成犯罪。偷税数额虽然超过了 1 万元，但所占比例为 27÷302=8.9%，不够 10%，所以不追究刑事责任，责令其补交所偷税款及滞纳金，并处以所偷税款 50%以上 5 倍以下的罚款。

四、抗税

以暴力、威胁方法拒不缴纳税款的是抗税。除由税务机关追缴其拒缴的税款、滞纳金外，还要依法追究刑事责任。情节轻微，未构成犯罪的，由税务机关追缴其拒缴的税款、滞纳金，并处拒缴税款 1 倍以上 5 倍以下的罚款。

五、骗税

以假报出口或者其他欺骗手段，骗取国家出口退税款的，由税务机关追缴其骗取的退税款，并处骗取税款 1 倍以上 5 倍以下的罚款；构成犯罪的，依法追究刑事责任。对骗取国家出口退税款的，税务机关可以在规定期间内停止为其办理出口退税。

六、欠税

纳税人在规定期限内不缴或者少缴应纳的税款，经税务机关责令限期缴纳，逾期仍未缴纳的，税务机关除依照规定，采取强制执行措施追缴其不缴或者少缴的税款外，还可以处不缴或者少缴税款50%以上5倍以下的罚款。构成犯罪的，依法追究其刑事责任。

七、逃避追缴欠税款

纳税人欠缴应纳税款，采取转移或隐匿财产的手段，妨碍税务机关追缴欠缴税款的，由税务机关追缴欠缴的税款、滞纳金，并处欠缴税款50%以上5倍以下的罚款。构成犯罪的，依法追究其刑事责任。

【思考10-23】某外贸公司采取隐匿财产的手段，使税务机关无法追缴该公司所欠税款20万元。该公司的行为属于(　　)。

A. 偷税行为　　B. 抗税行为　　C. 欠税行为　　D. 逃避追缴欠税款行为

【解析】正确答案是D。偷税是纳税人采取非法手段，向税务机关隐匿应纳税数额，税务机关事先并不知其应纳税额。逃避追缴欠税款则是税务机关事先已经掌握纳税人所欠缴的税款，纳税人事后采取隐瞒纳税能力、转移财产等手段，致使税务机关客观上无法追缴其欠税款。

八、拒绝税务机关检查

纳税人、扣缴义务人逃避、拒绝或者以其他方式阻挠税务机关检查的，由税务机关责令其改正，可以处1万元以下的罚款；情节严重的，处1万元以上5万元以下的罚款。

九、虚开增值税专用发票

有为他人虚开、为自己虚开、让他人为自己虚开或介绍他人虚开上述专用发票行为之一的，即构成虚开增值税专用发票罪，以骗取出口退税、抵扣税款发票罪，依法追究其刑事责任。

十、非法出售增值税专用发票

非法出售增值税专用发票是指违反国家发票管理法规，非法出售增值税专用发票的行为。构成犯罪的依法追究其刑事责任。

复习思考题

1. 简述税务管理的内容。
2. 简述税收征收的主要措施。

3. 简述税收保全措施实施的前提条件。
4. 试述抗税与偷税的区别。
5. 简述偷税罪的构成条件。

强化训练题

一、单项选择题

1. 下列表述中，正确的是(　　)。
   A. 销售货物开具发票时，可按付款方要求变更品名和金额
   B. 经单位财务负责人批准后，可拆本使用发票
   C. 已经开具的发票存根联保存期满后，开具发票的单位可直接销毁
   D. 收购单位人支付了购货款项时，由付款方向收购方开具发票
2. 纳税人已开具的发票存根联和发票登记簿，保管期限是(　　)天。
   A. 3　　B. 5　　C. 10　　D. 15
3. 发票的管理机关是(　　)。
   A. 财政机关　　B. 税务机关　　C. 审计机关　　D. 金融机关
4. 对生产不固定、账册不健全的纳税人所采取的税款征收方式是(　　)。
   A. 查账征收　　B. 查定征收　　C. 查验征收　　D. 定期定额征收
5. 下列说法中，不正确的是(　　)。
   A. 邮寄申报以税务机关收到的日期为实际申报日期
   B. 数据电文方式的申报日期以税务机关计算机网络系统收到数据电文的时间为准
   C. 实行定期定额缴纳税款的纳税人，可以实行简易申报、简并征期等方式申报纳税
   D. 自行申报是指纳税人、扣缴义务人按照规定的期限自行直接到主管税务机关办理纳税申报手续

6. 根据《税收征收管理法》的规定，纳税人未按规定期限缴纳税款的，税务机关除责令其限期缴纳外，从滞纳税款之日起，按日加收滞纳金。该滞纳金的比例是滞纳税款的(　　)。

   A. 万分之一　　B. 万分之五　　C. 千分之一　　D. 千分之二

7. 根据税收征收管理法律制度的规定，下列个人财产中，不适用税收保全措施的是(　　)。

   A. 机动车辆　　B. 金银首饰　　C. 古玩字画　　D. 维持生活必需的住房

8. 2017 年 6 月，天方制衣公司因财务人员调动进行账目清理时发现有两笔收入用错了税率，多缴了税款，一笔系 2011 年 1 月的，另一笔系 2015 年 5 月的，马上向税务机关提出退税。根据《税收征管法》规定，(　　)退还。

   A. 2011 年和 2015 年的多缴税款均可
   B. 2015 年的多缴税款可以退还，2011 年的不可以

C. 2011 年的多缴税款可以退还，2015 年的不可以

D. 2011 年和 2015 年的多缴税款均不可以

9. 甲公司将应于 5 月 10 日上缴的税款 30 万元拖至 5 月 25 日缴纳，则税务机关依法加收该公司滞纳税款的滞纳金为(　　)元。

A. 1500　　B. 2250　　C. 22 500　　D. 2400

10. 对纳税人的偷税、抗税、骗税等违法行为，税务机关追缴其税款的期限是(　　)。

A. 3 年　　B. 5 年　　C. 10 年　　D. 永久

二、多项选择题

1. 根据税收征收管理法律制度的规定，纳税机关在对纳税人进行发票检查中有权采取的措施有(　　)。

A. 调出发票查验

B. 查阅、复制与发票有关的凭证、资料

C. 向当事人各方询问与发票有关的问题或情况

D. 查阅领购、开具和保管发票的情况

2. 某大型超市在 2017 年度缴纳的下列税种中，属于税务机关征收的有(　　)。

A. 关税　　B. 房产税　　C. 印花税　　D. 车船税

3. 下列属于税收保全措施的有(　　)。

A. 书面通知纳税人的开户银行冻结纳税人相当于应纳税额的存款

B. 书面通知纳税人的开户银行从其存款中扣缴税款

C. 扣押、查封纳税人的价值相当于应纳税款的商品、货物或其他财产

D. 责令纳税人暂时停业，限期缴纳应纳税款

4. 下列组织和人员中，应当办理税务登记的有(　　)。

A. 国有企业　　B. 企业在外地设立的分支机构

C. 出版社　　D. 在集贸市场流动卖菜的农村菜农

5. 在税款征收过程中，纳税人依法享有一定权利。下列各项中，属于纳税人权利的有(　　)。

A. 要求税务机关对纳税人情况保密

B. 对税务机关所作出的决定，享有陈述权、申辩权

C. 要求税务机关退还多缴纳的税款并加算银行同期存款利息

D. 对税务机关的处罚决定，可以申请行政复议，也可以提起行政诉讼

6. 根据税收征收管理法律制度的规定，下列各项中，属于税收保全措施的有(　　)。

A. 书面通知纳税人的开户银行从其存款中直接扣缴税款

B. 拍卖纳税人的价值相当于应纳税款的商品、货物或者其他财产

C. 书面通知纳税人开户银行冻结纳税人的金额相当于应纳税款的存款

D. 扣押、查封纳税人的价值相当于应纳税款的商品、货物或者其他财产

7. 根据税收征收管理法律制度的规定，纳税人发生偷税行为，税务机关可以行使的权利有(　　)。

A. 追缴税款　　B. 加收滞纳金　　C. 处以罚款　　D. 处以罚金

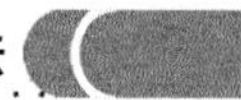

8. 纳税人使用发票，不得有( )行为。

A. 扩大发票使用范围　　B. 拆本使用

C. 转借、转让发票　　D. 以其他凭证代替发票使用

9. 纳税人与征收机关发生下列纳税争议，必须先复议的有( )。

A. 征收税款　　B. 加收滞纳金

C. 纳税担保　　D. 税收保全措施

10. 下列各项中，属于偷税行为的有( )。

A. 隐匿账簿、凭证，少缴应纳税款的

B. 进行虚假纳税申报，少缴应纳税款的

C. 在账簿上多列支出，少缴应纳税款的

D. 隐匿财产，妨碍税务机关追缴欠缴税款的

11. 下列说法中，正确的有( )。

A. 不得为他人开具与实际经营业务不符的发票

B. 已经开具的发票存根联和发票登记簿应当保存 3 年

C. 取得发票时，不得要求变更品名和金额

D. 开具发票的单位和个人应当建立发票使用登记制度，设置发票登记簿

12. 税务机关在发票检查中有权( )。

A. 向当事各方询问有关的问题与情况

B. 调出发票查验

C. 检查印制、领购、开具、取得、保管和缴销发票的情况

D. 查阅、复制与发票有关的凭证、资料

13. 纳税人存在下列情形，税务机关有权核定其应纳税额的有( )。

A. 依照法律、行政法规的规定可以不设置账簿的

B. 依照法律、行政法规的规定应当设置但未设置账簿的

C. 擅自销毁账簿或者拒不提供纳税资料的

D. 纳税人申报的计税依据明显偏低，又无正当理由的

14. 根据税收征收管理法律制度的规定，纳税人发生偷税行为时，税务机关可以行使的权力有( )。

A. 追缴税款　　B. 加收滞纳金

C. 处以罚款　　D. 处以罚金

15. 下列行为中，属于偷税的有( )。

A. 采取转移或隐藏财产的手段，妨碍税务机关追缴欠缴的税款

B. 伪造账簿，不缴应纳税款

C. 进行虚假纳税申报，少缴应纳税款

D. 按照规定应设置账簿而未设置的

三、判断题

1. 税务机关对外省、自治区、直辖市来本辖区从事临时经营活动的单位和个人申请领购发票的，可以要求其提供保证人或者根据所领购发票的票面限额及数量缴纳不超过 1 万

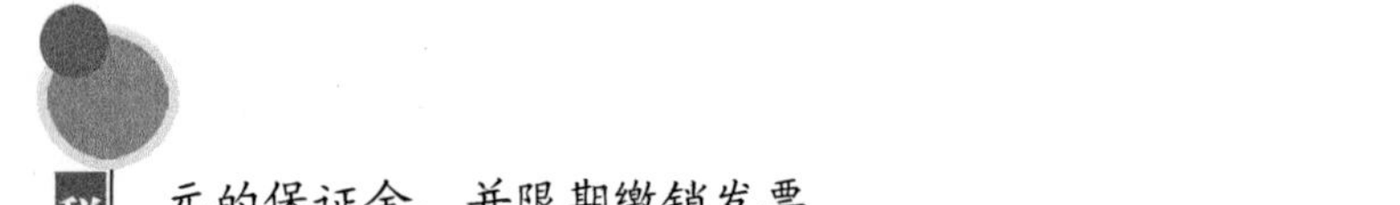

元的保证金，并限期缴销发票。 (   )

2. 纳税人多缴款自结算缴纳税款之日起5年内发现的，可以向税务机关要求退还多缴的税款并加算银行同期贷款利息。 (   )

3. 纳税人因有特殊困难不能按期缴纳税款的，经县级以上税务机关批准后，可以延期纳税，但最长不得超过3个月。 (   )

4. 纳税人、扣缴义务人或纳税担保人与税务机关在纳税上发生争议时，可以暂缓缴纳税款，然后依法申请行政复议。 (   )

5. 纳税人享受减免税待遇的，在减税、免税期间可以暂不办理纳税申报。 (   )

6. 税务机关行使代位权的，可以免除欠缴税款的纳税人尚未履行的纳税义务和应承担的法律责任。 (   )

7. 某企业欠缴税款，其法定代表人欲出国考察，在出境时，税务机关以其尚未结清应纳税款，又未提供担保为由，通知海关阻止其出境，税务机关的做法是正确的。 (   )

8. 纳税人享受减税、免税待遇的，在减税、免税期间应当办理纳税申报。 (   )

9. 纳税人对税务机关的处罚决定、强制执行措施或者税收保全措施不服的，必须先依法申请行政复议，对行政复议不服的，才能向人民法院起诉。 (   )

10. 经核准延期办理纳税申报、报送事项的，应当在纳税期内按照上期实际缴纳的税额或税务机关核定的税额预交税款，并在核准的延期内办理税款结算。 (   )

四、业务训练题

1. 光华公司成立于2011年，在2017年度所得税纳税申报中，与税务机关发生纳税争议，税务机关认为光华公司计提的长期投资减值准备金10万元和工商部门对企业罚款5万元不得从所得额中扣减；光华公司不同意税务机关的意见，并以此为由拒缴税款。

试分析:

(1) 光华公司与税务机关发生的争议中，税务机关的意见是否符合税法规定?

(2) 光华公司拒缴税款的做法是否合法?

(3) 对该争议光华公司可否直接向人民法院起诉?

2. 税务机关在税务检查中发现某企业采取多列支出、少列收入的手段进行虚假纳税申报，少缴税款9 000元，占其应纳税额的8%。

试分析:

(1) 该企业的行为属于什么性质的违法行为？是否构成犯罪?

(2) 该企业应承担的法律责任是什么?

3. 某私营企业因经营不善，欠税13万元，经省级税务机关批准，延期纳税3个月，应纳税款自3月1日延至6月1日交税，4月15日税务机关发现该厂在拍卖其设备，于4月16日封存了该厂的设备。该厂认为税务机关这样做是违法的，税务机关的做法违法吗？为什么?

4. A公司自2017年4月领取营业执照开张至同年8月以来，一直未进行纳税申报，税务机关多次催促，该公司总是以新开业、亏损严重为由拒不进行纳税申报。税务人员在明察暗访中，发现该公司市场销售状况良好，于是派检查组重点检查，发现该公司采取少

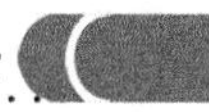

列收入、多列支出的手段，少缴税款达15万元。税务机关做出责令其补缴税款及滞纳金和罚款的决定。该公司置之不理，税务机关多次催缴无果，税务人员认为该公司的行为已从偷税演变为抗税。

试分析:

(1) 该公司属于何种违法行为？税务机关的处理是否正确？

(2) 该公司是否有抗税行为？为什么？

5. 某市甲公司于2017年3月1日丢失一本普通发票，并于3月10日到主管税务机关递交了发票遗失书面报告，且在该市报纸上公开声明作废。同年4月5日，市税务机关在对甲公司进行检查时，发现该公司存在如下问题。

(1) 未按规定建立发票保管制度。

(2) 将2010年度开具的发票存根联销毁。

(3) 有两张已作账务处理的发票票物不符。

税务机关在对相关发票进行拍照和复印时，该公司以商业机密为由拒绝。

经税务机关核实，甲公司通过销毁发票存根联、开具票物不符等手段，共少缴税款30万元(占应纳税额的20%)。

根据以上情况，市税务机关除责令其限期补缴少缴的税款30万元之外，还依法对其进行了相应的处罚。

甲公司一直拖延缴纳税款，市税务机关在多次催缴无效的情况下，经局长批准于6月18日查封了甲公司的一处房产，准备以拍卖所得抵缴税款。

甲公司认为该房产已于4月22日办理抵押给乙公司作为合同担保，并依法办理了抵押物登记，税务机关无权查封该房产。

据此，甲公司向上级税务机关提出行政复议。

要求：根据税收征收管理法律制度的规定，回答下列问题。

(1) 甲公司丢失发票的补救措施是否有不符合法律规定之处？并说明理由。

(2) 甲公司拒绝税务机关对相关发票进行拍照和复印是否符合法律规定？并说明理由。

(3) 甲公司少缴税款30万元属于何种行为？是否构成犯罪？

(4) 税务机关在甲公司拖延缴纳税款，经多次催缴无效的情况下，是否可以查封其财产，以拍卖所得抵缴税款？并说明理由。

(5) 甲公司认为其房产已抵押，税务机关无权查封其房产的观点是否符合法律规定？并说明理由。

6. 甲企业2017年欠缴税款100万元。2018年5月，税务机关在强制执行过程中，发现以下情况。

(1) 甲企业于2018年2月1日向A银行信用贷款100万元。

(2) 甲企业于2018年4月1日向B银行贷款100万元，甲企业以其设备设定抵押，并依法办理了抵押登记手续。

(3) 甲企业于2018年4月10日被工商行政管理部门处以100万元的罚款。

(4) 甲企业于2018年4月20日放弃其对C企业100万元的债权。

要求：根据税收征收法律制度规定，分别回答以下问题。

(1) 税收是否优先于A银行？并说明理由。

(2) 税收是否优先于B银行？并说明理由。

(3) 税收是否优先于工商行政管理部门的罚款？并说明理由。

(4) 对于甲企业放弃其对C企业100万元债权的行为，税务机关可以行使何种权利？税务机关行使该权利后，甲企业的纳税义务和法律责任能否免除？并说明理由。

税法综合实训

一、实训目的

通过综合实训，使学生置身于现实工作之中，根据企业具体的经济业务，分析判断企业应缴纳的税种，并正确计算各税种，使学生在具体的操作中，理解各税种之间的相互关系，熟练掌握主要税种的计算与纳税申报，促使学生税法综合应用能力的形成。

二、实训安排

一般安排在课程理论内容结束之后，集中时间进行实训，以强化学生综合能力的形成，实训时间为30学时左右。也可穿插于相关章节授课之中进行。

三、实训要求

(1) 学生根据所提供的经济业务，独立分析判断企业应缴纳的税种。

(2) 根据资料计算各税种。

(3) 教师根据当地企业纳税的情况，选择常用的主要税种，购买相关的纳税申报表，选择适宜的资料，指导学生填写相关纳税申报表。

四、实训资料

下列资料，除特别提示外，相关经济业务中涉及的票证均为合法票证，增值税专用发票均在当期通过认证。计算中若遇小数，按资料中的计算单位，保留两位数。

(1) 某日化用品有限责任公司为增值税一般纳税人。1月份发生下列经济业务。

① 外购原材料一批，货款已付并验收入库。从供货方取得的增值税专用发票上注明的增值税税额为50万元，另支付运费10万元，税率为9%，运输单位已开具增值税专用发票。

② 外购机器设备一套，从供货方取得的增值税专用发票上注明的增值税税额为4.2万元，货款已付并验收入库。

③ 销售化妆品一批，取得产品销售收入2373万元(含增值税)，向对方收取手续费11.3万元(含增值税)。

已知增值税税率为13%，消费税税率为15%。试计算该公司1月份应纳增值税与消费税税额。

(2) ABC卷烟厂主要生产卷烟，8月份发生如下业务。

① 8月5日，购买一批烟叶，取得增值税专用发票上注明的价款为10万元，税款为1.0万元。

② 8月15日，将8月5日购进的烟叶发往乙烟厂，委托乙烟厂加工烟丝，收到增值

税专用发票上注明支付的加工费为4万元，增值税税款为0.52万元。

③ 收回烟丝后领取一半用于卷烟生产，另一半直接出售，取得价款20万元(不含增值税)。

④ 8月16日，销售卷烟100箱(标准箱，下同)，每箱取得不含增值税的收入1.5万元，款项存入银行。

⑤ 8月23日，销售卷烟200箱，每箱不含税售价为1.2万元，款项存入银行。

已知乙烟厂无同类烟丝销售价格，国家税务总局核定的该卷烟计税调拨价格为每标准箱1.3万元。烟丝的消费税税率为30%，卷烟的消费税税率为36%。试计算该烟厂当月应纳消费税税额和增值税税额。

(3) 某市甲企业建造并出售了一栋写字楼，不含增值税的销售收入为2000万元；该单位为建造此楼支付地价款和有关费用300万元；房地产开发成本400万元；管理费用、销售费用、财务费用共计500万元，财务费用中利息支出200万元(不能提供银行贷款证明)，其中30万元为超过上浮度的利息；当地房地产费用扣除比例为10%，增值税税率为9%，该单位已缴纳了相关的转让税费。试计算其应纳土地增值税。

(4) 某企业2017年度共计拥有土地65 000平方米，其中农业生产用地4200平方米、企业内部绿化占地2000平方米。2017年度的上半年企业共有房产原值4000万元，7月1日起企业将原值200万元、占地面积400平方米的一栋仓库出租给某商场存放货物，租期1年，每月租金收入1.5万元。8月10日竣工并交付使用厂房一栋，固定资产原值3000万元。

已知当地城镇土地使用税4元/平方米；房产税计算余值的扣除比例为20%。试计算该企业2018年应缴纳的城镇土地使用税税额和房产税税额。

(5) 某百货商场为一般纳税人，6月份发生以下购销业务。

① 零售空调机100台，每台3000元。商场负责送货并安装，每台收取费用150元。

② 预收客户购买20台空调机的预付款，已开具普通发票，每台3000元。供货商在本期尚不能交货。

③ 为迎接夏季的到来，本月购进空调两批。A01规格的空调300台，取得增值税专用发票上注明的价款为63万元，货款已付；B01规格的空调100台，取得增值税专用发票上注明的价款为20万元，尚未开具商业汇票。

④ 购进150台冰箱，取得增值税专用发票上注明的价款为30万元，本期支付了50%的货款。

⑤ 将本商场2008年购入的自用小汽车一辆，以14万元的价格出售。该车账面原值16万元，已提折旧3万元。

⑥ 截止5月份，顾客退回有质量问题的冰箱共计20台，本期退回厂家，不含税单价2100元。已取得厂家开具的红字发票和税务机关的证明单。

⑦ 为某服装厂代销西裤一批，合同规定：零售单价168元，共计1000条。该商场本月销售750条，销售单价188元，已将代销清单返还给服装厂并取得该厂开具的增值税专用发票。

⑧ 销售一批库存的石英挂钟150只，单价38元。为了尽快售出，商场决定采取有奖销售方式，奖品为卡通手表，市场售价12元，本期共计送出卡通手表100只。

⑨ 特价处理一批滞销玩具，销售额3800元。

要求：根据资料分析该商场应缴纳的税种，并正确计算其应纳税额。

(6) 某建材企业2018年自行申报的产品销售收入为4000万元，利润总额为220万元，经企业办税人员审核，发现有以下业务需要进行所得税纳税调整。

① 年初接受捐赠的一台设备公允价值为10万元，当年未作处理。

② 因增值税偷税8万被处应纳税额2倍的罚款，计入营业外支出。

③ 领用自产建材，成本为20万元(无同类产品售价)，对外投资，成本利润率为10%。

④ 当年向其他单位借款100万元，年利率7%，但支付的利息比银行同期同类利率高出2%。

⑤ 本年广告费开支120万元，业务宣传费开支38万元。

⑥ 从境内联营企业甲分回利润25万元，从联营企业乙分回利润60万元(甲适用25%所得税税率，乙适用15%所得税税率)。

要求：根据上述资料，帮助此办税人员正确计算该企业全年应纳企业所得税税额。

(7) 某烟厂为增值税一般纳税人，10月份业务如下。

① 从农民手中收购烟叶，收购凭证上注明收购价格25万元。将上述烟叶委托某加工厂加工成烟丝(属于深加工，按10%扣除率计算可抵扣的农产品进项)，加工厂开来增值税专用发票上注明的加工费为6万元，并代收代缴了消费税(无同类产品价格)。

② 烟厂将收回烟丝的20%对外销售给一小规模纳税企业，开具普通发票上注明的销售额为9.04万元，其余80%当月生产领用。

③ 本月外购烟丝取得增值税专用发票上注明的税金为30万元，本月生产领用当月外购和以前外购烟丝70万元(不含增值税)，继续加工卷烟。

④ 本月售出500标准箱，开具增值税专用发票上注明的销售额为450万元。

⑤ 厂庆发给职工白包卷烟2标准箱，每箱不含税价格为2.5万元。

⑥ 出口计划内卷烟800标准箱，不含增值税价格为1600万元。

要求：计算该烟厂当月应纳增值税税额和消费税税额。烟丝消费税税率为30%，卷烟比例税率为36%，固定税额为每标准箱150元。

(8) 某煤矿(一般纳税人)本月生产销售原煤800吨，价税合计收取货款110万元。使用167吨原煤加工洗煤，本月销售洗煤150吨，价税合计收取的货款为280万元。出租货车取得租金收入6万元。签订财产保险合同一份，支付保险费8.74万元，所保财产金额300万元。已知该企业开采煤炭适用的资源税税率为4%，当地政府规定的折算率为80%。

要求：分析该煤矿本月应缴纳的税种，并计算各税种。

(9) 酒厂(一般纳税人) 12月份发生以下业务。

① 从经销单位购入大麦用于生产酒(深加工)，取得增值税专用发票上注明的不含税价为26万元，货已入库。

② 购入其他原料取得普通发票上注明的价款15.4万元，货已入库。

③ 提供价税混计3.48万元的原料委托另一酒厂加工酒精，支付加工费及税金共0.226万元，取得增值税专用发票。收回后全部投入生产，加工成粮食白酒。

④ 销售粮食白酒140吨，不含税价84万元，另收得包装物押金9万元。

⑤ 将不含税价为12万元的粮食白酒20吨交本厂非独立核算门市部销售，门市部零售30 000斤，取得零售价款13.5万元。

要求：试计算该企业应缴纳的增值税税额和消费税税额。

(10) 有一中国公民，全年从中国境内取得综合所得 95 800 元，专项扣除为 6500 元，有一个正在读初二的独生女儿；当年还从美国取得特许权使用费收入 8000 元，从日本取得利息收入 4000 元。该纳税人已按美、日两国税法分别缴纳了个人所得税 1500 元和 600 元。试计算该公民应纳个人所得税税额。

(11) 某国有工业企业有职工 500 人，2017 年会计资料反映情况如下：销售收入 5000 万元，销售成本 4000 万元，增值税 800 万元，销售税金及附加 60 万元，其他业务收入 70 万元，销售费用 180 万元(其中广告费 120 万元)，管理费用 350 万元(其中业务招待费 26 万元，研究新产品、新技术费用 80 万元)，财务费用 20 万元，购买铁路债券取得利息 5 万元，从境内外联营企业分回利润 8.5 万元，营业外支出 52 万元，其中支付某商厦开业赞助费 2 万元，支付另一企业合同违约金 3 万元，接受技术监督部门罚款 1 万元，直接向受灾地区汇款 20 万元。本年工资总额 650 万元，并据此提取了“三项经费”。实际支付工资 480 万元，支付职工福利费 67 万元、教育费 15 万元、工会会费 7 万元。试计算该企业应纳的企业所得税税额。

(12) 某汽车厂为增值税一般纳税人，9 月份主要业务情况如下。

① 销售给汽贸公司 A 型小汽车 500 辆，5.8 万元/辆(不含税)，因汽贸公司购货量大，该汽车厂决定给予 5%的折扣，并在开具的增值税专用发票上分别注明销售额和折扣额。

② 销售给某使用单位 B 型小汽车 10 辆，单价为 6.8 万元(价税合计)。

③ 该汽车厂自用 A 型小汽车 3 辆。

④ 外购钢材支付货款 560 万元，已取得增值税专用发票，购入钢材取得的运输单位开具的普通发票上注明运费 2 万元，装卸费 0.3 万元，钢材已验收入库。

⑤ 外购低值易耗品支付价款 9 万元，取得的增值税专用发票上已注明税款，但其中有 1 万元因为质量不合格要求予以退货。

⑥ 外购机床两台，价值 35 万元，取得的增值税专用发票上已注明税款 5.6 万元。

⑦ 外购自来水，取得的增值税专用发票上已注明税款 0.06 万元；外购原煤取得的增值税专用发票上已注明税款 2.55 万元；外购煤气取得的增值税专用发票上已注明税款 1.19 万元；外购电力 20 万元，尚未取得增值税专用发票。

⑧ 出售专利技术取得转让费 8 万元。

已知小汽车的消费税为 3%，分析并计算该汽车厂本月应纳的各种税金。

(13) 某物资贸易公司为增值税一般纳税人，10 月份发生以下业务。

① 本月购进并入库货物一批，本月未付款，取得增值税专用发票上注明的价款为 50 万元，税金 8 万元(不含税)。

② 销售一批农用机械配件，开具普通发票上注明的销售额为 50.85 万元，本月发货并办妥银行托收手续，但货款未到。

③ 盘亏一批 8 月份购入的物资(已抵扣进项税额)，盘亏金额为 9 万元，经查管理不善造成。

④ 本月购进一批五金材料，取得增值税专用发票上注明的价款为 50 万元，购货支付运输费取得的货票上注明的运费为 0.4 万元，装卸费为 0.1 万元，取得普通发票。货款和运杂费均已支付，货已到，尚未办理入库手续。

⑤ 将本企业 2007 年购入自用的一辆小轿车出售，原入账价值 12 万元，折旧 3 万元，售价 14 万元。

要求：计算当月应纳的增值税税额。

(14) 某研究所研究员杨先生 2019 年的收入情况如下。

① 研究所全年支付其工资 16 万元，专项扣除 2 万元，杨是独生子女，其父母已 65 岁，还有一个上小学三年级的儿子。另按规定每月领取政府特殊津贴 300 元。

② 2019 年 10 月出租住房，取得当月租金收入 3000 元(不含增值税)，房屋租赁过程中缴纳的可以税前扣除的相关税费 120 元，修缮费 2000 元。

③ 转让境内 A 股股票(非限售股)，取得转让收入 100 000 元；取得 A 股股息收入 1000 元(持股已达 3 年)。

④ 杨某的汽车被盗，获得保险赔款 200 000 元。

⑤ 取得国家发行金融债券利息收入 1000 元。

已知：个人出租住房税率为 10%。要求：根据上述资料，分析杨某 2019 年应缴纳的个人所得税。

(15) 某生产企业，注册资本为 8000 万元。2017 年会计资料显示如下：销售收入净额为 5400 万元，利润总额为 100 万元，缴纳了企业所得税 25 万元。经事务所审计发现以下情况。

① 本年向银行贷款 7 000 万元，年利率为 6%，又向关联企业借款 3000 万元，年利率为 8%。上述利息支出均计入了本年财务费用。

② 以融资租赁方式租入设备，支付的租赁费为 30 万元，计入管理费用。按规定应计提折旧 3.2 万元，未计提。

③ 在管理费用中列支的业务招待费 29.2 万元，列支的海关罚款 3 万元。

④ 短期投资跌价准备金 3 万元，在管理费用中列支。

⑤ 在销售费用中列支的广告费 128 万元。

⑥ 在投资收益中，国库券利息收入 7 万元，从境内 A 公司分回的股息 11 万元，从境内 B 公司分回股息 68 万元(适用 15%所得税税率)。

⑦ 支付科技公司技术人员张某咨询费 8 000 元，未代扣代缴个人所得税。

根据以上情况，应如何进行调整缴纳企业所得税？按《税收征管法》规定，企业应如何扣缴个人所得税，如不扣缴应如何处理？

(16) 振华公司某月签订委托加工合同，合同受托方的加工费 40 000 元和辅助材料 10 000 元，委托方提供主要原料 100 000 元；另与银行签订贴息贷款合同 300 000 元；签订货物运输合同，其中运输费 5 650 元、运输货物价值 20 000 元；取得专利证书一份，新设应收账款账簿一本。计算本月振华公司应缴纳的印花税税额。

(17) 2017 年 1 月，某市区一洗衣机厂(一般纳税人)向本市 A 百货商场销售洗衣机 100 台，每台售价 2500 元(不含增值税，下同)，另外每台洗衣机收取 10 元优质费，因商场当月付清全部货款，厂家给予了 5%的销售折扣，并开具了红字发票；采取以旧换新方式销售新型洗衣机 150 台，每台新型洗衣机售价 3000 元，收回旧洗衣机已入库，每台折价 50 元；向外地分支机构发货 100 台，每台售价 2500 元用于销售，并支付发货运费 30 000 元，运输单位开具的增值税专用发票上注明运费 20 000 元、税率 9%，并通过认证；从库房领取新型洗衣机 5 台给本厂幼儿园使用；购进生产用原材料一批，取得防伪税控系统开具的增值税专用发票上注明的销售金额 150 000 元，货物已入库；购进设备一台，取得防伪税控系统开具的增值税专用发票上注明的销售金额 80 000 元；从外省购进洗衣机专用部件一批，取得防伪税控系统开具的增值税专用发票上注明的销售金额 250 000 元，货物已入库，尚未到税务机关认证。

要求：正确计算当月应纳增值税税额、城建税税额及教育费附加。

(18) 进出口公司从 A 国进口货物一批，成交价格折合人民币 9000 万元(包括向采购代理人支付的购货佣金 50 万元，未包括单独计价并经海关审查属实的与货物一体的容器费用 20 万元)。另支付运费 180 万元，保险费 90 万元。货物运抵我国口岸后，该公司在未经批准缓税的情况下，于海关填发税款缴纳证之日起第 20 天才缴纳税款。假设该货物适用的关税税率为 20%，增值税税率为 13%，消费税税率为 5%。

要求：计算该进出口公司应纳的关税、增值税、消费税及滞纳金。

(19) 某市大型商贸公司为增值税一般纳税人，兼营商品加工、批发、零售和进出口业务，12 月相关经营情况如下。

① 进口化妆品一批，支付国外的买价 220 万元、国外的采购代理人佣金 6 万元及国外的经纪费 4 万元；支付运抵我国海关前的运输费用 20 万元、装卸费用和保险费用 11 万元；支付海关地运往商贸公司的运输费用 8 万元，取得增值税专用发票，注明税率 9%。

② 受托加工化妆品一批，委托方提供的原材料不含税金额 130 万元，加工结束向委托方开具普通发票收取加工费 45.2 万元(含税)，该化妆品商贸公司无当地同类产品市场价格。

③ 收购免税农产品一批用于销售，支付收购价款 70 万元、运输费用 10 万元，取得运输业增值税专用发票，税率 9%，当月将收购的免税农产品的 30%用于集体福利。

④ 购进其他商品，取得增值税专用发票，支付价款 200 万元、增值税 32 万元，支付运输单位运输费用 20 万元，取得增值税专用发票，税率 9%。

⑤ 将进口化妆品的 80%加工为成套化妆品，当月销售给其他商场并开具增值税专用发票，取得不含税销售额 650 万元；直接销售给消费者个人，开具普通发票，取得含税销售额 67.8 万元。

⑥ 销售除化妆品之外的其他商品，开具增值税专用发票，应收不含税销售额 300 万元，由于月末前可将全部货款收回，给所有购货方的销售折扣比例为 5%，实际收到金额为 285 万元。

⑦ 取得化妆品的逾期包装物押金收入 13.56 万元。

已知进口化妆品的关税税率为 20%，化妆品的消费税税率为 15%；当月购销各环节所涉及的票据符合税法规定，并经过税务机关认证。

要求：

① 分别计算该公司进口环节应缴纳的关税、消费税和增值税。

② 计算该公司加工环节应代收代缴的消费税。

③ 计算该公司国内销售环节应缴纳的增值税。

④ 计算该公司国内销售环节应缴纳的消费税。

(20) 某城市一内资卷烟企业为增值税一般纳税人，主要业务是生产甲级卷烟和乙级卷

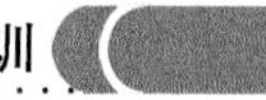

烟。3月份发生的主要业务如下。

① 购进A种烟丝一批，取得已经税务机关认证的防伪税控系统增值税专用发票注明的价款为100 000元，供货方代垫运费1000元，材料已验收入库。货款及运费已付，取得的运费普通发票注明的运费600元，建设基金200元，保管费100元，装卸费100元。A种烟丝本月有一半被生产甲、乙两种卷烟所耗用。上月购进的 A 种烟丝因潮湿霉烂变质50 000元，尚未处理。

② 购进B种烟丝一批，取得已经税务机关认证的防伪税控系统增值税专用发票注明的价款为40 000元，款已支付，烟丝尚未入库。

③ 由于是生产旺季，新购进大型货车一台，整备质量吨位10吨，取得增值税专用发票注明的价款为100 000元，增值税16 000元，款已支付，当月投入使用。

④ 该单位原有房产原值1200万元自用，为了开展多种经营，1月1日将价值200万元的房屋对外出租，取得年租金10万元。

⑤ 接受其他单位捐赠材料一批，取得经税务机关认证的防伪税控系统增值税专用发票注明的价款为100 000元，增值税16 000元，材料已验收入库。

⑥ 销售甲级卷烟8箱，增值税专用发票注明的价款200 000元，成本价165 000元；以自产乙级卷烟两箱10 000元(成本价)对外投资。

⑦ 甲企业从农民手中收购一批烟叶，开具主管税务机关批准使用的收购凭证上注明金额200 000元；将收购金额为100 000元的烟叶发往丙企业，委托丙企业加工烟丝，支付加工费5 000元，增值税800元；丙企业无同类烟丝的销售价格，取得丙企业开具的防伪税控系统专用发票。将委托加工收回的烟丝直接出售，取得不含税价款180 000元，成本为110 000元，增值税28 800元。将本月外购另100 000元的烟叶生产成甲级卷烟，对外销售6箱(每箱250条，每条200支)，不含税销售额150 000元，增值税19 500元。

已知该企业烟丝消费税税率为30%，卷烟消费税定额税率为每支0.003元，甲级卷烟比例税率为56%，增值税专用发票已在当月通过认证。

要求：分析该企业应该缴纳哪些主要税种，并根据资料计算各税种应缴纳的金额(暂不考虑印花税与城建税、教育费附加)。

(21) 赵某自2016年开设私人诊所以来，为患者看病的同时，并销售医疗器材。因认真负责、医术高超而受到广大患者的认可。到2017年1月取得了相当可观的收入，但赵某认为自己所从事的医疗服务应该免税，一直未缴纳税款。2017年2月10日，赵某接到税务机关要求其补缴税款及税收滞纳金和因偷税而处罚的通知单，赵某不服，向上一级税务机关申请复议，上一级税务机关经过审查，做出维持原决定的复议决定。于是，赵某便向法院提起诉讼。

要求：分析赵某是否应缴纳税款？为什么？若应当缴纳税款，应缴纳哪些税？发生税务争议后，赵某所采取的解决办法是否正确？为什么？

参 考 文 献

[1] 财政部会计资格评价中心. 初级经济法[M]. 北京：中国财政经济出版社，2020.

[2] 吉文丽. 税法[M]. 3 版. 北京：清华大学出版社，2016.

[3] 郭守杰. 经济法基础应试指导[M]. 北京：北京大学出版社，2020.

[4] 徐孟洲. 税法[M]. 北京：中国人民大学出版社，2017.

[5] 杨应杰，张旭，张俊霞. 税法[M]. 北京：化学工业出版社，2016.

[6] 《中华人民共和国企业所得税法》，2017 年 2 月 24 日修正.

[7] 国务院财政部、国家税务总局《关于简并增值税税率有关政策的通知》. 财税〔2017〕37 号.

[8] 国务院财政部、国家税务总局《关于进一步明确营改增有关征管问题的公告》. 2017 年第 11 号.

[9] 《中华人民共和国个人所得税法》，国务院 2011 年 6 月 30 日修订，自 2011 年 9 月 1 日起施行.

[10] 《中华人民共和国税收征收管理法实施细则》，2016 年 2 月 6 日修正.

[11] 国务院办公厅关于加快推进“多证合一”改革的指导意见，2017 年 5 月 5 日国办发〔2017〕41 号.

[12] 国家税务总局关于启用增值税普通发票(卷票)有关事项的公告，2016 年 12 月 13 日国家税务总局公告 2016 年第 82 号.

[13] 国家税务总局关于增值税发票开具有关问题的公告，2017 年 5 月 19 日国家税务总局公告 2017 年第 16 号.

[14] 《中华人民共和国环境保护税法》，2016 年 12 月 25 日第十二届全国人民代表大会常务委员会第二十五次会议通过.

[15] 国务院财政部、国家税务总局《关于全面推开营业税改征增值税试点的通知》. 财税〔2016〕36 号.

[16] 国务院财政部、国家税务总局《关于调整化妆品消费税政策的通知》. 财税〔2016〕103 号.